HISTOIRE

DE LA

VILLE DE GUISE.

HISTOIRE

DE LA VILLE

DE GUISE

ET DE SES ENVIRONS ;

DE SES SEIGNEURS, COMTES, DUCS, ETC.,

PAR M. L'ABBÉ PÉCHEUR,

ANCIEN VICAIRE DE CETTE VILLE, MEMBRE DE LA SOCIÉTÉ HISTORIQUE DE SOISSONS.
CURÉ DE FONTENOY.

TOME PREMIER.

VERVINS.

PAPILLON, IMPRIMEUR ET LITHOGRAPHE,

RUE DES PRÊTRES, N° 26.

1851.

AVERTISSEMENT.

Parmi les villes d'un ordre inférieur dont l'histoire peut offrir quelque intérêt, celle de Guise ne doit pas être mise au dernier rang. Les événements importants dont elle a été le témoin ou le théâtre, le rôle qu'elle a joué dans les guerres du moyen âge, les siéges mémorables qu'elle a soutenus, les hommes remarquables qu'elle a produits, la puissance de ses seigneurs, de ses comtes, de ses ducs, et par-dessus tout, l'éclat qu'elle a reçu de la fameuse maison de Lorraine, qui a porté si haut le nom de Guise, sont autant de titres de gloire que d'autres plus considérables pourraient lui envier.

Cependant, l'histoire de Guise n'a point été écrite (1).

N. Lelong et Colliette sont à peu près les seuls auteurs qui aient parlé de Guise avec quelque étendue: mais comme ils ont embrassé dans leur plan de vastes pays, ils n'ont pu encore être que très-succincts sur ce qui regarde cette ville, dont ils ont éparpillé les souvenirs dans le cours de leur récit. Le *Triomphe de Guise* en 1650, par le P. Deverdun, minime, qui avait pris pour guide le *Journal de Dumangeot*, ne pouvait nous offrir, outre la relation du siége, que quelques données sur l'état de la ville au xviiᵉ siècle. On y trouve néanmoins des faits intéressants sur les temps antérieurs à cette époque. Quant au *Triomphe de Guise*, par un *Guisard* (Magnier fils), sorte de poëme en vers burlesques, il ne nous a inspiré que du dégoût, sans nous être d'aucune utilité. Les mémoires manuscrits de M. Coutié, chanoine de Guise, cités par Lelong, n'existent plus.

Si Guise n'a pas encore eu jusqu'ici d'historien, faudra-t-il en accuser ce qu'on a appelé, assez légèrement, *la pauvreté de ses annales?* Nous ne le pensons pas. Selon nous, cela tient plutôt à d'autres causes, soit générales, soit particulières, comme la dispersion des anciennes archives de la ville dans les guerres des Impériaux ; la perte d'un manuscrit que possédait le chapitre du château et qui, au

---

(1) Une *Lettre sur l'Histoire de Guise*, par le docteur Chérubin, après avoir paru en 1846, dans le *Journal de Vervins*, a été tirée à un petit nombre d'exemplaires. Une autre brochure ayant pour titre: *Quelques mots d'un Vandale à l'auteur de la lettre sur l'Histoire de Guise*, et attribuée au docteur Houde, a été imprimée à Paris la même année.

rapport du bénédictin D. Lelong, renfermait *des documens précieux sur Guise et ses environs* (1) ; la crainte d'une critique injuste qui, trop souvent en effet, poursuit les modestes historiens des villes, sans tenir compte de leurs efforts ; enfin et surtout, les difficultés qu'offrent de pareils sujets. Ce genre de composition, peu brillant par lui-même, exige néanmoins des recherches nombreuses, exactes, consciencieuses, un soin minutieux pour rassembler une multitude incroyable de petits faits, qui en font seuls l'intérêt, et ne laisse rien à la spéculation qui préside presque seule aujourd'hui à la publication des œuvres littéraires.

Ces difficultés ne nous ont point arrêté ; mais ce n'est que quand notre travail fut commencé, que nous en comprîmes l'étendue. Il nous fallut d'abord remonter aux sources, c'est-à-dire, parcourir tous les auteurs qui avaient pu parler de Guise, feuilleter les archives de la ville, voir celles du département, analyser ou reproduire les chartes imprimées ou manuscrites, consulter la tradition orale, en un mot nous efforcer de réunir tout ce qui, de près ou de loin, pouvait avoir trait à notre sujet.

Les bibliothèques publiques de Laon et de Soissons nous ont été d'un grand secours : c'est là que nous avons trouvé ces immenses collections historiques qui renferment d'incalculables richesses, où nous avons puisé, comme à pleines

---

(1) M. Canart, doyen du chapitre de Saint-Gervais de Guise, docteur de Sorbonne, dont on voit encore la pierre tombale dans l'église Saint-Pierre, ayant prêté ce manuscrit, il a été vendu à Paris, et le nom de celui qui en fit l'acquisition est resté ignoré. (N. Lelong, *Hist du diocèse de Laon*, p. 274.)

mains. La bibliothèque Nationale, nous a fourni les manuscrits de Dom Grenier, qui avait commencé à réunir des documents pour servir à l'histoire de Guise et de son comté.

On se fera une idée de notre travail, si l'on fait seulement attention aux ouvrages que nous citons à l'appui de notre narration. On y remarquera : le *Notitia Galliarum*, d'Adrien Valois, le *Diplomata Miræi*, le *Gallia Christiana*, l'*Augusta Viromanduorum*, le *Recueil des historiens de Gaule et de France*, l'*Histoire de la Métropole de Reims*, par Marlot, le *Recueil des Ordonnances des rois de France*, l'*Histoire généalogique* du P. Anselme, les *Annales du Hainaut*, par Jacques de Guyse, les *Œuvres* d'Hermann et de Guibert de Nogent, de l'Anonyme de Laon, les célèbres *Chroniques* de Froissart et de Monstrelet, les *Grandes Chroniques de France*, les *Mémoires* de Fenin, de Dubelley, de Montglat, etc...; ceux de Colliette sur le Vermandois, l'*Histoire du diocèse de Laon*, par N. Lelong, qui a été comme le point de départ de nos investigations, l'*Histoire du Valois*, par Carlier, l'*Histoire de la Maison de Châtillon*, celle *de Montmorency*, par André Duchesne, et les précieux documents de ses preuves, les histoires *de Cambrai*, par Lecarpentier, *de Laon*, par Devisme, *de Soissons*, par Dormay, Henry Martin et Paul Lacroix, *de Vervins* et *de Foigny*, par A. Piette, etc...., les cartulaires *de Prémontré*, *de l'évêché de Laon*, etc.; les *Siècles bénédictins*, les *Annales de Prémontré*, *de Citeaux*, les *Coutumes de Vermandois*, les dictionnaires, biographies les plus célèbres, le *Manuel*, les *Annuaires*, les *Sta-*

tistiques du département de l'Aisne, et une foule d'autres d'une importance plus secondaire, que le hasard et diverses circonstances firent tomber entre nos mains.

Malgré l'abondance de la matière qu'ils nous fournirent, nous avons cru devoir éviter de multiplier les notes, d'abord parce qu'on ne les lit guère, et ensuite, parce qu'elles servent plus, en effet, à montrer l'érudition et la sagacité de l'historien qu'à satisfaire la curiosité du lecteur. En revanche, nos recherches nous ont mis à même de semer avec profusion les citations dans le texte, toutes les fois qu'elles pouvaient imprimer au style une couleur locale où le caractère d'une époque. On trouvera donc, dans le cours de notre récit, des morceaux entiers d'auteurs anciens, de vieux chroniqueurs, des fragments de chartes et d'autres pièces également originales et intéressantes, qui rappelleront la vie, les mœurs, les usages, les habitudes intimes, le langage naïf de nos ancêtres, aux époques les plus poétiques du moyen âge.

(Mais ce n'était pas tout d'amasser des matériaux; ce premier travail fait, il en restait un second qui n'offrait pas moins de difficultés. Il fallait former un corps de toutes ces pièces éparses, réunir dans un même cadre toutes ces anecdotes, toutes ces traditions, tous ces faits plus ou moins intéressants, souvent isolés, sans liaison entre eux, quelquefois séparés par des lacunes stériles, et en tirer un récit, sinon brillant, du moins supportable.) Pour arriver à ce résultat, nous l'avouerons ingénument, outre que nous n'avons pas épargné le temps, nous avons lu non-seulement quelques-unes des meilleures histoires particulières des Bénédictins, mais encore toutes celles qui ont paru dans notre pays, à une époque récente, afin de nous faire une idée aussi complète que possible de ce genre de composition. Nous nous sommes surtout inspiré de la belle *Histoire de Soissons*, de MM. Henry Martin et Paul Lacroix (bibliophile Jacob); heureux si nous avions eu un pareil sujet à traiter et de si beaux talents à y apporter!

Plusieurs historiens de ville ont rejeté, à la fin de leur ouvrage la description des monuments, des édifices communaux, des usages, la biographie des hommes célèbres. Cette méthode que nous n'oserions blâmer, n'a pas été suivie par ceux qu'on peut regarder comme les modèles du genre; elle a en effet l'inconvénient de diminuer l'intérêt en le partageant et de donner lieu à des répétitions. Où la vie des grands hommes pourrait-elle être mieux placée qu'à l'époque même où ils se sont fait remarquer par leurs talents et leur génie? La description des monuments n'est-elle pas amenée naturellement par le récit des faits dont ils furent les témoins?

Résumons. Amasser d'abord le plus de faits locaux possible, puis, les grouper selon l'ordre des temps, les coordonner entre eux, les lier par des transitions naturelles; enfin, les raconter dans un style clair, précis, aussi éloigné de l'emphase et de la recherche, qu'ennemi de la trivialité, et pour cela préférer la méthode d'exposition, à celle de dissertation, qui met l'historien trop en évidence; tel est le double but que nous avons toujours eu devant les yeux.

L'avons-nous atteint? le lecteur impartial en jugera. Quant aux *Zoïles et médisants*, nous pourrions leur dire, comme le *Guisard* Buridan, dans sa préface aux *Commentaires de la coutume de Vermandois*, *que nous les invitons tout simplement à mieux faire*, mais nous préférons engager les véritables critiques à nous signaler les fautes qui pourraient nous être échappées, dans une œuvre où nous n'avons pas eu de devanciers.

Nous ne terminerons pas cet avertissement sans payer un tribut de reconnaissance à toutes les personnes qui ont contribué à rendre notre œuvre moins imparfaite, par leurs encouragements, leur bienveillance, et surtout par les renseignements utiles qu'elles nous ont procurés; nous voudrions pouvoir mentionner ici tous les noms qui sont dans notre mémoire, mais la liste en serait trop longue. On nous pardonnera donc si, voulant toujours conserver à ce livre son caractère essentiellement local, nous nous bornons à citer ceux de MM. Besson, maire de Guise, Fouan, ancien adjoint, Tabary, curé-doyen, Garbe (Edouard), secrétaire de la mairie, Darsonville, père, Tayon, maître de pension, Roullier, professeur, qui a été pour nous un correspondant aussi utile que judicieux.

PECHEUR.

Fontenoy, 29 décembre 1849.

HISTOIRE DE GUISE.

CHAPITRE PREMIER.

ORIGINE DE GUISE ET DE PLUSIEURS LIEUX DE LA CONTRÉE.

Guise est situé dans la vallée de l'Oise, vers l'endroit où cette rivière, après avoir coulé du nord-est au sud-ouest, replie gracieusement son cours pour se diriger au midi vers la Seine. La ville s'étend des deux côtés de la rivière, qui l'arrose en se divisant en plusieurs canaux; elle est dominée par un château demi-gothique, demi-moderne, qui lui donne un aspect assez pittoresque. C'était au moyen âge un formidable castel; ce n'est plus aujourd'hui qu'une forteresse secondaire (1).

(1) Guise est au 21° degré 17 minutes et 22 secondes de longitude, et au 49° degré 53 minutes et 47 secondes de latitude.

Guise a toujours été regardé comme la capitale de cette partie de la Picardie orientale ou Haute-Picardie appelée la Thiérache, et comme l'une des plus anciennes villes de cette province (1).

Les historiens ne nous ont laissé que des incertitudes sur l'origine de Guise ; néanmoins, ses commencements paraissent dater de ces temps obscurs où la civilisation, après s'être étendue peu à peu dans la Gaule septentrionale, finit par pénétrer dans les plus sauvages régions de la Thiérache, à la suite de l'agriculture. C'est donc dans l'histoire même du sol, pour ainsi dire, qu'il faut chercher la fondation de la ville.

Dans l'origine, c'est-à-dire depuis les temps les plus reculés jusqu'à l'époque gallo-romaine et sous la domination des rois franks de la race mérovingienne, une immense forêt couvrait tout le pays qui s'étend des rives septentrionales de l'Oise à la Serre et à la Sambre, et enveloppait, dans ses ombres séculaires, les sources de ces rivières.

Cette forêt primitive, qui reçut plus tard le nom de forêt de Thiérache, n'était cependant, malgré son étendue, qu'une sorte de forêt secondaire. Touchant au nord à celle d'Ardenn, laquelle étendait ses bras gigantesques depuis les

(1) La Fère seule paraît avoir disputé à Guise le titre de capitale de la Thiérache, qui lui est donné par Corneille, dans son *Dictionnaire universel, géographique et historique*, tom. 3, et par dom Vaissette, dans sa *Géographie ecclésiastique et civile*, t. 3, p. 366. Mais Guise a pour lui les auteurs les plus judicieux et les géographes les plus anciens. Il suffit de citer : N. Lelong, *Hist. du diocèse de Laon* ; — dom Grenier, *Notice de Picardie*, 21° paquet, 3° liasse ; — l'*Almanach de Picardie* ; — l'*Atlas* de Gérard Mercator, édit. d'Amsterdam, 1630 ; — la *Géographie* de Busching, t. 4, p. 298 ; — *Antonini Geographia, Gallia*, p. 67, édit. Anni 1617. Nous ne croyons pas que Vervins ait jamais été mis en cause.

bords du Rhin, jusque vers la mer, et au midi à celle de Cuise, qui s'allongeait vers la Marne et la Seine, elle les liait entre elles comme par un prolongement de bois intermédiaires. La forêt de Thiérache se confondait avec celle de Cuise sur les bords de la Serre, et avec celle d'Ardenn vers les sources de l'Oise et de la Sambre (1).

A travers ces bois immenses de la Thiérache (*Teracia sylva*) une multitude de ruisseaux, presque tous tributaires de l'Oise (*Isara, Hisa, Oësia*) et de la Serre (*Sara*), promenaient, dans des vallées verdoyantes, leurs eaux limpides et ignorées. C'étaient le Noirieu (*Niger rivus*), l'Aube (*Alba*), la Brune (*Bruna, Bruina*), ainsi nommés de la couleur de leur limon, ou du degré de lumière que la profondeur des forêts laissait pénétrer sur leurs rives; la Haye (*Haga*), le Ton, le Gland, et tant d'autres dont on ne peut nier l'étymologie forestière. On ne voyait guère alors d'habitations dans ces contrées abandonnées aux bêtes sauvages, si ce n'est peut-être dans les vallons que ces cours d'eau traçaient au milieu des bois. Comme toutes les peuplades sauvages, qui font de la chasse et de la pêche leur principale occupation, les habitants de la forêt de Thiérache devaient choisir de préférence pour s'y arrêter les lieux qui les mettaient à la fois à la portée des bois et des eaux. Ils trouvaient dans ces forêts, où dominaient alors les châtaigniers, les chênes, les hêtres, les pommiers sauvages, et sur le bord

---

(1) *Adriani Valesii, Notitia Galliarum.* — Marlot, *Metropolis Remensis historia*, tom. 1er; — Carlier, *Hist. du Valois*, tom. 1er, liv. 1er; — Lelong, *Hist. du diocèse de Laon*, p. 3; — Henri Martin et P. Lacroix (bibliophile Jacob), *Hist. de Soissons*, tom. 1er, p. 7 et 173; — MS. de dom Grenier.

La forêt de Cuise est représentée aujourd'hui par les forêts de Compiègne et de Villers-Cotterêts.

des ruisseaux et des marais profonds, où la végétation était dans toute sa vigueur, une immense quantité de glands, de faînes, de fruits, de roseaux et d'herbages pour eux et leurs nombreux troupeaux (1).

On peut supposer que leurs mœurs n'étaient pas moins rudes que leur pays, où la profondeur des bois, la quantité des eaux et un sol naturellement froid, argileux et humide, contribuaient simultanément à entretenir les rigueurs du climat. Elles ne devaient guère différer de celles des Gaulois Belges dont ils étaient sans doute une peuplade. Les Belges étaient pour la plupart originaires de la Germanie : attirés par la fertilité du territoire, ils avaient autrefois passé le Rhin et avaient chassé les Gaulois, anciens habitants de ces vastes contrées. L'établissement de ces hordes errantes eut de la stabilité ; elles formèrent des peuples puissants connus sous le nom de Nerviens, de Rémois, de Vermandois, de Soissonnais, qui conservèrent longtemps la vie sauvage et l'humeur farouche de leurs aïeux, mais qui ne laissèrent pas d'atteindre un certain degré de civilisation, au point de construire des villes, de les fortifier et de s'y défendre (2).

Quant aux Gaulois Belges qui habitaient les bords de l'Escaut (*Scaldis*), de la Sambre (*Sabis*) et les rives septentrionales de l'Oise, ils n'avaient point de villes. Quand ils n'étaient point en guerre avec leurs voisins, leur vie n'avait d'autres variations que la chasse, la pêche et le soin des

---

(1) Marlot, *Metrop. Remens. hist.*; — Carlier, *Hist. du Valois*; — *Augusta Viromanduorum vindicata*, cap. 19, p. 54; — Brayer, *Statistique du département de l'Aisne*, tom. 1er, p 85.

(2) César, *De Bello Gallico*, lib. 2; — Marlot, *Metrop. Remens. hist.*, tom. 1er, p. 9 et 10; — *Hist. du Valois*; *Adriani Valesii, Notitia Galliarum*; — l'abbé Lebœuf, *Dissertation sur le Soissonnais*; — Lelong, *Hist. du diocèse de Laon*.

troupeaux. Ils parcouraient sans cesse les bois presque sans issue de la Thiérache et des Ardennes, n'ayant pour habitations que le creux des rochers, ou des huttes faites de branchages, de terre, et couvertes de roseaux, qu'ils construisaient dans leurs haltes au milieu des bois, dans le voisinage des eaux et des marais. Certaines parties de la Thiérache, celles surtout qui avoisinent les forêts, reflètent encore ces mœurs grossières de nos aïeux. Ces nombreux hameaux, ces habitations isolées, construites en bois et en terre, nous rappellent leur vie nomade et vagabonde. Les habitants de ces quartiers, nés au milieu d'une nature puissante où ils ont puisé une vigueur peu commune, sont de véritables enfants des forêts; ils y passent leur vie, s'y livrant à la fabrication de toutes sortes d'ustensiles en bois, genre d'industrie qu'ils pratiquent de temps immémorial, et n'en sortent guère qu'au temps de la moisson.

Pour jeter quelque illustration sur les habitants de la Thiérache, on a voulu voir en eux les Essuens ou Eduens du récit de César, et cherché à faire dériver de ce peuple, qui eût occupé les environs de Guise, de Vervins et de Montcornet, le nom de la Thiérache. Ainsi de *terra Essuorum* (*terre des Essuens*) on eut fait par abréviation, *Terr-Esse*, d'où seraient venus par corruption, dans la suite des temps, les mots *Terrasse*, *Terrache* et enfin *Thiérache*. Mais outre que cette opinion ne repose sur aucun fondement solide, elle s'accorde mal avec le récit de César, qui indique assez que les Essuens, qui ne sont autres que les Eduens, étaient non de la Gaule Belgique, mais de la Gaule Celtique, et qu'ils habitaient des campagnes propres à la culture de la vigne et de l'olivier, dans les environs de Séez et d'Autun. Il serait plus juste de ne voir dans les habitants de la Thiérache que quelques tribus errantes détachées des peuples voisins (1).

La religion des Gaulois Belges était en rapport avec leurs mœurs, c'est-à-dire qu'elle était barbare, grossière et superstitieuse. Avant que le christianisme pénétrât dans la Thiérache, ses habitants, comme leurs voisins les Vermandois, les Rémois, les Nerviens, adoraient les montagnes sauvages, les antiques et gigantesques forêts qui leur prêtaient une ombre tutélaire ; celle d'Ardenn, à laquelle confinaient les bois de la Thiérache, avait des autels consacrés à la déesse *Ardoinna*, la Diane des Romains, qui était également honorée sur les hauteurs druidiques d'Artenne ou Hartenne, au pays soissonnais (2). On croit même que la Cuise (*Cotia*), l'Arrouaise (*Aridagamanthia*), la Vouais ou Voas (*Wodagia*), la Thiérache (*Theoracia*), où l'on retrouverait le *Théos* des Grecs, sont des noms romanisés de ces temples primitifs de la nature et des dieux qu'on y honorait. Les Gaulois Belges reconnaissaient encore d'autres divinités; ils déifiaient les eaux, les sources, les fontaines, les rivières, qui avaient chacune leur génie particulier, l'Oise, *Æsia*, qui tirerait son étymologie de *Esus*, le Mars des Gaulois, l'Andrie-en-Thiérache, *Andria*, ainsi que l'Aube, *Alba*, la Serre, *Sara*, etc., seraient des noms de divinités belges latinisés lors de l'occu-

---

(1) Marlot, *Metropolis. Remens. hist.*, tom. 1er, p. 9 et 10 ; — *Guisius, Annales du Hainaut*; — Lelong, *Hist. du diocèse de Laon*, p. 2 ; — Les Eduens selon les commentateurs étaient ceux d'Autun et les Essuens ceux de Séez, mais on croit généralement que le mot *Essui* s'est dit par corruption de *Edui*. — *Pomponius Melas, De Gallià, lib. III* ; — *Plinius Secundus, Historia naturalis de Gallià*, dans les historiens des Gaules, tom. 1er ; — l'abbé Lebœuf, *Dissert. sur le Soissonnais*, tom. 1er, p. 33.

(2) Les historiens de Soissons, Lemoine, Henri Martin, Lebœuf, etc.

pation romaine (1) ; on immolait à ces faux-dieux, dont le culte paraît avoir duré dans la Thiérache jusqu'à la prédication de saint Ursmer, des animaux et même des victimes humaines. Les bords de la Sambre, de l'Oise, de la Serre, et les ruisseaux qui arrosent les frais vallons de la Thiérache, ses larges et mystérieuses clairières furent, sans doute, plus d'une fois témoins de ces sacrifices offerts à des dieux impitoyables. Un seul monument d'origine celtique le *men-hir* de Bois-lès-Pargny a échappé dans la Thiérache à la destruction (2). Ce menhir, plus connu sous le nom de *Haute-Borne*, était-il l'image de l'Hercule gaulois, ou bien une masse puissante destinée à perpétuer le souvenir d'un grand combat, ainsi que semblerait l'indiquer le nom de *Champ de Bataille* que porte encore le lieu où il est situé, ou simplement une limite de territoire? C'est ce que les savants n'ont point encore décidé! Quoi qu'il en soit, le menhir de Bois-lès-Pargny a été autrefois l'objet d'un culte superstitieux qui s'est longtemps perpétué (3).

On sait quel empire avaient sur nos pères les ministres de leur culte barbare. Les druides étaient chez eux, non-seulement les chefs de la religion, mais encore les administrateurs

---

(1) *Introduction à l'Histoire générale de Picardie*, par D. Grenier, publiée par la Société des Antiquaires de Picardie, p. 169 et suiv., 174.

(2) Le menhir appelé quelquefois *haute-borne*, *pierre fiche*, *pierre levée*, *pierre debout*, est un monolithe grossier planté en terre verticalement ; son étymologie vient de *maen* pierre, *hir* longue. On donne aux dolmens, menhirs et autres pierres druidiques, les dénominations de *maisons*, de *palets*, de *pierres de Gargantua* ou de *Saint-Georges*. Les uns ont pris les menhirs pour des pierres tumulaires; en effet, en fouillant à leur base, on y a trouvé des ossements humains. Quelques-uns pensent qu'ils servaient à fixer les limites des peuples.

(3) Voyez pour de plus amples détails sur ce menhir, dont nous ne pouvons parler qu'en passant, l'article *Haute-Borne de Bois-lès-Pargny*, dans l'ouvrage intitulé *la Thiérache*.

de la justice ; leurs colléges étaient les dépositaires des anciennes traditions, parmi lesquelles ils mettaient au premier rang l'immortalité de l'âme et la métempsycose. Le chêne était pour eux un arbre mystérieux et ils regardaient son fruit comme un fruit divin. Ils avaient encore plus de respect pour le gui que portaient quelques chênes privilégiés; ils le cueillaient au premier jour de l'an ; le prêtre revêtu d'une tunique blanche montait sur l'arbre où on l'avait découvert, et l'abattait avec une faucille d'or; il était reçu dans un linge blanc, puis on immolait de nombreuses victimes. Ils attribuaient au gui de grandes vertus, et ils l'employaient avec confiance dans les remèdes. On ne peut guère faire un pas, dans les débris des antiques forêts de la Thiérache, sans rencontrer cette singulière production et sans reporter aussitôt sa pensée à ces temps merveilleux, où nos ancêtres, sectateurs de la religion druidique, recueillaient le gui sur le tronc des chênes séculaires (1).

Il serait difficile de dire quelles étaient les limites de la forêt de Thiérache et de quel territoire elle faisait partie, peut-être formait-elle, avec le Laonnais, l'extrémité du Suesson ou Soissonnais, étant bornée au nord par le pays des Nerviens, à l'est et à l'ouest par celui des Rémois et des Vermandois. Un historien de Soissons prétend en effet que le Soissonnais, vers le temps de l'invasion de César, confinait du côté du nord aux Nerviens, qui occupaient les territoires de Cambrai, de Tournay, de Gand et d'Avesnes et

---

(1) Les historiens des Gaules; *Ex-hist. naturali Plinii Secundi, de Gallià*, *lib.* XVI. tom. 1er. p. 64 ; — Lelong, p. 5 ; — L'abbé Leboeuf, *Dissert.*, tom. 1er. p. 94, 95 et 96 ; — les histoires de Soissons, par Dormay, Lemoine, Henri Martin ; — *la Gaule poétique*, par Marchangy.

avaient pour capitale Bavay (1). Ce qui est certain, c'est que si elle fit d'abord partie du Soissonnais, elle fut ensuite, avec le Laonnais, annexée au Rémois, puisqu'ils furent, plus tard, distraits ensemble de la métropole de Reims pour former une cité, puis un évêché. Peut-être serait-il plus vrai de dire que la forêt de Thiérache, entourée par les territoires des Nerviens, des Vermandois, des Soissonnais, des Rémois, et formant l'extrémité de la forêt de Cuise, était comme un centre commun à ces quatre peuples, qui en occupaient les parties le plus à leur disposition. Cette contrée forestière ne faisait donc pas alors un *pays* distinct; jamais même ses peuplades ne s'agglomérèrent au point de former un peuple comme les Rémois, les Nerviens, etc. Ce n'est que plus tard et lorsque la grande forêt commença à s'éclaircir, que l'étendue de pays qu'elle laissa à découvert put avoir de véritables limites, renfermant des habitants, distingués par quelques nuances de mœurs et de coutumes, de leurs voisins les Rémois, les Vermandois, les Laonnais, les Hennuyers et les Rethelois (2).

Les profondeurs de la forêt de Thiérache et les difficultés qu'elle devait offrir à une armée d'invasion, ne purent la soustraire à la conquête romaine. Ce fut l'an de Rome 699, et 54 ans avant Jésus-Christ, que César pénétra dans ses solitudes. Il avait paru sur les frontières des Belges, à la tête d'une armée bien aguerrie et composée de 60 mille

---

(1) Lemoine, *Histoire des antiquités de la ville de Soissons*, tom. 1er, p. 28 et 58; — *Le Journal des Savants*. Novembre 1756.

(2) *Adriani Valesii*, *Notitia Galliarum*, art. *Thiérache*; — H. Martin, *Hist. de Soiss.* Tom. 1er, p. 24; — *Hist. du Valois, de Soiss., de Laon*; — *Hist. du diocèse de Laon*, par N. Lelong, p. 7.

combattants; les Gaulois ne lui en opposèrent pas moins de 300 mille, parmi lesquels on distinguait les guerriers nerviens, voisins de la Thiérache, ceux du Soissonnais et du Vermandois. L'issue de cette guerre fut malheureuse pour les Gaulois. Vaincus à Bibrax, ils allèrent se faire écraser sur les bords de l'Aisne, qui charria leurs cadavres. Cette déroute amena la dispersion de leur armée, composée de tant de peuples divers et pleins de courage pour la défense de la liberté commune, mais sans ordre, sans discipline, sans chefs capables de lutter contre la fortune de César (1).

Le général romain poursuivant le cours de ses conquêtes, après avoir réduit les Soissonnais, vint attaquer ceux de Beauvais et d'Amiens, qui ne purent se défendre. Malgré tous ces revers, les Nerviens, unis aux Vermandois, résolurent de tenter une résistance désespérée. Ces peuples, qu'aucun genre de commerce n'avait mis en contact avec les étrangers, avaient conservé toute leur rudesse primitive. Ils étaient ennemis du vin et de tout ce qui peut amollir le corps et énerver l'âme. Ils étaient pleins de fierté et de courage. Reprochant aux Belges, avec amertune, de s'être rendus au peuple romain et d'être dégénérés de la valeur de leurs ancêtres, ils n'avaient point envoyé de députés à César et avaient juré de ne jamais accepter la paix à quelque prix que ce fut. Ils attendirent les Romains, avec les Vermandois et ceux d'Arras leurs voisins, qui s'étaient attachés à leur fortune, sur les bords de la Sambre, et selon un historien

---

(1) César, *De Bello Gallico*, lib. II; — Lelong, p. 7; — *Hist. de Soiss.*

de Guise, (1) sur les bords de l'Oise, pour s'opposer au passage de César, qui avait envahi la Thiérache et le pays en-deçà de ces rivières. Leurs femmes, leurs enfants, et tous ceux qui n'étaient pas en état de porter les armes furent mis à l'abri de l'ennemi dans des marais profonds. Là eut lieu un combat terrible qui, quoique soutenu par les Nerviens avec un courage inouï, éteignit à peu près ce peuple remarquable entre tous les Belges par son humeur féroce et courageuse (55 ans avant Jésus-Christ).

Ceux qui veulent, et avec raison, que le combat ait eu lieu sur la Sambre, placent le champ de bataille près de Landrecies, du côté de Preux-aux-Bois, vis-à-vis la forêt de Mormal : le camp des Nerviens aurait été à Noyelles, et leurs femmes eussent occupé des marais inaccessibles, depuis l'Hèpre jusqu'à Fesmy (2). Le chanoine de Guise, qui pense que la rencontre eut lieu sur l'Oise, en fixe le théâtre non loin de l'endroit où s'éleva plus tard la ville de Guise, sur le terroir de Lesquielles. Selon lui, un tertre qu'on voit encore dans ce village, et qu'il suppose fait de main d'homme, et d'origine romaine, serait le tombeau d'un officier de l'armée de César, nommé Sextus Baculus, qui aurait péri dans la mêlée. Les détails que fournit César sur ce sanglant combat se rapporteraient assez exactement en effet à la situation actuelle de ces lieux, s'il ne disait expressément qu'il se donna sur la Sambre (*Sabim*),

---

(1) M. Coulté, chanoine de Guise, prétend dans ses mémoires, au rapport de Lelong, que la bataille se donna sur le terroir de Lesquielles et que le tertre qui s'y trouve désigne la sépulture de S. Baculus. Lelong, p. 13.

(2) *Hist. du diocèse de Laon*, par N. Lelong, p. 12.

bien éloignée du terroir de Lesquielles. On ne peut nier cependant, que le nom de la tombelle de Lesquielles, n'indique la sépulture de quelque chef latin ou gallo-romain (1).

Ce ne fut guère que sous Auguste et ses successeurs, et à mesure que la domination romaine s'y affermit, que les Gaules furent soumises à un gouvernement régulier. Elles furent partagées en grandes provinces subdivisées en cités (*civitates*) ou chefs-lieux qui avaient sous elles plusieurs *pays* (*pagi*) ou cantons secondaires. Dans cette nouvelle division, la Thiérache (*pagus Teoracensis*) qui avec le Laonnais (*pagus Laudunensis*) avait, du temps de César, dépendu d'abord de la cité de Soissons, fut attribuée ensuite à celle des Rémois, toutes deux étant de la province de Gaule Belgique. Lorsque la religion chrétienne eut pris, dans les Gaules, la place des dieux de Rome et des divinités gauloises, la division ecclésiastique ne différa pas de la division administrative. Chaque cité, régie par un comte (*comes*), forma un diocèse administré par un evêque, et chaque province, régie par un gouverneur (*præses*), devint un siége métropolitain. Lorsque Reims fut nommée métropole de la Seconde Belgique, la Thiérache dépendit immédiatement de cette cité métropolitaine et n'en fut distraite que pour entrer dans la formation du diocèse de Laon (2).

Une fois maîtres de la Gaule Belgique, les Romains y éta-

---

(1) Mémoires de M. Coulté, cités par N. Lelong, *ibid* ; — César, *De Bello Gallico*, lib. II ; — *Hist. de Soiss.*, par H. Martin, tom 1er, p. 43 ; — Colliette, *Mém. sur le Vermandois*, tom 1er ; — *Hist. de Vervins*, par A. Piette, p. 8.

(2) *Hist. de Soiss.*, par Henri Martin; tom 1er, p. 48 ; — *Hist. du Valois*, par Carlier, tom 1er ; — Lelong, p. 12 ; — *Hist. de Laon*, par Devisme, tom 1er ; — *Antiquités de Soiss.* par Lemoine, tom. 1er, p. 115 et 146 ; — D. Grenier, *Introduction à l'hist. de Picardie*, p. 86.

blirent peu à peu leur civilisation. Ils construisirent çà et là, dans les lieux les plus remarquables ou les plus propres à la défense, des camps, des forteresses. Ils retranchèrent et embellirent les villes gauloises, afin de polir les mœurs par le spectacle du produit des beaux-arts et retenir le pays dans l'obéissance.

Tandis que les Gaulois, fidèles à leurs habitudes nomades et à leur vie indépendante, s'arrachaient avec peine à l'obscurité des bois, à leurs marais, à leurs halliers, ils répandaient, sur la surface du territoire, des colonies qui défrichaient les terres incultes, éclaircissaient les forêts et commençaient à mettre à nu ces plaines immenses, dont nous admirons aujourd'hui la fertilité. Les antres sauvages, les huttes de branchages, de terre et de roseaux, sont remplacés par des métairies, des *villas*, des hameaux. Pendant les IV° et V° siècles, se forment des villes, des villages aux racines saxones, celtiques, ou purement romaines, selon l'origine de la colonie qui les élevait et qui sont souvent si pittoresques dans leur signification (1).

La Thiérache resta longtemps couverte de sa grande forêt. Outre qu'elle se trouvait éloignée des principaux centres où s'étaient d'abord établis les Romains, ceux-ci ne défrichaient que quelques coins de ces vastes bois, et ne livraient à la charrue qu'autant de terrain qu'il en fallait pour fournir à la subsistance des colons et à l'approvisionnement des camps et des villes qu'ils occupaient. La forêt de Cuise (*sylva Cotia, Causia*), ainsi appelée d'une *villa* qu'ils y

---

(1) Carlier, *Hist. du Valois;* — Henri Martin. *Hist. de Soissons*, tom. 1er, p. 32 et 33.

avaient bâtie, et qui se perdait dans celle d'Ardenn par les bois intermédiaires de la Thiérache, fut une des premières entamées. Cuise viendrait selon toute apparence de *cultura*, *cultum*, *colere*, d'où se formèrent les mots *colta, cota, cotia*, qui auraient servi à désigner les métairies bâties dans les bois et entourées de défrichements, de cultures. Ces mêmes mots *colere*, *cultum*, *cultura*, altérés depuis en mille manières, dans la latinité corrompue du moyen âge, seraient également les noms primitifs de *Cociacum* (Coucy), *Cuisiacum in alto monte* (Cuisy - en - Almont), *Cauciacum* (Choisy), etc., et enfin de Guise. Cette opinion, qui paraîtra peut-être hasardée au regard de notre ville, est celle de l'historien du Valois, suivie par les auteurs de la nouvelle histoire de Soissons, et nous semble aussi ingénieuse que vraisemblable (1).

C'est donc à un de ces défrichements opérés dans la forêt de Thiérache par le fer et par le feu, et à une métairie qu'on y aurait bâtie vers la fin des temps gallo-romains, que Guise devrait son nom et ses commencements. Il y a du reste entre les mots Guise (*Guisia*) et Cuise (*Cuisia*) une ressemblance qu'on ne peut méconnaître et qui atteste la même origine. Il n'est donc pas improbable que Guise, quoique bien moins célèbre alors, ait été comme Cuise une *villa* gallo-romaine bâtie dans le cours du iv° ou du v° siècle, sur les lisières occidentales des bois de la Thiérache, et qu'ainsi la ville ait une antiquité plus grande que celle qu'on lui attribue généralement. Au reste, il serait inutile de se

---

(1) *Hist. du Valois*, par Carlier, tom. 1er, p. 33 et suiv.; — *Hist. de Soissons*, par Henri Martin, tom 1er, liv. II, p. 174.

perdre en conjectures sur l'emplacement de cette *villa*, dont l'existence, après tout, ne repose sur aucun monument; mais il est à croire qu'elle dut occuper la place du château actuel et le plateau de la Haute-Ville, et que c'est là que se groupèrent les premières habitations; car on remarque que les villes et les villages les plus anciens, ceux surtout dont le nom tire son origine du mot *cotia* (*cultura*) sont, le plus souvent, situés sur des hauteurs, à l'extrémité de vastes plaines. La beauté et la fraîcheur des prairies de l'Oise, la pureté des eaux de la rivière, l'escarpement de la vallée en cet endroit, d'où l'on peut dominer toute la contrée qui s'étend en ondulant jusqu'aux montagnes du Laonnais; la richesse du sol que le défrichement avait laissé à découvert sur ce plateau qu'embrasse la rivière, et dont les côteaux rapides sont encore à demi-couronnés de bois, justifient assez le choix de cette position, pour y fonder une exploitation agricole. Plus tard, Guise subit des changements considérables, comme la plupart des anciennes villes, qui, situées au sommet des montagnes, descendirent peu à peu dans les vallées sur le bord des rivières; la vieille ville au haut de la montagne, la ville nouvelle au bas. La *Haute-Ville* nous paraît donc représenter le Guise ancien (1).

Les noms de Cuise et de Guise, dont l'identité est incontestable, ont à peu près subi les mêmes variations dans l'espace de plusieurs siècles. Tandis que Cuise s'appela successivement *Coysia*, *Quisia*, *Quesia* et plus tard *Cuisia* et *Quisia* indistinctement, enfin *Cosia*, *Coïse*, *Coy*, *Quise* et

(1) Auteurs déjà cités; — l'abbé Lebœuf, *Dissertations sur le Soissonnais*, tom. 1er, p. 36.

Cuise, on désignait Guise, dont le premier nom devait être aussi *Cotia*, dans le latin barbare des chartes du moyen âge, tantôt sous les noms de *Gusia, Guisia,* tantôt sous ceux de *Gusgia* et *Gugia*. Adrien Valois pense que *Gusia* est le véritable nom latin de Guise. L'analogie qu'on remarque entre Guise et Cuise, paraît exister également entre le village de Villers-lès-Guise (*Villare ad Guisiam*) et Villers-en-Cuise (*Villare ad Cuisiam*), depuis, Villers-Cotterêts. L'origine de ces lieux remonterait ainsi aux premiers défrichements de Cuise et de Guise, ou ne devrait pas leur être de beaucoup postérieure (1).

Les Romains ont laissé, sur plusieurs points de la Thiérache des traces remarquables de leur passage et de leur séjour dans cette contrée. Le camp de Labienus ou de Maquenoise, sorte de forteresse où s'était cantonnée une légion romaine, et dont on découvre encore de précieux vestiges ; le lieu nommé *Terva*, dont la racine gauloise doit être *Tarvos* (chêne, bois), entre Origny et La Hérie, célèbre dans le pays par les débris d'antiquités qu'on y trouve, et qui fut, dit-on, une *villa romaine;* les tombeaux, les urnes sépulcrales, les médailles, qu'on rencontre partout avec profusion dans la Thiérache, sont autant de témoins irrécusables de la conquête et de l'occupation romaines. A Monceau-le-Neuf, on découvrit en 1799, près des fondations d'une tour d'origine romaine, détruite par le temps et les guerres, un grand nombre de ces médailles, à l'effigie des empereurs Alexandre-Sévère, Valérien, Gallien, Claudius II, Quintillus,

---

(1) *Adriani Valesii*, *Notitia Galliarum;* — Géographie de Busching, tom. 4, p. 298 ; — *Diction. historiq. des villes*, par François Fondeur ; — *Hist. du Valois*, tom. 1er ; — Guibert de Nogent, *Lib. de Vita sua*, cap. 19 ; — Hermann ; etc.

Aurelianus, Tacitus, Probus, Posthumus, Victorinus et Titricus, qui, presque tous, ont fait de longs séjours dans la Gaule Belgique, avec de nombreuses armées, pour s'opposer aux invasions des Barbares (1). Aux portes même de Guise, à Beaurain, on trouva, il y a quelques années, une urne contenant des cendres et des monnaies, quelques plats, un miroir métallique, deux épingles ou broches en cuivre et en pierre rongées par la rouille et l'humidité. Une de ces médailles de la grosseur d'un décime portait un cheval avec ce mot *Decurio* et a excité surtout la curiosité des savants. D'autres médailles en or et en bronze, trouvées aussi avec des urnes à Saint-Michel, à La Capelle, à Aubenton, montrent que les Romains pénétrèrent partout dans l'immense forêt de Thiérache. La plupart de ces monnaies sont d'Adrien, qui pacifia la Germanie, et soumit la Gaule à un gouvernement plus régulier. C'est lui qui divisa la Gaule Belgique en Belgique Première, qui eut Trèves pour capitale, et en Belgique Seconde, à qui il donna Reims pour chef-lieu (2).

Mais, le plus beau monument que les Romains aient laissé

---

(1) Ces médailles au nombre de 288 furent trouvées dans un pot de grès, le 14 mai 1799 (25 floréal an VII de la République). Ce trésor, qui a dû être enterré vers le milieu de l'empire de Probus, puisque les médailles à l'effigie de cet empereur se trouvent en plus grand nombre et les dernières dans l'ordre chronologique, était du poids de trois kilogrammes et se rapportait aux empereurs qui se sont succédé de 222 à 272, au nombre de douze, pendant une période de cinquante ans. Une partie de ces médailles sont entre les mains de M. Tayon, maître de pension à Guise, avec une explication manuscrite très-détaillée.

(2) La plus grande partie de ces objets précieux a été perdue ou dispersée. — En 1848, on a trouvé à Bohéries des médailles en cuivre à l'effigie de Tetricus, Posthumus, Néron, Vespasien, Gallienus et Victorinus; et d'autres en argent à celle de Constantin, d'Adrien et de sa femme Sabina. A cette petite collection étaient joints des Louis XIII et une autre pièce en cuivre couverte des deux côtés de caractères ressemblant à des hiéroglyphes, ce qui semble indiquer qu'elle a été perdue ou enfouie par les religieux, peut-être pendant le siége de Guise en 1650.

dans la Thiérache, c'est la voie de Bavai à Reims. En même temps que les clairières gagnaient peu à peu dans la forêt, et que l'agriculture commençait à remplacer les hautes et séculaires futaies, cette voie y allongeait ses divers embranchements, indépendamment des chemins de traverse qui n'avaient ni la solidité, ni la beauté des grandes chaussées que construisaient, en temps de paix, les légions romaines cantonnées sur les points les plus importants du territoire, et dont il reste encore de si beaux vestiges dans l'ancienne Belgique. Telle était, suivant l'*Itinéraire d'Antonin*, la direction de la chaussée romaine de Bavai à Reims (1). De Bavai elle allait à *Duronum*, que les uns prétendent être La Capelle, et d'autres Dorengt ; « *En quoi*, dit Bergier, *je ne sçaurois contredire, n'en ayant jamais ouy parler ;* » de *Duronum*, elle se rendait à *Verbinum*, qui ne peut être, selon le même auteur, que « *la villette gentille de Vervin, ronde en sa figure, assise sur une motte au pied de laquelle passe le dit chemin ;* » à *Catusium* (Tavaux ou plutôt Chaourse, distant de Vervins de trois lieues, qui répondent aux six mille pas de l'*Itinéraire*), puis à *Minaticum* (Nizi-le-Comte, situé à trois lieues et demie de Chaourse, ce qui répond

---

(1) *Iter à Bagaco Durocorlorum usque*, M. P. L. III. *sic*.

Duronum M. P. XI. (XI. M. P. Onze mille pas).
Verbinum M. P. X.   Vironum.
Catusium M. P. VI.   } Selon la *Table*
Minaticum M. P. VII.   Ninsteaci.   *Théodosienne.*
Muennam M. P. XVIII.   Auxuenna.   }
Durocortorum M. P. X.

Ex Itinerario Antonini Augusti, de Gallia. Tom. 1er des *Historiens des Gaules et de France*, p. 107.

— *Histoire du diocèse de Laon*, par N. Lelong, p. 19 ; — Devisme, *Manuel du département de l'Aisne*, p. 8 ; — Danville, au mot *Verbinum* ; — Bergier, *Histoire des grands Chemins de l'empire*, liv. III, chap 39, p. 525 ; —*Statistique de l'Aisne*, par Brayer, tom. 1er, p. 136.

encore à la mesure de l'*Itinéraire*) ; puis elle gagnait *Muenna* ou *Auxuenna* au lieu d'*Axona* (Neufchâtel-sur-Aisne) ; après avoir franchi cette rivière, elle se dirigeait sur *Durocortorum* (Reims). Les différents lieux qu'elle traversait dans la Thiérache lui durent sans doute leur origine, les populations et les colonies tendant naturellement à se rapprocher le plus possible du voisinage des chaussées. C'est ainsi que se formèrent Etréaupont, où elle passait l'Oise et le Ton, Froid-Estrées (*Frata-Strata*); le hameau de la Chaussée-d'Estrée, les métairies ou fermes du Haut-Chemin (*Alta-Via*), de la Chaussée-d'Haris, de *Straon*, qui ont pour racine le mot *Strata* (chaussées).

La voie romaine de Reims à Bavai était construite avec une extrême solidité, et dans toutes les conditions des grandes chaussées. Selon le bénédictin N. Lelong, qui l'avait examinée près de Lor, elle avait pour fondement de grosses pierres de grès rangées symétriquement; pour seconde couche, un lit de petites pierres; pour troisième couche un lit de pierres moins grosses que celles du fond. Cette dernière couche était recouverte d'un gros gravier mêlé de sable et caché sous la terre. Deux autres voies qui ne devaient être que des embranchements de celle-ci passaient, l'une près de Watigny, l'autre près du camp de Labienus (Maquenoise), qui était du nombre de ces camps romains appelés *castra stativa* (*camps permanents*) de la Gaule Belgique, dont la construction se rapporte au règne de Constantin.

Les autres chaussées les plus rapprochées de la voie de Bavai à Reims, étaient celle de Bavai à Saint-Quentin, qui traversait les bois de Baurevoir, passait par Estrée et près de Vermand, se dirigeant ensuite sur Amiens, et celle qui, partant de Reims, passait au camp du Vieux-Laon ou de Saint-Thomas, traversait les marais de Barenton, franchissait la Serre entre Assis et Remies, d'où tendant en ligne droite à Câtillon-sur-Oise, elle aboutissait à Saint-Quentin. Guise, placé entre ces trois chaussées comme au centre d'un triangle, était éloigné de chacune d'environ cinq lieues, à moins que celle de Bavai à Reims ne passât par Dorengt (*Duronum*). De ces voies *impériales* se détachaient d'autres chemins secondaires, en grand nombre, destinés à les relier entre elles. Vers Dizy, la voie de Bavai avait un de ces embranchements qui passait entre la Serre et Montigny-le-Franc, traversait à Marle cette rivière et le Vilpion, allait droit à Sons, de là à Faucousies (*Foukosies*), prenant entre ces deux villages le nom d'*Estrée*, puis se dirigeait directement sur Guise, d'où il sortait, en tirant un peu à droite, pour gagner Etreux et Landrecies. Nous devons au savant dom Grenier la connaissance de cette voie romaine secondaire, dont l'étymologie du village d'Etreux (*Estrée*, *Strata*) nous avait toujours fait soupçonner l'existence. Il y a à peu de distance de Guise, vers Jonqueuse, un chemin qui coupe la route actuelle de Saint-Quentin et qui porte le nom de *Romeret* ou chemin des Romains, mais ce ne peut être, tout au plus, qu'une de ces chaussées secondaires, malgré l'identité qu'il offre, en cet endroit, avec les voies romaines proprement dites. Il y avait également quelque chemin important qui partait de Guise, passait l'Oise à Vadencourt (*vadum curtis*), où il y eut longtemps un péage, et se dirigeait par Grougis et Etaves vers la chaussée de Bavai à Saint-Quentin (1).

(1) *Ex Itinerario Antonini Augusti*, tom. 1er des historiens des Gaules; — N. Le-

On ignore ce que devint la Thiérache dans les grandes invasions des Barbares qui finirent par détruire la puissance romaine dans les Gaules. Quelques métairies, quelques villas peu importantes, éparses ça et là dans ses solitudes, et à demi-cachées dans la profondeur des bois, ne pouvaient pas offrir une vaste proie à leur rapacité. Les Vandales, les Bourguignons, les Suèves durent s'écouler par les grandes voies dont elle était comme entourée et dont l'une ne la traversait qu'en partie, car ils ruinèrent Bavai (406), la ville de Vermandois (Saint-Quentin), Reims et leurs territoires. Les Huns, entrés en Gaule au nombre de 500 mille hommes, saccagèrent à leur tour le Hainaut et le Rémois. Laon seul, par la force de sa position, résista à ce torrent de Barbares (448). Les Franks, sous la conduite de Chlovis, terminèrent enfin par des établissements fixes et une véritable conquête les incursions exterminatrices de ces peuples du Nord vomis par les forêts glacées de la Haute-Germanie. Déjà des tribus frankes s'étaient fixées dans le voisinage des forêts de Thiérache et des Ardennes. Chlodion, selon Grégoire de Tours, s'était emparé de la *cité* de Cambrai et occupait tout le pays qui est entre Cambrai et la Somme et peut-être une partie du Vermandois. Ægidius, comte romain, père de Syagrius, avait son gouvernement limitrophe à la région déjà habitée également par les Franks,

---

long, *Hist du diocèse de Laon*, p. 20, et 29; — H. Martin, *Hist. de Soissons*, tom. 1er, p. 69 et suiv.; — Bergier, *Hist. des grands chemins de l'Empire*, tom. 1er, p. 526 et suiv.; — *Hist. de Vervins*, par Piette, p. 3; — *Manuel historiq. du départ. de l'Aisne*, p. 8; — MSS. de dom Grenier, *Chaussées romaines de la Picardie*. Le chemin indiqué par ce savant homme ne se trouve ni dans l'*Itinéraire*, ni dans la *Table Théodosienne*. Ces mots d'une charte de 1231.... *En Bergelin sicut strata ducit de Foukosies ad Sons* ont dû surtout lui révéler son existence que l'étymologie d'Etreux ne peut que confirmer. *La Thiérache* p. 8, 9, et 10. — *Bergelin* est la forêt de Bergeaumont.

de Tournai à la Meuse, au-delà des rivières d'Aisne et d'Oise. Chlovis s'unit à ces tribus et se dirigea vers Soissons qui était comme le centre de la domination romaine. La plupart des historiens, d'après un passage d'Hincmar, tiré de la vie de saint Remi, pensent que pour venir dans le Soissonnais, Chlovis parti de Cambrai, dut côtoyer le territoire de Laon, c'est-à-dire à peu près l'Oise, et y arriver par la cité de Noyon. Il aurait donc suivi le chemin militaire qui conduisait de Cambrai à Soissons par la ville de Vermandois, et serait arrivé sur les hautes plaines qui dominent la vallée de Soissons où l'on voit encore de superbes vestiges de cette voie romaine. C'est là que se livra la fameuse bataille où le chef des Franks, à la tête de 5,000 guerriers, battit le gouverneur romain Syagrius (486). Profitant sur-le-champ de sa victoire, Chlovis s'empara de Soissons et y jeta les fondements de la monarchie franke qui embrassa bientôt la majeure partie des Gaules (1).

Aussitôt après cette heureuse conquête, Chlovis se saisit de tout ce qui constituait le domaine impérial, dans les Gaules, ou terres du fisc, qui étaient très-considérables. Il s'empara des métairies, des villas et de toutes leurs dépendances, bois, prés, terres en culture, en garda une partie pour lui et en distribua une partie à ses principaux guerriers, sous le nom de bénéfices militaires, c'est-à-dire à charge du service en temps de guerre.

(1) *Histoire de France*; — *Hist. du diocèse de Laon*, par N. Lelong, p. 35 et 36; — Guibert de Nogent, p. 682; — Henri Martin, *Hist. de Soissons*, tom. 1er, p. 110 et 133; — Devisme, *Manuel historiq.* p. 9; — Biet, abbé de Saint-Léger, *Dissertation sur la véritable époque de l'établissement des Francs dans les Gaules*, dans le recueil intitulé, *Dissertations sur le Soissonnais*, tom. 1er, p. 57, 231 et suiv.; — Ribaut de Rochefort, *Dissertatio Suessionica*, ibid., p. 398 et 403; — *Gesta Francorum*, cap. v.

Ceux-ci à l'exemple du chef, dépouillèrent à leur tour les possesseurs particuliers et s'approprièrent tout ce qui était à leur disposition, dont ils formèrent des domaines indépendants ou libres de toute obligation envers le chef, notamment du service militaire. C'est à cause de cela qu'on les appela *francs-alleux*, *propriétés allodiales*, de *alod*, qui dérive du mot *loos*, *sort*, d'où sont venus les mots *lot*, *loterie*, *allouer*. Dans chaque lieu où se cantonna un chef barbare, il ne prit pas moins des deux-tiers des propriétés territoriales, qui reçurent le nom de fief (*feodum*, *feudum*, de *fehod*, *propriété*), dont il était le maître absolu. Tel fut le principe du régime féodal : son origine date de la conquête ; nous verrons, par la suite de cette histoire, quelles circonstances vinrent l'étendre et le fortifier (1).

Les Franks, après avoir imposé la loi aux vaincus, avaient eux-mêmes subi celle du christianisme, et saint Remi, leur apôtre, usait de tout le pouvoir dont il jouissait près d'eux, pour le bien de l'église et l'extension de la foi. Le diocèse métropolitain de Reims, fondé vers 290, avec celui de Soissons, était trop vaste pour qu'il pût suffire aux besoins de son troupeau ; il le démembra pour ériger un nouveau siége, qu'il fixa à Laon et qu'il dota magnifiquement (500). La *cité* de Laon, depuis la conquête romaine, occupait le Laonnais proprement dit et la Thiérache, qui formaient deux *pagi* ou cantons principaux de la cité. Des comtes étaient préposés à l'administration des *pagi*, qui furent gouvernés cependant,

---

(1) Guizot, **Essai sur l'hist. de France**, édit. de M. D. CCC. XXIII, p. 9 et 98 ; — Aug. Thierry, **Lettres sur l'histoire de France**, p. 171 et 172 ; — **Hist. de Soiss.**, tom 1er, p. 144 ; — **Hist. du Valois**.

vers la chute de l'empire, par les évêques des cités. Aux comtes romains succédèrent, sous les Franks, des chefs militaires qui exerçaient dans les *pagi* tous les droits de l'autorité royale, et qui prirent aussi le nom de *comtes*. On connaît ceux de Laon, de Thiérache et de Vervins, au dire d'un historien, cependant il est plus probable que la Thiérache (*pagus Teorascensis*) et le Laonnais (*pagus Laudunensis*) étaient sous le gouvernement du même comte. Quoi qu'il en soit, ils furent distraits ensemble de la métropole de Reims pour composer le nouvel évêché. La Thiérache forma le deuxième archidiaconé du diocèse, et l'un des dignitaires du chapitre porta toujours le titre d'archidiacre de Thiérache (*archidiaconus Teoracensis*). Les archidiacres étaient les premiers dignitaires de l'église épiscopale après le prélat et réunissaient de grandes fonctions sur certaines parties du diocèse, soit quant à la discipline, soit quant à l'administration des biens de l'église. Ils eurent, plus tard, sous eux un certain nombre d'archiprêtres, qui furent remplacés par des doyens (*decani*). Les doyens ruraux, ainsi appelés pour les distinguer des doyens des chapitres, étaient choisis parmi les prêtres du doyenné sans distinction de chef-lieu. Guise devint chef-lieu de doyenné et l'un des douze dont se composa le diocèse de Laon (1).

(1) *Histoires de Laon*; — H. Martin, *Hist. de Soiss.*, tom. 1er, p. 158; — *Hist. du Diocèse de Laon*, p. 44 et 317; — Devismes, *Manuel historiq.*, p. 9; — Blet, abbé de Saint-Léger, *Dissert. sur l'établissement des Francs dans les Gaules*, p. 224; — D. Grenier, *Introduct. à l'hist. de Picardie*, p. 86.

La charte par laquelle Charles-le-Chauve donne Chaourse en 867 à l'abbaye de Saint-Denis, place ce lieu dans le comté de Laon (*Cadussam super fluvium Serœ in comitatu Laudunense sitam*), ce qui prouve que la Thiérache et le Laonnais ne formaient qu'un comté. *Hist. de S. Denis*, liv. 11, p. 93; et pièces justificatives, 1re partie.

Sous les rois franks, l'agriculture continua ses progrès par de nouvelles conquêtes sur les régions forestières ; le fer et le feu entamaient de plus en plus les bois de la Thiérache, à travers lesquels se faisaient jour quelques voies romaines, quelques chaussées-Brunehault, et l'éclaircissaient peu à peu, laissant à découvert des plaines fertiles, au milieu desquelles on voyait s'élever de nouvelles villas, des villages, des bourgs même et des villes. C'est aux temps gallo-romains et à l'époque de la domination des princes mérovingiens que se rapporte non-seulement l'origine de Guise, mais encore celle de tant d'autres lieux de la contrée, dont les noms, à la physionomie demi-latine, demi-barbare, rappellent tout à la fois la langue des vaincus, celle des vainqueurs, et les progrès de leur civilisation par l'agriculture et le soin des troupeaux.

Les villas, bâties au milieu d'exploitations agricoles, étaient habitées par de nombreux colons ou peuplées de serfs ou esclaves attachés à la glèbe. Autour d'elles on vit bientôt se grouper et s'agglomérer peu à peu les populations à demi-sauvages qui commençaient à comprendre les avantages de la vie sédentaire sur la vie nomade ; elles devinrent ainsi comme les noyaux de nos villes et de nos villages qui ne sont point d'origine romaine. De là tous les noms dont les mots *villa* et *curtis* sont comme la base, et qui sont précédés ou suivis du nom de leur possesseur ou d'autres mots également caractéristiques. Ils sont nombreux aux environs de Guise et dans la Thiérache : il suffit de nommer Bernoville (*Berno villa*), Aisonville (*Æson villa*), Hauteville (*Alta villa*), villages situés au centre de fortes cultures ; Villers-lès-Guise *Villare ad Guisiam*. *Villare*, diminutif de *villa*, signifiait une cense, un hameau, une petite terre ayant plusieurs habitations dans sa dépendance. Le mot *curtis*, *chors*, ou *cort*, qui signifiait d'abord un lieu fermé où l'on rassemblait les troupeaux (du mot latin *cohors*), et qui atteignit enfin le sens de *villa*, maison rustique et ses dépendances, manoir, enclos, magasin, atelier, ferme, courtil, a formé tous les noms en *court*, comme Englancourt, Ardecourt, Berlancourt, Morcourt, Vadencourt, (*vadum curtis*, métairie près d'un gué), Courcelles (*curtis cella*, manoir, ferme, où il y a un oratoire, une chapelle, *cella*). Enfin les familles autrefois errantes se réunissent, se multiplient dans tous les lieux favorables aux habitations, sur une chaussée fréquentée, Estrées, Etreux, Etrée-au-Pont, (*strata*), sur une colline, une éminence, Monceaux, La Mothe (*acervus*), Montcornet (*mons cornutus*), Montigny, Flavigny (*montaneus*, *mons flavescens*), près d'une source, d'un ruisseau, dans la proximité ou au confluent des rivières. Le Sourd (de *surgere*, sourdre, source), Condé (*condatum*), Brunehamel (*Brunehamel*), Aubenton, (*albento*, *Alba in Tonium*), Cuirieux, Grand-Rieux, Saint-Martin-Rieux (de *rivus*, *rieux*, ruisseau), Beaurain (*bella ripa*), Autreppes (*alta ripa*), Ribemont (*ripæ mons*). A tous ces noms primitifs, nous joindrons ceux de La Fère (*fara*), du Nouvion (*Noviomum*, *Noviodunum*), aux racines gauloises; de Vervins (*Verbinum*, de *verbena*, verveine), d'origine romaine (1), de Marle (*marna*, marne), de Rozoy (*rosetum*, lieu couvert de rosiers

---

(1) *Fara* veut dire une réunion de familles de même origine et dont les cases ou chaumières sont rapprochées les unes des autres de manière à former un hameau; — *Noviodunum*, selon les savants, est un mot celtique ou gaulois qui signifie *nouvelle ville*, *ville neuve*. La fameuse racine *dun* qui a tant exercé leur sagacité en est la base. (V. Ducange.)

sauvages), d'Hirson ou Hériçon (*hericius*, *iritio*, hérisson), de Leschelles, La Capelle (*cella*, oratoire), de Lesquielles (*Leskiriœ*), qui ont tous une étymologie plus ou moins pittoresque et qui rappelle la nature des lieux, des animaux qui les fréquentaient, des plantes qui y croissaient, lorsque nos pères y fixèrent leurs habitations (1).

Sous les rois de la première race, les villas s'appelaient, selon leur importance ou leur destination principale, villas royales (*villœ regiœ*), maisons royales (*palatia regia*), villas du fisc (*villœ fiscales*, *villœ publicœ*), mais le plus souvent *coloniœ*, *prœdium*, *cultura*, qu'on nomma, dans la suite *colonies*, *hostises*, *censes* ou *granges*, dans les vieux titres français, et qui étaient habitées par des *hôtes* et *vilains* qui payaient un cens annuel. C'est dans cette catégorie qu'on rangerait Colonfay (*coloniœ* ou *colonorum fagus*, bois de hêtres défriché par des colons), et par opposition Landifay (bois, lisières de bois de hêtre à l'état de landes), Landouzy-la-Ville (*villa*), Landouzy-la-Cour (*curtis*), Clanlieu, (*clandestinus locus*, lieu profond, couvert de bois touffus). De *prœdium* viendraient aussi Proix, Proisy, qui pourraient également tirer leur origine de *prœda*, proie et indiqueraient les principaux pâturages de l'Oise, comme Etaves (*stabula*), une réunion d'étables pour de nombreux troupeaux. Les hauteurs de Villers-lès-Guise et le lieu appelé les *Coutures* ou les *Cultures* (*culturœ*) durent être des premiers défrichements des environs de Guise (2).

(1) Marlot, *Metropol. Remens. hist.*, tom. 1er, p. 9 et 10; —Carlier, *Hist. du Valois*, tom. 1er, p. 266 et suiv.; — Ducange, *Dict. Etymologique. Collection de mémoires pour l'Histoire de France. Etymologies*; — Henri Martin, *Hist. de Soiss.*, tom. 1er, liv. 3, p. ...; — Brayer, *Statistique de l'Aisne*, tom. 2.

(2) Auteurs cités plus haut.

Les villas royales ou seigneuriales ne tiraient pas seulement leur importance de l'étendue de l'exploitation agricole dont elles étaient le centre ; elles étaient encore les chefs-lieux des terres environnantes et le siége des administrations. Elles étaient régies par un simple juge ou *mayeur* (*major*), par un proviseur ou comte (*comes*). Ces officiers exerçaient sur l'étendue du territoire les fonctions qui furent dévolues plus tard aux baillis et aux prévots des châtellenies. Ils étaient à la fois intendants de la villa et gouverneurs du pays, ce qui les rendit dans la suite assez puissants pour qu'un concile leur recommandât de ne point abuser de leurs fonctions pour écraser les serfs, vexer les colons et les fermiers ; de ne point prêter au fisc de l'argent à usure, mais, au contraire, de donner leurs soins à la culture des terres, à celle de la vigne, à la garde des forêts et des pâturages, et enfin de rendre bonne justice à ceux de leur ressort, qui était quelquefois très-étendu. Il y avait dans les villas, des juges des forêts ou forestiers, qui connaissaient des délits commis dans les bois. Les gruyers succédèrent aux forestiers, ce fut là l'origine des grueries de Guise et de Saint-Michel, qui durent être d'abord comme Cuise, sous les rois mérovingiens et carlovingiens, le siége d'un conservateur des forêts. Avec le temps, les administrateurs des villas se rendirent héréditaires et devinrent des seigneurs puissants, tandis que les villas devinrent elles-mêmes des châtellenies considérables (1).

Une fois établis dans les Gaules, les Franks s'adonnèrent à l'agriculture et se formèrent aux habitudes paisibles de la vie

---

(1) Concile de Kierzy en 858 ; — *Hist. de Soiss.*, par H. Martin, tom. 1er, p. 173 ; — *Hist. du Valois.*

économique. Les rois chevelus habitaient les anciennes villas romaines, dont ils firent des fermes immenses où ils s'occupaient, dans les intervalles de la guerre, de la culture et du produit de leurs propres domaines, d'où ils tiraient presque tous leurs revenus. C'était là qu'ils se retiraient, avec leurs *fidèles*, au retour de leurs chasses lointaines et de leurs expéditions guerrières. Les principaux Franks, à l'exemple des chefs, habitaient aussi les métairies qui leur étaient échues lors de la conquête. Ils y venaient se délasser des travaux de la guerre, au milieu de superbes solitudes, où ils se livraient à l'exercice de la chasse, et s'occupaient également du soin des troupeaux et de la culture des terres en friche. La Thiérache renfermait au milieu de ses forêts plusieurs de ces maisons royales dont quelques-unes paraissent être d'origine gallo-romaine, telles que *Catusium* (Chaourse), que Charles-le-Chauve donna à Saint-Denis, et où il passa les fêtes de Pâques de 867, *Creceium seu Creciacum ad Saram* (Crécy-sur-Serre), non loin de la villa de Salmoucy, où mourut Carloman (1).

La Thiérache, et notamment les environs de Guise, portent encore dans les étymologies locales l'empreinte des mœurs forestières et pastorales et des habitudes à demi-sauvages de nos aïeux. Dans ces temps reculés, Lavacqueresse, Boué, Bohéries (de *vacca, bos*), étaient déjà des lieux de pâturage; Louvry (de *lupus*)), Voulpaix (de *vulpes*), doivent leur nom aux chasses nécessitées pour la conservation des troupeaux; Monceaux-les-Leups, à la grande quantité de loups dont étaient jadis peuplés les bois qui l'environnaient.

---

(1) *Adriani Valesii*, *Notitia Galliarum*, art. Thiérache; — Mabillon, *Diplomata*.

Les villas, les métairies avaient ordinairement dans leur dépendance un bois particulier, réservé, qu'on désignait sous les noms de *fay, boissière* ou *borde*. On appelait Fay (de *fagus*, faux, feux), un lieu planté de hêtres, où, du moins, cette essence de bois dominait, de même qu'on appelait *chenoye*, un lieu planté de chênes. Les rois et les seigneurs choisissaient, au milieu de bois touffus et impénétrables, les cantons où le hêtre et le chêne abondaient, et les conservaient de préférence dans les défrichements, parce que ces arbres, à la cime large et touffue, s'opposant à la croissance des taillis et des broussailles, leur rendaient plus facile le plaisir de la chasse. Les villages de Landifay, Colonfay, étaient dans l'origine des lieux couverts de hêtres. On en peut dire autant du lieu appelé bois du Fay, près de Guise. Celui des *Ajeux*, des *Aïaux* ou *Agneux*, dit par corruption des *Agneaux*, a aussi emprunté son nom à sa situation, dans ces temps où la vie ordinaire se passait en grande partie dans les forêts. Ces mots *Ajeux*, *Agneux*, *Aïaux* viennent de *haga* ou *haya*, terme de basse latinité dérivé, selon les plus célèbres étymologistes, du mot tudesque *Hagen* (haye), lequel signifiait un taillis qui bordait, comme une sorte de haye, la forêt principale. Ainsi les bois des *Aïeux* ou des *Agneux*, devait, comme celui de Bellai (ou *Belle-Haye, bella haya*) appartenir à cette partie de la forêt de Thiérache qui bordait la rive septentrionale de l'Oise. Au reste, le mot *haye* est comme consacré dans les titres français du moyen âge, pour désigner une partie de bois; la Haye-Cartigny, la Haye-Catelaine, la Haye-Equiverlesse, la Haye-Maneresse, la Haye-Long-Pré, les Hayes d'Englencourt, les Hayes du Nouvion, dont plusieurs seront nommées dans le cours de cette histoire. Ces différentes portions de bois forment les forêts du Nouvion et de Saint-Michel, qui, avec les bois de Bergeaumont, de Renneval, de Leschelle, de Guise, etc., sont autant de démembrements de l'immense forêt primitive de Thiérache (1).

Attaquée d'abord du côté de Guise et de Rumigny, c'est-à-dire, par les deux extrêmités opposées, elle s'était vue bientôt entamée jusqu'au cœur. Elle était même tellement éclaircie, vers le vi° siècle, que le pays, à cause des vastes clairières qu'elle laissait à la culture, s'appela dès lors *terra assa, terra sarti, terre de sart, terre essartée*, mise en culture par le fer et par le feu, dont on aurait fait par la suite des temps, *Terr'ascha, Terracia*, etc., et en français, Terrache et Thiérache. Les villages du Sart, de Renansart, rappellent ce travail opéré dans la forêt par l'agriculture. Ils viennent évidemment du mot latin *ardere*, brûler, dont les composés *arsin, arsi* signifient un lieu incendié. Le nom de Charbonnière (*carbonaria*) que porte une partie de la forêt des Ardennes, viendrait encore fortifier ce sentiment. Selon même quelques étymologistes, le mot *ard* serait aussi la racine du mot Ardennes. N. Lelong paraît néanmoins préférer, sans toutefois l'adopter, l'opinion de ceux qui font dériver le nom de Thiérache de *terrassa* ou *terra sicca, terra siccata*, terre desséchée, brûlée par le soleil, à cause de l'aridité du terrain que la forêt laissait à découvert. Peu satisfaits de ces opinions, quelques-uns ont prétendu que la

---

(1) *Hist. du Valois*, par Carlier, *passim*; — *Testaments des seigneurs de Guise de la maison de Châtillon*; — Ducange, *Dict. étymologiq.*; — Henri Martin, *Hist. de Soiss.*, tom 1er, liv. III; — *Statistique de l'Aisne*, tom. 2, p. 126 et 145; — D. Grenier, *Introduction à l'Hist. de Picardie*, p. 67.

Thiérache avait reçu son nom de Thierry, roi de Neustrie, qui habitait la villa de Nogent et possédait la Thiérache, laquelle formait de ce côté la limite de ses états. De *Theodorici terra, terre de Thierry,* on aurait fait Thiérache, comme on a appelé *Lotharingia (pays de Lothaire)* la province de Lorraine. Ce sentiment est adopté par Lelong, Ménage, etc. Un autre sentiment qui se rapproche de celui-ci et qui a été suivi par plusieurs géographes qui se sont copiés les uns les autres, fait venir le nom de Thiérache d'un Thierry, chef d'une bande de Normands, ou de Thierry d'Avesnes, qui vivait au xiie siècle et à la *hache* duquel cette contrée était soumise. Il en est enfin, qui lui ont trouvé une origine anglaise, et disent que les troupes de cette nation, dans les guerres du xive siècle, trouvant dans ce pays une grande abondance de fourrage pour leurs chevaux, l'appelèrent en leur langue *terre à fourrage.* Pour détruire ces dernières opinions, il suffit de dire qu'il était question de la Thiérache, sous le nom de *pagus Teoracensis,* de *Teoracia sylva,* vers le temps de Charlemagne, comme on le voit dans la vie de saint Ursmer, écrite à cette époque (770) par Anson, abbé de Lobbes, qui donne à ce saint le titre d'*évêque* et le fait naître dans le Hainaut et la Thiérache (*Ursmarus episcopus, in pago Hainao et Theoracense oriundus. . . .*).

Quoi qu'il en soit des autres opinions dont il serait assez difficile de discuter la valeur, on ne peut nier que ce ne soit de la forêt de Thiérache, en tant qu'entamée par des défrichements, que cette contrée ait tiré son nom, de même que les provinces de Brie et de Bresse ont tiré le leur des forêts qui les couvraient primitivement. (*Teracia vocabulum est cujusdam nominatissimæ sylvæ. De miraculis S. Thod.*).

Une autre partie de forêt, moins célèbre, et contiguë à celle de Thiérache, dont elle ne devait être qu'une division, appelée la Faigne (*Fania*, de *fagus*), forma également le pays de Faigne, *pagus Faniæ*, souvent confondu avec le *pagus Theoracensis*. Le nom de la Thiérache, comme celui de Guise, sa capitale, varie beaucoup dans les titres latins et français du moyen âge. Ce fut d'abord *Theorascia*, *Theoracia* ou *Terascia*, puis *Terracia*, *Terrascea* et *Therasca*. Les vieux auteurs écrivent tantôt la *Tiérasce*, tantôt la *Tiérasche*, la *Tirasse* et la *Terrache*, ou la *Tiéraisse*... etc. Ce pays, que de Thou appelle en latin *Tirascensis ager*, est appelé *Tierche terre* dans le roman des faits et gestes de Godefroy de Bouillon (1).

Il serait aussi difficile de fixer les limites de la Thiérache que celles de la forêt qu'elle a remplacée, parce qu'elle n'en eut peut-être jamais de bien déterminées. Bornée au midi par le Laonnais, elle s'étendait sur la rive droite de la Serre, qu'elle dépassait en plusieurs endroits, surtout en remontant vers les sources de cette rivière. Elle touchait, vers l'orient, au Rémois, à l'occident, au Vermandois, dont elle était séparée, vers le sud, par la rivière d'Oise; puis s'avançant vers les rives de la Sambre, elle confinait au Cambrésis et de là au Hainaut. Dans sa plus grande extension, la Thiérache renferma l'étendue de pays comprise dans la ligne suivante. Laissant Saint-Souplet

---

(1) Marlot, *Metropol. Rem. hist.*, tom. 1er, p. 9 et 10; — *Aubertus Miræus, Diplomata;* — *Guisius, Hist. Hann.*; — Lelong, p. 2 et 5; — *Adriani Vales. Not. Gall.*; — *Vita S. Ursmari, abb. Laub.*, et *Anson Ratharius, in vitâ ejusdem, apud Bolland. Acta sanctorum aprilis*, tom. 2. de *S. Ursmaro episcopo et abbate*, 18 *aprilis*; — Diplôme du roi Henri, en 1043, en faveur de Saint-Michel; — *Diction. étymologiq. de Ménage;* — *Diction. de Trévoux;* — le *Grand Diction. historiq.* etc., de Lamartinière, tom. 3; — *Diction. universel géographique*, etc., de M. Corneille; — Busching, *Géographie universelle*, tom. 1, p. 298; — Les *Chroniq. de Froissard et de Monstrelet;* — D. Gronier, *Introduction à l'Hist. de Picardie*, publiée par les Antiquaires de Picardie, p. 69.

et Fesmy, qui étaient du Cambrésis, elle prenait, au nord, le Nouvion, Rocquigny et Clairfontaine, jusqu'à Notre-Dame-du-Gland. De Saint-Souplet, elle descendait la rive droite de l'Oise, prenait, à l'ouest, Verly, Aisonville, Longchamp, Bernot, Neuvillette, Tenelles, Sissi, Mézières, Travecy, La Fère, Viry, et laissant Chauny, elle prenait, au midi, Rouy, traversait les bois de Prémontré, remontait à Mortiers, longeait un ruisseau, de Mortiers à Lappion, d'où remontant à l'est, elle prenait Noircourt, Rozoy, Apprémont, Brunehamel, Aubenton. De là, elle allait rejoindre la frontière du nord à Notre-Dame-du-Gland, près des sources de l'Oise. Son étendue en tous sens pouvait comprendre un espace de douze à quinze lieues. Elle se divisait en Grande et Petite Thiérache, dont deux hameaux de Momigny portent encore les noms. La Grande Thiérache était proprement le comté et le duché de Guise (1).

Après la mort de Chlovis, la Thiérache avait été du lot de Chloter, et avait fait partie du royaume de Soissons. C'est tout ce qu'on en peut dire à cette époque. Guise et les autres lieux de la contrée, encore à demi-perdus dans les bois, étaient trop éloignés du centre des événements pour y jouer quelque rôle. La fuite du roi Thierry vers les solitudes de la Thiérache, est à peu près le seul souvenir qu'y aient laissé les princes chevelus.

La France, après avoir été plusieurs fois divisée entre les héritiers du trône, se trouva une seconde fois réunie sous le même sceptre, celui de Chloter II, mais pour se diviser

---

(1) Lelong, p. 1ᵣₑ et 2ᵉ; — Samson; *Joannis Magini*, etc., *Geographiæ*, edit. anni 1617;—Atlas de Gérard Mercator (édit. d'Amsterdam), an 1630; — *Picardie et Champagne*. Dom Vaissette;—*Géographie historique*, etc., tom. 2, pages 506 et 567.

de nouveau et tomber sous la puissance des maires du Palais. Thierry III et Ebroïn sont renfermés à Saint-Denis, à cause des violences de ce dernier, mais Childebert II, frère de Thierry, ayant été assassiné, celui-ci remonta sur le trône de Neustrie. La Thiérache formait au nord la limite de ses états, ce qui a fait naître l'idée qu'il lui avait laissé son nom. Saint Léger lui ayant conseillé de choisir pour maire du palais Leudésie, fils d'Erchinoald, ce choix déconcerta les projets ambitieux d'Ebroïn qui, pour se venger, eut l'audace de former un parti contre son souverain. Ayant passé l'Oise à Pont-Sainte-Maxence, il vint droit à la maison royale de Nogent-Sous-Coucy (*Novigentum*) où Thierry était alors. Thierry, n'ayant d'autre parti à prendre que celui de la fuite, se dirigea, avec ses *fidèles*, vers les bois de Thiérache où il espérait échapper à son ennemi, mais ayant perdu ses trésors à Bucy-lès-Crépy (*Bacio*), autre villa royale de son domaine, cet incident retarda sa marche, et il fut atteint par Ebroïn, à Crécy-sur-Serre (*Cresciago*), d'où il espérait s'enfoncer sans doute du côté de Guise, dans les bois de la Thiérache (673). Il se tint à la villa de Crécy une conférence entre lui et Ebroïn, qu'il fut forcé de reconnaître pour maire du palais, fonction que celui-ci déshonora par d'incroyables excès qui ne tardèrent pas à lui attirer de nouveaux embarras.

En effet, les Leudes, qu'il persécuta avec violence, se retirèrent en Austrasie où les ducs Martin et Pépin avaient pris les rênes du gouvernement, après avoir tué Dagobert II. Ceux-ci, prenant parti pour les réfugiés, marchèrent contre Thierry et Ebroïn, à qui ils en voulaient surtout. Les deux armées se rencontrèrent à *Lufao* ou *Lucofao* et se livrèrent une sanglante bataille où les Austrasiens vaincus prirent la fuite. Martin parvint à se renfermer dans Laon, mais Pépin s'étant retiré vers l'Austrasie avec les débris de son armée, Ebroïn le poursuivit, ravageant tout le pays sur son passage, après quoi, revenant sur ses pas, il marcha en vainqueur sur Laon ; mais, comprenant qu'il ne pourrait réduire facilement cette forte position, il eut recours à la trahison. S'étant arrêté à Chéry ou Escheri (*Ercherego-villa*), il envoya des députés à Martin pour l'engager à s'y rendre auprès du roi, qu'il traînait toujours à sa suite ; le comte tomba dans le piége et fut assassiné par Ebroïn, qui se rendit maître de Laon, sans coup férir.

On s'est beaucoup exercé pour fixer la position de *Lufao* que plusieurs prétendent être Lafaux, entre Laon et Soissons ; cependant la marche d'Ebroïn indique assez qu'il faut le chercher entre Laon et l'Austrasie, puisque Chéry se trouve sur son chemin pour revenir de l'Austrasie vers Laon, en repassant à l'endroit où s'était livrée la bataille, pour aller assiéger cette ville. Or il y a entre Laon et les Ardennes, et surtout dans la Thiérache, un grand nombre de lieux dont le nom se rapproche de *Lufao*. Les deux Landouzy, Landifay, au-dessous de Guise, à six ou sept lieues de Laon, Bois-Fay, près Marle, qui sont tous composés du mot *fay* (*fagus*), sont ceux qui nous paraissent devoir réunir le plus de suffrages. De Longuemarre, dans sa *Dissertation historique sur le Soissonnais*, semble pencher pour Landifay ; nous serions porté à croire, avec beaucoup d'autres, que c'est plutôt Bois-Fay, à cause de sa ressemblance plus parfaite avec *Lufao* ou *Lucofao* (1).

(1) *Gesta francorum* ; — Gouge de Longuemarre, *Dissert. historiq. sur le Soissonnais*, tom. 4, p. 151 ; — Lelong, p. 92 et 93 ; — Statistiques et annuaires de l'Aisne.

La profondeur des bois, qui, malgré de nombreuses éclaircies, couvrait toujours le sol de la Thiérache, n'empêcha pas la lumière évangélique d'y pénétrer. A différentes époques, plusieurs saints personnages s'étaient retirés dans ses asiles sauvages, pour échapper aux séductions du siècle. Les cellules, les ermitages, les oratoires qu'ils bâtissaient dans ces lieux solitaires, furent comme autant de centres d'où se répandait une odeur de sainteté. Leurs prédications, leurs miracles, la pureté de leur vie ne manquaient pas d'attirer, autour d'eux, les colons et les peuplades sauvages, dont plusieurs adoraient encore les dieux de leurs ancêtres, et sacrifiaient aux bois, aux fontaines, aux lieux druidiques. Sainte Benoîte avait souffert le martyre à Origny, en 362, et donné naissance au célèbre monastère de son nom. Saint Montain s'était sanctifié à La Fère vers 427. Dès le vi^e siècle, saint Théodulphe, appelé vulgairement saint Thion, disciple de saint Thierry, né à Gronard-en-Thiérache, avait passé une partie de sa vie à cultiver la terre dans une métairie, ou villa, nommée encore aujourd'hui *la ferme*. Il avait quitté ce lieu à l'âge de vingt ans pour entrer au monastère du Mont-d'Or où il se livra encore, pendant vingt-deux ans, aux occupations agricoles. Elu abbé, en 545, malgré sa résistance, il mourut, le 1er mai 590, plein de jours et de mérites. Cependant ce ne fut guère que vers les viie et viiie siècles que la Thiérache fut évangélisée. Tandis que saint Gobain périssait, dans les bois de Voas, victime de son zèle apostolique (670), d'autres saints prêchaient la foi dans la Thiérache; c'étaient saint Gobert, saint Algis, saint Eloque et saint Ursmer, presque tous d'origine irlandaise et disciples de saint Fursi, abbé de Lagny. Saint Gobert se sanctifia au village de ce nom ; saint Eloque fut abbé de Lagny et quitta cette dignité pour se retirer à Gergny, où il mourut le 3 décembre 666. Non loin de là, saint Algis, dont le nom est célèbre aux environs de Guise, menait la vie érémitique dans un lieu désert de la forêt, près de la montagne de Saint-Julien, où il bâtit une chapelle, et quelques cellules qu'il occupait avec ses compagnons, Corbicain, Rotalde et Carobas. Le spectacle des vertus de la pieuse colonie, les prédications d'Algis et l'austérité de sa vie convertirent à la foi les habitants de cette région jusqu'à la rivière d'Hèpre. Il fit le voyage de Rome sur la fin de sa carrière et mourut le 2 juin 670. Les miracles qui s'opérèrent à son tombeau donnèrent naissance à un célèbre pèlerinage et par suite au village de Saint-Algis où son culte est toujours en vénération. Leschelles (*cella*), près de Guise, fut le lieu que choisit saint Wasnon pour se retirer du monde (1).

Mais celui qu'on peut regarder comme l'apôtre de la Thiérache est saint Ursmer. Né au Petit-Floyon, de parents qui avaient de la noblesse, il joignait aux agréments du corps les plus belles qualités de l'esprit et du cœur. Il fit de grands progrès dans les lettres et de plus grands encore dans la vertu. Sa réputation s'étendit si loin, que Pépin d'Héristal, maire du palais, le nomma abbé de Lobbes, puis le fit ordonner évêque, sans lui assigner de diocèse, afin qu'au moyen des pouvoirs que ce titre lui accordait il pût travailler plus efficacement à la conversion des infidèles, dans des contrées encore livrées à l'idolâtrie. En effet, cet évêque, *digne de la louange des gens de bien* (*episcopus dignus*

---

(1) *Bollandistes*; — *Annales bénéd.*, p. 645 ; — Lelong, p. 31, 47, 75 et suiv.

laude bonorum), sentant redoubler son zèle, parcourut divers lieux de la France, particulièrement les pays de Thiérache et de Faigne, prêchant la parole de Dieu, bâtissant des églises et faisant des miracles. *Per Ursmarum*, dit un légendaire, *in partibus Galliæ, in Fanià et Teoracià multos conversos fuisse et constructas quæ adhuc supersunt ecclesias.* Il mourut le 19 avril 713. Quelques-uns l'appellent l'apôtre des Thiérachiens, des Flamands et des Ménapiens (*apostolus Terasciorum, Flandrensium, et Menapiorum*) (1).

Tandis que la foi s'étendait ainsi dans la Thiérache et y remplaçait les restes du culte superstitieux des druides, Charles-Martel régnait, sous le nom des monarques fainéants. A sa mort, la mairie d'Austrasie échut à Carloman, et celle de Neustrie fut dévolue à Pépin, lequel devint bientôt, par la retraite de son frère, maître de tout l'empire frank, que Charlemagne, son petit-fils, devait porter à un si haut degré de gloire. C'est sous le règne de ce grand monarque que les Normands commencèrent leurs excursions hors des limites glacées de la Scandinavie, mais ce ne fut que sous le règne de Louis-le-Débonnaire, et surtout sous celui de Charles-le-Chauve qu'ils pénétrèrent au cœur de la France. Ce

---

(1) .....*Ursmarus episcopus dignus laude bonorum in pago Hainao vel Theorascensi, in villà quæ vocata est Fleon oriundus fuit.* (*Vita, Auct. Ansone abb. Lob.*: —*Act. sanctorum*, aprilis, tom. 2., de S. Ursmaro, episcopo et abbate, 18 aprilis, p. 560. *Boll.*) Ansón semble hésiter, dans ce texte, sur la position de Floyon, qui en effet se trouve aujourd'hui en Hainaut, mais il était alors plutôt de la Thiérache, qui avait une plus grande extension de ce côté. — *Ibid. Remarq. MSS. Maximini Threcacensi.* — *Bolland.*, tom. 2, aprilis, p. 256; append. prim. *ex MS. Lobiensi ibid*, p. 559; — Vie de S. Ursmer, par Rathère, abbé de Lobbes; — *Adriani Valesii, Not. Gall.*, au mot Thiérache; — La vie de saint Ursmor, évêque et abbé de Lobbes, dans les *Nouvelles fleurs des Saints*, tom. 1er, p. 590; — Lelong, p. 80; — *Acta sanct. benedict.*, 19 avril, p. 240; — *Annales de Picardie*; — Pour nous comme pour le Vandale, l'existence du B. Urswald est encore à l'état de fable. L'austère évêque de Guise, *in partibus*, est toujours introuvable.

dernier, qui avait dans ses domaines la Thiérache et le Laonnais, le Hainaut et le Rémois, y fit quelques efforts pour résister à ces Barbares, en confiant la garde du pays d'entre la Meuse et la Seine à des chefs auxquels il donna tout pouvoir pour organiser la défense.

La puissance qu'il accorda, dans le même dessein, à un grand nombre de seigneurs, tout en montrant la faiblesse du gouvernement, ne fit qu'augmenter la discorde entre lui et le peuple qu'on écrasait d'impôts pour arrêter, à prix d'or, les courses de Normands, et entre les nobles et les gens d'église, dont il favorisait tour-à-tour les prétentions. Tandis que les nobles se plaignaient que le clergé abusait de son pouvoir, parce qu'il s'opposait à leurs exactions, le clergé accusait les nobles d'envahir les biens ecclésiastiques ; Charles, obligé de ménager ces derniers, avait en effet donné l'exemple de pareils abus. C'est ainsi qu'il avait cédé en 845, à l'un d'eux nommé Nithard, le fief d'Hucquigny, près Guise, et Hannape, avec l'*autel* du lieu, c'est-à-dire les revenus paroissiaux, sans parler d'autres biens de l'église de Reims, dont il avait également disposé. Ebbon, métropolitain de Reims, ayant engagé Charles à les rendre, les seigneurs s'y opposèrent, mais il paraît que Nithard fut touché de la crainte de Dieu, car étant dans son domaine d'Hannape avec sa femme Erchanfride, les deux époux se voyant sans postérité, résolurent de consacrer leurs biens au service des autels. Cependant ils ne savaient à quelle église les consacrer. Dans son indécision, Nithard, dit la chronique, eut la pensée de tirer au hasard une flèche à laquelle était attachée la charte de donation, avec l'indication du lieu d'où elle partait. La flèche fend les airs, parcourt plus de cinquante lieues et va tomber sur le maître-autel de l'église de l'abbaye de Prum, au moment où l'abbé Ansbald y célébrait la messe. Surpris de cet événement, Ansbald prit la flèche miraculeuse, qu'on conserva depuis dans le monastère, et envoya quelques-uns de ses religieux prendre, au nom de l'abbaye, possession du domaine d'Hannape, qu'un auteur appelle un alleu étendu et d'un très-bon rapport *(magnum allodium et optimum. Gloss. ad librum censuum).* Quoi qu'il en soit, Hannape ne fut pas moins donné dans la suite à l'abbaye de Prémontré par Barthélemy de Vir, évêque de Laon, et demeura à cette abbaye malgré les réclamations de Prum, qui ne conserva que le fief d'Hucquigny (1). Ce fut sans doute le même motif dont fut inspiré Nithard qui porta le comte Altramn, à céder aussi en 815 à l'abbaye de Saint-Denis, Autreppe et Roubais, situés dans le Laonnais *(in pago Laudunensi),* dans lequel on comprenait souvent la Thiérache, qui en faisait en effet partie (2). On croit que c'est à Prum que Nithard écrivit l'histoire des divisions des enfants de Louis-le-Débonnaire.

Ces divisions n'étaient pas propres à arrêter les courses de Normands, qui continuaient d'inquiéter tout le nord de la France. Charles vint en Thiérache en 867 et passa les fêtes de Pâques à sa maison royale de Chaourse, dont il avait cédé la châtellenie et les deux églises au monastère de Saint-Denis. En 876, il tint une assemblée à Salmoucy, pour aviser aux moyens de résister aux Barbares, ce qui ne l'empêcha pas de porter la guerre en Italie, au lieu de défendre le centre de ses

---

(1) *Chronique de Flodoart*, liv. 3 ; — *Chronicon veterum scriptorum*, au tom. 1er des historiens des Gaules et de France ; — Lelong, p. 103.

(2) *Hist. de Saint-Denis*, liv. 2, p. 98 ; — Lelong, p. 2 ; — Charte de Charles-le-Chauve sur la donation de Chaourse à Saint-Denis, aux preuves de l'*Hist. de Saint-Denis.*

Etats. Avant son départ, il prit néanmoins quelques mesures pour la sûreté intérieure du royaume et créa un conseil à son fils Louis, dont il régla jusqu'aux plaisirs.

Charles mourut à son retour et eut pour successeur ce même prince, Louis, dit *le Bègue* (877), qui mourut deux ans après son avénement au trône, laissant deux fils, Louis et Carloman. Louis de Germanie, profitant des discordes qui agitaient la France, s'avança jusqu'à Ribemont; mais sa tentative n'ayant point eu de succès, il fit sa paix avec les deux princes et tourna ses armes contre les Normands. Ces Barbares avaient déjà ravagé le Vermandois en 851 et 859. Ils poussèrent encore plus loin leurs invasions. Après avoir tout ruiné le long de la Seine, ne trouvant plus de butin de ce côté, ils remontèrent l'Oise sur leurs barques légères et commirent d'affreux dégâts dans tout le pays d'alentour, sans éprouver la moindre résistance. Ils marchaient en bon ordre, la cavalerie formant deux lignes de chaque côté de la rivière et les gens de pied remontant son cours, à l'aide de bateaux longs et étroits. Châteaux-forts, métairies, églises, abbayes, ils n'épargnaient rien. Ils massacraient les populations, les hôtes, les colons, qui habitaient les villas, les métairies, les villes, la plupart ouvertes et sans défense. Ils s'étaient arrêtés à Noyon et y avaient établi un camp, d'où leurs détachements allaient piller au loin. En 882 quelques hordes de ces Barbares s'avancèrent dans le Laonnais. Ils échouèrent devant Laon, mais ils se vengèrent de cet échec par d'horribles ravages commis dans les environs. L'année suivante, ce fut le tour de Saint-Quentin qui fut pillé. Carloman voulut les arrêter près de Péronne, mais, ayant été abandonné par les seigneurs, il leur laissa le passage libre. Ils pénétrèrent par la Thiérache jusque dans le Soissonnais et se cantonnèrent à Vailly et à Ecry, d'où ils rançonnèrent le pays sans obstacle. Battus néanmoins à Ecry par Carloman, ils convinrent avec lui de leur retraite (1).

Suivant quelques historiens, ce ne fut guère que vers 889 qu'ils pénétrèrent au cœur de la Thiérache *(Terraciam)* par la rivière d'Oise *(Hisam)*. Cette fois, ils furent poursuivis par Carloman, qui les obligea de passer la rivière, les poussa jusque dans le Rémois, et les atteignit à Avaux, près Reims, où il leur tua environ 1,000 hommes. D'autres détachements ravagèrent encore à plusieurs reprises le Rémois, le Laonnais et la Thiérache jusqu'en 892. Ils brûlèrent dans cette dernière plusieurs établissements religieux, entre autres la chapelle de Saint-Eloque, près de Gergny. Profitant des guerres civiles excitées par les rivalités d'Eudes, comte de France, et de Charles-le-Simple, ils recommencèrent leurs courses en 898, mais Eudes étant mort à La Fère, cette même année, Charles demeurant maître du royaume put mettre fin à leurs incursions. Il traita avec eux, en 909, mais la paix ne fut complète qu'en 911 (2).

Tout ce qu'on peut dire de Guise, à cette époque déplorable de notre histoire, c'est que l'ancienne villa lui dut sans doute, comme tant d'autres, ses premiers accroissements, ou plutôt un changement complet de destination. Car tel fut le résultat général des courses des Normands. Les faibles successeurs de Charlemagne, ne pouvant résister par eux-mêmes, aux inva-

---

(1) *Chronicon de gestis Norman.*; — Ham, *Hist. vir.*; — *Diplom.* de Mabillon; — *Cartusium lib.* 4 ; — Lelong, 124 et 125 ; — *Manuel historiq.* par Devisme, p. 18 et 19; — *Chroniq. historiq. de Saint-Denis*, citée par Lelong, p. 803 ;—Martin, *Hist. de Soissons*, tom. 1er, p. 355 et 359.

(2) *Chronicon de gestis Norman. in Francid*;— *Ex Adrieni Vales., Not. Gall.*, p. 540 ;— Lelong, p. 76 et 124;—*Ann. bened.*;—*Hist. de Soissons*, tom. 1er, p. 304.

sions des hommes du Nord, furent réduits à autoriser chaque propriétaire à défendre son domaine, comme il l'entendrait, avec ses serfs, ses vassaux, en élevant sur son fond (*in fundo*) des points de résistance, des forteresses, des *fertés* (*firmitates*), des châteaux (*castella*), d'où il arriva, en effet, qu'on en construisit de toutes parts, que les villas ou métairies bâties en bois ou en terre et occupées par des troupeaux et des hommes de culture, s'environnèrent de fossés, de palissades, de tours, de donjons, de remparts en pierre ou en briques, pour la défense de la terre, où elles étaient situées. Quant aux petits propriétaires *allodiaux* ou indépendants, ne pouvant se défendre eux-mêmes, ils furent contraints, de confier leur défense aux grands propriétaires, c'est-à-dire de reconnaître un suzerain, de se faire *les hommes d'un seigneur* tenu de les protéger contre les spoliations vexatoires des Barbares et des aventuriers, qui, à la faveur des troubles, parcouraient toute la France et la mettaient au pillage. Ce fut donc pour arrêter ces brigandages, qu'on vit notre sol se hérisser de châteaux-forts, connus sous le nom de châtellenies, castels, fertés, et que des hommes libres, mais sans moyens de défense, furent obligés de se faire les vassaux de quelques grands barons auxquels ils payaient un droit de sauvegarde, et qui ne tardèrent pas à user à leur égard du droit du plus fort en les taillant à merci et en les vexant de toutes manières.

La villa de Guise, aussi bien que celle de Lesquielles, bâties sur les côteaux élevés de l'Oise, durent se métamorphoser en châteaux-forts dans l'espace des ix° et x° siècles, ainsi que Coucy, fortifié en 884 par Hervé, archevêque de Reims, Marle, dont le château existait en 956. Rozoy, Rumigny, La Fère, Ribemont, Aubenton, Hirson, etc. Quant à la ville de Guise, elle se forma des habitations groupées autour de l'ancienne villa et de celles qui ne tardèrent pas à s'élever à l'abri des remparts féodaux (1). Il faut regarder comme une de ces fables qui environnent l'origne de presque toutes les villes, ce qu'avance un auteur, que du temps d'un certain Ramaire, son seigneur, Guise portait le nom de *Terra maris*. Sa plus haute antiquité connue ne va pas au-delà du règne de Charlemagne. Un passage de Jacques de Guyse a fait croire que Guise était, dès le ix° siècle, une puissante suzeraineté, et formait une des douze pairies du comté de Flandre. Charles-le-Chauve, *selon diverses histoires, traditions et mémoires*, érigea la Flandre en comté, en faveur du mariage de sa fille Judith, avec Beaudouin Bras-de-Fer, qui eut lieu à Auxerre, l'an 863, et étendit même, selon quelques-uns, le domaine du nouveau comte jusquaux rives de l'Oise, de l'Escaut et jusqu'au Vermandois. Beaudouin voulant relever l'état de son comté, établit sous sa dépendance, à l'imitation de ses voisins, divers grands officiers à titre héréditaire, entre autres douze pairs choisis entre les plus éminents seigneurs du pays, dont la plupart étaient qualifiés comtes. C'étaient les comtes de Gand, Harlèbeke, Térouane, Tournai, Hesdin et Guise, lesquels tenaient leur rang au côté droit du comte de Flandre, lorsqu'il présidait en personne pour les affaires importantes concernant ses Etats. A sa gauche, se plaçaient les six autres pairs qui étaient les comtes de Blangy, de Bruges, l'avoué d'Arras sire de Termonde, les comtes de Boulogne, de Saint-Pol, de Messine. Dût la gloire de notre ville en être diminuée, nous ferons observer qu'il y avait au quartier de Bruges une terre et seigneurie de *Guyse*, et que cette terre

(1) *Hist. du Valois*, par Carlier; —*Hist. de Soiss.*, par H. Martin, tom. 1ᵉʳ, p. 354.

qui était aussi une ancienne baronnie de Flandre pourrait bien être la pairie dont parle Jacques de *Guyse* (1). Il est vraisemblable néanmoins que Guise avait, dès le x⁰ siècle, des châtelains dont les noms ne sont point parvenus jusqu'à nous. Ces châtelains paraissent avoir relevé d'abord des fameux comtes de Vermandois, tout puissants dans le nord de la France, et qui possédaient de vastes domaines en Thiérache; aussi verrons-nous bientôt les seigneurs de Guise s'intituler pairs du Vermandois. Cependant la seigneurie de Guise ne paraît pas avoir longtemps fait partie de leurs domaines proprement dits. Les châtelains de Guise se rendirent indépendants et devinrent à leur tour de puissants suzerains, n'ayant plus avec le comte que des rapports de vassalité (2).

(1) *Manuel hist*, par Devisme, p. 34 ; — *Recherches des antiquités et noblesses de Flandre*, liv. 1ᵉʳ, chap. 32, *des pairs et autres officiers héréditaires institués en Flandre*, p. 71, ibid. chap. 9, p. 0; — *Recueil d'actes des* xii⁰ *et* xiii⁰ *siècles*. par M. Taillar, conseiller à la cour d'appel de Douai, p. LXXXI.

JACQUES DE GUYSE.

La même erreur, qui a pu faire de Guise l'une des douze pairies de Flandre, y a fait naître Jacques de Guyse; Jacques ne naquit point dans notre ville, comme le pense M. Devisme, d'après les conjectures de Lacroix Dumaine et de Moréri, mais à Mons-en-Hainaut, selon Bayle (*Dict. historiq.*) et selon Jacques Lelong (*Biblioth. hist. de France*, tom 3, p. 629, nouvelle édition). C'est aussi l'avis de Prosper Marchand, de Guise (*Dictionnaire. hist.*). Il était d'une famille honorable du pays et distinguée dans la magistrature, qui portait le nom de *Guyse*, dans la province de Hainaut ; Jacques de Guyse mourut religieux de Saint-François, à Valenciennes, le 6 février 1399, selon Bayle, et 1598, selon Prosper Marchand. 1398 paraît être la véritable date de sa mort; c'est celle qu'admet M. Devisme. Jacques de Guyse s'appliqua à illustrer les antiquités de son pays, mais il admit des fables. Cependant l'histoire de France, dit M. Devisme, lui doit des éclaircissements sur ses antiquités et notamment sur Mérovée et sa descendance. Nous aurons quelques fois occasion de le citer dans le cours de cette histoire. Ses principaux ouvrages sont 1° *les Illustrations de la Gaule Belgique*; 2° *les Chroniques des comtes de Flandre*. (Voyez sur ces ouvrages la *Bibliothèq. historiq. de France*, par Jacques Lelong, nouvelle édition, tom. 3, p. 629.)

(2) *Guisius, hist. Hann.* — Dom Vaissette, *Geographie historique*, tom. 2, p. 366 et 367 ; — Lamartinière, *Diction. historique*, etc.; — Charte de Raoul, évêque de Laon, datée du 3 février 945 ; — *La Thiérache*, p. 10 ; — Colliette, tom. 2 ; p. 195, et 436.

Les comtes de Vermandois, suzerains de Guise, étaient de véritables souverains assez puissants pour lutter, avec avantage, contre les rois eux-mêmes. Ils étaient de race royale et descendants de Charlemagne. Albert ou Elbert, l'un d'eux, est le seul qui nous intéresse à cause des fondations pieuses qu'il fit dans la Thiérache. Il était parent, et même, selon un histotorien, père de Guy et d'Héribert II, célèbre à cause de la lutte qu'il soutint contre Raoul et qui, de concert avec d'autres seigneurs, rappela d'Angleterre, Louis d'Outremer, fils de Charles-le-Simple; Albert se mêla aux guerres civiles qui agitaient le royaume, prit le parti de Raoul contre Charles et aida Héribert à s'emparer de ce prince. Outre le titre de comte de Vermandois, un auteur lui donne celui de duc de Thiérache, où il possédait de vastes domaines soit à titre de fiefs, soit à titre de bénéfices. Ayant quitté le tumulte des armes pour se livrer aux exercices de la dévotion, il s'appliqua à la fondation et à la restauration de plusieurs abbayes. Il rétablit Homblières, bâtit le Mont-Saint-Quentin et d'accord avec la comtesse Hérésinde, sa femme, qui secondait toujours ses pieux desseins, il construisit en 945, au village de Rochefort, situé dans les solitudes de la forêt de Thiérache (*in saltu qui dicitur Therascia*), l'abbaye de Saint-Michel, à l'endroit même où saint Ursmer avait fondé une chapelle sous l'invocation de l'archange (1). Deux ans après, Hérésinde fonda, également dans la même forêt, à Bucilly, une abbaye de filles bénédictines, où elle put se retirer pour vaquer, loin du monde, aux pratiques de la piété. Ces deux monastères furent dotés magnifiquement, surtout en bois dans la forêt de Thiérache, et

(1) Charte de Raoul, évêque de Laon, aux preuves de l'*Hist. du diocèse de Laon*, p. 508.

comptèrent au nombre de leurs bienfaiteurs les châtelains de Guise, qui eurent avec eux de continuels rapports. Albert mourut vers 987 (1).

La fondation de ces diverses abbayes et de celles qui s'élevèrent encore dans la Thiérache, durant le cours du XIe siècle, en y introduisant le goût des arts, des sciences et de l'agriculture, contribua à dissiper les restes de barbarie qu'y abritaient encore ses antiques forêts. Grâce à ces établissements religieux qui, avec les débris des littératures anciennes, conservèrent dans le trésor de leurs chroniques et de leurs précieux cartulaires, leur propre histoire et celle de leur temps, les annales de Guise vont se dégager de leur obscurité et acquérir un véritable intérêt.

(1) *Gallia Christiana*, tom. 9, *Eccles. Laud.* — *Histoire du diocèse de Laon*, par N. Lelong, p. 146, 147 et 154 ; — H. Martin, *Histoire de Soissons*, tom. 1er, p. 405 et 406 ;— *Manuel historique*, pag. 18, 28 et suivantes ;—Selon les annales de Prémontré, ce serait à Herbert III, comte de Vermandois, et non à Albert II qu'il faudrait attribuer la fondation de Bucilly. Ann. tom. 1er, p. 416.

CHAPITRE II.

GUISE SOUS SES SEIGNEURS PARTICULIERS.

PREMIÈRE RACE.

Sous le règne des faibles successeurs de Charlemagne, la France était tombée dans un état complet de démembrement et de dissolution. Il n'y avait plus, à proprement parler, de gouvernement. Chaque propriétaire était souverain dans sa terre. Les ducs, comtes, marquis, châtelains, n'étaient plus de simples administrateurs des provinces, des comtés, des châtellenies, ou possédant des terres en bénéfices, mais de véritables possesseurs des districts où ils avaient représenté le souverain. Profitant des concessions qui leur avaient été faites, sous prétexte de la défense du pays, ils s'étaient fortifiés dans des positions inattaquables et qui pouvaient, en effet, servir utilement contre les invasions ; « mais par une suite imprévue de ces sages précautions, ces forts châteaux furent changés en des demeures de tyrans et devinrent des retraites de brigands occupés à lever des contributions arbitraires dans des pays qu'ils auraient dû protéger au péril de leur vie. »

Il est facile de concevoir ce qui devait résulter d'un tel état de choses. Tout gouvernement central ayant disparu, la force brutale fut la seule règle et l'anarchie devint permanente. Chaque baron vidant lui-même ses propres querelles et toujours le fer à la main, c'était une guerre interminable entre les châteaux et les bourgades. Comme il était rare qu'on vécut en bonne intelligence avec son voisin, les seigneurs étaient sans cesse à la tête de *leurs hommes*, serfs ou vilains, qu'ils obligeaient d'obéir à leurs moindres caprices. Aux guerres avec leurs égaux succédaient les guerres contre leurs suzerains, qui en agissaient de même à l'égard des leurs; et ainsi jusqu'au roi suzerain de toute la France. Les malheureux serfs n'avaient pas le temps de respirer; les travaux de la guerre étaient remplacés par les exactions de la paix. Cantonné dans son fief, retranché dans son manoir couronné de tours formidables, le châtelain était comme le Dieu de la terre dont ils étaient les hommes. Il les taillait à merci de la tête aux pieds, les accablait de corvées, les traînait à ses chasses et les ruinait de toutes manières, tant ceux des villes que des campagnes.

Tel est à peu près le spectacle que nous offrira souvent le château de Guise, qui dut son accroissement aux circonstances que nous avons signalées, et qui ne tarda pas à acquérir une grande importance dans les affaires du pays, en devenant le chef-lieu de possessions considérables. Alliés ou parents des anciens comtes de Vermandois avec qui ils avaient des rapports de vassalité, les châtelains de Guise étaient du nombre de ces hauts barons qui pouvaient passer pour des souverains. « Il n'est pas douteux, dit Colliette, que Guise et son château n'aient toujours fait partie du domaine des comtes de Vermandois. C'était pour eux un château bornier, reculé hors de leur territoire, et pour en défendre l'entrée. Le gouvernement en fut confié à des seigneurs courageux et puissants qui, certes, ont dû sortir de leur sang, ou leur être alliés, pour mériter cette haute préférence. Les domaines qu'ils mirent sous leur garde et qui leur devinrent propres, étaient immenses. On le voit par les donations qu'ils ont faites à divers monastères et par les fiefs et arrière-fiefs qui sont restés, jusqu'à ce jour, mouvans de leur châtellenie ou tour de Guise. Ces domaines comprenaient plus de villages que n'en contient le bailliage actuel de Vermandois. »

L'origine de cette vieille race se perd dans l'obscurité du moyen âge, mais on croit qu'elle était unie par les liens du sang à la maison de Saint-Aubert; or, Gauthier de Saint-Aubert avait épousé, vers 986, une sœur du comte de Vermandois. Il y avait encore d'autres points de contact entre les deux lignées. Gérard de Saint-Aubert avait fait alliance avec le sang de Vermandois, en donnant sa main à la noble Eléonore, comtesse de Vermandois. Enfin la maison de Roucy, qui s'allia à celle de Guise, tirait son origine des comtes de Vermandois. Il en est même qui prétendent que les rapports de vassalité qui existaient entre ces derniers et les seigneurs de Guise, seraient une preuve que ceux-ci en descendaient par branches collatérales (1).

---

(1) Colliette, *Mémoires du Vermandois*, tom. 2, p. 195.

Les noms des seigneurs de Guise sont restés inconnus jusqu'à Wauthier ou Gauthier, qui, lui-même, avait longtemps échappé aux généalogistes. Ainsi, dès 945, Raoul évêque de Laon, défendait par une charte aux seigneurs de Guise et d'Hirson d'inquiéter l'abbaye naissante de Saint-Michel, mais sans indiquer leur nom. On ne sait rien de Wauthier, si ce n'est qu'il apposa son seing à une charte de 1058, accordée par Henri Ier, roi de France, en faveur du monastère de Hasnon, dans laquelle ce prince déclare lui donner plusieurs *menses et villas* et confirmer celles qui lui ont été données par les rois ses prédécesseurs. Cette pièce se termine ainsi : « Fait heureusement à Cambrai, dans l'église de Sainte-Marie, le 5 août de l'an de l'Incarnation de notre Seigneur 1058 » (*Actum Cameraci feliciter*, *in S. Mariæ templo*, 5 *aousti*, *an D. I. M. L. VIII. an. regni Henrici* 25.), en présence de plusieurs prélats et chevaliers. Après les seings du roi, de Philippe son fils et de la reine, viennent ceux de l'archevêque de Sens, des évêques de Cambrai, d'Amiens, de Laon, de Noyon, d'Angers, etc., puis ceux des seigneurs parmi lesquels on distingue avec Wauthier de Guise (*signum Walteri de Guisiâ*), Bouchard de Montcornet, Ive de Coucy, Mingold de Montaigu, Thierry de Roye, Alliaume de Beaurevoir, Guy de Saint-Aubert, Renauld de Bohain, qui se trouvaient dans cette grande assemblée (1).

---

(1) Les nombreux généalogistes que nous avons consultés donnent tous Godefroy comme premier seigneur de Guise. M. Devisme est le premier qui ait signalé Wauthier (*Manuel historiq.* p. 34). La charte de Henri Ier, où son nom a été découvert, se trouve au tom XI des *Historiens de France*, p. 599, et aux preuves de l'*Histoire de Cambrai et du Cambrésis*, par Lecarpentier, tom. 1er. — Charte de Raoul, évêque de Laon, citée plus haut. Ce seigneur, selon Colliette, vivait en 1100 (tom. 2, p. 406), et selon N. Lelong, en 1080.

Celui qu'on peut regarder comme le successeur de Wautier, puisqu'il vivait en 1080, est Godefroy de Guise (*Godefridus de Gusgid*), dont les actes sont appuyés sur des monuments authentiques. Il fit une alliance qui suffit, à elle seule, pour prouver la noblesse et l'ancienneté de sa famille. Il épousa Ada ou Ade (Adèle) de Roucy, l'une des plus puissantes maisons du pays. Ada était la cinquième fille de Hilduin ou Beaudouin, comte de Roucy, et sœur de Manassès, archevêque de Reims. Hilduin avait eu deux fils, et sept filles qui furent toutes mariées dans la plus haute noblesse. La première, Félicie de Roucy, épousa Sanche, roi d'Aragon ; la seconde, Rottholde comte du Perche, la troisième, Hugues comte de Clermont, la quatrième, Thibaut comte de Rainel, la sixième, Arnoul comte de Wark, père d'Othon comte de Chiny, la septième, Foucon de Vir, prince de Bourgogne, père du fameux Bartéhlemy de Vir, évêque de Laon. Foucon avait sans doute éprouvé quelque résistance dans son dessein d'épouser cette dernière, car on rapporte qu'il avait forcé Hilduin à consentir à cette union, en le faisant prisonnier avec Elinand, évêque de Laon, dans un voyage qu'ils firent à Rome (1).

(1) *Historia Metrop. Remens.*, tom. 2, p. 239 ; — *Hermanni monachi, De miraculis B. Mariæ Laud.*, lib. 1, cap. II, p. 528 et 529. *Genealogia regum tertiæ sterpis*, tom. 14, p. 8 et 9 des *Historiens de France*; — *Gallia christiana*, tom. 9, Ecc. Laud.; — *Serul. benedict.*, 2° part., p. 420 ; — *Aug. Viromand*, lib. 2, p. 154 ; — *Hist. de Cambrai*, tom. 2, 3° partie, p. 707 ; — *Histoire de la maison de Montmorency*, par André Duchesne, liv. II, p. 90 et 91 ; — *Histoire de la maison de Roucy*, chap. III, p. 20 ; — *Dict. de la noblesse*, art. Guise, N. Lelong, p. 243 ; *Généalogie des seigneurs de Guise*, MS. de dom Grenier, dans Colliette, *Mémoires du Vermand.*, et dans Dupuis, *Des droits du roi* ; — *Valesius, Notitia Galliarum*, Lelong, 271. L'auteur de la *Réponse d'un Vandale à la Lettre sur l'histoire de Guise*, pense qu'un seigneur nommé *Méchanie*, a possédé la seigneurie de Guise, après Wautier. Nous n'avons pu trouver le nom de ce seigneur ni dans les généalogistes, ni ailleurs. Sa physionomie féminine nous a fait présumer que le Vandale avait pris pour un seigneur de Guise Adéline ou Adèle de Montmorency.

Quoiqu'on ignore l'époque précise de la construction du château de Guise, on s'accorde généralement à l'attribuer à Godefroy. Ce château, qui remplaça l'ancienne forteresse insuffisante, sans doute, à la défense de ses domaines, n'était éloignée que de trois lieues des frontières de Flandre et devait bientôt jouer un rôle important dans le pays. Godefroy et ses successeurs n'oublièrent rien de ce qui pouvait en faire une place formidable. Elevé, à grands frais, sur un roc escarpé et inaccessible, ce manoir avec sa couronne de tours crénelées, son haut donjon, devait avoir un aspect à la fois pittoresque et redoutable. Comme les seigneurs n'habitaient que les châteaux, ils choisissaient toujours pour établir ces demeures féodales, un lieu favorable à la défense et de difficile accès. Ils les plaçaient, de préférence, sur les hauteurs qui dominaient de belles vallées, des forêts profondes, une rivière, un torrent. Telle était la situation du château de Guise. D'un côté une vallée profonde, de l'autre un ravin qui, par leur réunion, forment comme une sorte de promontoire qu'occupe encore la forteresse actuelle. Du haut de leurs remparts, les châtelains de Guise plongeaient leurs regards sur le cours sinueux et verdoyant de l'Oise, qui se divisait à leurs pieds en plusieurs bras pour l'usage de leurs vassaux, et sur leurs domaines de la Thiérache aux plaines immenses et onduleuses, couvertes encore çà et là de superbes forêts. Ils voyaient à la fois les tours légères de Notre-Dame de Laon, la masse gothique de la collégiale de Saint-Quentin, et l'extrême frontière de Flandre,

---

femme de Guy de Guise, appelée vulgairement Méchaine de Montmorency (...*Æluidis quæ vulgò Mechania dicitur*, Charte de 1120, ... *quæ proprio nomine Addelina, sed vulgò dicebatur Mechania*. Charte de 1133).

où étaient leurs seigneuries d'Aubenton, d'Hirson, de Saint-Michel et de Bucilly, tandis qu'ils dominaient leurs fiefs de Lesquielles, de Flavigny, et autres mouvances rapprochées, dépendantes de leur terre de Guise.

Dans l'intérieur de tout château était le *manoir* du seigneur, où logeaient avec lui ses chevaliers et écuyers, qui lui formaient une véritable cour; une place d'armes, lieu des joûtes, et divers bâtiments pour les chevaux, les harnais et les armures. Les dispositions de la forteresse moderne, avec ses longues voûtes, ses portes basses, ses ponts-levis et l'irrégularité de ses constructions présentent une image assez fidèle de ce que devait être aux XIIe, XIIIe et XIVe siècles le castel gothique des sires de Guise. Au milieu de tous ces édifices on distinguait la grosse tour et la chapelle seigneuriale. La grosse tour était le signe de la puissance féodale; aussi pour désigner celle d'un seigneur on disait: *il a une tour*. De cette tour relevaient les fiefs du domaine. La grosse tour de Guise, qui existe encore, s'élève sur une éminence qui paraît avoir été environnée ds quelques ouvrages de défense. D'elle, relevaient les fiefs d'Aubenton, de Rumigny, d'Hirson, de Lesquielles et de Flavigny, et plus tard tous ceux qui constituèrent les comté et duché de Guise (1). La chapelle était desservie par un chapelain et souvent par un collége de chanoines. Elle était presque toujours dotée magnifiquement et était le lieu de sépulture des possesseurs du domaine et de leurs principaux officiers. Celle que les sires de Guise avaient fondée dans leur château, était dédiée aux saints Gervais et Protais; elle fut l'origine de la collé-

---

(1) Cette tour d'une extrême solidité est bâtie en grès, ainsi que la base des souterrains du château, qui paraissent être de la même époque.

giale de ce nom et la première paroisse de la ville. Confiée d'abord à des prêtres séculiers, qui possédaient aussi plusieurs églises de la ville et des environs, elle passa ensuite à des chanoines réguliers, qui exercèrent les mêmes fonctions(1).

Outre leur redoutable château de Guise, les seigneurs de Guise en possédaient encore d'autres à Lesquielles et à Hirson, leurs plus anciens domaines. Ils y avaient également des chapelles. Celle du château de Lesquielles, qui avait eu d'abord le titre de collégiale (*collegium*), et fut ensuite changée en prieuré (*cella*), était dédiée à saint Jean-Baptiste. C'est là que furent transférées, plus tard, les reliques de sainte Grimonie et de sainte Preuve (2). La chapelle du château d'Hirson, fut mise par les seigneurs de Guise sous la dépendance de l'abbaye de Saint-Michel, ainsi que la léproserie du lieu, dont les biens devaient servir à la dotation du couvent des Minimes et de l'hôtel-Dieu de Guise. La maison de Guise donna par la branche des seigneurs d'Hirson un abbé à la célèbre abbaye de Prémontré et un bienfaiteur à celle de Saint-Michel, dans la personne de Wautier d'Avesnes, fils d'Améline et de Jacques d'Avesnes, seigneur d'Hirson (3).

Godefroy mourut jeune, car sa veuve, la noble dame de Guise (*de Guisia honestissima domina*), vola deux fois à d'au-

---

(1) *Adriani Valesii, Notitia Gall.*; — Mémoires de M. Coutié, cités par N. Lelong, p. 271 ; — *Description MS. de Guise* ; — Lettres-royaux, aux preuves de *l'Histoire du diocèse de Laon*.

Elinand, qui occupa le siège de Laon de 1052 à 1098, avait formé le dessein de réformer le chapitre de Guise.

(2) Il y avait à Montreuil-sous-Lesquielles un petit manoir nommé Beaufort, bâti en 1111 et rebâti en 1718, suivant une inscription qu'on voit encore sur la façade de la nouvelle construction.

(3) *Gallia Christ.*, abbates S. Vincentii, tom. 9. *Eccl. Laudun.*, N. Lelong ; — *Hist. du diocèse de Laon*, p. 516 et suiv.;— Brayer, *Statist. de l'Aisne*, tom. 2, p. 559.

tres nôces (1). Elle épousa d'abord Gauthier de Nivelle, ou d'Ath, et, après la mort de ce dernier, le seigneur Thierry d'Avesnes, avec lequel elle bâtit le couvent de Liessies sur une terre de son domaine particulier (2). Elle survécut à Thierry, mais cette fois, elle quitta le siècle et se retira à Liessies, où elle vécut plusieurs années, dans les exercices de la piété. Elle y mourut et y fut enterrée. Ada avait eu de Godefroy deux fils et une fille, Guy de Guise et de *Lekières* (Lesquielles), Albert de Guise, nommé dans une charte de Nicolas, évêque de Cambrai, datée de 1141, avec sa sœur Ælide ou Adèle, qui épousa Arnoul, frère de Beaudouin, comte du Hainaut, dont elle eut Eustache de Ruz ou de Ruez (3).

Quelques années après la mort de Godefroy, en 1087, il est question d'un membre de sa famille, dont la filiation n'est pas établie, nommé Pierre de Guise, qui signa, avec d'autres seigneurs, une charte donnée par Gérard, évêque de Cambrai, en faveur des chanoines de Saint-Aubert. Guy, fils de Godefroy succéda à son père, dans la seigneurie de Guise. Il portait le titre de pair du comté de Vermandois, où sa famille avait toujours possédé de grands biens (4). Il se trouvait, par sa mère, cousin-germain d'Ildéphonse, roi d'Aragon, dit *le Bataillant*, qui prenait le titre fastueux d'empereur des Espagnes, la sœur de sa mère, Félicie de Roucy, ayant

---

(1) Albéric, *Historiens de France*, tom. 12, p. 207 et suiv., remarques.

(2) *Hermanni monachi, de miraculis*, MS. Laud., lib. II, p. 529, *Historiens des Gaules et de France*, tom. 12, p. 207 ; — Lelong, Colliette....

(3) Lecarpentier, *Hist. de Cambrai*, preuves ; — *Aug. Veromand.*, p. 134 ; — *Histor. des Gaules*, tom. 14, p. 8 et 9.

(4) Les grands vassaux avaient des conseils formés de *pairs*, comme ceux du souverain. On appelait *pairs* les barons qui les composaient à cause de l'égalité qu'il y avait entre eux en fait de relation féodale à l'égard du suzerain.

épousé Sanche, père d'Ildephonse. En 1104, Guy apposa son seing à une charte de Godefroy de Ribemont, donnée à Ribemont en faveur du monastère de Saint-Prix (*Sancti-Præjecti*), sous son titre de seigneur de Lesquielles (*S. Widonis de Lecherii*). On y remarque aussi, après les seings du comte et de Guy, ceux de Gossuin ou Goswin d'Avesnes, de Verric de Fieulaines, de Robert de Bernot, et d'un autre Beaudouin de Guise (1).

Frappé de la ressemblance qui existe, entre le nom de Guy et celui de Guise, N. Lelong pense que ce seigneur pourait bien avoir bâti la ville à laquelle il aurait laissé son nom ; mais si l'on se rappelle qu'il était question de Guise (*Guisia, Gusgia*) longtemps avant lui, et si l'on fait attention à la différence qu'il y a entre ce nom et le véritable nom de Guy qui est *Wido de Guisia* (Widon de Guise), on verra combien cette supposition est invraisemblable. Les villes se formant d'ordinaire d'accroissements successifs, il serait impossible de fixer l'époque ou Guise commença d'en mériter et d'en porter le titre. Les châtelains de Guise, à l'exemple de plusieurs seigneurs, firent sans doute bâtir au pied de leur château une première enceinte dans laquelle put se former véritablement la ville, par la réunion d'un certain nombre de familles auxquelles ils permirent de s'y établir, moyennant une redevance annuelle, pour se mettre en sûreté à l'ombre de la tour féodale. C'est ainsi que se formèrent les villes d'Avesnes, de Crépy-en-Valois, de

---

(1) *Ann. Præmonst.*, tom. 1er, p. 516 et suiv. ; — *Hist. Metropol. Rem.*, tom. 2, p. 259 ; —*Hist. de Cambrai*, tom. 2, 3e part., p. 707, et aux preuves, où se trouve la Charte de Gérard ; — *Hist. de la Maison de Montmorency*, par Duchesne, liv. II, p. 90 et suiv. ; — *Aug. Viromand.*, liv. II, p. 140, où il est question de la charte de Godefroy de Ribemont.

Château-Thierry, etc. Cette première enceinte ne devait pas aller au-delà du deuxième bras de la rivière, où se terminait la Vieille-Ville ou *Cité*, vers le Petit-Pont et la porte aux Poissons, ainsi nommée des poissonneries qu'il y avait en cet endroit au moyen âge (1). Deux rues principales se formèrent naturellement, l'une autour du château, qui prit le nom de Chanteraine, à cause, dit-on, du grand nombre de grenouilles ou de raines qui fréquentaient les marais près desquels elle fut bâtie; l'autre appelée rue de la Vieille-Ville ou de la Cité, qui descendait du château vers la porte de la ville. Comme dans toutes les villes, de nouvelles habitations se groupèrent autour de cette première enceinte et formèrent les faubourgs. Celui qui s'établit près de la porte aux Poissons, embrassa, en moins de deux siècles, la place actuelle, les rues adjacentes, et gagna le principal bras de la rivière. Cette partie importante de la ville prit la dénomination de Grand-Faubourg, pour se distinguer des autres faubourgs qui se formèrent bientôt au-delà de la rivière et qui seuls méritèrent ce nom, depuis qu'une nouvelle enceinte eut incorporé le Grand-Faubourg à la ville (2).

Guy marcha d'abord sur les traces de ses ancêtres en se signalant par des violences qui firent mettre son nom auprès de ceux de Nicolas de Rumigny et de Thomas de Marle, qui se distinguaient à cette époque par les vexations dont ils accablaient les monastères et les religieux. On voit, par les plaintes réitérées des évêques et surtout par les ré-

(1) On voyait encore, il y a peu d'années, vers le Petit-Pont des restes de cette première enceinte.
(2) Il y a dans plusieurs villes de France, des rues et des quartiers du nom de Chanteraine. Il y a à Paris une rue Chanteraine. Il y en a également une à Origny-en-Thiérache.

clamations de Guibert de Nogent, avec quelle fureur les nobles de ce temps se jetaient sur les biens de l'église, pillaient les couvents, s'en attribuaient les revenus en leur faisant endurer mille avanies. Ni les décrets des conciles, ni les menaces des censures, ni les anathêmes que l'église lançait contre eux n'étaient capables d'arrêter ces désordres. Occupé sans relâche contre les fauteurs des troubles retranchés dans leurs châteaux inexpugnables, le roi ne pouvait les réduire que partiellement. Aussi, saisissaient-ils toutes les occasions de se livrer impunément à leurs excès. L'établissement des communes, joint aux luttes persévérantes de l'église, put seul y mettre un terme.

Tandis que Thomas de Marle, véritable brigand à tourelles et à créneaux, cantonné dans ses châteaux de Marle, de Nouvion-l'Abbesse, de Montaigu, de Crécy, remplissait de pilleries le diocèse de Laon, arrêtait les marchands et les pèlerins, qu'il mettait aux fers et qu'il retenait dans d'humides cachots, de leur côté, les comtes de Champagne, de Rethel et de Roucy, qui ne valaient guère mieux, se faisaient remarquer dans celui de Reims par leurs tyrannies et leurs vexations (1). Celles dont le seigneur de Guise se rendit coupable envers les religieuses (*velata virgines*) de Sainte-Marie de Trèves, en pillant les biens qu'elles avaient à Leuze, à Any à Baubigny et à Watigny-en-Thiérache, allèrent si loin, qu'il fut dénoncé au concile de Reims de l'an 1115, avec Nicolas de Rumigny qui, comme lui, était parent de Barthélemy de Vir, par son aïeule Avoye de Roucy (2).

(1) Guibert de Nogent, *De vitâ suâ*, cap. II; — Suger, *Vita Ludovici*, cap. XXI; — Aug. Thierry, *Lettres sur l'Hist. de France*; — Lelong, p. 201 et suiv.; — *Hist. de Coucy*.

(2) *Hist. Metrop. Remens.*, tom. 2, p. 259; — Lelong, p. 151 et 223.

Brunon, archevêque de Trèves, écrivant à ce sujet à Raoul de Reims, *le priait et le conjurait*, par l'étroite alliance qui unissait les deux églises de Reims et de Trèves, appelées sœurs par saint Remy, de ne pas souffrir plus longtemps de pareils désordres et de réduire ces seigneurs endurcis (*pertinaces*) par la puissance des censures ecclésiastiques. « J'ai tant de fois éprouvé la probité de votre béati-
« tude, disait-il dans sa lettre, qu'elle me force de vous ai-
« mer, et que je suis prêt à vous montrer mon affection en
« toute circonstance. Confiant dans la réciprocité de votre
« dilection, j'ose vous demander ce que je désire obtenir,
« comme un don de votre bénignité et une digne compensa-
« tion (à savoir) que vous ne différiez pas d'entendre et
« d'exaucer notre sœur chargée de ces présentes en ma place
« et en celle de toutes ses sœurs servantes de Notre-Dame,
« la sainte mère de Dieu, Marie de Trèves, et après en
« avoir communiqué et pris conseil des religieux frères vos
« co-évêques et des seigneurs de *votre terre*, de faire jus-
« tice de Nicolas (de Rumigny) et de Guy (de Guise), qui de-
« puis tant d'années ne cessent de *spolier* N.-D. Marie de
« Condé et ses dépendances..... Pensez (*prosit nobis*), di-
« sait en terminant l'archevêque, que toutes les fois que les
« frères de saint Remy et les autres religieux de votre église,
« comme vous pouvez vous enquérir près deux, en ont appelé
« à notre petitesse, au sujet de leurs biens situés dans *notre*
« *terre*, ils s'en allèrent rarement sans consolation, autant
« (du moins) qu'il étoit en notre pouvoir. Rappelez-vous aussi
« que votre église et la nôtre sont liées (*annexæ*) depuis long-
« temps et qu'aucun de ceux qui connoissent les priviléges
« de nos églises, ne leur ont refusé le titre de sœurs. »

Cette lettre touchante n'eut peut-être pas tout l'effet que l'archevêque de Trèves devait en attendre, car il en écrivit une seconde à son collègue de Reims plus pressante encore, quoi qu'il y apporte les mêmes raisons. « La renommée de
« votre équité, disait-il, nous engage à implorer votre as-
« sistance contre une injustice tout-à-fait indigne et intolé-
« rable que nous souffrons dans votre archevêché, depuis
« longtemps. Vous ne devez ni nous la refuser, ni différer
« de nous l'accorder. Car quoiqu'une sorte d'unité *sociale* lie
« toutes les églises et qu'elles doivent, d'après l'autorité
« apostolique, selon qu'il leur arrive réciproquement (*vi-*
« *cissim*), se réjouir ou s'attrister; cependant notre église et
« la vôtre, se trouvent unies par l'antique lien d'une cha-
« rité spéciale et aucun de ceux qui connoissent le mieux
« les privilèges de nos églises, ne leur refuse le titre de
« sœurs. C'est donc cette société de sœurs et cette confiance
« que nous avons en votre charité, qui nous fait déplorer
« l'injure de votre sœur. Nicolas de Rumigny et Guy de
« Guise et d'Hirson (*Guido de Guise et de Hirson*) et leurs
« *hommes* ayant usurpé depuis longtemps, contre les lois
« divines et humaines, les fermes (*villas*) de Leuze (*de*
« *Ludousâ*), d'Anie (*de Aneid*), de Baubigny (*de Bal-*
« *benis*), de Watigny (*de Guartheneis*) avec leurs dé-
« pendances, qui appartiennent en propre à N.-D. Sainte-
« Marie, et aux religieuses de Trèves, ses servantes, abusent
« de ces biens par leurs rapines et retiennent audacieuse-
« ment les revenus (*stipendia*) desdites servantes de Dieu et
« de sa sainte mère. C'est pourquoi nous supplions la *dilec-*
« *tion de votre dignité*, de les avertir de se désister d'une
« pareille audace (*præsumptione*), et s'ils persistent avec

« opiniâtreté (*pertinaciter*) dans la perpétration d'un tel
« sacrilége, de les réprimer par la sévérité attribuée à la
« charge épiscopale (..... *vos eos debitâ episcopali officii*
« *austeritate coerceatis*). Leurs ancêtres s'étant emparé des
« mêmes fermes avec la même violence, mon prédécesseur
« les livra à Satan (*Sathanæ tradidit*) : ensevelis dans
« cette malédiction, ils furent envoyés en enfer (*cùm quâ*
« *traditione sepulti, et in infernum missi sunt*). Quant à
« moi je n'ai pas voulu les lier *par la chaîne d'un pareil*
« *anathême* avant d'avoir reçu votre réponse à ce sujet » (1).

Le chapitre et le clergé de Trèves écrivirent aussi à Raoul de Reims sur cette affaire. Ils le priaient : « qu'après avoir donné lecture de leur lettre, à leurs frères du chapitre de Sainte-Marie, il voulut bien la faire lire aussi à l'assemblée du saint concile, afin que par leur conseil et spécialement par le secours de son frère Barthélemy (de Vir), évêque de Laon, parent du seigneur de Guise, il put obtenir l'effet de leur demande. »

L'auteur où nous trouvons ces précieux détails, ne nous dit pas quelle fut la conduite du concile de Reims, à l'égard du seigneur de Guise. Il est probable que, comme quelques-uns de ces fiers barons, aux cœurs d'acier comme leurs armures, qui ne connaissaient d'autre loi que celle du fer et d'autre règle que leur volonté, pressé enfin par les remords de sa conscience, Guy changea de conduite et revint à de plus nobles sentiments. Ce qui nous porte à le croire, c'est que quelques années après, on le voit exercer sa bienfaisance envers

---

(1) *Métropolis Remens. Hist.*, tom. 2, p. 254, 258 et 259 ; — Il est inutile d'avertir le lecteur que nous nous sommes efforcé de traduire ces deux pièces littéralement, pour leur conserver leur cachet original. Nous en userons toujours ainsi en pareille occasion.

un grand nombre de maisons religieuses. Guy se vit toujours secondé dans ses vues généreuses par Adéline (Adevie ou Aelvide), plus connue sous le nom de Méchania ou Méchaine de Montmorency, sa femme, fille de Bouchard IV, seigneur de Montmorency, connétable de France, et d'Agnès de Beaumont. Peut-être même faut-il attribuer le changement de Guy à l'empire qu'avait pris sur lui la noble châtelaine.

Quoi qu'il en soit, Guy sut bientôt faire oublier ses erreurs passées. Les moines de Saint-Prix (de Saint-Quentin), ayant perdu leur prieuré de Béthune, où la vénération des peuples pour les reliques de Saint-Prix leur avait amené de beaux profits, il voulut aussitôt les en dédommager par des dons que leur fit de sa part un prêtre nommé Milon, élevé chez eux. En 1123, il leur donna en toute propriété, dans la personne de Régnier, leur abbé, un moulin sur la Somme, à Oëstres, près de Saint-Quentin, à la charge de quarante muids de froment de redevance, en présence dudit abbé, d'Angelbert, abbé de Saint-Quentin-en-Isle, de Mazelin, abbé d'Homblières, des chanoines de Saint-Quentin, Anselme, Foucon et Boson, des chevaliers Régnier, châtelain, Robert Mucel, Gerrique de Rouvroy, Evrard, sénéchal, Hugues, chancelier de Saint-Quentin (1). Il ne fut pas moins généreux envers l'abbaye de Fesmy-sur-Sambre, qu'il combla de biens, à l'exemple de Barthélemy de Vir, son parent, et de l'évêque de Cambrai (1).

---

(1) *Aug. Viromand.*, lib. III, p. 159; — *Gall. Christiana*, eccl. Noviom., tom. 9, col. 1095 ; — *Elenchus abbat. S. Præjecti* ; — Le *Gall. Christ.* se trompe évidemment lorsqu'il attribue cette donation à *Jean de Guise*, tom. IX, col. 1087, *series abbat. S.-Quintini-in-Insula*.

(2) *Aug. Viromand. illust.*, p. 150.

L'abbaye de Fesmy, fondée en 1080 par deux nobles Anglais qui cherchaient en France une retraite pour y servir Dieu, vit accroître ses revenus dès le xii° siècle. En 1114, Barthélemy avait donné à Robert, son abbé, l'autel de Saint-Remy de Dorengt avec sa dépendance d'Etreux (*cum appendicio suo Estreu*). Le prieuré de Marle appartint aussi à Fesmy, qui eut même, quelque temps, la collégiale du château de Guise. A la prière de l'abbé Robert, Barthélemy consentit à constater et à confirmer, par une charte, les offrandes faites par Guy à son abbaye, du consentement de sa femme Adéline (*Æluidis*), appelée communément Méchaine (*quæ vulgo Mechania dicitur*), de ses fils et de ses filles. Elles consistaient dans la donation de l'alleu de Saint-Germain, des fermes (*villas*) de. . . . . . . (*de Paciis*), d'Estrée (*de Estrea*, peut-être Etreux), et de toute l'avouerie telle qu'il l'avait tenue pendant sa vie (1). La charte fut signée en décembre 1120, au château de Guise, où un grand nombre de chevaliers avaient été rassemblés à cet effet. Les noms qu'on y voit figurer sont ceux de Gérard de Saint-Aubert, de Beaudouin de Beaurevoir (*de Bello-Visu*), de Vascon de Thorote, de Pierre de Mauvoisin (*de Malo-Visu*), de Siger Tacquet (*Sigeri Tacqueti*), de Beaudouin de Dours, de Terrique de Thiens, et de Wautier Colet. Le pape Nicolas V confirma à son tour, en 1141, ces libéralités et celles qu'on y avait ajoutées dans la suite (1).

(1) On verra plus tard ce que c'était que l'avouerie au moyen âge.

(2) *Carta Bartholom. Laud., in supplem. ad Diplom. Miræi*, tom 3, p. 822; — *Histoire de Cambrai*, preuves; — *Statistiq. de l'Aisne*; — Lelong; — *La Thiérache*, p. 40; — *Recueil d'actes des* xii° *et* xiii° *siècles*, par M. Tailliar, conseiller à la cour d'appel de Douai; — *Aub. Miræus*, tom 2, p. 882.

Un autre monastère du diocèse de Cambrai eut aussi une grande part à la générosité du seigneur de Guise. Ce fut celui de Saint-André du Câteau. Par une charte donnée l'année suivante, également au château de Guise, et où il s'intitule seigneur de Guise et de Lesquielles (*Wido Leschiriensis idem et Guisciensis*), il lui accorde *pour le salut de son âme*, de l'âme de sa femme Adéline (*Adeluyœ*), et de celles de ses successeurs, le privilége perpétuel d'être exempt de payer aucun droit de transport (*viaticum*) ou d'achat (*conductum*) pour leur vin à eux (*de vino suo proprio*), ou pour les autres choses à leur usage, soit à Guise, soit à Lesquielles et même dans tout son domaine. Un grand nombre de chevaliers apposèrent leurs seings à cette charte. Outre celui de Guy, elle porte, entre les autres, ceux d'Adam et de Bouchard, ses enfants, d'Elbert, vidame de Laon, de Robert Métellus et Guy de Beaumetz, de Nancer de Saint-Quentin, de Guy, Buisnard et Robert d'Etaves (*de Stavelis*), de Widrik de Boué (*de Buace*), d'Arnoul Caldéron, de Richer Vicomte (1). Barthélemy de Vir confirma, la même année, par une charte datée de Laon, les priviléges accordés par son parent au monastère de Saint-André, voici cette pièce, où l'on voit quelle solennité présidait aux donations féodales.

« Au nom de la sainte et indivisible Trinité.

« Moi, Barthélemy, par la grâce de Dieu, indigne ministre de l'église de Laon... Nous voulons qu'il soit connu à tous présens et à venir (*tàm posteris quàm modernis*) comment Guy de Guise, à la prière de sa femme Adéline et de sa mère Ada, aussi du consentement de ses fils Adam et

---

(1) *Hist. de Cambrai*, par Lecarpentier, preuves.

Bouchard, pour le salut de son âme, a accordé au monastère de Saint-André du Câteau (*de Novo Castello*) ce privilége (*hanc indulgentiam*) de ne jamais payer sur leurs vins, sur les toiles (*de stamineis*, étamine), sur les moulins (*de molis*), ou sur toute autre chose, à l'usage propre des moines, à Guise, à Lesquielles, ou dans toute la terre de sa nomination, aucun droit de vinage (*vionagium*) ou quelqu'autre impôt. »

« Fait à Laon, l'an de l'Incarnation de Notre Seigneur M.C. XXI... (1). »

Guy peut être regardé comme le fondateur de Clairfontaine-en-Thiérache (*in pago Terasciæ*). Ce lieu, ainsi nommé à cause de la limpidité de ses eaux, avait été comme disposé par la nature au recueillement de la vie solitaire, aussi un saint homme nommé Albérik s'y était-il retiré pour y mener, avec quelques clercs, la vie érémitique. Le seigneur de Guise lui avait cédé la plus grande partie du terroir de Clairfontaine pour le sustenter lui et les clercs qui vivaient sous sa discipline. Il y avait déjà plusieurs années qu'ils *militaient* sous la conduite d'Albérik, lorsque la renommée de saint Norbert, *homme vénérable* et *d'une piété extraordinaire*, parvint jusqu'à lui. Emerveillé de ce qu'elle lui racontait de ses vertus, il eut la pensée de se donner à lui avec ses disciples et l'ermitage de Clairfontaine. Norbert venait de fonder Prémontré dans une gorge étroite de la forêt de Coucy, et d'établir ses disciples à Saint-Martin de Laon. Il avait cherché longtemps un lieu propre à l'exécution de ses desseins; Barthélemy de Vir l'avait conduit d'abord dans

---

(1) André Duchesne, *Hist. de Montmorency*, preuves du liv. II, p. 53, extrait du *Cartulaire de Saint-André du Câteau*.

Le vinage (*wionagium, winagium, vinage*), était un droit de passage qu'on prélevait sur chaque voiture de vin, principalement sur les ponts des rivières (voyez Ducange).

la Thiérache et lui montrant « non les royaumes du « monde et leur gloire, mais cette grande forêt de son « diocèse qui porte le nom de Thiérache », il le mena dans un lieu appelé Foigny, lui faisant remarquer la convenance (*opportunitatem*) des eaux, des prairies, des bois et des terres de ce lieu, pour une fondation religieuse. Alors Norbert, après s'être mis en prières, « En effet, dit-il, ce lieu est tout à fait convenable pour un couvent, mais Dieu ne me l'a point destiné. » L'évêque le conduisit dans un autre endroit de la même forêt, nommé Thenailles (*Telonias*). Norbert après s'être de nouveau mis en prières, fit la même réponse. « Oui, dit-il, ce lieu est assez conve- « nable pour une maison religieuse (*religioni*), mais Dieu « ne me l'a pas destiné (1). » Il revint à la forêt de Voas où il établit un des plus célèbres monastères de la chrétienté! Albérik vint bientôt le trouver, et le supplia, avec prières et avec larmes, de le recevoir lui et ses clercs au nombre de ses disciples, et d'introduire à Clairfontaine la règle de Prémontré. Norbert s'y refusa d'abord humblement, dans la crainte d'enlever à l'humble solitaire le mérite de sa fondation (*in alterius labores nolens introire*). Cependant Albérik étant venu à mourir, ses disciples voyant que la communauté privée de pasteur ne tarderait pas à se dissoudre, allèrent trouver l'évêque de Laon et le conjurèrent d'employer son autorité pour vaincre les refus de Norbert. Celui-ci se rendit aux prières de Barthélemy et à celles de Guy, qui lui donna la terre de Clairfontaine en *franc-alleu* (2).

---

(1) *Hermann. lib.* III, *cap.* III, p. 545; — *Gall. Christ.*, tom IX, *Eccl. Laud.*; — *S. et Can. Præmonst. ordinis annales,* tom 1ᵉʳ, p. 516 et suiv.

(2) Auteurs cités plus haut ;—Lelong, 224 et 237; —*Ann. bened.*, tom. VI; *Miræi diplomata, lib.* 8 ; —Melleville, *Hist. de Coucy*, p. 305 et 306 ; — Colliette, etc.

Le seigneur de Guise ne vit pas l'achèvement de l'abbaye de Clairfontaine, car il mourut sur ces entrefaites (1), laissant à Méchaine de Montmorency plusieurs fils, Adam, qui mourut jeune, Bouchard, Godefroy et Rénier de Guise, encore en bas âge, et plusieurs filles; Adeline, la première, épousa Rogues, seigneur de Roye et de Germigny (2), et doit être la même qu'Adeline citée par l'histoire de Cambrai (3); une autre qui s'appelait Havoise épousa Simon d'Inchy, dont elle eut deux fils, Hugues et Gauthier; une troisième épousa Anselme, fils de Hulard de Saint-Quentin, à qui elle donna deux filles, dont l'une épousa Guidon ou Guy de Moy; la quatrième épousa Guy de Voulpaix (*Duido* ou *Guido de Wspais*), dont elle eut Mathieu et Guy, et des filles; la dernière enfin épousa Rénier, dit *le Muet*, dont elle eut Rénier et plusieurs filles. Adam de Guise, l'aîné de toute cette race et dont le nom se trouve cité plusieurs fois dans des chartes du monastère de Saint-André du Câteau, ne tarda pas à laisser la plus belle part de la succession paternelle, avec le titre de seigneur de Guise, à Bouchard son cadet (4).

La veuve de Guy, quelque temps après la mort de son époux, vint à Prémontré dont le fondateur saint Norbert vivait encore, et là, en présence de Barthélemy de Vir,

(1) Lelong, p. 271, fixe la mort de Guy à 1430, selon le *Gallia Christiana* et les *Annales de Prémontré*, Méchaine était veuve en 1126, époque de la dédicace de l'église de Clairfontaine.

(2) *Hist. Généalogique* du P. Anselme, tom. 8, p. 7.

(3) *Hist. de Cambrai*, par Lecarpentier, tom. 2, 3ᵉ partie, p. 965 et 966.

(4) Les *Historiens de France* ne font mention que de quatre filles de Bouchard, et ne parlent pas d'Adeline, que nous avons trouvée dans l'*Histoire Généalogique* de P. Anselme (*Historiens de France*, tom. 14, p. 8 et 9, *Genealogia regum tertiæ stirpis*).

pour *le remède de son âme* et des âmes de son mari et de ses proches, elle donna à perpétuité à l'église de Prémontré, pour l'usage des serviteurs du seigneur (*in usum Domini famulantium*), tout l'alleu de la ferme de Germaine, à trois lieues de Saint-Quentin, avec tous les droits qu'elle y avait en propre, hors le droit de justice et ce qui appartenait à ses feudataires. Bouchard et Godefroy furent censés donner leur consentement à cette donation de leur mère, mais comme ils n'étaient point encore en âge de discrétion, cette circonstance fournit à plusieurs une occasion de murmurer contre Prémontré et de dire que cet acte n'était point légitime vu l'âge des enfants, aussi l'abbaye prit-elle le sage parti de ne point entrer sur-le-champ en possession de la terre de Germaine, espérant *que si, Dieu le permettant,* les enfants avançaient en âge, ils ne manqueraient pas de légitimer la donation de leur mère par une approbation plus régulière. La suite justifia pleinement ces prévisions (1).

Méchaine, son deuil passé, fit une nouvelle alliance; elle épousa un seigneur nommé Henri. Cependant elle n'en poursuivit pas moins, de tout son pouvoir, les projets de Guy sur l'établissement des Prémontrés à Clairfontaine. Du consentement de son nouvel époux, elle leur céda ce domaine sans aucune réserve. Le monastère ayant pris un accroissement rapide, on songea à bâtir une église que Barthélemy vint bénir en 1126. La dame de Guise assista à cette dédicace avec ses deux fils Bouchard et Godefroy (2). Toutefois,

---

(1) *Carta Simonis Episcopi Noviomensis*, *de confirmatione allodii de Germania;* — Cartulaire de Prémontré, MS. de la Bibliothèque de Soissons, titre Hanap.

(2) *Gall. Christ.*, tom. 9, *Eccl. Laud.;* — *Sacri et Canonici ordinis Præmonst. annales*, p. 516.

ce ne fut guère que quatre ans après, c'est-à-dire vers la fin de l'année 1130, lorsque Hugues, abbé de Prémontré, eut achevé avec le secours de l'évêque de Laon, à qui rien ne coûtait quand il s'agissait d'établissements religieux, les vastes bâtiments de Clairfontaine, que cette maison put prendre le titre d'abbaye. Il y ordonna abbé, en 1131, un moine nommé Gérard, *homme religieux*, lequel souscrivit en 1155 une charte de Bouchard de Guise en faveur de Thenailles. Il parut également dans une autre charte de 1160 avec Gilbert, abbé de Vermand, Gilbert du Mont-Saint-Martin, Nelbert de Bucilly, Jean de Saint-Michel et Ménard de Bohéries, ce qui prouve qu'il gouverna longtemps l'abbaye (1).

La donation de la terre de Clairfontaine, qui, d'après la charte de Barthélemy de Laon, paraît avoir été réglée au temps de la dédicace de l'église de l'abbaye, se fit avec l'approbation de Beaudouin de Cépy ou de Soupir (*volente et laudante Baldewino de Sopeio*), qui avait un droit héréditaire sur le domaine de Lesquielles (*de Lesseriis*), dont ce fief relevait. Pour prévenir toute espèce de contestations, Méchaine en fit déterminer les limites par ses officiers et l'assura à perpétuité à Norbert et à ses successeurs. Imitant la générosité de la dame de Guise, Roger d'Hirson fit don à Hugues de la terre de Lehuis, du consentement de Méchaine et de ses enfants, des bienfaits desquels il la tenait. La charte donnée à Laon en faveur de Clairfontaine fut souscrite par Bonnard, doyen d'Origny, Gérard, doyen de Faty (2), Adam,

---

(1) *Gall. Christ.*, tom. IX, *Eccl. Laud. S. et C. ord. Præmonst. annales*, tom. 1er, p. 510; — *Gall. Christ.*, tom. 9, *Eccl. Suess.*, p. 493 et suiv., *Hermann.*, lib. III, cap. XV, p. 550.

(2) Plusieurs clercs étant souvent attachés au service d'une église ; celui qui était à leur tête prenait le titre de doyen.

prêtre de Wimy, le comte Henri, la dame Méchaine, Bouchard et Godefroy de Guise, ses enfants, Roger d'Hirson, Beaudouin de Soupir, Arnoul d'Hirson, Goswin d'Avesnes, Nicolas de Rumigny, Robert d'Etaves, et Doo, mayeur de Wimy. Il paraît que le monastère de Clairfontaine était double, c'est-à-dire, qu'il pouvait recevoir, dans des bâtiments séparés, des religieux et des religieuses, suivant l'usage du temps aboli dans la suite, car on voit, par une charte de l'évêque de Laon, que le seigneur Gaudin de Faty y ayant fait prendre le voile à ses trois filles, donna à l'abbaye la dîme de Wimy, qui leur revenait du chef de leur mère, avec l'assentiment de Bouchard de Guise, de qui provenait ce *bénéfice* (1).

Bouchard, à qui la seigneurie de Guise était échue par la mort de son père et celle d'Adam, son frère aîné, agit toujours d'intelligence avec Godefroy, son cadet, soit qu'il fut question de se défendre contre les prétentions de leurs voisins ou de montrer du dévouement à la prospérité des établissements religieux. Cette union ne paraît pas s'être jamais démentie.

Bouchard avait épousé Alix ou Adélaïde, fille de Beaudouin de Cépi ou de Soupir. Si l'on peut supposer que ce Beaudouin de Cépi est le même que le Beaudouin de Guise, nommé dans une charte de Nicolas de Cambrai, Bouchard aurait épousé sa cousine, car, dans cette supposition, Beaudouin eut été proche parent de Guy de Guise, père de Bouchard. Ce qui nous ferait pencher vers cette idée, c'est que Beaudouin de Cépy possédait une partie au moins de la seigneurie de Lesquielles, patrimoine de la maison de Guise,

---

(1) *Præmonstrat. Ann.*, tom. 1er, p. 519 et suiv.; — *Idid.*, tom. 1er, p. 521; — Lelong, 240 et 245; — Duchesne, *Hist. de Montmorency*, p. 91.

et que le *Gallia Christiana* appelle Beaudouin, *seigneur du château de Lesquielles* (1).

Bouchard contribua avec son beau-père à la réforme des collégiales de Guise et de Lesquielles. Ces institutions, comme la plupart des chapitres séculiers, étaient alors fort déchues de leur première ferveur. Vivant à loisir des revenus de leurs prébendes conférées souvent à des sujets indignes et ambitieux, ils négligeaient leurs saintes fonctions, oubliaient leurs règles et l'esprit de leur fondation. Aussi furent-ils presque généralement supprimés dans la plupart des châteaux, où ils avaient été appelés par les seigneurs, et remplacés par des réguliers. A Guise et à Lesquielles, le désordre allait si loin, que les chanoines ne rougissaient pas de recevoir l'investiture de leurs prébendes des mains des seigneurs laïcs, qui devenaient ainsi les dispensateurs des biens de l'église. Bouchard, Beaudouin et Adéline s'entendirent avec Barthélemy de Vir pour faire cesser cet état de choses. La collégiale de Lesquielles, à l'instigation de Bouchard, fut changée en prieuré que l'évêque donna au monastère des Bénédictins de Saint-Vincent de Laon, fondé en 589 par la reine Brunehaut. Les chanoines furent remplacés par douze moines, qui, étant encore dans toute la ferveur de leur institut, réparèrent le scandale causé par la vie peu édifiante de leurs prédécesseurs (1133) (1).

(1) Charte de 1141, donnée par Nicolas, évêque de Cambrai, en faveur de Fesmy, — *Hist. de Montmorency*, par Duchesne, preuves du liv. II, p. 53; — *Gallia Christ.*, tom. 9, *Eccl. Laud. abbates S. Vincentii*;—Colliette, *Mém. du Vermand*, tom. 1er, p. 73.

(2) *Gall. Christ. ecc. Laud. abb. S.-Vincentii*, tom. 9, *Ann. bened.*, tom. 6; — Lelong, archives de S.-Vincent, p. 59.

Les deux frères eurent des démêlés avec Enguerrand II, châtelain de Coucy. Selon l'usage, les trois barons vidèrent eux-mêmes leurs querelles. On prit les armes de part et d'autre, on rassembla ses vassaux et on se fit la guerre. Deux combats eurent lieu près de Crécy-sur-Serre, terre de la maison de Coucy, mais les succès furent partagés entre les deux partis. On en fut quitte pour quelques hommes de moins, des lances rompues, et des incursions sur les terres de son voisin (1135). Telle était la puissance et la bravoure des chevaliers de Guise qu'ils luttaient avec avantage contre les fiers châtelains de Coucy, qui comptaient parmi les plus redoutables suzerains du royaume de France (1).

Cependant Louis-le-Gros, qui était arrivé au trône en 1108, devait bientôt apporter des modifications profondes au régime féodal, soit en favorisant le mouvement communal, soit en luttant, sans relâche, contre des vassaux remuants qui, toujours les armes à la main, remplissaient le royaume de troubles et de confusion, et portaient partout le pillage et la guerre. Dans le nord de la France, Thomas de Marle était le type le plus avancé de ces barons orgueilleux et pillards qui, ne reconnaissant d'autre suprématie que celle du glaive, se livraient contre le pauvre peuple à tous les excès d'une brutale férocité. Du haut de ses nombreux manoirs, il semblait braver la puissance royale elle-même. Guy de Rochefort, ayant levé l'étendard de la révolte en 1110, il s'était ligué avec lui et plusieurs autres seigneurs. Louis-le-Gros s'entendit avec Raoul, comte de Vermandois, prince du sang, et le chargea de réduire les

(1) Devisme, *Manuel hist.*

rebelles à la raison. Ceux-ci étaient d'autant plus fiers qu'ils se sentaient appuyés par le roi d'Angleterre, duc de Normandie, vassal comme eux du roi de France.

Raoul, jeune, vif, bouillant et attaché aux intérêts du roi, ne demandait qu'une occasion de signaler son amour pour la gloire. Toute la noblesse du Vermandois et des pays environnants, appelée à acquitter le service féodal, qu'elle devait au roi et au comte, vint se ranger sous sa bannière suivie de toutes les milices du comté. Au milieu de cette brillante troupe de chevaliers tout bardés de fer, on remarquait Henri de Vermandois, frère du comte Raoul, Bouchard et Godefroy de Guise, Ives de Nesles, Odon Ier de Ham, Ebles de Roucy, les Widon de Moy et d'Estrées, Clerembault de Vendeuil, Aubry et Dreux de Roye, Godefroy de Ribemont, châtelain de Saint-Quentin, et Simon de Ribemont, son frère, Rénier, seigneur de Fonsomme, sénéchal du Vermandois, Robert d'Etaves, Raoul de Lesdins, presque tous feudataires du Vermandois. Ils étaient suivis à leur tour, de plusieurs seigneurs particuliers *leurs barons ou homagiers*. Les rebelles ne purent résister à tant de braves chevaliers : poussés à outrance, les principaux conjurés furent forcés de demander merci et faire leur soumission à leur souverain (1).

Cependant la mère de nos châtelains, qui avait comblé de bienfaits Clairfontaine, fille de Prémontré, n'oubliait pas que la mère abbaye n'était point encore en possession définitive de l'alleu de Germaine, l'un des plus beaux domaines du Vermandois, à cause de l'irrégularité du consentement de ses enfants, en bas âge lors de la donation. Elle prit donc

(1) Colliette, *Mém. du Vermand.*, tom. 2, p. 134.

avec elle Bouchard, qui depuis longtemps était armé chevalier, et Godefroy encore adolescent, mais arrivé au grade d'écuyer, avec leurs parents, Renier de Guise, Guy de Voulpaix, et du consentement d'un troisième, Anselme de Saint-Quentin, fils d'Oudard, et retourna à Prémontré. Là, Bouchard et Godefroy, renouvelèrent leur consentement et confirmèrent ce qui avait été fait lorsqu'ils n'étaient point encore arrivés à l'âge du discernement, en présence des témoins suivants : Hugues, abbé d'Homblières, Robert, moine, dit *le Muet*, Guy de Voulpaix, Guy de Beaumetz, Renier de Romon, Widric Havart, Waudier de Monceaux (*Walderus de Monciaus*), Jotbert de Dorengt, Raoul de Landifay, etc., nommés dans la charte donnée, en 1135, à cet effet, par Simon, évêque de Noyon, et que le prélat termine en termes pleins de sévérité pour ceux qui auraient pu en attaquer les dispositions.

« . . . . Comme le principal devoir de notre charge, dit-il, est de nous appliquer, tant à prévenir les adversités qu'à fortifier les succès de l'Eglise, afin que ceci demeure à toujours, ratifié et immuable, nous avons résolu de notre autorité, que l'écrit qui le contient seroit confirmé et signé de notre seing. Si donc quelque personne, ecclésiastique ou séculière, avoit la témérité d'en contester la légitimité, et qu'après avoir été avertie une ou deux fois, elle ne s'amende pas, par l'autorité de Dieu et la nôtre, nous ordonnons qu'elle soit séparée du corps des fidèles (*consortio fidelium segregata*), qu'elle demeure frappée d'anathême, et qu'elle fasse une satisfaction convenable, pour avoir manqué au respect dû à la révérence épiscopale » (1).

(1) *Carta Simonis episcopi Noviom. Cartul. Præmonst.*, **MSS.** Adrien Valois dit

Après cet acte solennel, Méchaine exécuta un projet qu'elle avait conçu depuis longtemps, celui d'entrer en religion. Selon l'usage du temps, il s'était formé dans l'enceinte de l'abbaye de Prémontré une de ces communautés de religieuses auxquelles on donnait le nom antique de Parthénon pour les distinguer de celles d'hommes. Les religieuses étaient soumises à toute la sévérité de la règle de cet institut. Elles portaient, comme les religieux, l'habit blanc fait de laine grossière, elles y ajoutaient un voile noire de panne et avaient la tête rasée. Elles gardaient la plus étroite clôture et ne pouvaient parler à personne si ce n'est en présence de deux religieux et de deux religieuses. Craignant les abus qui pourraient résulter, dans la suite, de la proximité de ces deux communautés, l'abbé Hugues, successeur de saint Norbert, transporta les religieuses dans une maison qu'il leur fit bâtir à Fontenelle, où se retirèrent sans doute également celles de Clairfontaine. Ce fut dans cette sombre et austère demeure que la dame de Guise, fille des Montmorency, se réfugia ; elle y prit l'habit de religieuse Norbertine et y mourut après avoir passé le reste de ses jours dans une éminente piété (1).

Le seigneur de Guise, pour donner encore plus de poids à la donation d'une mère si digne de toute sa considération, la ratifia de nouveau dans une charte où il avait cru convenable de réunir en globe, tout ce qui, de son temps, avait été donné à l'église de Prémontré par lui ou par *ses hommes*,

---

avoir trouvé au Cartulaire de Clairfontaine une charte de 1135 où est nommé Renier de Guise (*Rainerum de Guisid*) ; ce doit être la même charte de confirmation de l'alleu de Germaine, qui porte la date suivante : *Anno* 1135, *Epactâ* XXIII, *indictione* 12, *concurrente* VII, et qui parle de Renier comme celle que cite le savant auteur du *Notitia Galliarum*.

(1) Charte précédente ; — Melleville, *Histoire de Coucy*, p. 308 ; — Lelong.

de son consentement, afin que dans la suite il n'y eut pas lieu à *contention ou à calomnie*. Mais là ne se bornèrent pas les libéralités de Bouchard envers Prémontré. En 1138, Albéric, chevalier du Nouvion (*de Noviomo*), et sa femme Ermesende, ayant du consentement de leurs enfants Pierre et Robert, qui plus tard confirmèrent la donation paternelle, concédé la terre d'Hannape à l'église de Prémontré pour le *salut de leurs âmes*, Bouchard, seigneur de Lesquielles, et Godefroy de qui ce fief dépendait (*de quorum feodo pendebat*), approuvèrent cette concession en présence des témoins suivants: les chanoines de Saint-Jean-Baptiste de Lesquielles, Wautier et Renaud, tous deux prêtres, Nicolas, clerc, et des chevaliers de Bouchard, Wautier, son maître d'hôtel (*dapifer*), Rothard, son frère, Drogon de Dulcilon, Robert d'Etaves, et donnèrent à l'abbaye tout le terroir d'Hannape avec ses dépendances.

D'un autre côté, Rénier, meunier d'Hannape, accorda pour la somme de vingt sous à Prémontré, du consentement de sa femme Crenburge, de son fils Jean, de ses filles Marie et Bonesende, et remit entre les mains de Bouchard, son seigneur, le droit héréditaire qu'il possédait à titre de meunier *(jure molendinarii)* sur le moulin du lieu, et celui-ci l'attribua à l'abbaye (1). Pour compléter l'établissement des clercs de Prémontré, qui devaient venir exploiter le nouveau domaine, Nicolas, chanoine de Lesquielles, remit à Barthélemy de Vir *librement et canoniquement*

---

(1) Les moulins et les fours banaux avaient au moyen âge une grande importance. Chacun étant obligé de moudre son blé et de cuire son pain au moulin et au four banal, moyennant une redevance en nature, les seigneurs à qui ils appartenaient en tiraient de gros revenus.

l'autel d'Hannape avec les portions de dîmes qu'il possédait dans les Coutures (*in culturis*) et même tout ce qu'il avait d'une autre portion sur ladite terre, du consentement de ses enfants Jean et Albert, avec cette teneur : que l'évêque, à son tour, rendrait le tout à Prémontré, ce que celui-ci fit en effet. De plus, Barthélemy consigna toute cette affaire dans une charte datée de 1139, qu'il munit de son sceau et de sa signature, après y avoir anathématisé quiconque aurait la présomption d'annuler ces dispositions, jusqu'à ce qu'il ait fait une satisfaction convenable (1).

Bouchard ne borna pas son zèle pour l'avancement de Prémontré à ces simples approbations, mais il ne négligea rien pour lui rendre le plus paisible possible la possession d'Hannape, soit en faisant taire d'injustes réclamations, soit en conciliant les droits en litige. Ainsi, un nommé Richer, ayant mis tout en œuvre pour s'attribuer le fermage d'Hannape (*villicationem*), il intervint avec son frère, et Richer, renonçant à ses prétentions, remit *paisiblement et librement* ses droits à Prémontré, en présence de Gérard, doyen, de Wautier, de Renaud et de Nicolas, chanoines de Lesquielles, qu'on a vus signer d'autres actes concernant Prémontré, de Clérembault, Rohard, et Widon de Vadencourt, de Hugues, fermier de Dorengt.

Les deux frères portèrent le même esprit de conciliation, dans une autre affaire du même genre. Les nommés Godefroy et Arnoul, réclamant une terre et un pré, sur le

---

(1) *Carta Barthelomœi episc. Laud., anni* 1139, *ex cartul. Prœmonst. MSS. titulo Hanap.*; — *Carta Burchardi, domini de Guisid, et Godefridi fratris sui, de alodio de Germanid et aliis donationibus.... ibid.*

terroir d'Hannape, comparurent pour plaider leur cause devant les deux seigneurs, qui les amenèrent à faire *paisiblement* sur l'autel de saint Jean-Baptiste (*de Lesquielles*) l'abandon de toutes leurs injustes prétentions et à donner à l'abbaye, à titre d'aumône, ce qui faisait l'objet de leurs réclamations. Moyennant ce sacrifice ils furent admis par les religieux en *communion de prières et de bienfaits*, en présence du doyen Gérard, lequel excommunia tous ceux qui oseraient désormais réveiller cette difficulté (*quœrelam*), des chanoines Wautier, Renaud et Nicolas, d'Evrard d'Origny, de Clérembault Rohard et Odon de Vadencourt, et autres. La charte de Godefroy, où sont consignés ces détails, rappelle aussi une autre donation qu'il fit vers le même temps à Prémontré, celle de la chapelle de Saint-Nicolas de Saint-Quentin, qu'il lui concéda en toute franchise, avec ses dépendances. Elle fut approuvée de Louis-le-Gros, par un diplôme daté de 1136, expédié à Laon où ce prince était alors, et souscrit par Raoul de Vermandois, suzerain de la terre de Guise, qui s'y trouvait avec le roi (1).

Mais la plus grande difficulté que le seigneur de Guise eut à vaincre au sujet du domaine d'Hannape, fut celle qui s'éleva entre les religieux de Prémontré et l'abbaye de Prum, qui avait autrefois reçu cette terre de Nithard. Bouchard écrivit à l'abbé de Prum une lettre où il soutint fièrement ses droits et ceux de Prémontré, contre des prétentions fondées pourtant sur une antique donation embellie d'une légende merveilleuse.

(1) *Carta Burchard.... de alodio de Germania;* — Cart. MSS. Præmonst.; — Colliette, *Mém. du Vermandois.*

« A son seigneur et ami, le révérend, par la grâce de Dieu, abbé de Prum, Bouchard, seigneur (*qualiscunque dominus*) de la terre de Guise, salut et obéissance (*servitium*). J'atteste en toute vérité devant votre grandeur, touchant la possession d'Hannape, au sujet de laquelle il y a un différend entre votre église et celle de Prémontré, que, tant de mon temps, que de celui de mes prédécesseurs, depuis la troisième et même la quatrième génération, pendant cent ans et plus d'un droit légitime et honnête, cette terre a été tenue à fief de nous et de nos prédécesseurs *librement et paisiblement*, ainsi que l'attestent les anciens de notre terre, dont les uns l'ont vu pratiquer ainsi, et les autres l'ont appris de leurs pères. Et comme il en étoit ainsi, ils transmirent la possession à l'église de Premontré sans aucune espèce de réclamation *(absque omni calumpnia)*, et depuis que je suis moi-même arrivé à l'âge viril, je n'ai jamais entendu dire que personne y habitant ou y possédant quelque chose en votre nom ou au nom des vôtres, ait élevé aucune réclamation, ainsi que beaucoup de mes *hommes* qui survivent encore le certifieroient avec assurance, s'ils pouvoient se transporter près de vous. En conséquence, je prie humblement votre discrétion de recevoir avec bienveillance notre témoignage et de se désister de vexer sans cause l'église de Prémontré. Au reste, si quelqu'un tente de résister (*contraire*), de soulever un procès au sujet de cette possession (*et de hâc possessionne causari*), et d'appeler les *tenans* en justice, je veux, comme il est juste, paroître dans la discussion de cette affaire, en qualité d'auteur, de tuteur et de témoin, et comme la justice demande un titre (*indicium*), ce sera celui-ci, à savoir : Que je suis demeuré possesseur, par droit héréditaire, sans aucune réclamation, depuis un grand nombre d'années, comme je l'ai dit plus haut, et jusqu'à présent. Je remplis les fonctions de défenseur (*locum gero et personam advocati*). Salut (1). »

La réputation de Bouchard de Guise, en fait de droiture et d'équité, était si grande dans le pays, qu'il fut choisi comme conciliateur, dans un différend qui eut lieu, vers ce temps-là, entre les Prémontrés du Mont-Saint-Martin, et les seigneurs Evrard et Guiscard ou Guichard de Bernot, au sujet du domaine de l'abbaye. Le Mont-Saint-Martin avait été bâti près de la source de l'Escaut, dans un lieu appelé le *Mont-des-Bœufs*, tenu en fief par Raoul-le-Bigle ou le Borgne, de Saint-Quentin. Celui-ci, touché de dévotion, le remit à Beaudouin de Cépi, beau-père de Bouchard, qui le reporta au comte de Vermandois, lequel à son tour en gratifia les enfants de saint Norbert, en y ajoutant de plus un tiers de la dîme du lieu avec ses dépendances, disposition confirmée depuis par sa fille Eléonore. Avant l'expédition de la charte, la donation de Raoul essuya beaucoup de contradictions de la part des deux frères Evrard de Morencavène et Guichard de Bernot. Ces seigneurs et leurs enfants prétendant que le terroir du Mont-Saint-Martin leur appartenait, puisqu'ils le tenaient en fief de Bouchard de *Leskières* (Lesquielles), châtelain de Guise, causèrent mille avanies aux donataires, dans l'espoir de rentrer en possession de ce domaine, jusqu'à ce que l'évêque de Laon, Barthélemy de

---

(1) *Litteræ testimoniales Domini Burchardi super possessionibus Hanapiæ*, ex cartul., MSS. Præmonst.

Gall. Christ., tom. 9, *Ecc. Noviom.* Colliette ; — le P. Vaghenare.

Vir, Raoul, comte de Vermandois, et d'autres *bonnes gens*, s'interposant entre les deux partis, on fût parvenu à les accommoder. On fit quelques présents à Bouchard, suzerain prétendu de la terre en litige, qui abandonna le terroir du Mont-Saint-Martin *libre de toute angarie*. D'un autre côté, les religieux firent un *pont d'or* à Evrard et à Guichard de Bernot, qui cédèrent leurs droits et renoncèrent, en 1140, en présence de l'abbé d'Homblières, à leurs prétentions sur ce domaine (1).

Les religieux du Mont-Saint-Martin, qui s'étaient montrés jusque-là dignes des bienfaits des seigneurs de Guise et des autres seigneurs du voisinage, ne tardèrent pas à abuser de leurs richesses, qui étaient le patrimoine des pauvres, en se livrant à tous les désordres d'une vie oisive et voluptueuse. Si l'on en croit les *Chroniques de Saint-Aubert*, qu'un auteur résume en ces termes peu ménagés, où il faudra toujours faire la part de l'exagération : « Ils étoient devenus aussi impurs que l'estable d'Augée (vers l'an 1200). Par la négligence de leurs supérieurs, ils devinrent si fripons, qu'ils sembloient avoir mis comme Epicure, toute leur félicité au palais, aux oreilles, au ventre. Ils ne se soucioient ny des secrets de nature, ny de livres curieux, ny de la caballe, ny de l'Evangile, ny de l'Alcoran; ils avoient trouvé en eux-mêmes leurs dieux et n'en vouloient point reconnoistre d'autre que le ventre ; leur occupation continuelle étoit de lui dresser des tables qui sont ses autels, et de luy offrir des plats et des saulces en sacrifice; de sorte qu'ils n'avoient de la religion que le masque et que les cérémonies; s'ils assis-

(1) *Augusta Viromand.*, lib. II, p. 146 ; — Colliette, *Mém. du Vermandois.*

toient au service divin, ce n'étoit qu'avec des grimaces d'un Sardanapale ou des postures de bateleurs. Les abbez de Saint-Aubert, grandement offensez de leurs dissolutions, s'en plaignirent hautement aux papes, par lesquels ils furent autorisés de réformer ces ventres goulus et effrontez, et de les obliger de s'adonner aux œuvres qui concernoient leurs devoirs et leur salut. Depuis cette réformation, continue le même auteur en des termés non moins emphatiques, les religieux s'y sont consommés doucement, comme des flambeaux de bois aromatique, dans une vie contente de soymême et louable à la postérité : et si les ravages de la guerre ne les avoient si souvent inquiétez et traversez, ils auroient, par leur bonne vie, servy de miroirs et de prototypes aux plus austères anachorètes (1). »

Tandis que les Prémontrés du Mont-Saint-Martin s'écartaient ainsi des règles de leur saint fondateur, la Thiérache et les environs de Guise s'enrichissaient, sous l'épiscopat de Barthélemy de Vir, de plusieurs célèbres établissements religieux qui méritaient à plus juste titre la munificence des sires de Guise. Comme on l'a déjà vu, et comme on le verra encore dans la suite, les XIe et XIIe siècles furent éminemment ceux des fondations religieuses, dont les annales remplissent l'histoire de nos villes et de nos provinces. L'an 1000, qui selon la croyance commune, devait voir finir le monde, étant heureusement passé, avec son horrible famine, on reprit les constructions que la crainte avait laissées inachevées ou tombant en ruines, on remit en culture les terres en friche, on éleva pour

(1) *Hist. de Cambrai et du Cambresis*, par Lecarpentier, chap. XII, p. 59.

monuments ces églises qui devaient résister aux efforts du temps, lequel n'a pu encore entamer leurs fortes assises; on bâtit ces cloîtres, lieux de silence et d'oraison, de contemplation et d'étude, où se conservent les débris des sciences et les plus belles productions de l'esprit humain. C'est dans ces asiles solitaires cachés au fond des vallées, que le moine artiste peint ces manuscrits précieux qui nous étonnent par la richesse de leur couleur et souvent par la pureté et la variété prodigieuse du dessin; que s'élaborent, plus tard, ces vastes compilations qui effraient notre siècle. Là se forment des architectes, des savants, des poëtes, des saints. Ces forêts, ces landes, ces bruyères incultes, ces marais profonds, que concède la charte du seigneur du lieu, se changent, par le travail des moines, en étangs superbes, en prairies couvertes de troupeaux, en terres labourables. Leurs censes, leurs granges peuplées de convers, de serfs, de colons dirigés par eux, forment autant d'écoles d'agriculture, d'économie rurale, dans des siècles où la terre mal cultivée, fournissait à peine de quoi nourrir ses habitants et portait dans son sein la famine et la peste.

Aux abbayes de Bucilly, de Saint-Michel, de Clairfontaine, qui avaient déjà opéré ces effets presque miraculeux, dans les landes et les forêts profondes de la Thiérache, se joignirent bientôt d'autres couvents non moins célèbres qui ne tardèrent pas à obtenir les mêmes résultats, sous la protection et par les libéralités des seigneurs de Guise. A l'endroit même où jaillissent les sources de la Somme, s'élève Fervaques (*Ferventes aquæ, Fervachiæ*), que le sénéchal de Vermandois, Rénier, et sa femme Elisabeth, bâtissent vers l'an 1140, pour offrir un asile « à ceux qui, du naufrage du monde, fuient au port de la divine contemplation » ; et afin qu'ils aient plus de temps « pour vaquer à la prière, ils leur donnent des biens temporels », et particulièrement un alleu qu'ils possédaient au village de Bernot (*Alodium apud villam Bresnois*). Ils y établissent des religieuses à qui ils avaient confié l'éducation de leur fille (1). Entraîné par le goût de son siècle et plus encore par ses inclinations pieuses et libérales, Barthélemy de Vir, parent de nos châtelains, fonde vers le même temps, près de Vervins, dans l'étroite vallée du Ton, l'abbaye de Foigny (*Fusniacum*) sur un terrain concédé par Saint-Michel. Composé, à sa naissance, de douze religieux envoyés par saint Bernard, et pauvre d'abord, Foigny devint par les dons des seigneurs de Guise, et surtout des sires de Coucy, seigneurs de Vervins, une des plus belles abbayes de l'ordre de Citeaux. A cette même époque, Thenailles, que Barthélemy avait autrefois montré à saint Norbert, Montreuil, la chartreuse du Val-Saint-Pierre, se construisent sur d'autres points de la Thiérache, tandis que Bucilly reçoit, dans ses cloîtres, les religieux de Prémontré. Foigny était à peine achevée que Barthélemy jetait déjà les fondements de Bohéries, à peu de distance de Guise (1).

Bohéries, fille de Foigny, et comme celle-ci, de l'ordre de Citeaux, fut commencée en 1141, dans une prairie du village de Macquigny, en un lieu appelé Epinoy, sans doute à cause des broussailles dont il était encore couvert

(1) *Gallia Christ. instrumenta Ecc. Noviom.*, tom. 9, p. 1135.

(2) *Hermanni monachi, de miraculis. S. Mariæ Laud.*, lib. III, cap. IX, p. 550 ; — Le IIIᵉ livre des fondations de Barthélemy, d'Hermann, dans les *Hist. de G. et de France*, tom. 15, p. 342 et suiv. — M. Amédée Piette, de Vervins, a publié une *Hist. de Foigny*, que nous aurons souvent occasion de citer dans la suite.

(*in prato cui nomen Macquiniacum intra loci Spinetum dicti...*), et sur les bords de la rivière d'Oise. C'était toujours dans des vallées reculées, souvent même dans des endroits marécageux, qu'on bâtissait les monastères, afin que ces lieux destinés à l'étude et à la prière ne fussent pas troublés par le voisinage des gens du siècle. On détacha de Foigny douze religieux et quelques convers qu'on envoya à Epinoy, sous la direction d'un homme pieux et sage, nommé Odon, originaire de Laon, qui, dès sa jeunesse, avait quitté les espérances du monde, pour se consacrer à Dieu dans le cloître : il s'était enfui de Laon pour se retirer à Foigny, où il avait été, pour ses frères, un grand sujet d'édification. Odon gouverna Epinoy avec un zèle tempéré par la prudence et la charité, qualités qu'on trouve rarement réunies dans ceux qui sont destinés à conduire les hommes. L'année même qu'il fut nommé abbé par l'évêque de Laon et Goswin de Foigny, il acquit à la communauté naissante la ferme d'*Assonneville*, près de Macquigny, avec les prairies qui en dépendaient (1).

Toutefois les nouveaux religieux ne tardèrent pas à quitter Epinoy, lieu exposé aux inondations de l'Oise, et où l'air devenait malsain par suite du séjour des eaux (2). L'évêque de Laon ayant amené le chapitre de Saint-Quentin à

---

(1) *Gall. Christiana*, tom. 9, eccl. Laud., p. 350; — *Ann. de Citeaux*, tom. 9; — Lelong, p. 359; — *Annales de Picardie* ; — *Hist. de Foigny*, p. 23 et 24 ; — Hermann., cap. XII, p. 550; — Colliette. *Mémoires du Vermand.*; — *Adriani Valesii, Notitia Galliarum*, art. *Guisia*.

(2) M. Piette serait porté à croire que le premier établissement des religieux Bernardins, aurait été à Epinoy près d'Etaves, « où, dit-il, on trouve de nombreux « débris d'anciennes constructions, et où la tradition a conservé le souvenir d'un « monastère qui aurait existé en ce lieu, » plutôt qu'à Macquigny où il n'en reste aucune trace, aucun souvenir. Le voisinage de la voie romaine qui traversait Etaves, et non le débordement de l'Oise, aurait, selon lui, déterminé son déplacement

leur céder, moyennant une rente annuelle de six muids de blé (*sub annuo censu sex modiorum bladi*), la terre de Bohéries (*Boherias, Boherium vel Boheria*), située non loin de Guise, ils vinrent s'y établir. La charte de concession, qui est de 1143, donne l'état de ce lieu au moment où les religieux de Saint-Bernard vinrent y fixer leur retraite. Elle est conçue en ces termes :

« Drogon, doyen de Saint-Quentin, et tout le chapitre, à tous présens et à venir voulons qu'il soit connu, qu'Odon, *de bonne mémoire* (*bonæ memoriæ*), abbé d'Epinoy, nous étant venu trouver humblement avec le frère Othon, et nous ayant prié avec instance (*obnixè*) de leur concéder notre terre de Bohéries, située au-delà du nouveau lit de la rivière d'Oise (*ultrà novissimum Isaræ alveum*), avec ses champs, ses bois, ses prés ; et nous, considérant que c'est à nous de secourir les vrais pauvres de J. C., et que cette terre produit des épines et des chardons, nous avons acquiescé à leur demande, qui nous a paru conforme à la raison. C'est pourquoi, d'un commun accord et consentement, nous avons concédé au susdit abbé et à ses frères d'Epinoy, cette

---

(*Hist. de Foigny*, p. 24.). Nous ferons observer que les monastères se construisaient dans les vallées, loin des chemins publics ; qu'il n'est pas étonnant qu'un établissement de si courte durée n'ait pas laissé de traces ; qu'un certain nombre de fermes passent aujourd'hui pour avoir été des établissements religieux, à cause du grand nombre de frères convers qui y résidaient autrefois ; que le *Gallia Christiana*, les *Annales de Citeaux*, placent Epinoy dans la prairie de Macquigny, et qu'Hermann, auteur contemporain qui mourut en 1154, c'est-à-dire dix ans après la fondation d'Epinoy, place aussi ce lieu près de Guise (*prop. Guistam quod Spinetum vocatur...*), ce qu'il n'aurait pas fait s'il se fut agi d'Epinoy, près d'Etaves. Nous dirons de plus que les religieux avaient dû prévoir les inconvénients qui pourraient résulter pour eux du voisinage de la chaussée, tandis qu'ils avaient pu ou ne pas songer à la fréquence des inondations de l'Oise ou espérer en neutraliser les effets. — Enfin, nous nous sommes assuré, par le témoignage de M. Dequen, contrôleur à Guise, qu'il y a près de Macquigny un lieu appelé Epinoy.

terre à perpétuité. Cependant de crainte que quelqu'un, par une témérité présomptueuse, n'essaie d'infirmer ou d'annuler ce qui a été fait *utilement pour nous* et *misoricordieusement pour eux*, nous y avons apposé la puissance de notre signature (*vigorem chirographi..*), et nous l'avons fortifiée par la signature des témoins (*testium subtitulatione roboravemus*). ✝ Seing de Drogon, doyen. ✝ Seing de Fulcon, sous-doyen, etc. Fait au chapitre de Saint-Quentin, l'an 1143, indiction 6ᵃ, épacte xivᵉ (1). »

Les enfants de saint Bernard ne furent pas plutôt mis en possession de la terre du chapitre, qu'ils y jetèrent les fondations de la magnifique abbaye de Bohéries, qu'ils dédièrent à la Vierge (*Sancta Maria de Boheriis*). Ainsi que l'indique la charte de Drogon, c'était un endroit marécageux, en partie en friche, en partie boisé ; ils en dirigèrent les eaux, en cultivèrent les terres labourables et l'embellirent de vastes et superbes jardins. Le nombre des religieux s'accrut en peu de temps et répondit bientôt à l'importance de l'établissement.

Les années qui suivirent la fondation, l'abbé Odon fit l'acquisition de plusieurs domaines importants. L'abbaye avait reçu, en 1144, de Robert de Sons, et de Scot, seigneur de La Hérie, les fiefs qu'ils possédaient sur le fertile terroir de Faucousies ; il les céda la même année à Foigny, dont il reçut en échange les censes de Jonqueuse et de Louvry, qui étaient plus à la disposition de Bohéries, par leur proximité. En 1145, Odon acquit la cense d'Audigny et

---

(1) *Gall. Christ.*, tom. 9, *Ecc. Novium. abbas Drogo*, p. 209 ; — *Annales de Cîteaux*, Colliette ; — *Mém. sur le Vermandois*, tom. 2, p. 209 : — *Annales de Picardie*. — La charte de Drogon se trouve aux pièces justificatives des *Mémoires de Colliette*, tom. 2, p. 273.

en 1156 celle de Morchavênes (1). Il mourut après un long gouvernement, avec la réputation d'un sage administrateur et d'un saint religieux.

Parmi les successeurs de l'abbé Odon, il en est plusieurs dont les noms sont encore portés par d'anciennes familles du pays. Nous citerons Gilles Dubois (*Ægidius de Bosco*), béni à Bohéries en 1438 par l'évêque de Laon ; Jean Copineau, vers 1486 ; Quentin Loiseau, en 1516, et Jean du Bosquet, en 1519. Un de leurs prédécesseurs fut l'ami de Pierre-le-Borgne, proche parent du roi de France, et général de l'ordre. Il se nommait Guilbert et fut d'abord abbé de Clairvaux avant de l'être de Bohéries. Pierre étant venu, en sa qualité de général, visiter Bohéries, à l'époque du gouvernement de Guilbert, un jour qu'ils se rendaient ensemble et à cheval à une ferme voisine, le cheval de l'abbé de Bohéries se cabra et faillit désarçonner son cavalier. Pierre, inquiet pour son ami, s'écria qu'il y avait danger à se servir d'un animal aussi vicieux. Si vous craignez pour moi, dit Guilbert, priez Dieu que mon cheval cesse d'être ombrageux. Puisse-t-il ne vous causer aucun mal, dit le général, je le demande instamment au ciel. Il paraît que sa prière fut exaucée et que le cheval devint très-doux et très-sûr. Cependant Guilbert étant allé prendre le gouvernement de Foigny, où il succéda à l'abbé Odelin, on dit que l'animal, qu'il avait laissé à Bohéries, retomba dans son ancien vice et blessa même un moine qui le montait (2).

La réforme du prieuré de Lesquielles n'avait été qu'un

---

(1) *Gall. Christ.* tom. 9, *Eccl. Laud.*, Lelong ; — *Hist. de Foigny*, p. 75 et 76.

(2) *Gall. Christ.*, tom. 9, *Eccl. Laud.*;—*Hist. de Foigny*, par Piette, p. 43 et 44.

acheminement vers celle du chapitre de la collégiale du château de Guise, où les mêmes désordres exigeaient les mêmes mesures. Déjà l'évêque Elinand, de Laon, qui vivait en 1052, avait eu dessein de substituer aux chanoines séculiers, des religieux de Liessies, mais la mort l'avait empêché de réaliser ce projet, qui n'eut son exécution que sous Barthélemy de Vir. Bouchard ayant remis sa collégiale entre les mains de l'évêque, celui-ci, par une charte de 1142, remplaça les séculiers par des religieux bénédictins de l'abbaye de Fesmy, dont les sires de Guise avaient été les premiers bienfaiteurs et pour qui ils avaient conservé une sorte de prédilection. L'exemple donné par Bouchard fut suivi par Enguerrand de Coucy qui, rebâtissant son château de Marle, saisit cette occasion de substituer les mêmes religieux aux chanoines qui y occupaient le prieuré de Saint-Pierre (1). Outre ces bénéfices, Fesmy, selon une bulle du pape Innocent, possédait encore au diocèse de Laon l'*autel* de Saint-Remy de Dorengt, l'*autel* d'Etreux etc., sans parler des dépendances du chapitre de Saint-Gervais de Guise, savoir : l'*autel* de Noyal (*Noalai*), l'*autel* de Montreuil-sous-Lesquielles, lieu aujourd'hui détruit, l'*autel* de Saint-Germain, enfin les moulins du fief de Flavigny en partie, et un alleu à Lesquielles (*Lanscherias* pour *Lescherias*) (1).

Cependant la nouvelle institution du chapitre de Guise ne fut pas de longue durée, elle ne fut même jamais complètement établie, puisque les anciens chanoines, qu'on n'avait sans doute pas voulu déposséder immédiatement, demeu-

---

(1) *Adriani Valesii, not. Gall.;* — Lelong, *Hist. du diocèse de Laon*, p. 271; — Mémoires de M. Coullé ; — Lettres royaux, aux preuves ; — Dom Grenier, MSS. — *Mém. de l'état ecclésiastiq. de l'élection de Guise*, par M. Samson, intendant.

rèrent dans l'église de Saint-Gervais, conjointement avec les religieux de Fesmy, qui devaient en être les véritables titulaires, si l'on en juge par un acte qu'ils passèrent avec Prémontré à cette même époque. L'église de Guise avait donné à cens, à Hugues, abbé de Prémontré, et à ses frères d'Hannape un *alleu* de Saint-Gervais, tel que le chapitre le tenait, c'est-à-dire *librement*, sur le terroir du village d'Iron (*in territorio villæ quæ dicitur Irun*) et consistant en terres, eaux, prés, hostes, forêts, avec toutes leurs dépendances, excepté, toutefois, *les serviteurs et les servantes*, à condition que les Prémontrés paieraient à ladite église de Guise une rente annuelle de quatre muids de froment, mesure de Guise, et du meilleur après celui de semence (*post sementem melioris...*). Mais les moines étant sortis, on ne sait pour quel motif, de la collégiale, huit ans environ après leur entrée, et les chanoines étant redevenus seuls possesseurs de l'église, ceux-ci soulevèrent une plainte contre les religieux de Prémontré au sujet de cet accord et s'efforcèrent de l'entacher de nullité. Toutefois, ayant été réprimandés au sujet de cette contestation, qu'on pouvait attribuer à un motif de vengeance, par *des hommes prudents*, ils se laissèrent apaiser et finirent par donner leur approbation à la convention susdite, en présence de Gauthier de Mortagne, évêque de Laon, qui fit rédiger à cet effet une charte datée de Laon, en 1156. Il y fut stipulé que le froment serait transporté à Guise et livré aux chanoines, de la Saint-Remy à la Toussaint, par les Prémontrés d'Hannape avec leurs voitures, et qu'en cas que ces religieux fussent inquiétés, à ce sujet, les chanoines de Saint-Gervais leur feraient rendre bonne justice. De plus, sur l'affirmation du chapitre, il fut constaté que le *mayeur de l'alleu* possède une maison (*masuram*) libre de toute charge, à cause de sa mairie, plus un jardin et un pré, à la charge toutefois, pour ledit mayeur, de pourvoir, à ses frais (*de suo providere*), la grange des religieux de *hauton* (*prehautumno*) et d'estrain (*stramine*, paille, chaume) (1). Enfin, il fut réglé que les religieux pourraient y avoir des *gardiens* à eux, si c'était leur bon plaisir. La charte qui contient ces curieux détails fut scellée du scel de l'évêque, de celui des deux églises (de Guise et de Prémontré), et souscrite par Liziard, doyen, Gauthier, abbé de Saint-Vincent, Hugues, abbé de Saint-Nicolas-aux-Bois, après avoir été *relue, écrite et souscrite par le chancelier Angot* (2).

Le chapitre de Saint-Gervais ne paraît pas avoir subi dans la suite d'autres changements. Après la retraite des Bénédictins de Fesmy il resta composé de douze prébendes auxquelles étaient attachés des biens considérables, et qui étaient occupées par autant de chanoines ayant à leur tête un doyen. Entre autres bénéfices, le chapitre possédait la paroisse de Saint-Pierre, l'unique de la ville, située au pied des murailles du château. Longtemps il jouit du droit de présentation à ce bénéfice, dont le curé depuis 1757 fut toujours tiré de son sein. Outre l'église de Saint-Pierre le chapitre avait celle de Saint-Médard, située à l'extrémité des faubourgs,

---

(1) On appelait mayeurs des métairies (*majores villarum*), ceux qui étaient à la tête de l'exploitation et qui soutenaient les droits du seigneur. On les appelait quelque fois fermiers (*villici*). Les ecclésiastiques ne pouvaient être mayeurs. La mairie formait un fief appelé fief de la mairie (*feudum majoris*). Voyez Ducange, tom. 4, p. 347 à 349. Le mayeur d'un alleu avait généralement droit à une maison (*masura*) avec une certaine portion de terre. Voyez également Ducange, tom. 4, p. 425.

(2) *Carta Galteri Laud. Episcopi, de confirmatione allodii canonicorum Guisiæ in territorio d'Irun.* Cart. MSS. Præmonst.

dans le cimetière actuel, et qui devait son origine à un ancien ermitage. Cette église, qui n'est plus qu'une simple chapelle, avait autrefois le titre de *succursale* et était desservie par un prêtre-vicaire, sous la dépendance du chapitre dont il recevait ses honoraires. Le chapitre faisait desservir également ses autres bénéfices, les *autels* de Noyal de Montreuil et de Saint-Germain.

Quoiqu'on ignore les motifs qui firent sortir les religieux de Fesmy de la collégiale de Guise, il est certain qu'elle avait été remise régulièrement à Gauthier, évêque de Laon, par Nicolas, abbé de Fesmy, donation que le pape Adrien VI confirma à ce prélat, par une bulle consistoriale datée des ides de janvier 1156, et dont on voyait autrefois l'original aux archives de l'église de Laon. C'est de là que l'évêque devint collateur des prébendes du chapitre que les anciens chanoines recevaient auparavant des mains séculières (1).

Tandis que le chapitre de Guise éprouvait ces vicissitudes, Bouchard et Godefroy continuaient, avec une sorte d'émulation, à répandre leurs bienfaits sur les maisons religieuses. On apprend par une bulle du pape Alexandre III, pour la confirmation des biens de Clairfontaine, que Bouchard donnait en 1145 à cette abbaye, du consentement de sa femme Adelaïde, et de son frère, le terrage du village de Macquigny (*villæ de Macuniaco*), avec la moitié du *rat* (*rapt, rati, rapti*) (2) de Vadencourt, le droit de pêche depuis Hirson jusqu'à Guise (*ab Ireceon usque ad Guisiam*), le pas-

---

(1) *Description MSS. chronolog. et topographiq. de la ville de Guise;* — Lelong, p. 271; — MSS. de Dom Grenier; — *Mém. de l'état ecclésiastique de l'élection de Guise*, par M. Samson, intendant; — auteurs déjà cités.

(2) Droit qu'avait le seigneur sur les amendes infligées pour le crime de rapt. — Il en est question dans la charte de commune de Hesdin (1215) en ces termes...

sage sur toute sa terre avec une exemption de droit de vinage, de *tonnelieu* (droit qui se percevait sur les marchandises pour raison de vente ou d'achat), et de toute autre *exaction*, en tout temps, lorsqu'ils voudraient transporter, vendre, ou acheter quoi que ce soit ; enfin tous les avantages (*aisantias*) possibles dans ses forêts et pâturages (1).

A l'exemple de Bouchard, plusieurs seigneurs, ses voisins, augmentèrent comme à l'envie les revenus de Clairfontaine. Guy d'Hirson lui donna trois muids de froment, mesure de Guise (*ad mensuram Gusiensem*) sur le terrage de Wimy. C'était le droit qu'avait le seigneur d'un champ, de prélever certaine quantité de gerbes à son profit avant la rentrée de la récolte. La quotité de gerbes à enlever variait selon les conventions, souvent la paille ne s'enlevait pas. Le propriétaire du champ n'était obligé qu'à secouer sa gerbe contre une borne et le grain qui en tombait était au seigneur. Ce droit aussi singulier qu'onéreux était le prix de l'aliénation du fond de terre faite par le seigneur au vassal. Rainard de Marly, donna à Clairfontaine la moitié de tout le terroir de Jeantes (*Jactantia*) pour deux muids de froment, mesure de Guise, de rente annuelle. Les frères Willes et Robillard, d'Hirson, lui abandonnèrent le quart du même terroir, moyennant quatorze jalois (*galeis*) mesure de Guise, de rente annuelle. Enfin, Jean de Crupilly leur fit présent d'un muid de froment également selon la même mesure.

Sauf no *droiture que nous avons pour lo rat*, et dans une autre charte de 1421... *Quiconques aura fait rat,..* (Recueil d'actes des XIIe et XIIIe siècles, par M. Taillar, p. 36 et 50).

(2) *Adriani Valesii, Notitia Gall.*, p. 259 ; — *Histoire de Soissons*, tom. 1er, *Hist. du Valois*.

Ces diverses donations indiquent assez que, quoique les mesures aussi bien que les monnaies en usage à Guise et dans les environs fussent celles du Vermandois, dont la ville suivait les coutumes, elle avait néanmoins sa mesure particulière, qui était suivie dans une partie de la Thiérache. La mesure de Guise différait peu de celle du Vermandois et dut être, dès lors, la même que celle qui eut, plus tard, un cours légal pour le duché. La mesure commune de Saint-Quentin était le muid contenant huit septiers, le septier contenant deux mancauds, le mancaud, quatre boisseaux, et le boisseau, deux pintes. La mesure d'avoine de la même ville contenait quatre boisseaux un cinquième de Paris. Le jalois était l'ancienne mesure de la terre de Guise. Il y avait le jalois *au blé*, pesant 80 livres, le jalois *au mars* servant pour l'avoine, l'orge, les pois et lentilles, qui était plus fort que le premier. Ils se divisaient également ; la moitié du jalois faisait un essein, l'essein, quatre boisseaux ou pugnets, le boisseau ou pugnet, deux demi-boisseaux ou demi-pugnets, le demi-boisseau ou demi-pugnet, quatre pintes. Les mesures agraires variaient aussi beaucoup dans le Vermandois. Il y avait surtout celle du Mége, et celle de Saint-Quentin, qui était composée de verges ou de perches, la verge valant vingt-deux pieds en longueur, le pied étant de onze pouces. Le jalois de Guise était composé de soixante verges carrées, la verge, de vingt-deux pieds, le pied, de dix pouces deux-tiers de roi. La verge valait deux esseins, et l'essein, quatre pugnets. Le septier de terre ou sextrelée se composait de quatre-vingts verges.

La mesure de Guise fut suivie dans toutes les localités formant le canton actuel (excepté Bernot, Bernoville et Hauteville et à Saint-Algis, Autreppes, Buironfosse, Chigny, Clairfontaine, Crupilly, Englancourt, Erloy, Etréaupont, Froidétrées, Sommeron, Sorbais, où la verge valait deux quartiers quatre pugnets; Fontenelle, Papleux, où le jalois était en usage avec la razière, le premier valant soixante verges, la verge se divisant en trois coupes, la razière étant de quatre-vingts verges, la verge valant quatre coupes; Rocquigny ayant la razière avec les mêmes divisions; Hirson, qui ne la suivait qu'en partie, la verge y valant deux quartiers quatre pugnets; Saint-Michel et Mondrepuis, avec les mêmes modifications qu'à Hirson; le Nouvion, Barzy, où la razière valait quatre-vingts verges, la verge quatre coupes; Bergues, tout le canton actuel du Nouvion (hors Fesmy et le Sart), où le jalois était de soixante verges, et la verge de quatre pugnets; Lemé, où le jalois était de soixante verges deux quartiers quatre pugnets; Etreux, Grougis, Hannape, Mennevret, Oisy, Tupigny, Vénérolles et Verly.

La mesure des liqueurs dans le Vermandois était le pot, qui se divisait en quatre pintes. A Guise, le pot se subdivisait en demi-pot, en pinte ou quart, la pinte en potée, et la potée en demi-potée ou seizième du pot. Pour le mesurage des bois, qui durent faire de tout temps une des principales richesses de la seigneurie, on employa le pied de onze pouces et celui du roi. Dans le commerce, on fit usage du poids et de l'aune de Paris. Quant aux monnaies, c'étaient les nérets ou noirets (*nigri*, *nigelli*, ainsi appelés de leur alliage terne et noir), qui y avaient cours; les sous de Crépy, la monnaie de Provins, celle du Valois, celle même de Châlons étaient aussi fort répandues dans la Thiérache. Les seigneurs de Guise, dans leurs chartes, nomment ces monnaies et ces mesures, mais surtout celles de Saint-Quentin et la mesure de Guise (1).

La même année que Bouchard en usait si généreusement envers le moûtier de Clairfontaine, il donnait également son approbation à l'échange qu'avaient fait les moines d'Hombières de l'autel de Montreuil, pour les deux-tiers des dîmes de Bernot, avec les chanoines de Guise, en présence des abbés de Saint-Quentin-en-l'Ile, de Saint-Prix, de Saint-Nicolas-des-Prés, de Gérard de Clairfontaine, de Godefroy du Mont-Saint-Martin, des chevaliers Simon de Ribemont, Guichard d'Origny, Evrard son frère, Clérembault de Faty, Rohard son frère, et Odon de Vadencourt, c'est-à-dire de ce qu'il y avait de plus éminent dans l'église et la noblesse du pays. Peu de temps après, les deux châtelains donnèrent, d'un commun accord, aux moines de Saint-Prix, l'autel de *Savy (altare de Saviniacum)*, ensuite Bouchard leur remit dans la personne de Hugues Ier, leur abbé, trente muids de froment sur les quarante que son père s'était réservés sur le moulin d'Oëstre (2), et Godefroy, enchérissant encore sur lui, affranchit en 1147 ce fief de toute redevance et servitude, à la charge singulière de distribuer tous les ans, quarante sous, monnaie de Saint-Quentin, aux portiers des églises de cette ville. Parmi les personnages qui souscrivirent la donation de Bouchard, on remarque Raoul, comte de Vermandois, Oilard, mayeur de la commune (*Maïor*

---

(1) Colliette, *Mém. du Vermand.;* — Carlier, *Histoire du Valois;* — *Augusta Viromand. vindicata*, p. 54 ; — *Annuaire de l'Aisne*, année 1837 ; — *Almanach de Picardie*, année 1750.

(2) *Gall. Christ. eccl. Noviom.*, col. 1095, *Elenchus abbatum S. Præjecti.*

Communiæ), Anselme son fils, Guy de Clastres, Guy de Moy, Clérembault de Faty, Grimbert, mayeur de Saint-Prix, Anselme de Levergies, et parmi les bourgeois (*de burgensibus*), Robert-Cambert, Hubert *Cou-de-Taureau* (*Hubertus collum tauri*), noms roturiers, à qui l'érection des communes avait donné une importance populaire qui leur faisait prendre rang après ceux des plus nobles seigneurs (1).

Cependant la guerre sainte ne tarda pas à arracher le sire de Guise aux paisibles occupations du gouvernement de sa seigneurie et de l'accroissement des églises et des monastères. Louis-le-Jeune avait pris la croix des mains de saint Bernard, à l'assemblée de Vezelay-en-Bourgogne, et les plus grands seigneurs du royaume se préparaient au voyage d'outre-mer. La première expédition avait eu lieu en 1096. A la voix d'un vieux solitaire, l'Europe entière s'était ébranlée ; princes, nobles, peuples, s'étaient précipités vers l'Orient en s'écriant Dieu le veut (*Diex il volt*). A la suite de Hugues de France, comte de Vermandois, s'étaient élancés Beaudouin du Hainaut, Gérard d'Avesnes, etc. *Semblablement en ce même temps étoit parti de Thierche-Terre une grande multitude de gens d'armes, lesquels vinrent par mer à Antioche* (1). Anselme de Ribemont, Thomas de Marle, cet indomptable férailleur qui remplissait alors le pays de ses brigandages, avaient été planter l'étendard de la France, sur les murs de Jérusalem. Mais les Chrétiens n'avaient pas su garder leurs conquêtes, malgré les renforts qui leur venaient sans cesse de l'Occident. La division s'é-

---

(1) Colliette, tom. 2, p. 196 ; — *Adriani Valesii*, *Notitia Galliarum*, p. 239 ; — *Aug. Viromand.*, *lib.* II, p. 158 et 160.

(2) *Roman des faits et gestes de Godefroy de Bouillon* ; — *Dictionnaire étymologique de Ménage*.

tant mise parmi eux, les Musulmans en avaient profité et une nouvelle croisade devint nécessaire. Elle fut résolue en 1145 et eut lieu en 1147. On ne voit pas que Godefroy ait été de cette expédition, mais Bouchard, son aîné, se croisa l'année même du départ de la flotte. Avant que d'entreprendre ce pèlerinage, le sire de Guise mit ordre à ses affaires et chercha à attirer sur lui les bénédictions célestes. Sur le point de partir pour la défense du *glorieux sépulcre*, voulant augmenter l'aumône qu'il avait faite à Prémontré, il lui donna toute la terre de Sequéhart (*Segardi*), comme elle se comporte en dehors du château (*ubicumque extra castrum existit*), avec l'agrément de sa femme Adélaïde et de son frère Godefroy. Il paraît que ce fut dans ces circonstances que celui-ci entra en accommodement avec les religieux d'Anchin (*Aquicinctensis ecclesiæ*), avec qui il avait eu de longues querelles au sujet de graves injustices dont il s'était rendu coupable envers eux dans le domaine que l'abbaye possédait à Hauteville, *en Vermandois*. L'affaire fut portée au tribunal de l'évêque de Laon, Barthélemy, oncle de Godefroy, devant qui il parut, avec Gozwin abbé d'Anchin, et qui sut par sa prudence et sa modération pacifier toute chose. Il s'agissait de certains droits féodaux et surtout du droit de gîte. Godefroy, touché *du bon conseil de ses hommes*, consentit à ne plus réclamer à l'avenir sur Hauteville d'autres droits que ceux qu'avait eus son père Guy, à savoir 8 sols d'une pleine charrue (*de integrâ carrucâ*), 4 sols d'une demi-charrue, et 2 sols de la main-d'œuvre (*de manu operario*), le tout payable annuellement, en trois termes, à Noël, à Pâques et à la Saint-Remy, en sorte que le tiers de ce revenu soit acquitté à chaque terme. Il convint qu'il ne viendrait aux plaids (*ad placita*) du domaine en question que quand il y serait appelé, mais il voulut que lorsqu'il y viendrait, *après avoir été appelé*, le tiers de la justice de forfaiture (*foris facti*) lui fut attribué. Les religieux se montrèrent faciles sur tous ces points, mais le droit de gîte souleva de grandes difficultés. Ce droit qui avait été sans doute établi pour que le seigneur passant sur les terres de ses vassaux où il n'avait pas de manoir, ne fût point obligé de déroger à sa dignité, en allant loger à l'hôtellerie, ne laissait pas que d'être onéreux à cause du cortége nombreux de varlets et de chevaux qu'il traînait toujours à sa suite. Aussi Godefroy ne put-il rien gagner sur les moines d'Anchin, qui se refusèrent obstinément à toute concession à cet égard, ce qui faillit faire rompre la négociation (1). Cependant par l'intervention de l'évêque et des hommes sages qui assistaient à son conseil, Godefroy obtint qu'au moins, on n'éleverait aucune récrimination sur ce point jusqu'à ce que son frère Bouchard fut revenu de l'expédition de Jérusalem, ou qu'on eut la certitude de sa mort. Quant à lui il promit de se relâcher de son droit, de telle manière qu'aucune plainte fondée ne reviendrait à l'abbé d'Anchin sur cette matière (2).

Outre le domaine de Hauteville, l'abbaye d'Anchin et

---

(1) Le droit de gîte nommé d'abord *mansionaticum*, puis *procuratio, gistum, hospitium, cœnaticum, comestio*, etc., se fixait par les chartes de concession du fief et était une imitation du droit des rois. Quand les seigneurs fondaient quelque église ou monastère, ils avaient toujours grand soin de se réserver dans l'acte de donation le droit d'y être reçu en certains temps de l'année. La plupart du temps les procurations ou gîtes étaient évalués en argent.

(2) La charte où se trouve le résumé de cette affaire finit ainsi: *Actum est Lauduni anno Incarnati Verbi M. C. XLVIII* (1148). Cartul. de l'abbaye d'Anchin, num. 3, folio 150; — MSS. de don Grenier; — Brussel, *Usage général des fiefs*, tom. 1er, liv. II, chap. XXXVIII. Du droit de procuration ou de gîte, p. 536 et 563.

celle de Saint-Foillan possédaient encore d'autres biens dans les plaines grasses et fertiles qui bordent la rive droite de l'Oise. Elles les avaient reçus du chapitre de Saint-Quentin, qui reversait ainsi une partie de ses riches revenus sur les maisons religieuses moins favorisées que lui, sous le rapport de l'opulence. En 1132, Saint-Foillan recevait du chapitre Croix-Fonsomme et tout ce qu'il possédait à Etaves et à Fieulaines (*Filleniæ*), à condition que l'abbaye ferait transporter tous les ans dans les greniers du chapitre soixante muids du meilleur froment que produiraient les terres qu'on lui accordait, et qu'en outre elle fournirait en quantité suffisante le bois, le poisson, le sel et les aulx nécessaires à la *réfection* du carême. Les biens que le chapitre accorda la même année à Anchin sur la demande de l'abbé Jacques, furent moins grevés. Ils étaient situés à Noyal (*Noialla*) et provenaient de la libéralité de Lambert, l'un des premiers châtelains de Saint-Quentin. De ces biens, dont le cens n'était que de treize muids de froment, et de quelques autres qu'ils obtinrent aux environs de Noyal, les religieux composèrent la ferme de Trémont (*Tres montes*). En 1144, on régla à l'amiable la nature et le prix de la rente, et il fut convenu qu'on prendrait pour base la taxe du blé de la paneterie de Saint-Quentin. Le chapitre s'était réservé le fief de la mairie de ses domaines de Noyal ; mais cent ans après, il permit à son mayeur Robert, fils de Raoul, de l'échanger pour d'autres biens que l'abbaye d'Anchin lui céda. A cette occasion l'abbé d'Anchin fit une nouvelle reconnaissance de son échange, et promit de faire payer l'ancien cens avec plus d'exactitude. Deux ans après, le même mayeur de Noyal vendit au chapitre une prestation de quatre muids d'avoine à lever sur douze muids de terre situés près de Grougis, dans la Vallée-Lambert, ainsi nommée du châtelain Lambert à qui ils avaient appartenu. Ces champs étaient du domaine de sa mairie et il les tenait en *hommage-lige* du chapitre qui les lui avait aliénés. Ermengarde, sa veuve, ratifia dans la suite la vente faite par son mari (1).

Bouchard de Guise partit sans doute avec Louis VII pour la croisade, après la Pentecôte de l'année 1147. Quels furent ses exploits dans la guerre sainte? C'est ce qu'on ignore. On ne sait pas non plus s'il revint avec le roi, vers la fin de 1149, après cette déplorable expédition. Quoi qu'il en soit, le sire de Guise ne reparaît plus qu'en 1155 dans sa terre de Guise, par la concession qu'il fit, toujours du consentement de sa femme et de son frère, à l'abbaye de Prémontré, de l'église de Dorengt avec ses dépendances (*cum pertinentiis suis*), que le châtelain Roger tenait en fief de lui, et que celui-ci avait données à Prémontré d'accord avec sa mère et ses frères. Les témoins de cette concession nouvelle furent Renaud, doyen, Arnoul et Pierre, clercs, Matthieu de Sains, Clérembault (de Faty), Drogon de Dulcilon, et Wéric Havar.

On peut dire avec vérité qu'il n'y avait pas d'église ou d'abbaye dans les fiefs des seigneurs de Guise ou dans leur voisinage, qui n'aient eu une large part à leur munificence. Bucilly, où Barthélemy de Vir avait introduit les Prémontrés à la place des religieuses Bénédictines, les comptait au nombre de ses premiers bienfaiteurs, avec les rois de France et

---

(1) *Aug. Viromand.*, lib. II, p. 151; — *Gall. Christ.*, tom. IX, coll. 607, *Mém. du Vermand.*, lib. 2, p. 151 et pièces justificatives du livre II, p. 264.

les seigneurs d'Avesnes et de Rumigny. En 1155, Bouchard, du consentement de sa femme et de son frère, l'exempta en faveur de l'abbé Philippe de tout droit de transport (*vectigalium*), d'achat et de vente dans toute l'étendue de la seigneurie, par une charte que souscrivirent Gérard, abbé de Clairfontaine, Gilbert, du Mont-Saint-Martin, Luc, abbé de Saint-Michel, Walfride, abbé de Thenailles (1). Bouchard ne s'en tint pas là, il donna de plus à l'abbaye, l'année suivante, un muid de blé, mesure de Guise, à prendre sur le moulin de la *Commune* (*communœ*), situé sur le terroir de ce nom, où fut bâti depuis le village de Mondrepuis, pour réparer les dommages qu'il avait commis au préjudice de l'abbaye. On peut induire de cette réparation que le seigneur Bouchard, tout libéral et magnifique qu'il était envers les couvents, n'était pas tout-à-fait exempt de reproches envers eux, et qu'il avait pu commettre quelqu'une de ces vexations si communes alors à l'égard des gens d'église. Au reste il avait déjà commencé à s'acquitter avec Bucilly, selon une charte de Roger, évêque de Laon, de 1156. Il possédait concurremment avec Bliard de La Ferté, qui a donné son nom à La Ferté-Bliard, comme Milon, seigneur de La Ferté-en-Orceois, avait donné le sien à La Ferté-Milon, la moitié du terroir de la commune (*curtim de communione*); il lui en avait fait don avec son co-seigneur, et plus tard lorsque Alard d'Hirson donna à l'abbaye l'autre moitié qui lui appartenait, Bouchard, Bliard de La Ferté, aussi bien que Jean, comte de Vermandois, desquels ce terroir était venu graduellement, *touchés de dévotion*, consentirent à l'octroi de cette aumône en présence du roi Louis (1).

(1) *Carta Rogeri Laud. Episcopi*, 1156; — *Ann. Præmonstrat.*, tom. 1ᵉʳ, p. 418, 516 et suiv.; — *Ad prob. Carta Rogeri* ; — *Annales de Picardie*. — Lelong.

Il semble que les seigneurs, par ces nombreuses donations, voulussent tempérer ce qu'avait d'exorbitant la puissance féodale dont le joug commençait à s'ébranler sur la tête des malheureux serfs qui l'avaient porté en silence pendant tant d'années. En effet, une sorte de réaction partielle, mais déjà puissante, s'était accomplie et menaçait la tyrannie seigneuriale. Les serfs, les vilains ne craignant plus de se mesurer avec elle, finissaient par en obtenir, de gré ou de force des chartes de *commune*, ou, au moins, des franchises qui les mettaient à l'abri de l'arbitraire et des vexations sans nombre dont elle les accablait. Favorisée ou du moins tolérée par Louis-le-Gros, la révolution communale ne laissa pas que de faire en peu de temps des progrès rapides. Laon, Soissons, Saint-Quentin, en quelques années, s'étaient érigés en communes; rien n'indique que Guise ait été affranchi à cette époque, ni qu'il ait reçu de son seigneur la charte de commune. Le bourg d'Hirson fut plus heureux. Une charte émanée de Godefroy de Guise, de Nicolas d'Avesnes et de Jacques, son fils, qui avait pour titre : *Charte des franchises, des statuts et ordonnances de la ville d'Ireçon*, et datée de 1156, paraît être une charte de commune. Ce ne fut que plus tard que Guise reçut sa charte de franchises d'un seigneur de la maison de Châtillon (1).

Bouchard fut présent en 1161 aux donations que fit Aldo de Beaurevoir à l'*église* de Saint-André du Câteau, qui comptait parmi ses bienfaiteurs, selon un historien de Cambrai, outre la maison de Guise et celle de Saint-Aubert, son alliée, les maisons de Beaurain et de Romery. Les abbayes

---

(1) Il est fait mention de cette charte dans les Manuscrits de la bibliothèque nationale. Devismes, *Manuel historiq.*, bibliographie, p. 428, art. Hirson.

de Vaucelles et de Honnecourt eurent également des bienfaiteurs dans celles de Guise, de Bernot, d'Origny, de Tupigny, d'Iron et de Sains.

Les fiefs considérables que les sires de Guise possédaient dans le Vermandois, et sur lesquels était fondé leur titre de pairs de ce comté, leur permettaient d'y étendre les effets de leur générosité même envers les établissements religieux étrangers au pays. Le célèbre monastère de Longpont, dont les poétiques ruines font aujourd'hui l'admiration des voyageurs, où les évêques de Soissons faisaient de longs séjours, où ils choisissaient souvent leur sépulture, et qui était honoré de la présence des rois, comptait dans ses nombreux domaines la belle terre du Tronquoy. C'était une de ces *celles* (*cellæ*) changées en fermes ou censes, où il y avait des convers dépendants de l'abbaye, occupés à la culture des terres; ayant à leur tête un prieur (*prior*), lequel exerçait à leur égard le ministère paroissial. Ces *celles* formèrent plus tard des prieurés et prévôtés, bénéfices simples en titre, ou qu'on a réunis aux menses conventuelles; tels, par exemple, que le prieuré de Sainte-Croix de Tupigny, dépendance du prieuré de Coincy, ordre de Cluni, qui, dès le temps dont nous parlons, avait déjà cessé d'être conventuel, et que la prévôté de Vénérolles, dépendance de Saint-Médard de Soissons (1). Imitant la générosité des seigneurs soissonnais envers le couvent de Longpont, Godefroy de Guise donna à la *celle* du Tronquoy la terre de Remaucourt (*de Remalcurte*) et d'autres biens ou exemptions mentionnés dans une charte de Beaudouin II, évêque de Noyon, en date de 1163. Cette charte est toute en l'honneur de Godefroy.

(1) Lelong, p. 278 et 279.

« Beaudouin, par la miséricorde de Dieu, ministre de la sainte église de Noyon, à tous présens et à venir. Puisqu'il est de notre devoir, de notre charge de souverain pasteur, de pourvoir à l'utilité de la sainte religion, avec une pieuse affection de paternité ; c'est pourquoi, nous avons cru nécessaire, pour le bien de la paix, de munir de lettres signées de l'autorité épiscopale, les biens ecclésiastiques ou aumônes qui, de nos jours, ont été faites aux pauvres, et concédées ou approuvées par nous, de crainte que dans la suite on puisse en tirer un sujet de calomnie contre les serviteurs de Dieu. Que tous, présens ou à venir, sachent donc que Godefroy de Guise, du consentement et de la volonté de sa femme et de ses héritiers, a donné à l'église de Longpont toute la terre de Remaucourt, pour dix muids de froment, mesure actuellement courante à Saint-Quentin, et qu'il a remis à perpétuité, en aumône, à la même église, deux de ces muids de froment après son décès. Les témoins sont Clérembault de Faty, Robert, prévôt, Anselme de Levergies. »

« Le même Godefroy a concédé à la même église, tous les vinages, péages et autres coutumes, en son pouvoir, libres et exempts de tous droits. Les témoins sont les mêmes que ci-dessus. *Item*, le même Godefroy a accordé à la même église, toutes les terres que *ses hommes* ont données, *à la neuvième gerbe*, aux frères de Tronquoy, en perpétuelle possession, sauf son droit (1). Les témoins sont Nicolas d'Avesnes, Robert Camber, Anselme de Levergies, Waubert de. . . . . . (*Ruffenis*) ; *Item*, le même Godefroy de Guise a accordé à la même église, la moitié d'une métairie (*dimidium mansum*

---

(1) On rendait la 4ᵉ gerbe, la 10ᵉ gerbe, quelquefois la 11ᵉ ; le 5ᵉ raisin, etc. Montoil, *Mœurs des Français des cinq derniers siècles*, tom. 2, p. 177 et 529.

terræ. . .), provenant de l'héritage de frère Robert, convers de Rémaucourt, sauf son droit, sans taille (*sine taliâ*). Les témoins sont les mêmes que ci-dessus. . . »

« Fait l'an de l'Incarnation de Notre-Seigneur, 1163, indiction 11° (1). »

Selon une charte du même évêque, Godefroy de Guise et sa femme Béatrix, donnèrent leur approbation à diverses autres donations faites au Tronquoy, par Evrard de Levergies et par un autre seigneur nommé Girard, de biens et de terrages qu'ils tenaient d'eux comme leurs suzerains. A l'exemple de ces derniers, Oylard de Héricourt donna aussi aux moines de cette maison tout le terrage qu'il possédait sur la terre de Lesquielles, partie en aumône pure, partie à la charge d'un muid de froment de redevance qu'ils devront conduire tous les ans à Saint-Quentin ou dans un autre lieu, à la même distance, le jour de la Saint-Remy. En outre, Philippe de Vadencourt, *à la louange et du consentement* de sa femme Domise, leur remit tout le produit de la terre de Lehaucourt, qu'ils avaient coutume de lui payer, pour deux muids *de bon froment*, que les moines seraient tenus de lui délivrer à la Saint-Remy, au lieu qu'il leur aura indiqué, mais qui ne devra pas être éloigné de sa *grange* de Morimont de plus de cinq lieues, et où ils puissent se rendre tranquillement et sans dangers, tant pour eux que pour les serviteurs. Le seigneur de Vadencourt ajouta que si, à partir de 1170, date de cette transaction, ils venaient à acquérir de nouveaux domaines, ils lui rendraient la même redevance qu'auparavant; ce qui prouve qu'il voulait secourir plutôt qu'enrichir la *celle* du Tron-

(1) *Mém. du Vermandois*, tom. 2, p. 542. Extrait du cart. de Longpont.

quoy. Le frère Girard de Bohéries fut témoin dans cette donation, qui fut approuvée par René ou Renier de Guise, seigneur de Sains, de qui Philippe de Vadencourt tenait cette terre en fief.

Ce Renier de Sains devait être fils de Renier, frère de Bouchard et de Godefroy, et père de Renaud de Guise, seigneur de Flavigny-le-Grand, de Flavigny-le-Petit, de Beaurain, de Monceau, de Morquoat, de Huguetines, tous fiefs tenus à foi et hommage de la terre de Guise, et relevant de la grosse tour du château. Renier possédait aussi la terre de Lemé, qui provenait des anciens domaines des comtes de Vermandois dans la Thiérache. Philippe, l'un deux, la donna à Renier qui, de l'agrément de son suzerain, la donna à son tour, en 1161, à l'abbaye de Foigny (1).

Vers cette même époque, Homblières jouissait d'une grande renommée de ferveur. Une foule de seigneurs y prenaient le joug monastique (*jugum monacale*) et y apportaient en même temps des dotations considérables. De ce nombre furent Robert d'Etaves, qui, changeant en 1150 la cotte-de-maille de chevalier en habit de religieux, avait donné au couvent deux gerbes de la dîme de l'*autel* de Landricourt, et Renier de Guise, celui sans doute dont il vient d'être parlé. Il avait épousé Doda, veuve d'Oilbold, surnommé *Porcellus*. Lorsqu'il prit à Homblières la *tonsure monastique* (*monachicœ normam tonsurœ*), il lui apporta, *à la louange* de ses fils Erbert et Robert, des biens situés près de Courcelles, pour entretenir à perpétuité l'autel de la Vierge, de rameaux et de verdure (*ramo et cespite super altare S. Mariœ perpetualiter*

---

(1) *Mém. du Vermandois, Cartœ Balduini II, Episcopi Noviom, in favorem Longipontanorum apud cellam Tronquoy, ad probationes*; — Duchesne, *Histoire de Montmorency*, liv. 2, p. 90 et 91 ; — *Hist. de Foigny*, p. 77.

habendos); de son côté, Robert accorda au couvent, du consentement de sa mère, *les coutumes* qu'il avait héritées audit Courcelles, à l'intention de son frère Oilbold de Roye, qui, *du naufrage du monde, s'étoit réfugié au port de cette église* (1).

Godefroy de Guise eut de sa femme une belle lignée, composée d'un fils nommé Renier de Guise et de quatre filles savoir, Havide, Mathilde, Marie, Adelewide de Guise. Renier eut de sa femme Awelvia ou Adèle, Gauthier, Godefroy et Renier, tous vivants en 1189. C'est ce Renier qui consentit la même année, en présence de ses enfants, à l'amortissement des biens donnés par Verry de Moy à l'abbaye d'Isle, lesquels étaient situés à Berthenicourt et à Alaincourt, mouvances de la châtellenie de Guise et dont il était seigneur. Awelvia, sa femme, qui portait le titre de dame de Guise, fit aussi délivrer en même temps son privilége pour l'amortissement de la donation des biens situés à Gauchy, faite à la même abbaye par Verry, et qui étaient de sa mouvance particulière (2).

C'est de Godefroy que paraît sortir une autre dame de la maison de Guise nommée Mabilie, et qui peut-être n'est autre que Mathilde. Elle épousa Guillaume d'Orgemont, lequel confirma en 1180 une donation faite par son père aux religieux de Mont-Saint-Martin et à ceux d'Honnecourt, du consentement de Mabilie et de ses enfants Siger, Wathier et Guy. La destinée de ce dernier fut assez singulière. On l'ap-

(1) *Aug. Viromand.*, lib. II, p. 98.

(2) *Cart. insulanum. Cartis*, 17 et 18, *Longip. Carta*, 13, de Tronquoy, *apud* Colliette ; — *Hist. de Châtillon*, liv. III, p. 88 et suiv.; — *Hist. de Montmorency*, liv. II, p. 90 et 91 ; — *Mémoires du Vermand.*, tom. 1er, liv. VIII, p. 523.

pelait Pie–Tristan (*pieux et triste*) à cause de sa dévotion exagérée qu'il poussa jusqu'à l'affaiblissement de l'esprit. En proie aux tortures de l'hallucination, ou trompé par les artifices de Satan, il se jeta, vers la fin de sa vie, dans un puits profond, d'où il fut retiré à demi-mort. On ne put jamais lui faire avouer qu'il y eut une faute dans cette tentative de suicide. Son jugement était tellement obscurci par l'ascétisme qu'il regardait ses rêveries comme autant d'oracles. Il se livrait aux plus extrêmes rigueurs de la pénitence, nourrissant son esprit exalté de craintes, de scrupules et d'appréhensions. Entre autres extravagances auxquelles il se livrait, il poussait la superstition jusqu'à regarder comme un sacrilége de marcher sur des fétus de paille en croix. Il n'en avait pas moins épousé à la fleur de l'âge la noble Cunégonde de Wallincourt, de laquelle il *procréa* Guy et Simon d'Orgemont. Le premier devint gouverneur ou capitaine châtelain de Guise, où il fut inhumé avec sa femme Berthe de Crévecœur. On ne connaît pas leur postérité (1).

Bouchard, le chef de la maison de Guise, ne fut pas aussi heureux, dans sa descendance, que son cadet, car il n'avait eu de son mariage avec Alix ou Adélaïde de Soupir qu'une fille, nommée Améline, selon le plus grand nombre des auteurs, et Adelvie, du nom de son aïeule paternelle, selon l'historien Duchesne. Il eut ainsi la douleur de ne pouvoir transmettre à un héritier mâle, la noblesse de son nom et les vastes possessions qu'il tenait de ses ancêtres. Si l'on en juge par une lettre du pape Alexandre III, qui se trouve dans le recueil des Historiens de France, la bonne harmonie n'au-

(1) *Hist. de Cambrai et du Cambresis*, tom. 2, 3ᵉ partie, p. 850.

rait pas toujours régné entre Bouchard et sa femme. Il paraît même qu'ils se séparèrent. Toutefois, l'obscurité qui couvre cette affaire a sauvé la mémoire de Bouchard. Nous serions même porté à croire qu'on y devrait substituer le nom de Renier au sien. Cette cause matrimoniale fut assez grave pour être portée devant le saint-siége. Le pape Alexandre III avait commis pour l'examiner les évêques de Bourges et d'Amiens qu'il savait « très-zélés pour la justice et avoir en horreur tout ce qui naît de la source de l'iniquité ; » mais comme les choses traînaient en longueur, il leur écrivit de Tusculum, en date du 22 février 1171 ou 1172, pour leur ordonner de se réunir, de faire comparaître devant eux les deux parties, de peser les raisons apportées de part et d'autre, et de prononcer sans appel *avec la gravité et la maturité épiscopale*, selon les canons, après avoir mis de côté toute considération personnelle, et de manière que leur jugement pût être approuvé de Dieu et des hommes. « Si le seigneur de Guise, ajoute le pape, refuse de recevoir sa femme et de la traiter avec l'affection conjugale et de lui donner pleine sécurité, frappez-le d'une sentence d'excommunication, et fort de notre autorité, faites que dans l'évêché de Laon on l'évite comme étant excommunié. » Alexandre III ordonne ensuite aux deux évêques de s'employer près de Philippe, comte de Flandre, pour lui faire rendre à l'épouse la *terre* qu'elle lui avait apportée en dot jusqu'à ce qu'il se fut soumis humblement aux ordres de l'église. C'est ainsi que la voix de la justice se faisait entendre au loin par l'organe de la papauté, en faveur de la faiblesse opprimée par la puissance. L'excommunication était le plus puissant frein que l'église pût employer alors pour enchaîner des passions brutales qu'aucune considération n'arrêtait (1). On ne sait pas l'époque de la mort de Bouchard, mais il est à croire qu'il mourut jeune encore, c'est-à-dire à l'âge de quarante ou quarante-cinq ans : en effet, il était très-jeune en 1135, lors de la donation de Germaine à Prémontré, et il n'est plus question de lui depuis 1161. D'un autre côté, il est certain que Godefroy eut la tutelle d'Améline, sa nièce, qui était encore en bas âge au décès de son père. Avec Bouchard finit la branche aînée des seigneurs de Guise de la première race (2).

(1) La lettre d'Alexandre III se trouve dans le *Recueil des Historiens de France*, tom 15, p. 900. Le seigneur de Guise dont il est question n'y est nommé que par l'initiale R. et sa femme par l'initiale S. Les auteurs du *Recueil* prétendent qu'il faut remplacer l'R. par un B, et lire Bouchard. En l'absence de toute preuve on ne peut blâmer ce changement. Cependant ne pourrait-on pas dire qu'il s'agit de Renier de Guise? D'ailleurs la lettre du pape porte la date de 1171 ou 1172, or il paraît certain que Bouchard était mort vers 1161, et qu'Améline sa fille épousa Jacques d'Avesnes avant 1170, après avoir été sous la tutelle de son oncle.

(2) Lelong, Duchesne, Colliette, D. Grenier. *Dict. de la noblesse*, et tous les généalogistes des seigneurs de Guise ; — *Hist. de Montmorency*, liv. II, p. 91 ; — *Hist. de Châtillon*, liv. 3, p. 88 et suiv.; — *Mém. du Vermandois*, tom. 1er, liv. VII, p. 523 ; — *Historiens des Gaules et de France*, tom. 14, p. 8 et 9.

CHAPITRE III.

GUISE SOUS LES SEIGNEURS DE LA MAISON D'AVESNES.

DEUXIÈME RACE.

Améline de Guise, après avoir grandi sous la tutelle de Godefroy, son oncle, fit une alliance digne de sa haute naissance, en épousant Jacques d'Avesnes. Ce qui fait la grandeur d'une maison, c'est non-seulement ses titres, ses hauts-faits, l'étendue de ses domaines, mais encore l'antiquité de son origine. Sous tous ces rapports, celle d'Avesnes ne le cédait à aucune autre. C'est à elle que la ville d'Avesnes doit sa fondation. Voici la généalogie de cette noble race, qui mêla son sang à celui des sires de Guise.

Guerricus de Lens eut trois fils, dont les noms sont restés inconnus, et de l'un desquels sortit Wildrik, *le Fort*. Un des héritiers de ce dernier, seigneur de Leuse et des pays adjacents, ayant reçu, à titre de fief, des comtes de Hainaut, un domaine sur les rives de l'Hèpre, y éleva en signe de propriété seigneuriale une grosse tour que Thierry, l'un de ses enfants, augmenta de divers ouvrages de défense, dont il fit un château-fort, autour duquel se forma la ville d'Avesnes. Thierry fut le troisième époux d'Ada de Roucy, veuve de Godefroy de Guise, avec laquelle il bâtit Liessies. Il fut tué à la chasse, dans la forêt de Mormal, par Isaac de Barlemont, qui l'avait attiré dans un guet-à-pens, et enterré à Liessies où Ada se fit religieuse. Gérard, son frère, alla en terre sainte, mourut sans enfants, et Ade sa sœur épousa Fastré d'Oisy, avoué de Tournai, qui vivait en 1098 (1).

Thierry avait eu un fils nommé Fastia d'Avesnes, qui sans doute mourut jeune et sans postérité, car il paraît avoir eu pour héritier l'un des fils d'Ade sa sœur, et de Fastré d'Oisy, Guy d'Avesnes, dit *d'Oisy*, que quelques-uns nomment Goswin ou Gossuin. Guy succéda à son oncle maternel, *ès-terres d'Avesnes*. Il fit élever l'église de Liessies, mais ayant ajouté de nouveaux ouvrages aux fortifications d'Avesnes, contre le gré du comte de Hainaut, son suzerain, il fut attaqué à outrance par celui-ci et fait prisonnier après trois jours de combat. Il avait épousé Agnès de Ribemont, dont il n'eut pas d'enfants; il institua son héritier Gauthier, dit *Pelukel* ou *Peluchel* (le beau, du latin *pulcher*), premier du nom, avoué de Tournai, fils de Fastré II d'Oisy, son frère, lequel après avoir été seigneur d'Avesnes, de Leuse, etc..., se retira dans un monastère.

---

(1) *Historiens des Gaules et de France*, tom. 14. page 8; — Lelong, p. 271; — *Annales du Hainaut*.

De Gauthier d'Avesnes, dit *Pelukel*, et d'Ida de Mortagne, sa femme, *issirent* quatre fils. Ce baron déloyal leur donna l'exemple du brigandage. Il se montra en toute rencontre l'ennemi brutal des prêtres, des moines et des couvents. Il vexa et pilla Liessies doté par la dame de Guise; il usurpa les biens qu'Agnès de Ribemont, qui avait survécu trente-six ans à Guy d'Avesnes, son oncle, avait laissés après sa mort, et périt enfin malheureusement en 1147, en tombant du haut du château de Mons, dont il était l'un des pairs, comme il s'asseyait sur une arche de bois élevée sur les remparts. Nicolas, dit aussi *Pelukel*, continua sa lignée, recueillit une partie de ses riches héritages, et bâtit, pour les mettre en défense, les châteaux de Landrecies, de Condé, de Trélon. Il eut, de son mariage avec Mahaud ou Mathilde de la Roche, fille de Henri de Namur, comte de la Roche, le fameux Jacques d'Avesnes, seigneur de Condé, Leuse, Landrecies, Trélon (1).

Ce fut en 1180, selon plusieurs généalogistes, qu'eut lieu le mariage de Jacques d'Avesnes avec Améline, fille de Bouchard, qui s'intitulait dame de Guise et de Lesquielles (*Ameli-Henam... Dominam Guisiæ et Leskeriarum*), mais il est certain que Jacques avait épousé Améline avant 1170, puisqu'à cette date, il porte dans la charte de fondation du village de Mondrepuis, le titre de seigneur de Guise, et qu'en 1180, époque présumée de son mariage, il fait une donation à l'église de Dorengt, d'accord avec Améline et *ses enfants*, circonstance qui indique suffisamment qu'il était déjà marié depuis un certain nombre d'années. Ce sentiment, au reste,

---

(1) *Généalogie des seigneurs de Guise*, dans Collictte, Lelong, etc... — Duchesne, *Hist. de Montmorency*, liv. II, p. 90;—*Dictionnaire de la noblesse*, art. Guise;— Aug. Viromand., lib. II, p. 434. — *Hist. de France*, tom. 14, p. 8. *Ex Gilberti Montensis chronico.*

s'accorderait avec la date de la mort du père d'Améline vers 1161 ; en supposant qu'elle eut alors dix ans, elle resta sous la tutelle de son oncle Gauthier, environ le même espace de temps, et se serait mariée à dix-huit ou vingt ans (1).

Quoi qu'il en soit, les riches terres de Guise et de Lesquielles, avec leurs dépendances, fiefs et arrière-fiefs, qu'Améline apporta en dot à Jacques d'Avesnes, jointes à celles qu'il possédait déjà ; ses alliances avec les seigneurs de Rethel et de Rozoy, faisaient de ce baron l'un des plus puissants suzerains du pays. C'était, d'ailleurs, un chevalier plein de courage, un de ces preux qui figurent par leurs hauts-faits, dans les chroniques du moyen âge ; un de ces amateurs d'aventures qui eussent été au bout du monde, dans l'espoir d'en rencontrer. Jacques fut un des héros privilégiés des historiens du temps, qui le comparent classiquement à Hector pour la prudence, à Achille pour la bravoure, à Régulus pour la fidélité à garder ses engagements. *Jacobus de Avesnis*, dit l'auteur anonyme de l'*Histoire de Jérusalem, vir trind perfectione præditus, in consiliis Hector, in armis Achilles, in fide Attilio, Regulo præferundus*). Et ce qui lui fait, au moins autant d'honneur, ils le comparent encore au fameux Richard-Cœur-de-Lion, roi d'Angleterre, rival du chevaleresque Philippe-Auguste, roi de France.

---

(1) Colliette place l'époque du mariage d'Améline en 1120, date inadmissible, puisqu'en 1120, Bouchard, père d'Améline, était encore très-jeune lui-même (*Mém. du Vermandois*, p. 196 du tom. 2). Le *Dictionnaire de la noblesse* et une description MS. de Guise ont adopté la date de 1180.

Le Vandale a beaucoup critiqué l'auteur de la *Lettre sur l'histoire de Guise*, parce qu'il avait suivi cette date, qu'il n'avait pourtant pas inventée. Il va même jusqu'à dire que 1180 est à peu près l'époque de la mort d'Améline. On verra, en son temps, ce qu'il faut penser de cette assertion. — Charte de Mondrepuis, citée plus bas ; — *Gilbertus Montensis*, au tom. 15 des *Historiens de France*.

(1) *Aug. Viromand....* — *Aubertus Miræus*, tom. 2 ; — *Adriani Vales. Not.*

Le nouveau seigneur de Guise éleva un monument qui devait avoir plus de durée que les tourelles crénelées de ses nombreux manoirs. Il bâtit en 1170 avec Louis, abbé de Bucilly, le village de Mondrepuis qui, dans l'origine, n'était qu'une métairie située sur le terroir dit de la *commune* (*communæ, communionis*). Or, voici la marche qu'on observait lorsqu'un seigneur ou une abbaye voulaient construire sur leurs terres de nouveaux villages. On commençait par leur accorder des franchises qui ne manquaient pas d'y attirer bientôt une foule de serfs, de vagabonds, d'ouvriers ambulants, de petits marchands colporteurs et d'habitants des seigneuries voisines, serfs de corps et de biens, séduits par l'appât de la liberté. Les terrains qu'on leur concédait, moyennant quelque modique redevance, ou une taille raisonnable, les franchises accordées à ces communes de dernière classe toujours subordonnées aux officiers du seigneur ou de l'abbaye, suffisaient pour les peupler en peu de temps. Une charte rédigée à cet effet et scellée du sceau du fondateur était publiée au loin et manquait rarement le but qu'on se proposait. C'est à ce système que tant de *neuvilles* ou *nouvelles villes* (*novæ villæ*) doivent leur fondation, telles que La Neuville-lès-Dorengt, La Neuville-Bosmont, La Neuville-Housset, Neuvillette, etc. La charte qui contient les conventions arrêtées entre le sire de Guise et le chapitre de Bucilly, est un des plus curieux monuments de cette époque; elle est ainsi conçue :

« Moi, Louis, par la grâce de Dieu, abbé de Bucilly, à

Gall. Ex litteris M. C. XXCIX; — *Annales du Hainaut*; — Lelong, p. 271; — Colliette, *Généalogie des seigneurs de Guise*, tom. 2; — Devisme, *Manuel Historique*, art. Jacques d'Avesnes; — *Annales de Picardie*.

tous les chrétiens, tant présens que futurs, *à toujours*, savoir faisons: que, du consentement de notre chapitre, il a été convenu entre nous et Jacques d'Avesnes, que nous bâtirions ensemble un village (*villam*) sur le terroir de la commune que possède en propre notre église et qui a été mis sous la loi de *Vervin*, dans le lieu appelé Mondrepuis (*Mons putei*), sous cette clause néanmoins, que nous garderions toute la dîme, le terrage, les cens des prés, le droit d'usage dans les forêts (*sylvagia*) (1), les abeilles et le droit de cendre (*jus cinerum*); que nous conserverions la liberté complète du terroir, les moulins même banaux, en sorte que personne n'en puisse construire qui n'appartiennent à l'église; les viviers aussi, avec toute la pêche, et les fours banaux. Nous accordons la moitié de ces fours au seigneur Jacques, sa vie durant; ils nous reviendront après sa mort. Nous retenons aussi pour nous le droit de vente, tant au dedans qu'au dehors du village. Nous aurons aussi dans le village, où il nous plaira, une maison avec tous les *aisements* nécessaires (*cum aisentiis necessariis*) et exempte de tout impôt (*exactione*); si quelqu'un vient à perdre sa liberté, il sera délivré en se réfugiant dans la maison. Si quelques-uns de la *famille* (des gens) de l'église ayant une rixe dans l'enceinte de la ferme (*curtis*), viennent à se frapper mutuellement, l'église les accordera, sans la justice du village; s'ils ne veulent pas s'accorder et qu'ils plaident (*proclamationem fecerint*), ils seront jugés par la loi du village. Cependant, la maison de l'église ne sera aucunement soumise à la loi du village, parce qu'elle est entièrement libre, et on ne pourra faire re-

---

(1) On entendait encore par ce mot la prestation qui représentait le droit d'usage.

tomber sur elle le forfait de qui que ce soit. Si un fermier (*mansuarius*) quitte le village, l'église fera cultiver sa terre, jusqu'à ce que lui ou un autre vienne la reprendre. Que si le village vient à être détruit, la terre sera cultivée par l'église jusqu'à ce que d'un commun accord, à savoir de ladite église et du seigneur de Guise, il soit reconstruit d'après les anciennes conditions. Cependant l'église accordera au seigneur Jacques de Guise et à ses successeurs, les autres revenus du village, et les autres droits (*querelas*) selon la loi de *Vervin*, qu'il ne pourra changer, et deux charrues de terre; il fera conduire le terrage dans le grenier de l'église. Néanmoins, si le seigneur ne cultive pas ladite terre, l'église pourra la cultiver. Le seigneur de Guise aura aussi, dans le village, une maison jouissant de la même franchise que celle de l'église. Le village, le revenu de l'église ou de la terre accordée au sire de Guise, ne pourra être donné en aumône ou en fief, être changé, vendu ou engagé (*invadiari*) qu'à l'église de qui elle vient. De crainte que la teneur de cet écrit ne soit témérairement enfreinte, nous l'avons fait souscrire par les témoins et le secrétaire et nous y avons fait apposer le sceau de notre église et celui dudit seigneur. »

Les témoins dont les noms figurent au bas de cette pièce intéressante sont Godefroy de Guise, Gauthier de Bozies, Renier de Sains, Drogon de Drocilon, Gérard de *Puiseur* (Puisieux), Drogon de *Beauriens* (Beaurain) Clérembauld de Faty, Gérard de *Seguncurt* (Seboncourt). Elle porte la date de 1170 et fut confirmée par l'évêque de Laon, qui accorda la cure de Mondrepuis à Bucilly (1).

(1) *Carta anni* 1170, *ad prob. Monast. Præmonst. annal.*, tom. 1er, p. cccxxxix.

On a trouvé que les fondateurs de Mondrepuis avaient fait preuve d'humanité en soumettant le village à la loi de Vervins attribuée à Thomas de Marle, et qui forme en effet le plus étonnant contraste avec les mœurs de son auteur, le plus insigne brigand de son temps, parmi les barons qu'on voyait exercer leur tyrannie sur le peuple. Mais on n'a peut-être pas assez remarqué que le village a été bâti sur un terroir déjà affranchi, puisqu'il portait le titre de *commune* et qu'il jouissait des priviléges de la loi de Vervins. D'ailleurs l'expédition que fit quelques années après Jacques d'Avesnes avec Roger de Rozoy, évêque de Laon, son parent, contre la commune de cette ville, montre assez que, comme la plupart des seigneurs, il ne voyait pas de bon œil le mouvement qui poussait alors les villes, les bourgs, les villages même vers leur affranchissement.

Jacques d'Avesnes, dit *Gilbert de Mons*, fut un brillant chevalier, un homme ardent et discret en tout, mais sa grande puissance lui fit toujours porter impatiemment la suprématie de ses suzerains les comtes de Flandre et de Hainaut, quoiqu'il ménageât davantage le premier, qui avait hérité de la suzeraineté de Guise et de Lesquielles avec les comtés de Vermandois et de Valois. Le sire de Guise était rarement en repos ; tantôt il faisait la guerre pour son propre compte, tantôt pour le compte de ses voisins. En 1169, il avait rassemblé une armée considérable et avait pris le château de Valcourt après un siége meurtrier, où il perdit beaucoup de monde, et en 1171, il était du nombre des 300 chevaliers accompagnés d'autant de *servants* que le fils du comte de Hainaut menait au secours de son oncle Henri, comte de Louvain, en guerre avec ses voisins et ses *hommes liges.* Un an après cette expédition, Jacques se fit *inféoder* par le roi d'Angleterre, moyennant une pension de 30 marcs sterling. Cette inféodation avait été ménagée par Beaudouin de Hainaut, avec lequel il ne tarda pas à se brouiller. Le comte ayant fait construire le château de Belfort à son détriment, quoiqu'en restant dans les limites de son droit ; Jacques profita de son absence pour élever près de la comtesse de vives réclamations appuyées par une démonstration de guerre, mais celle-ci ayant rassemblé ses chevaliers, et le comte étant de retour sur ces entrefaites, il n'osa s'attaquer à lui et fit sa paix. Mais de nouveaux sujets de désunion s'élevèrent bientôt entre le vassal et son suzerain (1).

Malgré sa réputation de prudence, le noble homme n'en fut pas moins accusé du meurtre de Robert d'Aire, chancelier de Flandre, évêque de Cambrai. Robert était parvenu à cette éminente dignité par la faveur de Philippe d'Alsace, comte de Flandre. L'obscurité de sa naissance et sa mauvaise conduite en avaient fait un objet de mépris pour ceux qui le connaissaient. Il vivait dans les plaisirs et s'était rendu odieux à la noblesse par son insolence et au clergé par ses exactions. Il regardait les plus grands seigneurs de la province *comme des moucherons.* Voyant que Jacques d'Avesnes seul osait braver son orgueil, il s'en irrita vivement et résolut de se venger, *estimant que ce serait un petit jeu d'affronter un tel homme.* Ayant reçu de l'empereur Frédérik les régales et s'étant mis à rechercher avec

---

(1) *Historiens de France*, tom. 13. *Ex Gilleberti Montensis Hannoniæ chronico,* p. 504 et suiv. Cet auteur écrivait au XII° siècle;—*Ex Lamberti Waterlosii chronico Cameracensi Aubertino*, p. 631.

soin les revenus de l'évêché, il peignit Jacques aux yeux du comte de Flandre comme un usurpateur des biens *de ses églises* et comme un ambitieux qui ne cherchait qu'une occasion pour s'emparer de ses états. Leur animosité éclata surtout au siége de Rouen, où ils se trouvaient l'un et l'autre avec le roi de France et le comte de Flandre. Il paraît que Robert outragea vivement de paroles l'irritable et puissant chevalier. La plupart des seigneurs prirent parti pour Jacques. On raconte qu'un jour, Henri, archevêque de Reims, prenant la défense du sire de Guise, reprochait à Robert sa basse extraction et l'appelait paysan et vilain (*agrestem et villanum*). « Mes parens, aurait répondu Robert, n'étoient pas, dans l'arche de Noë, de moindre noblesse que les tiens. » L'archevêque dénonça à Rome son élection au siége de Cambrai comme vicieuse et il ne fut point sacré. Au reste il dédaignait les fonctions épiscopales, s'immisçait aux affaires séculaires, traitait les matières de sang (*causas sanguinis*), dépouillait tyranniquement ses vassaux et ne pouvait souffrir la moindre observation. Il n'ignorait pas que le sire de Guise le haïssait avec une fureur jalouse (*zelotypiæ furore*), et cherchait l'occasion d'exercer sur lui sa vengeance ; aussi, redoutant ses menaces, il s'était tenu longtemps sur ses gardes. Mais un jour qu'il passait sans crainte par Condé, ville du domaine de son ennemi, pour entrer dans l'évêché de Cambrai, il fut assailli tout-à-coup, entre deux ponts, par les *hommes* de Jacques d'Avesnes. Sa suite prit *misérablement* la fuite, le laissant aux mains de ces satellites qu'un auteur traite de *vils ribauds*, et il fut ignominieusement massacré.

On croit que les auteurs flamands ont exagéré la mauvaise

conduite de l'archevêque de Cambrai pour pallier l'attentat du sire de Guise, mais il est remarquable avec quelle justice tous les chroniqueurs qui ont rapporté cette affaire, savent infliger à chacun des acteurs le blâme qu'il mérite. S'ils parlent de Jacques comme d'un chevalier *puissant, habile et généreux*, et s'ils flétrissent la mémoire de l'évêque, ils n'en traitent pas moins l'attentat commis sur sa personne comme un crime affreux, *un horrible parricide*. La vengeance suivit de près le meurtre de Robert, dont l'odieux devrait retomber moins peut-être sur Jacques que sur ses conseillers. Philippe d'Alsace, irrité de la mort de son chancelier, commença d'abord par le dépouiller, pour crime de félonie, de tous les biens qu'il possédait dans son comté, jusqu'à ce qu'il consentit à jurer devant lui et devant quinze comtes et deux ducs qu'il n'avait pas été complice du crime. De son côté, le comte de Hainaut fit irruption sur les terres de Jacques et se saisit de Condé, mais l'archevêque de Reims étant intervenu, on fit une paix simulée. Le sire de Guise en voulait surtout à Beaudouin, cependant il se rendit avec une foule de chevaliers à la cour que tint le comte à Noël, et il en obtint la remise de Condé, mais à la condition qu'il lui rendrait cette place à toute réquisition (1174) (1).

Cependant l'attentat commis sur le chancelier avait été dénoncé à Rome, où la conduite de Robert paraît avoir été assez peu connue, malgré la dénonciation de l'archevêque

---

(1) *Historiens de France*, tom. 13. *Ex Johannis Hiperii chronico Sithiensi S. Bertini*, p. 474; — *Ibid. Brevis Anonymi appendix ex chronico Cameracense*, etc., p. 534; — *Ibid. Ex Balderici chronico continuato per anonymum Cameraci*, p. 540; — *Ibid. Ex chronico Gaudefridi Vosiensis* (cœnobii), p. 443, — tom. 15, p. 949, *Epistolæ Alex. III, papæ*; — *Ibid. Ex auctuario Aquicinctino*, p. 422 et 480.

de Reims. Le pape Alexandre III s'arma de toutes les foudres de l'église contre les auteurs et les fauteurs du crime. Voici la lettre qu'il écrivit à son légat en France, le cardinal Pierre, en date du 11 mars 1175.

« C'est avec une grande douleur et amertume de cœur que nous avons appris l'horrible et détestable crime qui a été naguère perpétré, avec une audace diabolique, sur la personne de Robert, de bonne mémoire, évêque élu de Cambrai. C'est pourquoi, comme nous ne pouvons laisser sans être recherché ou puni un forfait aussi grave, et comme il convient, au contraire, que nous mettions toute notre diligence et notre sollicitude à le venger, nous mandons et nous enjoignons, par lettres appostoliques, à votre discrétion, d'engager et d'avertir avec diligence nos vénérables frères l'archevêque de Reims et ses suffragans, de dénoncer publiquement, et les cierges allumés, de faire dénoncer excommuniés, dans chaque église de leurs évêchés, ceux qui ont tué ou fait tuer si cruellement l'élu susdit, et ceux même qui ont aidé à le tuer ou à le prendre, jusqu'à ce qu'ils aient satisfait dignement à Dieu et à l'église, pour un si grand et si grave forfait, et qu'ils se soient présentés avec des lettres de leur part, devant le *visage apostolique*. Que si par hasard ils se refusent ou retardent de le faire, convoquez les évêques et les suffragans de l'église de Reims et les autres personnes ecclésiastiques de la province et dénoncez publiquement excommuniés, sans appel, les cierges allumés, ceux que nous avons dit, jusqu'à ce qu'ils viennent avec des lettres de vous, se présenter devant le saint siége pour faire satisfaction. »

Sous le poids d'un pareil anathême, il n'y avait pour

Jacques d'Avesnes qu'un parti à prendre, celui de la soumission. L'archevêque de Reims, qui avait célébré cette année la fête de Noël à Anchin, partit de cette abbaye pour-là se rendre en Flandre, à la cour du comte Philippe. Le seigneur de Guise s'y rendit de son côté, et après avoir prêté serment, selon la décision de la cour (*curiæ*), il déclara, en présence de l'archevêque, qu'il était innocent du meurtre du chancelier (1).

Jacques ne fut pas plutôt réconcilié avec le comte de Flandre qu'il se brouilla avec celui de Hainaut, dont il avait fait le point de mire de ses injures, quoiqu'il fut son *fidel* et son parent. Beaudouin le somme aussitôt de remettre Condé entre ses mains, Jacques cherche des subterfuges, invente des prétextes pour différer l'exécution de sa promesse et finit par un refus formel. Le comte, avant de se livrer aux dernières extrémités contre son vassal rebelle, prit conseil de ses *pairs* qui jugèrent que le sire de Guise *ne devoit plus rien tenir désormais que de la grâce et volonté du comte*. Enfin, après plusieurs trêves ménagées entre les deux partis, par le comte de Flandre, le comte de Hainaut rassembla une armée vers les fêtes de Pâques de l'an 1176, marcha sur Avesnes et pressa vivement son ennemi. Afin d'ouvrir un passage plus facile à son armée, il fit faire dans les bois de la Haye d'Avesnes (*haia*) une large trouée où cent hommes pussent passer de front. Effrayé à la vue de la multitude de chevaliers qui s'avançait contre lui, Jacques n'osa en venir aux mains, tomba aux pieds de son seigneur, implora sa pitié et lui offrit Condé. Beaudouin prit le château,

---

(1) *Historiens de France*, tom. 13, p. 949 et suiv.; Lettres du pape Alexandre III.

qu'il ruina, mais il laissa par compassion la ville à Jacques et lui accorda la paix (1).

Cette générosité ne fit pas une longue impression sur l'âme ardente du seigneur de Guise : son orgueil et son insolence le poussèrent bientôt à une nouvelle révolte. Le comte de Hainaut, outré de son inconstance, s'unit au puissant comte de Flandre, qui cette fois abandonna le sire de Guise dont il avait eu à se plaindre l'année précédente. Philippe ayant surpris la comtesse sa femme avec Gauthier de Fontaine, son amant, avait fait mourir ce chevalier ignominieusement, et Jacques s'étant lié avec les enfants de ce dernier pour venger sa mort, avait porté le fer et le feu sur les terres de Flandre (2). Les deux comtes vont assiéger Condé. Jacques ne pouvant se défendre, rendit les clefs du château à Beaudouin, qui en rasa la tour et les murailles. Ensuite le comte de Flandre le somme de remettre en son pouvoir les châteaux de Guise et de Lesquielles, qu'il tenait de lui. Sur le refus de Jacques, Philippe d'Alsace entre en armes sur ses terres de Thiérache et de Vermandois, après la moisson d'août, y met tout à feu et à sang et tombe avec précipitation sur Guise et Lesquielles. Tandis qu'il assiége le château de Guise avec toutes ses forces, le comte de Hainaut, son confédéré, qui l'avait suivi avec ses troupes et ses machines de guerre, dirige ses efforts contre celui de Lesquielles. Le sire de Guise se jugeant à peu près perdu, eut recours à la ruse pour conserver une partie de ses domaines. Il remit la garde de ses autres places, Avesnes, Landrecies, et Leuse, au comte de

---

(1) Auteurs cités plus haut.

(2) *Vita Henrici II, regis Angliæ*, ex *Benedicti Petroburgensis abbatis*. *Historiens de France*, tom. 13, p. 165.

Hainaut, dont il les tenait en fief (*ut ligia-feoda*); celui-ci les conserva fidèlement selon les lois féodales et les lui rendit à la première réquisition. Le siége de Guise dura longtemps, mais enfin le château se rendit au comte de Flandre, qui le remit dans la suite *en son intégrité* (*illæsum*) à Jacques d'Avesnes. Quant au château de Lesquielles, il fut pris par le comte de Hainaut, lequel, par l'ordre de Philippe, rasa la grande tour bâtie sur une motte élevée (*in altiori motâ*). L'anonyme de Laon, et après lui la plupart des auteurs, ont écrit que le château de Guise avait été, comme celui de Lesquielles, *renversé de fond en comble* et *rasé jusqu'au sol*; Gilbert de Mons, seul, dans sa *Chronique du Hainaut*, prétend qu'il fut épargné (1).

Quoique les historiens n'aient rien dit qui puisse faire croire que l'église du prieuré de Lesquielles ait eu le sort du château, cependant il est probable qu'elle ne fut point épargnée, puisqu'une inscription trouvée dans les murs de l'église actuelle indique qu'elle a été reconstruite en 1180, date qui correspond assez bien avec la démolition du château par le comte de Hainaut (2).

Un an après avoir attiré sur ses domaines les derniers malheurs, le seigneur de Guise allait se signaler contre la *commune* de Laon. En 1177 (1178), dit un chroniqueur, *les hommes* de Laon ayant acheté, au préjudice de l'évêque et de l'église de Laon, à prix d'argent, du roi Louis-le-Gros le droit de commune, espérant follement (*perperàm*) débar-

---

(1) *Historiens de France*, tom. 13. *Ex Gilberti Montensis Hannoniæ chronico*, p. 681. *Ex Chronico Anonymi canonici Laud.*, p. 681; —*Aug. Viromand.*, lib. 1, p. 160 et 170; — *Hist. de Cambrai*, tom. 1er, p. 367; — Colliette, tom. 2, p. 364; — Lelong, p. 271; — Devismes, *Manuel historique*, p. 45.

(2) La découverte de cette inscription est due à M. Lescot, curé de Lesquielles.

rasser leur tête et celles de leurs descendants du joug de la servitude, Roger de Rozoy fit agir ses amis auprès du roi Louis (*le Jeune*, successeur de Louis-le-Gros), et l'alla trouver lui-même pour le supplier d'avoir pitié de son église et de supprimer *la commune des serfs;* mais le roi qui, dit-on (*ut dicitur*), tenait à l'argent, ne voulut rien entendre. L'évêque qui était un homme de cœur et d'ailleurs fort puissant, puisqu'il était de grande naissance et parent des seigneurs de Pierrepont, du sire de Guise, et allié des comtes de Hainaut, ne se tint pas pour battu. Voyant que ses instances auprès du roi étaient restées sans effet, il eut recours à sa famille et à ses amis pour tirer vengeance de *serfs ingrats et rebelles* et vit bientôt arriver de toutes parts ses parents et ses alliés, entre autres Jacques d'Avesnes et le comte de Rethel. De leur côté, *les communiers*, qui n'ignoraient pas ce qui se tramait contre eux, prirent les armes et appelèrent à leur secours d'autres communes voisines. Par ordre du roi, *les hommes* de Saint-Médard (de Soissons) vinrent aussi se joindre à eux avec les communes de Vailly et de Crépy. Les deux partis mirent leurs troupes en bataille, mais toute cette multitude de paysans (*rusticana multitudo*) effrayée au seul nom des chevaliers qu'elle avait devant elle, prit bientôt la fuite. Il en resta un grand nombre sur la place, mais on ne peut dire combien il en périt dans les eaux. Cette affaire eut lieu le premier dimanche de carême, près du moulin de Comporté, qui appartenait à Saint-Martin de Laon, et que les *communiers* avaient pillé. La chronique ne dit pas quels furent en particulier les exploits du sire de Guise, mais il est à croire que sa redoutable épée tailla vigoureusement dans cette troupe de *vilains*, qui ne laissa pas, cependant, toute battue qu'elle était alors, de conserver à force de sang et d'argent, ses précieuses franchises. Le roi, qui soutenait les communes autant par intérêt propre, que pour balancer la puissance féodale, se mit en campagne et marcha contre l'évêque de Laon lequel avait imploré l'assistance du comte de Hainaut. Celui-ci vint avec 7,000 hommes d'armes et force gens de pied à la rencontre de Louis VII, mais toute cette équipée se termina par une composition générale entre les deux partis (1).

La vie des hommes au moyen âge, était le plus souvent un mélange bizarre de dévotion et d'injustice, de tyrannie et de générosité, d'exaction et de pénitence. Ils vexaient et dotaient les églises, ils pillaient les couvents et y faisaient des fondations pieuses. C'était, entre ces établissements et les seigneurs, une suite non interrompue de luttes, de conflits, de transactions. C'est ainsi que les religieux de Prémontré établis à Hannape, eurent sans cesse à défendre leurs biens contre toutes sortes d'empiétements, soit des seigneurs, soit de leurs *hommes*, qui les imitaient. Quelques années avant l'invasion de la seigneurie de Guise par les comtes de Flandre et de Hainaut, Drogon d'Iron avait, au mépris de toute justice, construit un moulin sur le terrain même de l'église. De là vive contestation entre lui et les religieux; mais enfin Drogon, mieux conseillé, consentit à entrer en arrangement avec l'abbaye. Il lui concéda à perpétuité *sa couture* (culture) de Dorengt, moyennant un *trécens* annuel de quatre muids de froment, mesure de Guise, tel qu'il en vient dans la terre

---

(1) *Ex Chronicon Anonymi Laud. Episcopi*, tom. 13 des *Historiens de France*; — Lelong, *Histoire du diocèse de Laon*, p. 272; — Aug. Thierry, *Lettres sur l'histoire de France*, p. 343; — *Histoire de Soissons*, par H. Martin, tom. 2, p. 46; — *Manuel historique*, p. 45; — *Histoires de Laon*.

même (*quale in terrâ ipsâ creverit*), ni du pire ni du meilleur (*nec de pejori, nec de meliori*), payable de la Saint-Remi à la Toussaint. L'église de son côté laissa à Drogon le moulin en question, moyennant une redevance annuelle d'un muid de froment, qui fut assigné sur son *trécens*, en sorte qu'elle devait retenir sur ce *trécens* un muid pour le moulin, avec un autre muid que Drogon, *pour le remède de son âme et de celle de sa femme Elisabeth*, reposant à Hannape, avait laissé aux sœurs dudit Hannape, pour la célébration de leur anniversaire, ce qui réduisait le *trécens* à deux muids. Encore fut-il stipulé que Drogon ne pourrait ni engager (*invadiari*) ni donner ces deux muids qu'à l'église de Prémontré, au cas qu'elle en veuille donner le *prix raisonnable* qu'en donnerait un autre. De plus, l'église s'engagea à fournir pour le moulin, la maison du moulin (*mansio*) et le cours d'eau appelé vulgairement *Bez*, une garantie convenable (*garandiam debitam*) à Drogon et à ses héritiers contre quiconque voudrait contester judiciairement leurs droits. Les enfants de Drogon Arnoul, surnommé Hoealde, et Lurard, approuvèrent la transaction paternelle et profitèrent de l'occasion pour *louer* le don de la moitié des prébendes de l'église de Dorengt fait autrefois par Drogon et Elisabeth, leur mère, à Prémontré. La charte qui a conservé cet arrangement est datée de 1175 ; elle fut donnée par Hugues, abbé de Prémontré, et eut pour témoins Renaud, doyen de l'église de Saint-Gervais de Guise, Willerm ou Guillaume, doyen d'Iron, Erlebaud, abbé de Lieu-Restauré (1).

Renaud, doyen de Saint-Gervais, paraît encore en qualité

---

(1) *Carta Hugonis Præmonst. abb. de Controversiâ de Molendini de Irum et de Cursu aquæ. Cartul. MS. de Prémontré.*

de signataire, à l'occasion d'une fondation que firent, trois ans après, dans l'église de Dorengt, Jacques d'Avesnes et sa femme, la pieuse Améline. Cette fondation constate un des plus antiques usages du culte catholique, qui paraît avoir son origine dans les catacombes et qui s'est perpétué jusqu'aujourd'hui. Ils assignèrent à l'église une rente de 20 sols, monnaie de Vermandois, sur leurs dîmes de Neuville (lès-Dorengt), payable le jour de Saint-Jean-Baptiste, destinée à acheter la quantité d'huile suffisante pour l'entretien d'une lampe qui devait y brûler perpétuellement, « espérant, disaient les fondateurs, partager la récompense de cette pauvre veuve qui mit dans le trésor deux petites pièces de monnoie et dont le seigneur nous propose l'exemple dans l'Evangile. Et afin, continuent-ils, qu'aucun de nos successeurs n'ait l'audace de vouloir détruire cette vénérable institution, nous avons eu soin de la confier à l'écriture, de la fortifier par la souscription de témoins, et enfin de la confirmer par l'apposition de notre sceau (1). »

Jacques d'Avesnes paraît avoir contribué à l'arrangement définitif des religieux d'Anchin et de Godefroy de Guise, oncle de sa femme. Cette vieille querelle n'avait été qu'interrompue par la convention faite en 1148 en présence de l'évêque de Laon, et paraît même s'être ranimée au point que Godefroy avait attiré sur sa tête une sentence d'excommunication qui pesa longtemps sur elle (*proquibus etiam diù excommunicatus fuerat*). Enfin, Godefroy arrivé sur la fin de sa carrière, se laissant toucher par la crainte de Dieu (*instinctu divini timoris*) et par les bons conseils de ses amis, consentit à s'en rapporter au jugement de Philippe,

---

(1) *Carta anni*, M. C. LXXX, *Cartul. de Prémontré*.

comte de Flandre et de Vermandois. Les deux partis comparurent devant le comte et *ses hommes* et tout s'arrangea à l'amiable. Godefroy, et Bouchard son fils, renoncèrent à toutes leurs prétentions sur Hauteville et tout son territoire; soit sur les terres, prés, eaux, bois qui en dépendent; soit sur la seigneurie, ban, vol, meurtre ou toute autre justice et juridiction; soit sur les hommes du village ou tout ce qui pourrait y rester des hommes et des femmes, hors sur ce que l'église d'Anchin lui avait assigné, à savoir : 8 sols et douze jalois d'avoine sur une charrue, 4 sols et six jalois d'avoine sur une demi-charrue, et sur la main-d'œuvre 2 sols et trois jalois d'avoine de rente, payables à la Saint-Remy; plus un courtil que le monastère lui avait laissé pour un cens de huit deniers, sous cette clause: Que les religieux n'y pourraient faire bâtir aucune maison, mais qu'ils y auraient à leur gré un jardin ou un verger (*pomarium*), et qu'enfin les charrues en question seraient exemptes de toutes espèces de redevances envers Godefroy et ses héritiers. Les deux seigneurs reconnurent de nouveau qu'ils ne devaient venir aux *plaids* à Hauteville que sur la demande des moines, attendu qu'ils y font exercer leur justice par leur *mayeur*, selon le jugement des *échevins* (*scabinorum judicio*); seulement il fut entendu que les religieux ne pouvaient user de contrainte contre qui que ce fut si ce n'est par le ministère (*manum*) de Godefroy et de ses successeurs, à moins que ceux-ci n'aient pas répondu à leur appel. Ils devaient donc, lorsqu'ils en seraient requis, forcer à comparaître devant les justiciers de l'abbaye, ceux qui s'y seraient refusés. Dans ce cas, ils avaient le tiers de la justice de *forfaiture* (*foris facti*) dont les deux autres tiers reviendraient aux religieux d'Anchin. Ainsi, telle était la manière dont la justice se rendait à Hauteville. Les religieux y avaient un mayeur ou bailli, lequel était assisté de plusieurs échevins. Dans les cas de contrainte par corps, on avait recours au bras séculier et alors les amendes se partageaient, quand il s'agissait de certains crimes. Les autres dispositions, qui furent ajoutées comme conséquence des arrangements précédents, sembleraient indiquer que Hauteville jouissait de certaines franchises communales. On déclara que si un homme d'un village étranger venait habiter Hauteville, il serait assujetti aux *usages et coutumes* des hommes qui y demeuraient, que l'église ne donnerait outre les anciens *courtils* aucun *courtil* nouveau que de sa seule volonté ; que de plus, les hommes et les femmes du village pourraient se donner *librement* à elle avec tous leurs biens meubles en aumône ; que dans ce cas, elle posséderait cette aumône pendant un an et un jour *librement* et *pacifiquement*, lequel terme passé, elle la garderait pour eux, ou elle la donnerait à quelqu'un qui lui acquittera l'*assignation* en usage.

Le comte de Flandre se porta comme garant des deux parties, et confirma de son sceau cette transaction, qui fut consignée dans une charte où il apposa aussi son seing. La comtesse Elisabeth, à qui le Vermandois appartenait *par droit héréditaire*, y mit également son sceau et son seing, après qu'elle eut été reconnue et approuvée par Godefroy, son fils Bouchard, et les religieux d'Anchin, en présence de Jacques d'Avesnes, sire de Guise, de Gérard de Saint-Aubert, du connétable Michel, de Wauthier d'Arras, de Pierre de Bussi, de Gérard de Seboncourt, etc..., qui signèrent la charte du comte à la date de 1180 (1).

(1) *Cartul. de l'abbaye d'Anchin*, n° 3, f° 17, MSS. de Don Grenier.

Cependant, Jacques d'Avesnes était trop altier pour ne pas songer à se venger de l'humiliation sanglante que les comtes de Flandre et de Hainaut lui avaient fait subir dans l'affaire de l'évêque de Cambrai. Il n'oubliait pas la ruine de ses seigneuries de Guise et de Lesquielles ; mais comme il était aussi dissimulé que brave, il couvait son ressentiment dans son cœur et ne manquait aucune occasion de susciter des affaires à ses ennemis. Il avait même poussé l'adresse jusqu'à se réconcilier si bien avec le comte de Flandre, que celui-ci l'avait fait rentrer dans tous ses domaines, et lui avait donné le loisir de reconstruire ses châteaux et de réparer toutes ses pertes. Les querelles qu'eut le comte avec le roi de France lui fournirent une nouvelle occasion de déployer son habileté (1).

Philippe-Auguste avait commencé son règne par la répression des grands vassaux de la couronne, toujours en guerre avec les rois leurs suzerains, et s'était fait une règle de politique de faire rentrer dans le domaine de la couronne, tous les grands fiefs qui en avaient été distraits, dès qu'ils venaient à vaquer soit par défaut d'héritiers directs, soit pour cause de félonie, soit enfin au moyen d'alliances avec les héritiers du trône. C'est ainsi qu'il parvint à s'emparer du Valois et du Vermandois sur le comte de Flandre, avec qui il était en querelle depuis 1181. Les dissensions de ces deux princes, fomentées, à ce qu'il paraît, par le comte de Clermont et Raoul de Coucy, avaient éclaté vers la Toussaint et n'avaient pas été arrêtées par les intempéries d'un hiver très-pluvieux. Les incendies, les rapines, la spoliation des églises, l'oppression des *bourgeois*, la destruction des pauvres, tels fu-

(1) *Aug. Viromand.*, *lib.* 1ᵉʳ, p. 160 et 170 ; — Colliette, etc.

rent jusqu'au temps de l'avent, disent les *Annales d'Anchin*, le résultat de cette guerre d'extermination.

Après une trêve de courte durée, la guerre reprit avec une nouvelle fureur en 1182. Des troupes plus nombreuses encore qu'auparavant se remettent en campagne ; les pilleries, les meurtres, les incendies recommencent sans rémission (*absque remedio*). Du côté du roi, les personnages les plus marquants sont : le roi d'Angleterre, Richard son frère, duc d'Aquitaine, le comte de Clermont, et Raoul de Coucy ; du côté du comte de Flandre se sont rangés : Beaudouin de Hainaut, Hugues de Saint-Paul, Jacques d'Avesnes, et Hugues d'Oisy, châtelain de Cambrai, qui tous accomplissaient le devoir féodal envers leurs suzerains. Toute la France, agitée par *ce vent de désordre*, n'était que trouble et confusion, et il n'y avait aucun endroit assez caché où l'on ne fut effrayé du bruit de ce tonnerre (*ab auditu tonitrui hujus*). Cependant, vers l'approche du carême, *les hommes religieux des deux partis* s'étant interposés, de nouvelles trêves furent conclues pour jusqu'à Pâques. La mort de la comtesse de Flandre vint bientôt rallumer la fureur de la guerre.

Elisabeth ou Isabelle, sœur de Raoul, comte de Vermandois, lui avait succédé dans la possession de ce duché avec son époux Philippe d'Alsace. La comtesse étant morte sans enfants, le 26 mars 1183, son mari voulut retenir sa dot, en vertu d'une donation qu'elle lui avait faite, sa vie durant ; mais Eléonore, sœur d'Elisabeth, soutint que cette donation était nulle, comme ayant été faite par une femme en puissance de mari à son mari même, contrairement aux lois du royaume, qui ne permettaient pas ces sortes de dispositions, et se porta comme héritière de toute la succession de leur père. Le comte rejeta ces prétentions, invoquant l'autorité de Louis-le-Jeune, qui avait ratifié la donation d'Elisabeth; à quoi Eléonore répondait que cette ratification du roi ne pouvait préjudicier aux droits des tiers. Toutefois, des négociations s'étant engagées, elle finit par céder le Vermandois, se contentant du Valois. Philippe-Auguste ne manqua d'intervenir à son tour et engagea Eléonore à lui remettre ses droits sur le Vermandois, ce qu'elle fit. Aussitôt il somme le comte de lui faire l'abandon des domaines dont il s'était emparé et qui comprenaient les villes de Saint-Quentin, Ribemont, Péronne, Chauny, etc..., le comté d'Amiens, la suzeraineté de Guise, de Marle, de Vervins, de Pierrepont, etc..., ces domaines devant lui appartenir comme étant le plus proche héritier d'Eléonore, qui n'avait pas non plus d'enfant (1).

En conséquence, un héraut d'armes vint ordonner au comte de donner satisfaction au roi ou d'accepter un arbitrage dont il serait le juge en sa qualité de suzerain. Placé dans cette alternative par les intrigues de la cour, Philippe d'Alsace comprit qu'il s'agissait de le dépouiller à tout prix du Vermandois et du Valois, et refusa toute espèce d'accommodement. Un second héraut vint lui déclarer la guerre si dans quarante jours il n'avait obéi aux ordres du roi. Dans ces circonstances délicates, le comte eut recours à Jacques d'Avesnes, dont il connaissait la prudence. Le sire de Guise lui conseilla le parti de la soumission aux ordres du roi. Le comte de Flandre ayant, dit un historien, démêlé ses intentions perfides, *méprisa cet avis aussi bien que son auteur.* Cependant Jacques, dont la conduite fut plus qu'équivoque dans

(1) *Art de vérifier les dates. Chronologie historique des comtes de Vermandois.*

toute cette affaire, ne fut pas moins obligé de suivre son suzerain à la guerre qu'il soutint contre le roi, en la compagnie des comtes de Saint-Paul, d'Hugues d'Oisy et de plusieurs autres, que Philippe d'Alsace avait mis dans ses intérêts (1).

Le refus du comte de Flandre fut le signal de la guerre. Le roi prend Saint-Quentin, le comte s'avance de son côté vers Chauny, commettant partout d'horribles dégâts auxquels les troupes du roi répondent par d'affreuses représailles. Après une trêve d'un an ménagée par le roi d'Angleterre, Philippe d'Alsace fait une nouvelle irruption sur les terres du roi, brûlant, saccageant tout sur son passage, et livre Ribemont à la fureur de ses troupes. Le Roi, qui ne restait pas dans l'inaction, arrive bientôt à la tête de ses vassaux, le pousse à outrance et le force à lever le siége de Corbie. Le comte tourne du côté de Guise d'où il va assiéger Choisy. Le roi, qui le suit sans relâche, s'empare de Saint-Quentin, de Bohain et de quelques autres places du Vermandois, passe par Guise, le talonnant toujours, et après plusieurs marches et contre-marches, il le pousse en Flandre. Le cardinal-légat parvint à faire conclure entre les parties belligérantes une trêve qui se prolongea jusqu'à l'Epiphanie. Vers le temps de Pâques de l'an 1184, le sire de Guise ayant accompagné le comte de Flandre à un colloque que celui-ci eut avec le roi d'Angleterre, il le dissuada fortement de faire la paix avec Philippe-Auguste, en l'assurant que s'il « donnoit un pied en Vermandois au roi de France, il cesseroit de le servir et de se regarder comme son vassal. » La

(1) *Aug. Viromand.*; — Lelong, p. 221; — *Histoire du Valois*, tom. 2, p. 519; — Colliette, p. 580 du tom. 2.

guerre continua donc, et le roi prévenant le comte, conduisit son armée dans l'Amiénois. Malgré l'ardeur qu'il avait d'en venir aux mains, Philippe d'Alsace voyant le roi ranger son armée en bataille pour le recevoir, fut si épouvanté de sa contenance, qu'il vint lui demander grâce. On fit à Amiens un traité d'accommodement par lequel il abandonna le Vermandois et ses dépendances. C'était, suivant Jacques de Guyse, Jacques d'Avesnes qui avait porté le comte à faire cette démarche et de si grands sacrifices.

Le seigneur de Guise ne goûtait point de repos. La guerre de Vermandois ne fut pas plutôt terminée, qu'il lui fallut aller, avec l'évêque Roger de Laon, son parent, au secours du comte de Hainaut contre le duc de Louvain; il se fit suivre de peu de monde à cette expédition qui lui déplaisait, et il suggéra à Beaudouin de proposer une trêve, l'assurant que le comte de Flandre allait bientôt arriver avec toute son armée au secours du duc. Beaudouin eut de la peine à le croire, néanmoins il consentit à ce que Jacques en allât conférer avec le comte de Flandre, et on conclut en effet par sa médiation une trêve qui ne fut pas observée. Outré de colère, Beaudouin fit alliance avec le roi de France, et mit une armée en campagne. Jacques prit parti pour Philippe, dont il était *homme deux fois lige (bis-ligium)*. Prévoyant cette trahison, le comte de Hainaut avait averti Jacques avec adresse et selon son droit, avant même d'en venir à la guerre, qu'il eut à remplir au château de Mons *l'estage continu* qu'il lui devait. On appelait ainsi la garde que devait faire le vassal au château du seigneur dont il relevait. Jacques vint à Mons au jour indiqué et reconnut *avec honneur*, devant ses pairs de Mons, Eustache de Ruez, Nicolas de Barbançon, Wauthier de

Lens, etc., et ceux de Valenciennes, *l'estage* qu'il devait à Mons pour ses terres d'Avesnes, et à Valenciennes pour celles de Brabant; seulement il demanda au comte de différer pour lors l'accomplissement de cette obligation féodale, lui promettant que quelque guerre qu'il eût à soutenir contre la Flandre, il mettrait à sa disposition les châteaux qu'il tenait de lui et qu'il le servirait lui-même de sa personne (*in proprio corpore suo*) avec les hommes qui dépendaient de ces fiefs, et qu'il remettrait également au comte de Flandre, Guise et ses dépendances. Beaudouin ayant accédé à cette demande, Jacques jura dans la chapelle du comte, à Mons, d'exécuter fidèlement sa promesse, après quoi il donna au comte, à la comtesse et à leurs enfants, le baiser de paix et d'amitié, et il les quitta en bonne intelligence; mais bientôt serments et baisers de paix furent oubliés et violés.

En effet, la guerre ne fut pas plutôt déclarée entre les deux comtes que Jacques remit à Philippe les châteaux d'Avesnes, de Leuse et de Landrecies, trahissant ainsi la foi jurée; et après avoir fait défier son parent et seigneur *deux fois lige* par son fidel Jean de Orcha, il fit son invasion en Hainaut. Il livra de rudes assauts aux châteaux de Belfort et de Moncel, auxquels il en voulait surtout, mais il échoua devant ces places, qui n'avaient que de faibles garnisons. Le comte de Hainaut, par représailles, saccagea ses terres du Brabant et brûla entièrement Condé, dont il rétablit le fort dans le dessein de le garder; néanmoins il lui rendit cette ville dans la suite, à la prière du roi de France.

Malgré la duplicité de sa conduite, Jacques d'Avesnes ne craignit pas de faire dire au comte de Hainaut, par l'un de ses amis, que si quelque chevalier voulait le taxer de trahison il était pret à faire ses preuves contre lui *par le duel de son propre corps*, soit à la cour du roi de France, soit à celle du roi d'Angleterre. Cette proposition fut acceptée avec empressement par plusieurs chevaliers du Hainaut, qui désiraient vivement se battre avec lui. On prit jour, on fixa le lieu du combat, mais Jacques manqua au rendez-vous et fut compris dans les trêves conclues entre les deux comtes. Il assista au colloque qui eut lieu entre ceux-ci et le roi de France près de Compiègne. Il fut de nouveau provoqué à l'envi, dans cette circonstance, par Eustache de Ruez et Oton de Trainel, mais Beaudouin ne voulait pas consentir au duel sans l'agrément du comte de Flandre, de peur de paraître manquer à sa foi à l'égard de l'observation de la trêve; enfin, pressé de toutes parts, il somma le seigneur de Guise de tenir sa parole. Celui-ci, se couvrant d'assez mauvaise grâce du prétexte de la trêve, refusa de répondre à ces provocations, comme il convenait *à un bon chevalier et à un homme noble*.

Cependant le comte de Flandre étant encore revenu sur sa détermination au sujet du Vermandois, les hostilités recommencèrent. La guerre éclata en France, en Flandre et en Hainaut. Craignant de devenir victime de ces discordes des princes et de la guerre d'extermination qu'ils se faisaient, chacun entoure de fossés et de murailles, sa ville, son château, son village (1). Tandis que le comte de Flandre s'avance sur Marle, le roi fond sur la Flandre avec une grosse armée (1185), et le comte de Hainaut ravage les terres de Jacques d'Avesnes où il brûle plus de cent villages, *des meilleurs*, par ressentiment des anciennes injures qu'il en avait reçues et

---

(1) *Ex annal. quicinct. Amonact.*, dans les *Historiens de France*, tom. 18, p. 634 et suiv.

parce qu'il le regardait comme l'instigateur de ses divisions avec le comte de Flandre. Enfin ce dernier ayant été obligé de s'humilier de nouveau devant les armes du roi, les trois princes traitèrent de la paix. Elle fut avantageuse au roi, qui acquit définitivement le Vermandois, mais elle déplut au comte de Hainaut, qui ne pouvait s'empêcher de déplorer les dommages que lui avait causés Jacques d'Avesnes. Le sire de Guise, qui l'avait négociée et qui était le premier conseiller du comte de Flandre, avait reçu à cet effet du roi lui-même, la promesse occulte de cent *livrées* de terre en fief, qui lui furent assignées à Crépy-en-Laonnois (1); quant au comte de Flandre, qui avait pris la croix en 1175, il entreprit le voyage de Palestine qu'il avait différé jusque-là à cause de ses affaires. A son retour il épousa Mathilde ou Mahaut, fille d'Alphonse Ier, roi de Portugal, princesse antipathique à la France. On l'appelait la reine Mahaut (2).

Jacques d'Avesnes menait de front la dévotion et l'injustice, les intrigues politiques et la guerre aux couvents, néanmoins on le vit souvent réparer avec une noble franchise les dommages qu'il avait pu causer aux églises. Depuis longtemps il vivait en mésintelligence avec Prémontré, au sujet de certains dommages que lui et *ses hommes*, autorisés par son exemple, avaient causés à l'abbaye sur les terres qu'elle avait en ses domaines, et spécialement au sujet du bois

---

(1) On nommait livrée de terre, une portion de terre produisant une livre de revenu par an. Il y avait les livrées à Parisis, les livrées à Tournois, les livrées à Nérels, selon l'espèce de monnaie fixée pour le revenu.

(2) *Historiens de France. Ex Gilberti Montensis Hannoniæ chronico*, tom. 18; p. 372; — *Aug. Viromand.*, lib. 1, p. 469; — Lelong, p. 274; — *Histoire du Valois;* — *L'art de vérifier les dates;* — *Mémoires du Vermandois*, tom. 2, p. 380 et suivantes.

d'Hannape. Les religieux se plaignirent hautement (*emiserunt quærelam*) et le seigneur de Guise, qui ne manquait pas de loyauté, consentit à s'entendre avec eux pour le rétablissement de la paix. On procéda donc, d'un commun accord, à l'arrangement suivant, qui fut écrit dans un acte authentique daté de 1186. Pour réparer le tort qu'il avait fait au couvent, au temps de son *hostilité*, Jacques accorda à l'église la jouissance libre, paisible, perpétuelle, du bois en question, tel qu'il se comporte (*sicut metæ determinant*), en sorte que les moines pussent le donner, le vendre, le défricher (*extirpare*) et en tirer tous les avantages qu'on tire d'un bien propre; que ni lui, ni ses successeurs n'en pourraient rien réclamer, ni *ses hommes* en rien recevoir sans leur agrément. Il s'engagea de plus à fournir à l'église, une garantie (*warandiam*) contre qui que ce fut, au cas qu'elle vint à être molestée à ce sujet, « et pour mériter, disait-il dans sa charte, les prières et les bienfaits de l'ordre, en participation desquels les religieux de Prémontré nous ont reçus, moi, ma femme et mes enfans, j'ai *reconnu, loué* et pris sous ma garde, pour les conserver intacts, tous les biens qu'elle possède dans ma terre, au temps de cet écrit, en sorte que ni moi ni mes successeurs, ne puissions ni les diminuer, ni souffrir qu'on les diminue; mais au contraire, je serai désormais, pour la conservation des biens et des droits de cette église, un soutien, un défenseur vigilant et un fidèle *avoué.* » Jacques tint sa parole, car on ne voit pas que, dans la suite, Prémontré ait jamais eu à se plaindre de lui (1).

---

(1) Charte de Gauthier d'Avesnes de 1202, qui renferme celle de Jacques son père, de l'an 1186. *Cartul. Præmonst.* MSS.

Le titre d'avoué était un de ceux dont s'honoraient davantage les plus puissants seigneurs, et dont ils abusaient trop souvent contre ceux qui le leur avaient conféré. Les avoués (*advocati*), sous le régime féodal, étaient des seigneurs laïques que les seigneurs ecclésiastiques prenaient pour défenseurs. Une de leurs fonctions était de marcher à la tête des vassaux que les abbayes ou les seigneurs ecclésiastiques étaient obligés de fournir, à raison de l'importance de leurs fiefs, quand on levait *le ban et l'arrière-ban*, et de les conduire à l'ost du roi. L'avouerie, comme toutes les charges, au moyen âge, formait un véritable fief qui avait ses droits féodaux ; on le nommait fief de l'avouerie. Les vidames (*vice domini*) avaient la même origine que les avoués, avec cette différence que ceux-ci étaient établis pour défendre le bien temporel des grands et riches monastères, et ceux-là le bien des églises épiscopales. Ces charges devinrent héréditaires, aussi arriva-t-il que des chevaliers déloyaux tournèrent leurs armes et leurs déprédations contre ceux dont ils s'étaient constitués les défenseurs, usurpant leurs biens, quelquefois même leurs bénéfices. Jacques d'Avesnes était avoué de Bucilly, de Saint-Michel, et du prieuré de Lesquielles ; c'est en cette qualité et comme seigneur de Guise qu'il fut admis par Gauthier, abbé de Saint-Vincent de Laon, à partager avec cette abbaye les revenus d'une foire que celui-ci institua en 1171, à Lesquielles, le jour de Saint-Jean-Baptiste. Pour attirer les peuples aux foires, on les établissait souvent ainsi aux fêtes des saints, aux jours de pèlerinages. Les marchands qui s'y rendaient de toutes parts, malgré les droits qu'ils payaient pour étaler pendant leur durée, donnaient beaucoup de mouvement au pays, en provoquant le déplacement des populations que tout contribuait à rendre sédentaires. La charte donnée pour l'établissement des foires de Lesquielles est en son genre un véritable monument qui mérite d'être reproduit dans son entier.

« Au nom de la sainte et indivisible Trinité, Ainsi soit-il.

Moi, par la grâce de Dieu évêque de Laon, pour éviter l'oubli et la malice, comme nous devons avec sollicitude faire connoître par écrit à la postérité les choses qui concourent à donner à l'église une paix non interrompue, *qu'on sache donc :* Que Gauthier, abbé de Saint-Vincent de Laon, a institué à Lesquielles, hors du cimetière (*atrium*) et de l'église, du consentement de son chapitre, des foires annuelles qui dureront depuis le jour de la nativité de Saint-Jean-Baptiste pendant huit jours consécutifs. Et comme le seigneur Jacques de Guise est seigneur et avoué de cette terre, l'abbé se l'est associé pour les foires susdites, de cette manière : l'abbé a retenu pour lui la moitié des droits d'étal et de tonnelieu et a donné l'autre moitié au seigneur Jacques, en sorte que l'abbé et le seigneur Jacques y auront un *chargé d'affaires commun,* lequel rendra un compte fidèle tant à l'abbé qu'au seigneur Jacques, des produits de l'étalage et du tonnelieu. Mais le seigneur Jacques aura intégralement les droits de forfaiture et les justices et il y établira à cet effet un homme à lui. Ce que nous accordons ainsi, afin que nous ne soyons pas exposés de la part du seigneur Jacques ou de celle de son héritier, à perdre de notre droit dans l'église ou le cimetière. Cependant le seigneur Jacques pour cette association que l'abbé lui a accordée, protégera de son sauf-conduit tous ceux qui viendront aux foires et tous ceux qui en reviendront pendant huit jours avant et huit après la tenue desdites foires. Le seigneur Jacques et tous ses enfans ont juré également de conserver fidèlement la liberté des foires. En outre, l'abbé a retenu pour lui dans leur intégrité les *capitations* (*capitagia*) (1) sur les hommes qui appartiennent à l'église de Saint-Jean de Lesquielles, et il a accordé la moitié de toutes les autres choses au seigneur Jacques, à savoir : sur les forfaitures, les tailles, le sang, le meurtre, la main-morte et sur les autres choses qui arriveront. En sorte cependant, que ni le seigneur Jacques, ni son héritier, ni personne en leur nom, ne puisse rien recevoir de toutes ces choses, ou surcharger quelqu'un sans le consentement de l'abbé de Saint-Vincent ou de son procureur. De plus, ni lui ni son héritier ne pourront rien donner en fief ou faire aucune aumône des choses auxquelles l'abbé l'a associé, si ce n'est à l'église de Saint-Vincent de Laon. Afin donc que ceci demeure immuable comme il a été écrit ici, nous l'avons muni de notre scel et du témoignage de ceux qui l'ont souscrit, au moyen de la signature (2). »

Les religieux de Saint-Michel se voyant exposés comme ceux de Bucilly et de Clairfontaine aux incursions de l'ennemi, à cause de leur proximité de la frontière de Flandre, et aux déprédations des seigneurs voisins, s'étaient à leur exemple donné un avoué en la personne du sire de Guise, dans la persuasion qu'ils trouveraient en lui un protecteur capable

---

(1) On appelait capitation, *cavagium*, *kievagium*, *capitagium*, le droit que payait l'*homme* d'un seigneur pour sa dépendance.

(2) Extrait du petit Cartul. de S.-Vincent de Laon, fol. 52, MS. de dom Grenier. — Date de la charte : *Actum Lauduni* M. C. LXXI, *in adventu Domini*.

de défendre leurs intérêts, tant par son épée que par sa prudence. Il est vrai qu'autrefois il avait fait brûler l'abbaye par ses hommes et que cette année même il lui avait encore causé quelques avaries; mais outre qu'il avait déjà réparé une partie de ses torts en lui donnant le terrage du terroir de Guise comme dédommagement des ravages opérés par l'incendie, ils espéraient sans doute, en lui conférant le titre d'avoué, se l'attacher par le point d'honneur.

L'abbaye accorda à Jacques d'Avesnes et à ses hoirs, en retour de sa protection, des coupes de bois dans ses belles forêts, avec le droit de construire à Saint-Michel et Rochefort une *maison forte*, moyennant quoi, il promit de « porter à l'église loyale garantie, si ladite église étoit molestiée de aucuns et de aucunes dans les bos dessus dits (1). »

Toutefois, comme le noble homme habitait un manoir trop éloigné de l'abbaye (sans doute celui de Guise) pour pouvoir leur porter, le cas échéant, un prompt secours, ils se choisirent dans la suite un autre avoué. Ce fut Wauthier de Bouzies, pair du Hainaut, qui avait signé la charte de fondation de Mondrepuis.

Cependant les préparatifs d'une nouvelle croisade vinrent donner à l'esprit aventureux du sire de Guise une occupation digne de lui. Le goût des croisades, si bien d'accord avec l'esprit de l'époque, s'était développé de plus en plus depuis que l'église avait fait de ces expéditions guerrières un moyen d'expiation aux oppresseurs des malheureux et une occasion de réprimer de criantes injustices. La troisième croisade eut lieu sous Philippe-Auguste. Ce prince aussi re-

(1) *Bulletin de la Société historique de Soissons*, tom. 4; — *Notice sur Saint-Michel.*

ligieux que brave se croisa avec Richard Cœur-de-Lion, roi d'Angleterre, pour arrêter les persécutions que Salla-Heddin, sultan d'Egypte, faisait souffrir aux Chrétiens. Résolue en 1189, la croisade n'eut lieu qu'en 1190. Parmi les seigneurs qui prirent la croix brillaient au premier rang Philippe, comte de Flandre, Guy de Châtillon, Raoul de Marle, Wauthier de Moy, Robert et Gauthier de Rozoy, Guillaume de Sains et le sire de Guise, le généreux Jacques d'Avesnes (1).

Jacques employa les années qui précédèrent le départ soit à faire du bien aux églises, soit à réparer ses torts envers elles. Il avait accordé à *sa chère église* de Bucilly, laquelle n'avait pourtant pas toujours eu à se louer de lui, l'exemption de tout droit de tonnelieu, de vinage, de transport, de péage sur ses terres de Guise et de Landrecies, avec l'approbation de ses fils Gauthier et Jacques. La charte d'exemption est de 1187, et en 1188 il parut comme témoin dans une autre charte de Hugues I*er*, abbé de Prémontré. Il avait également signé à Valenciennes, avec Drogon de Beaurain et la plupart des nobles de Flandre, les donations que Beaudouin de Hainaut, son parent et ancien ennemi, avait faites avant son départ pour la Palestine. D'ailleurs, il figurait déjà dans la liste des bienfaiteurs de Foigny avec Robert de Wiége, Jeanne de Châtillon, comtesse de Blois, etc..., « qui, animés par une noble émulation, offraient *spontanément* aux moines de cette abbaye des fermes, des terres pour fournir à leur entretien. » Jacques, entre autres faveurs, accorda à l'abbé Anselme le droit de pêche dans la rivière d'Oise, dans toute l'étendue de sa terre

---

(1) *Gesta Dei per Francos.* — Lelong, p. 276 ; — Dormay. *Hist. de Soissons*, tom. 2, p. 203 ;—*Manuel historique*, art. Jacques d'Avesnes.—*Ann. de Picardie*.

de Guise, donation importante en ce temps où les religieux ne se nourrissaient guère que de poissons. Foigny resta en possession de ce droit jusqu'en 1407, époque où le monastère y renonça en faveur de Louis d'Anjou, seigneur de Guise, moyennant une donation de deux muids de bois contigus à la Haie d'Effry, qu'elle reçut en échange (1).

Philippe-Auguste s'étant rendu à Vezelai avec Richard, alla s'embarquer à Gênes, après avoir pris l'oriflamme à Saint-Denis et le bourdon de pèlerin le 24 juin 1190. Déjà étaient arrivés en foule auprès de Guy de Lusignan, roi de Jérusalem, les Templiers, les Hospitaliers et tous les Chrétiens dispersés dans le pays par la crainte des Infidèles. Guy crut devoir mettre le siége devant Saint-Jean-d'Acre avant l'arrivée des Croisés, mais son armée était encore si faible, que les Payens qui s'y étaient renfermés laissaient les portes ouvertes le jour et la nuit, allaient et venaient avec leurs chameaux transportant dans la place des vivres et des munitions. On était au mois d'août 1189 et Philippe-Auguste ne devait arriver qu'au printemps de 1191. Le sire de Guise s'était acheminé vers la terre sainte avant le roi, laissant la garde de son château de Guise au chevalier Guy de Tupigny, qui en était *capitaine* (*capitaneus*) vers cette époque (2). Il arriva

---

(1) *Gall. Christ. Eccl. Laud. abbates Bucilly et Fusniaci;* — *Ordinis Præmonst. annales*, tom. 1ᵉʳ, p. 516 et suiv.; — *Hist. de Cambrai*, tom. 1ᵉʳ, 2ᵉ partie, p. 401 ; — *Hist. de Foigny*.

(2) Voici des vers à la louange de J. d'Avesnes, par Guillaume Lebreton.

. . . . *Quò jàm præcesserat ille*
Inclytus eximiæ Jacobus virtutis Avennas,
Et jàm cùm paucis audax obsederat urbem,
In Domino solo confidens, qui priùs illi
Misit oportuno succursum in tempore gratum,
Qui præstò semper est confidentibus in se.

(*Guillelmi Britonis-Armorici Philippidos*, lib. IV ; — *Historiens de France*, tom. 17, p. 163.)

au siége de Saint-Jean-d'Acre avec Robert de Dreux, Robert, évêque de Beauvais, le comte Airarld de Braine, et beaucoup d'autres seigneurs, ce qui réjouit fort le roi de Jérusalem. Toute la noblesse se distingua à ce siége mémorable, mais Jacques surtout *fit plusieurs exploits de guerre récités* par les historiens d'Orient, de Flandre et de Hainaut, qui se sont plus à exalter son courage. En effet, il contribua plus que tout autre à maintenir le siége de Saint-Jean-d'Acre jusqu'à l'arrivée de Philippe-Auguste et de Richard.

Le roi de France se rembarqua après la capitulation de cette place signée le 3 juillet 1191, laissant ses troupes aux ordres du duc de Bourgogne. A l'exemple du monarque, quelques seigneurs reprirent le chemin de leur patrie, non comme des chevaliers mais *comme des lièvres timides, à leur éternelle confusion*. Telle ne fut pas la conduite de Jacques d'Avesnes « mais parce qu'il persévéra jusqu'à la fin, dit un de ses admirateurs, nous avons la confiance qu'il sera sauvé, et que comme les saints martyrs il triomphera dans le ciel. » Presque toute cette brillante noblesse qui, à son exemple, avait préféré courir à une mort certaine plutôt que de regagner lâchement ses manoirs, fut décimée dans l'espace de quelques mois par la guerre et par l'épidémie. La mort attendait le sire de Guise à la bataille d'Assur. Trois jours après l'exaltation de la Sainte-Croix, au mois de septembre 1191, le roi d'Angleterre se voyant réduit à l'extrémité, parce que d'un côté l'armée était sur le point de mourir de soif avec les troupeaux, et que d'un autre côté toute voie était fermée à la fuite, pressé qu'on était de toutes parts par les Infidèles, il fut résolu qu'on livrerait bataille. Le prince divisa donc ses troupes par escadrons et les exhorta à combattre avec courage contre les ennemis de la croix et à frapper hardiment *la nation payenne*. Au premier rang était Jacques d'Avesnes, chevalier *catholique par la foi et distingué par son courage militaire*. Le premier il s'élança sur les Infidèles avec sa troupe et les enfonça, mais (*ô douleur !*) il tomba dans la mêlée et fut tué après avoir combattu avec un courage *digne de l'un des Machabées*. Ayant perdu une jambe, il frappait encore de son épée ceux qui l'approchaient et il expira en s'écriant *Richard, venge ma mort* (1) *!* Le roi d'Angleterre regretta sincèrement ce guerrier dont il avait pu apprécier la valeur. « …. Nous n'avons perdu à Assur aucun des nôtres, écrivait-il à l'abbé de Clairvaux, si ce n'est un homme de cœur que ses qualités rendoient cher à toute l'armée, Jacques d'Avesnes, qui avoit passé plusieurs années au service du Dieu vivant dans l'armée chrétienne dont il étoit comme la colonne, et qui s'étoit fait remarquer par sa sainteté et la sincérité de sa foi et sa dévotion (2). »

Jacques d'Avesnes avait laissé après lui une postérité brillante. De son mariage avec Améline issirent quatre fils, Gauthier, deuxième du nom, seigneur de Guise, Guy d'Avesnes qui mourut sans lignée, Bouchard d'Avesnes duquel sortirent les comtes de Hainaut, Jacques de Landrecies; et quatre filles, Mathilde ou Mahaut, Aélide, Adéluye et Agnès. Mathilde épousa le comte de Chini, Aélide épousa Roger de Rozoy,

---

(1) *Histor. de France*, tom. 17; *Ex benedecti Petro burgensis, vita Henrici II, regis Angliæ*, p. 400, 515 et 520; MS. de dom Grenier; — Duchesne, *Histoire de Châtillon*, liv. III, p. 88; — *Gall. Christ.* — *Hist. de Cambrai*, tom. 1er, p. 388 et suiv.; — *Hist. de France*, tom. 18, p. 543. *Ex ann. Aquicinctensis*; — Devisme, *Manuel hist.*

(2) *Histor. de France*, tom. 17, p. 520, *Epistola Richardi Angliæ regis*, etc., p. 641. *Ex Radulfi de Diceto imaginibus historiarum*.

dont une des petites-filles fut mariée à Wauthier de Tupigny; Adéluye épousa Engelbert, seigneur d'Enghien ; enfin Agnès épousa le comte de Grand-Pré. Si à ces alliances on joint celles que firent les enfants de Fastré, frère de Jacques d'Avesnes, avoué de La Flamengrie, dont une fille épousa Amaury de Haute-Ville, et celles que firent les filles d'Ida sa sœur, femme de Guillaume, châtelain de Saint-Omer, dont l'une, Béatrix, donna en mariage au seigneur de Beaurain une des filles qu'elle avait eues de Philippe d'Aire, on verra que la famille du sire de Guise couvrait tout le pays de ses nombreux rejetons.

La renommée n'ayant pas tardé à apporter en France la nouvelle de la mort de Jacques d'Avesnes, Gauthier II, l'aîné de sa race, prit possession des seigneuries de Guise, de Lesquielles et d'Avesnes et des domaines de Leuse, de Condé et d'Hirson (1).

Améline ne crut pas pouvoir mieux honorer la mémoire de son époux mort au champ d'honneur pour la gloire de Dieu, qu'en faisant prier pour le repos de son âme, dans les abbayes qu'il avait aimées de préférence. Elle donna à perpétuité à l'église de Laon, *pour l'âme de bonne mémoire* de Jacques son époux, pour la sienne, celles de ses ancêtres et de ses héritiers, et du consentement de son fils aîné, cent sous de rente annuelle sur les vinages de Guise et de Lesquielles. Les chanoines de Laon devaient en employer quarante pendant sa vie, à l'achat d'un cierge perpétuel qui brulât chaque jour durant la grand'messe et la messe des

---

(1) *Histor. de France*, tom. 13, p. 560 ; — *Généalogie de la maison d'Avesnes*, *Ex Balduino de Avesnis* ; — Jacques de Guyse, *Ann. du Hainaut*, 3ᵉ vol., f° 93. *Histor. de France*, tom. 18, p. 588 et suiv.; — *Hist. de Châtillon*, liv. III, p. 88; — *Ann. Præmonst.*;—*Généalogies des seigneurs de Guise* dans Colliette et Lelong.

morts. Après l'anniversaire de Jacques, qu'ils devaient célébrer le jour même de son décès, le reste du cierge devait être partagé entre ceux des chanoines qui auraient assisté à l'office. Après le décès d'Améline, les cent sous de blancs revenaient intégralement aux chanoines, à condition de célébrer en même temps son anniversaire et celui de son époux, après lequel aurait lieu une distribution de pain, de vin et de deniers entre les chanoines qui auraient assisté au service, du surplus de ce qui serait dépensé pour l'achat du cierge. Chacun des chapelains de l'église assistant devait avoir autant qu'un chanoine, à la condition de chanter ce jour-là une messe pour les âmes des donateurs et des fidèles trépassés.

Tout le reste de la vie d'Améline ne présente plus qu'une suite de donations pieuses où le souvenir de son noble époux a autant de part que sa bienfaisance et sa charité. En 1196, elle donna à l'abbaye de Bucilly une rente de trente sous, tant à titre d'aumône que pour célébrer l'anniversaire de Jacques ; à Fervaques, une rente de vingt sous parisis sur le vinage de Guise et de Lesquielles et l'exemption du droit de transport pour les voitures de l'abbaye dans toute ses terres, pour le repos de son âme ; à Clairfontaine six muids de froment à prendre sur le terrage de Buironfosse, et trois muids destinés à la *réfection* des frères le jour de son propre anniversaire ; enfin à Prémontré, une rente annuelle de vingt sous monnaie du Vermandois, sur le vinage de Guise et de Lesquielles, payable à la Toussaint et le jour de son anniversaire, laquelle rente était destinée à la *réfection du couvent*. « Et afin, dit-elle en terminant la charte donnée à ce sujet, que cette donation demeure à toujours arrêtée et inébranlable, j'ai eu soin de la faire munir de l'apposition de mon sceau et de la signature des témoins présens..., de plus j'y ai fait apposer les sceaux du seigneur archevêque, ceux de mes fils, et je l'ai confiée à la garde de l'église de Sainte-Marie de Laon (1). »

Un an après, la dame de Guise enchérit encore sur ces libéralités en faisant monter jusqu'à quarante livres, la rente perpétuelle qu'elle avait attribuée aux abbayes sur le vinage de Guise et de Lesquielles. Cette rente, qui devait courir après son décès, fut ainsi répartie entre plusieurs établissements charitables. D'abord les cent sous attribués à l'église de Laon et les cent sous attribués à Prémontré ; puis cinquante sous à Clairfontaine, quarante sous à Bucilly, cinquante sous à Foigny, cinquante sous à Bohéries, vingt sous à Fervaques, quarante sous à Saint-Martin de Laon, vingt sous à Saint-Pierre de Rumigny, cinquante sous à l'église de Montreuil, trente sous à celle de Dorengt, vingt sous aux lépreux d'Hirson, dix sous à ceux de Martigny, vingt sous à ceux d'Avesnes, vingt sous à ceux de Guise, vingt sous à l'hôpital d'Avesnes et neuf livres à l'hôpital de Guise, avec le droit de prendre dans ses forêts les plus proches autant de bois qu'un cheval pourrait en amener chaque jour (*singulis diebus*). C'est la première fois qu'il est question de cet établissement à Guise, dont la fondation *première*, attribuée à Jeanne de Châtillon, remonterait ainsi au-delà de 1197, à moins que cet *hôpital* ne fut qu'une de ces *mesons–Dieu* déjà communes alors. Eléonore, comtesse de Saint-Quentin et

---

(1) MSS. de D. Grenier, Archives du chap. de Laon ; — *Sacri et canonici ord. Prœmonst. annal.*, tom. 1er, p. 418 et 516 ; — *Gall. christ.*, tom. 9. *Clarus Fons. Aug. Viromand.* p. 153.

dame du Valois, confirma ces dons de *sa chère et fidèle Améline* et les énuméra dans une charte passée à Saint-Quentin l'an de l'Incarnation 1197, le trois des nones d'août; elle y mit son scel, qui représentait une dame tenant un oiseau sur le poing gauche, avec cette légende : *Sigillum Eleonor comitissa S.-Quintini et Valesii.* Le contre-scel était un lion courant, avec ces mots : *Secretum Elienor* (1).

Quoique Gauthier ait dû, à la mort de son père, avoir atteint l'âge de majorité, Améline semble avoir conservé sur lui et sur ses frères une autorité qu'elle devait à sa haute sagesse autant qu'à leur piété filiale. Elle garda l'administration des seigneuries de Guise et de Lesquielles, ses domaines particuliers, et après la mort de son époux elle s'intitulait dame de Guise, *par la clémente miséricorde de la dispensation suprême.* Elle était environnée dans son château de Guise d'une véritable cour composée de chevaliers et d'écuyers, parmi lesquels un titre de 1195 mentionne Werric, maître d'hôtel de Guise, et Wauthier de Proisy, qui l'assistaient dans l'arrangement des affaires que ses vassaux et ses *hommes* portaient devant elle (2). En 1198 elle fut médiatrice dans un différend qui s'était élevé entre Prémontré et Guyard d'Iron, au sujet de certains droits litigieux sur lesquels de grandes discussions avaient été engagées en sa présence. Il s'agissait principalement du terrage de Saint-Gervais de Guise, donné par le chapitre au temps où il était possédé par les religieux de Fémy. La noble dame amena enfin Guyard et son fils à lui promettre sous la foi du serment, de s'en rapporter à la décision du seigneur Pierre, abbé de Prémontré,

(1) MS. de dom Grenier. *Archives du chap. de Laon.*
(2) *Cartul. de S.-Michel*, p. 196. Cité par D. Grenier dans ses MSS.

sur leurs droits respectifs. Au jour convenu, les deux parties parurent devant Améline et ses *hommes*. L'abbé de Prémontré qui représentait le couvent commença par lui montrer un contrat (*cyrographum*) scellé du sceau de maître Guillaume, doyen d'Iron, lequel contenait tout au long la convention faite entre l'église de Prémontré et lui, et en lut même une partie. Après la lecture, l'abbé affirma en toute vérité que les droits de l'abbaye et ceux de Guyard étaient tels que ledit écrit l'indiquait.

Or telle en était la teneur. L'abbé et ses frères accordent à Gérard, fils de Guyard, deux muids de froment du terrage de Saint-Gervais de Guise, qui appartient à Prémontré, et dont Guyard a été mayeur, à prendre annuellement sur leur *grange* d'Hannape (1), lequel froment doit être du *meilleur après celui de semence,* à cette condition, qu'il remettrait à Prémontré le droit qu'il croyait avoir sur le terroir d'Iron et qu'il acquitterait désormais le terrage de sa propre terre qu'il n'avait pas encore payé jusque-là. Ensuite, il était entendu que Gérard, du consentement de l'église, garderait la *mairie* qui rend sa maison *libre,* un pré, deux jardins pour lesquels il aura un pain à payer à la Saint-Remy et les *investitures* (*cyrotecas*) (1), si l'on vient à vendre sur le terroir une maison ou une terre, celle même de Bucilly, le tout moyennant un trécens de douze sous payables à la Saint-Remy. Cependant s'il venait à s'élever quelque réclamation qui engendre un *plaid* (*placitum*), Gérard en devra fixer le jour et l'in-

---

(1) *Cyrotecas*, pro *chirotecas* [*seu wanti*]. On appelait ainsi une partie du prix de l'*investiture* qui appartenait moins au seigneur qu'à son représentant, le mayeur ou le fermier. Ducange en cite un exemple tiré de la loi de Landouzy de 1243, où il est dit: *De investituris habebunt majores duos denarios... pro suis chirotecis.* Dict., tom. 2, p. 577.

timer aux religieux d'Hannape, afin qu'ils puissent s'y présenter, et en qualité de seigneurs ils seront tenus de terminer le plaid. De plus, Gérard, par sa mairie, a reconnu qu'il était l'*homme* de l'église, qu'il lui devait garder fidélité et que s'il venait à forfaire envers elle en quelque chose, au cas qu'il s'amende, après une monition, l'église se tiendra pour satisfaite ; que si au contraire il ne tient compte de l'avertissement, elle gardera les deux muids de froment jusqu'à ce qu'il revienne à récipiscence. Guyard, sa femme Gila, Gérard leur fils, ayant adhéré à tout sans difficulté, cette affaire fut terminée en présence d'Améline et de ses *hommes* avec une sorte de solennité féodale. Elle en fit rédiger les diverses particularités dans une charte datée de 1198, qu'elle honora de son sceau et qu'elle fit signer par des témoins convenables (*idoneos*), entre autres par Gauthier de Proisy et par le chevalier de Bozies, afin de lui donner toute l'authenticité désirable (1).

Un an après, Améline mettant le comble à sa bienfaisance envers Prémontré (*benevota et benefaciens semper Adeluya*), donna à Clairfontaine trois muids de froment et douze jalois (*galetos*) d'avoine à prendre sur la dîme d'Esquehéries (2), à condition que l'abbé entretiendrait un clerc qui récitât, chaque jour, pour le salut de son mari, un psautier avec vigiles, dans l'église du monastère. Jean II, successeur de Henri dans le siége abbatial de Clairfontaine, reçut aussi vers cette époque, c'est-à-dire en 1201, d'Etienne, évêque

---

(1) *Carta Adeluiœ domina de Guisiœ..., anni* 1198. Cartul. MSS. de Prémontré.

(2) Le mot de *Lescheriis* est traduit par *L'Echelle* dans les *Annales de Prémontré*. Nous croyons que c'est plutôt *Esquehéries*, avec d'autant plus de raison que dans la charte de fondation de la chapelle d'Englancourt, il est question de ces trois muids de froment sur le terroir d'*Esquehéries*, de *Escheherias*.

de Noyon, la cure d'Etaves (*pastoratum de Stabulis*), sous cette clause : Que l'abbé présenterait à l'évêque le sujet qu'il aurait nommé à ce bénéfice, mais qu'il ne pourrait le changer sans sa permission. Enfin, un différend s'étant élevé entre Jean II et l'abbé de Saint-Denis, au sujet des limites du terroir de l'abbaye, l'affaire fut portée devant le saint siége, qui délégua pour le terminer Hugues, doyen du chapitre de Guise, avec Jean, doyen de Saint-Pierre de Marle, et Hugues, chanoine de Paris. Hugues, doyen de Saint-Gervais de Guise, paraît être le successeur immédiat de Renaud, qui vivait en 1175. On ignore quelle fut la décision de ces arbitres dans une question assez grave pour nécessiter un recours à Rome (1).

Améline prolongea sa vie jusqu'au-delà de l'année 1202. Elle paraît avoir terminé le cours de ses pieuses libéralités, par la fondation d'une chapelle à Englancourt, en 1200, *pour le remède de son âme*. Ce village n'ayant point de prêtre, sans doute parce qu'il était moins considérable alors qu'aujourd'hui, elle y établit pour le desservice de la nouvelle église un chapelain pour l'entretien duquel elle assigna des biens qu'elle avait acquis de ses propres deniers; à savoir : le sixième de la dîme d'Esquehéries (*de Escheherias*) tant grosse que menue (*tàm majoris, quàm minoris*), dont elle excepta toutefois les trois muids de froment et les douze jalois d'avoine qu'elle avait donnés à perpétuité à Clairfontaine. Elle assigna en outre au chapelain, un muid de blé sur Lambercies et une terre *labourable* à Gomont, dans le

(1) *Sacri et canonici ord. Præmonst. ann.* tom. 1ᵉʳ, p. 515 et 418 ; — *Gall. Christ.*, abb. *Clarif. et Bucilly*, tom. 9, col. 403 et suiv.

bois de Marly, qui lui avaient été vendus par l'abbaye de Saint-Vincent de Laon. Au reste, toutes ces dispositions furent faites avec l'agrément de l'évêque de Laon, Roger. L'abbé de Saint-Vincent, patron du lieu, conserva le *patronage* de l'église et le droit de *collation* à la chapelle. L'évêque régla en détail, dans des lettres spéciales, les rapports du chapelain avec le prêtre de Marly, dont Englancourt demeura *succursale*, et ce en quoi il était *tenu* envers ce dernier. Améline fit appliquer son sceau à la charte de fondation. Il représentait une femme debout avec cette légende : *Sigillum Adeluie de Avenis* (2).

Tandis que la dame de Guise s'adonnait à ces bonnes œuvres, Philippe-Auguste, son suzerain, continuant à saper la puissance des vassaux de la couronne, s'occupait de l'organisation civile et judiciaire de sa province du Vermandois, réunie définitivement au domaine royal. L'établissement des prévôts royaux avait déjà contribué à diminuer l'omnipotence féodale, celui des baillis royaux, en 1186, lui porta une nouvelle atteinte en forçant les seigneurs à dépendre, dans une foule de cas, de ces officiers nommés par le souverain. Les anciens prévôts et baillis des seigneurs servirent de modèle à ces prévôts et baillis royaux auxquels on les soumit dans la suite, et ils devinrent comme autant de baillis inférieurs dépendants des grands baillis.

Les prévôts (*præpositi*), ainsi appelés parce qu'ils étaient préposés par le roi et les seigneurs pour rendre la justice en leur nom, étaient à peu près ce que furent plus tard les

---

(2) Ce sceau, selon D. Grenier, était ovale, en cire blanche, la figure était fort endommagée. La charte qu'on voyait aux archives de Saint-Vincent portait cette date « *Actum anno gratiæ M. ducentesimo, mense junii.* »

receveurs des tailles. Le prévôt royal jugeait en première instance les causes du chef-lieu et de toutes les dépendances de la châtellenie, là où il n'y avait pas comme à Guise par exemple, de justices seigneuriales particulières. Il était receveur comptable, fermier et juge. Les baillis ou gardes de la justice devaient défendre et conserver le bien de leurs justiciables contre l'injure et l'oppression. Ils exercèrent d'abord, comme juges des provinces, la juridiction sédentaire ou en personne, mais dans la suite ils la firent exercer par des lieutenants, dits de robe courte et gradués, devant lesquels les nobles étaient tenus de *procéder* comme devant leurs juges naturels, en toutes causes et matières, hors pour héritages assis en d'autres provinces. Dans l'origine, les grands baillis allaient à la guerre, et, nobles eux-mêmes, ils conduisaient à l'*ost* du roi, comme capitaines des nobles, les troupes de leur province en l'arrière-ban. C'est ainsi que la puissance royale rentrait peu à peu dans ses droits que lui avaient enlevés les anciens comtes, en devenant, de simples gouverneurs qu'ils étaient, de véritables souverains à titre d'hérédité (1).

Ce fut selon ce système que Philippe-Auguste organisa le gouvernement de la province nouvellement acquise à la couronne, dont il forma le grand bailliage du Vermandois. Il fit entrer dans sa circonscription tout ce qu'il put y rattacher de ce côté. Le siége du grand bailliage fut établi à Laon, qui avait toujours été du domaine royal. Il avait dans sa dépendance, outre l'ancien domaine des comtes, le Laonnais et la

---

(1) *Hist. du Valois;* — *Hist. de Laon* par Devismes, tom. 2, p. 352, notes du livre 4; — *Aug. Viromand;* — Buridan, *Commentaires sur la Coutume de Vermandois.*

Thiérache, les villes de Reims, de Soissons, de Châlons, de Troyes, et leurs territoires. « Le bailli de Vermandois, dit la coutume de ce bailliage, est tenu réputé, de tout temps et ancienneté, capitaine et juge des nobles, tant pour le regard du ban et arrière-ban que de la justice ordinaire. Il avoit des lieutenans dans les bailliages inférieurs de sa dépendance. » La coutume de Vermandois régissait tout le bailliage, mais elle subissait, selon les lieux, des modifications qui formaient dans les bailliages inférieurs, comme autant de coutumes particulières, lesquelles gardaient toutefois les dispositions générales de la première (1). Guise qui avait été mis dans la circonscription du bailliage de Ribemont, dépendant lui-même du grand bailliage, suivit les coutumes de son chef-lieu, qui furent plus tard, ainsi que toutes celles du Vermandois, commentées par le jurisconsulte Buridan, né dans ses murs.

La place inférieure qu'occupa notre ville dans la nouvelle administration dut avoir pour cause l'autorité que ses seigneurs conservaient dans leurs domaines. On verra en effet comment les ducs de Guise luttèrent, lors de la rédaction des coutumes, contre la prérogative royale, pour la conservation des droits et priviléges que leur avaient légués leurs prédécesseurs. Ils gardèrent donc tous leurs droits de justice qu'ils faisaient exercer par leurs prévôts, baillis, sergents et autres officiers, sauf certains cas d'appel.

Cependant une nouvelle croisade prêchée au printemps de

---

(1) Lelong, p. 275; — *Coutumes de Vermandois*, art. 2; — Buridan, p. 4. — Parmi les grands baillis de Vermandois, on compte un Fauvel de Wadoncourt, vers 1332, et parmi les lieutenants généraux du bailliage de Saint-Quentin, les Delafons de la Plesnoye et les Flavigny, seigneurs des environs de Guise.

l'année 1198, devait avoir une grande influence sur les destinées des frères de Gauthier de Guise. Foulques de Neuilly parcourait la France, appelant les Chrétiens à la défense du saint sépulcre. Le pape avait accordé de grandes indulgences à ceux qui « se croisseroient et feroient le service en un an, en l'ost, » déclarant « qu'ils seroient quittes de toz les péchiez que ils avoient faiz, dont ils seroient confés (confessés), » ce qui fit « que s'en esmeurent mult li cuers des genz et mult s'encroisièrent, » entre autres Beaudouin, comte de Flandre et de Hainaut, à l'entrée du carême, « le jour que on prent les cendres, » et après lui Jacques de Landrecies, frère du seigneur de Guise, Beaudouin de Beaurevoir, Eudes de Ham, Hugues de Beaumetz, Dreux de Beaurain (*Druiz de Belrain*), Guillaume de Sains, Guy, châtelain de Coucy, et une foule de seigneurs français. Quant au sire de Guise, tout porte à croire qu'il resta pour lors dans ses manoirs, occupé de l'administration de ses domaines. Dans un *parlement* tenu à Compiègne, le rendez-vous des Croisés fut fixé à Venise, le jour de la Saint-Jean de 1202. On fit voile vers Corfou, où les premiers venus devaient attendre les autres. Jacques de Landrecies, après avoir fait partie d'un complot qui avait été organisé dans cette île, par ceux qui commençaient à s'ennuyer de la longueur et des difficultés de l'entreprise, se distingua à l'attaque de Galatha; en se jetant le premier dans la mêlée avec ses gens de pied « il fut féruz parmi le vis d'un glaive, en aventure de mort » et eut péri sans le secours « d'un suen chevalier qui secourut mult son seignor. » Jacques suivit plusieurs expéditions entreprises par les chefs de l'armée, après la prise de Constantinople par les Croisés, comme la *chevauchée* que fit Henri, frère de Beaudouin, comte de Flandre, contre la ville de

Philée, avec une grande partie « de la bonne gent de l'ost, » et enfin celle que fit Beaudouin lui-même contre Thessalonique. Dans la mésintelligence qui éclata entre ce prince et le marquis de Mont-Ferrat, il épousa le parti de celui-ci. En 1204, il resta devant Corinthe avec un bon nombre de troupes, mais ce siége traîna en longueur et lui-même faillit être victime de sa négligence. Léon Sgure, gouverneur de la place, voyant que Jacques « n'avoit mie grand genz et que il ne gaitoit mie bien, fit un matin une saillie mult grant », tomba sur les tentes à l'improviste et lui tua beaucoup de monde, entre autres Dreux d'Etrœungt, pieux et vaillant chevalier, « dont grant dials (deuil) il fu. » Jacques lui-même fut blessé à la jambe « mult durement, » mais enfin on parvint à échapper au danger par l'*aie* de Dieu, et à forcer l'ennemi à rentrer dans le château. Guillaume de Sains fit aussi mille prouesses et se distingua parmi les plus braves chevaliers de l'empereur Beaudouin. Il soutint avec vigueur et succès le siége de Civita en 1207, et fut l'un des maréchaux de l'armée latine de Constantinople (1).

Pendant que ses frères et ses voisins combattaient avec tant de vaillance dans l'Orient encore plein des souvenirs de la gloire de son père, le sire de Guise retenu dans ses terres, on ne sait pour quelle raison, ne passait pas sa vie dans l'inutilité. L'année même du départ de la flotte, en 1202, et du vivant de sa mère, dont il était le *futur héritier* et à qui il devait succéder par droit d'aînesse (*jure primogeniti*) dans la *domination* de Guise et de Lesquielles, il approuva,

---

(1) Vilhardouin, tom. 1ᵉʳ, p. 10 et 55. — *Collection de mémoires pour l'histoire de France*, par Michaud et Poujoulat; — *Hist. de Soiss.*, par H. Martin, tom. 2. p. 64; — Continuation de Vilhardouin, par Henri de Valenciennes, p. 141 et 149.

à la requête de l'abbé et des religieux de Prémontré, l'accord fait entre le couvent et Jacques d'Avesnes, son père, de *pieuse mémoire*, au sujet du bois d'Hannape (1). Comme il n'est plus question d'Améline depuis cette époque, il est à croire qu'elle n'avait pas tardé à rejoindre un époux dont le souvenir lui était si cher (2).

Gauthier fut entraîné par la grande révolution qui s'opérait en France depuis le règne de Louis-le-Gros et qui, en enlevant le peuple au servage, devait en faire, dans la suite, une troisième puissance sous le nom de tiers-état. A l'exemple de plusieurs seigneurs qui, de gré ou de force, rendaient aux villes, aux bourgs, aux villages de leur domination une liberté que rien ne peut aliéner, en leur accordant des droits, des franchises, des priviléges, il donna en 1204, au bourg du Nouvion, l'une de ses terres, une charte de commune composée de quarante-six articles. Non-seulement Guise ne reçut pas de son seigneur le même avantage, mais ses bourgeois étaient expressément exclus par lui des avantages dont ils auraient pu vouloir profiter, en allant s'établir sur des lieux affranchis. On en voit une preuve curieuse dans la charte qu'il donna à Hannape, en construisant ce village avec l'abbé de Prémontré. Le système qu'avaient suivi Jacques d'Avesnes et l'abbé de Bucilly pour bâtir Mondrepuis, Gauthier de Guise et l'abbé de Prémontré le mirent

---

(1) *Carta Galteri de Avesnis et de Guisia*, Cartul. MS. de Prémontré.

(2) En parlant du mariage d'Améline avec Jacques d'Avesnes, l'auteur de *Quelques mots d'un Vandale*, etc., reproche à son adversaire de *marier Améline en 1180*, et ajoute: « C'est à peu près l'époque de sa mort; vous trouvez tout simple de confondre les noces avec les funérailles. » Or il est certain qu'Améline épousa Jacques avant 1170, que Jacques mourut en 1190, et Améline après 1202. Entre 1180 et 1202, il y a bien une différence de vingt-deux ans. C'est beaucoup pour un critique aussi sévère!

en œuvre pour fonder Hannape. Voici la charte de franchise qu'il accorda à ce village en 1211.

« Moi Gauthier, seigneur d'Avesnes et seigneur de Guise, je fais savoir à tous présens et à venir : que l'église de Prémontré ayant une ferme (*curtim*) nommée Hannape, qui lui appartenoit en propre, sans partage et sans société, avec le terroir adjacent, ladite église, de sa pure volonté, m'admit comme participant et associé pour faire, sur le même terroir, une *ville libre* (*villam liberam*) de cette manière (1). L'église livrera la terre pour bâtir le village, à savoir : trois esseins à chaque bourgeois qui voudra accepter cette quantité, mais pas davantage, et ces trois esseins seront complétés soit dans, soit dehors le village, à cette condition : qu'on donnera annuellement pour chaque essein, le jour de la Saint-Remy, un jaloi d'avoine, et quatre jours après la Nativité de N. S. un chapon, un pain et un denier, plus ou moins, selon la quantité de terre que chacun possédera. Cependant, pour construire les maisons, l'église exposera deux charrues de terre, c'est-à-dire quarante muids de terre, s'il est besoin. Mais si quelqu'un s'en va, la maison qu'il aura laissée appartiendra à l'église qui en fera son profit, jusqu'à ce qu'il vienne un bourgeois qui veuille l'habiter et en payer le cens. Tous ceux, bourgeois et autres, qui voudront participer à la liberté du village, payeront douze deniers à la Saint-Remi par droit de bourgeoisie (*pro burgoïsa*) et quatre deniers pour l'exemption du droit de tonnelieu (*thelonii*). Quant au village, il sera libre comme il a été dit, et il y aura un marché le jeudi; et le village et le marché seront

---

(1) La place du village d'Hannape s'appelle encore *la ville*.

régis par la *loi* de Laon, excepté que les maisons ne seront point détruites pour le *forfait* de qui que ce soit, et que je ne pourrai conduire les *hommes* du village, au tournoi ou à l'armée, ou à chevauchée, si ce n'est pour la défense de la terre de Guise ou de celle de Vermandois, et que je ne pourrai non plus prendre gîte (*capere gistum*) ou avoir une maison dans le village ; car il sera commun entre moi et l'église, soit pour la justice, soit pour le *ban*, soit pour les revenus et les profits qui en pourroient provenir ; et nous posséderons toutes choses indivises, en sorte que tout sera partagé entre moi et l'église par moitié, et que je ne pourrai rien acquérir dans ce village, sans l'église, ni l'église rien acquérir sans moi, excepté certaines choses *sans prix* qu'elle a retenues pour elle et nommément indiquées, l'église, le cimetière (*atrium*) et le mesnage (*managium*, la famille) de ceux qui y habiteront par la protection de l'église, toute la dîme du village et tout ce qui appartient au droit paroissial, les eaux, les moulins, les fours; et les hommes banaux du village (*homines banales*) seront (appartiendront) à ces mêmes moulins et fours. Cependant, pourront habiter le village tous ceux qui ne seront pas de la terre de Guise. Un mayeur y sera établi par le concours commun de moi, de l'église et des habitans; il sera renouvelé le troisième jour de Pâques et nous jurera fidélité à moi et à l'église. Chaque année aussi seront renouvelés les échevins et les jurés. Si quelque habitation (*mansura*) ou maison (*domus*) est donnée en aumône à l'église, celle-ci la vendra dans l'espace d'un an et un jour, si elle trouve un acheteur, afin qu'elle revienne à la *communauté*. L'église a retenu pour elle, hors du village deux charrues de terre, tous ses prés et vingt muids de bois pour en faire ce qu'elle jugera à propros. Quant aux autres terres et au reste du bois, il a été convenu entre nous, pour l'amélioration du village, que l'église les vendra aux *hôtes* du village, qui les tiendront d'elle et les cultiveront de manière à pouvoir en payer le terrage et la dîme (*ad rectum terragium et ad rectam decimam*), en sorte que le terrage et la dîme seront pareillement recueillis par le serviteur de l'église, et conduits par les cultivateurs dans la grange de l'église. Et nul ne pourra cultiver les terres s'il ne demeure dans le village; bien plus, s'il le quitte, il perdra sa terre, sauf que s'il revient dans un an et un jour, il rendra à l'église ce qu'il lui doit pour sa terre, si elle ne l'a reçu d'ailleurs, et rentrera en possession. S'il ne revient pas dans un an et un jour, il ne pourra réclamer aucun droit. Je n'aurai absolument rien sur le terroir qui sera hors du village, soit en bois, soit en prés, si ce n'est la moitié de la justice contre qui que ce soit, soit qu'il s'agisse de quelque forfait contre l'église, son droit ou ses revenus, ou contre tout autre. S'il arrivoit un temps (Dieu veuille ne le pas permettre), que le village soit dévasté au point qu'il n'y ait plus d'habitans, il ne pourra revenir à d'autre domaine qu'à celui de l'église de Prémontré. Quant à moi, de tout ce qui m'a été concédé je ne pourrai rien donner à personne ni en fief, ni à titre d'aumône, ni de quelque manière que ce soit, qu'à l'église de Prémontré seulement ; mais le seigneur de Guise sera toujours associé et co-partageant avec l'église de Prémontré sur le village d'Hannape et sur l'observation de cette convention. L'église, de son côté, ne pourra jamais aliéner sa portion sans mon consentement. J'ai juré, ainsi que noble dame, la comtesse Marguerite, mon épouse, que nous observerions fidèlement cela. Mes héritiers les seigneurs de Guise seront tenus au même serment, quand ils viendront prendre possession de la terre, dans les quarante jours après la sommation de l'abbé, s'ils veulent avoir quelque droit sur le village. Afin donc que le tout soit fidèlement observé dans les temps futurs, moi et madite épouse Marguerite, présente, nous avons fait imprimer nos sceaux sur l'écrit passé à ce sujet. Fait au mois de décembre, l'an de l'Incarnation du Seigneur 1210 (1). »

Si de l'affranchissement des communes date l'ère de la liberté, c'est aussi de cet affranchissement que datent ces luttes sanglantes, ces collisions incessantes qui troublaient la paix intérieure des villes. Les communes secondaires du genre de celle d'Hannape se contentant de la somme d'indépendance qui leur avait été départie, goûtaient une paix profonde sous la protection du seigneur ou de l'abbaye. Mais il en était autrement des grandes communes comme celles de Laon, d'Amiens, de Saint-Quentin, où, au bruit de la cloche du beffroi, toute la ville se trouvait bientôt en armes pour défendre ses priviléges contre les empiétements du pouvoir épiscopal ou les usurpations du chapitre. Il suffisait souvent d'un simple conflit entre un bourgeois et un officier de la justice ecclésiastique, pour ranimer les susceptibilités de deux partis sans cesse en présence et qui avaient toujours les yeux ouverts sur leurs droits réciproques. Les annales de Saint-Quentin nous en fournissent un exemple remarquable. Deux chanoines, Robert d'Aisonville, l'un des personnages

---

(1) *Carta Galleri de Avesnis et de Guisid et de ejus uxoris Margarita, de libertate villæ de Hanapiæ....Cart. Præmonst.*, MSS. Règlement des droits de Prémontré, 1211; — Devisme, *Man. historiq.*, p. 45.

les plus distingués du chapitre de la collégiale, et Oudard ou Odon de Saint-Simon, s'étant pris de querelle avec quelques bourgeois, la ville se partagea en deux camps, le chapitre ayant pris parti pour les chanoines et le corps de ville, le mayeur et les échevins pour les bourgeois. Des coups furent portés de part et d'autre, et des clercs ayant été frappés, cet attentat, passible de la rigueur des canons, dut être puni par les moyens extrêmes. Cependant la comtesse de Vermandois étant intervenue, on nomma une commission composée de Gaucher d'Oulchy, abbé de Longpont, de Renier de Ronquerolles, archidiacre de Beauvais, de Raoul de Reims, évêque de Paris. Il paraît que les deux partis furent trouvés coupables, car tous deux furent condamnés. Le mayeur Nez-de-Cat, déclaré déchu de son emploi, dut aller à Rome se faire absoudre de sa négligence à réprimer le mouvement populaire. Les jurés furent aussi jugés inhabiles à posséder aucun emploi public tant que ce serait le bon plaisir du chapitre, et condamnés à envoyer deux d'entre eux pour accompagner le mayeur à Rome. En outre, le mayeur, les jurés et tous les bourgeois coupables furent condamnés à venir, du village de Rocourt, pieds nuds, en chemises et en caleçons seulement, à l'église de Saint-Quentin pour y faire amende honorable au chapitre. Il fut enfin stipulé que les bourgeois paieraient une somme de sept cents livres parisis, dont l'emploi serait à la disposition des juges, et que dans la suite tous les mayeurs et jurés iraient après leur élection faire serment dans le chapitre de n'user jamais d'aucune violence envers ce corps, mais au contraire de le prendre sous leur protection. Quant à Robert d'Aisonville et Odon de Saint-Simon, les commissaires les condamnèrent à un an d'exil hors de la ville et à aller également à Rome se faire relever de leurs censures. Ce jugement fut rendu à Paris, en l'église de Sainte-Geneviève-du-Mont, et confirmé en 1213 par Philippe-Auguste (1).

Trois ans après, Robert d'Aisonville, qui avait sans doute accompli sa pénitence, donna pour son anniversaire, au chapitre, cinquante sous parisis sur le quart du vinage de Fresnoy (*de Fresneto*), que lui et Simon son frère tenaient de Gauthier de Guise, dont il obtint l'approbation donnée à Guise même, en 1217, en présence de l'abbé de Bohéries, de Jean, chanoine de Saint-Quentin, du chapelain de Gauthier, de Gauthier de Proisy, de Jobert de Ribemont, de Simon frère de Robert, et d'Oudard de Vadencourt, chevaliers (2).

Le seigneur de Guise répondit à l'appel fait par les papes contre les Albigeois, sectaires dont les doctrines immorales et hérétiques remplirent de troubles le midi de la France. Cette croisade qui fut prêchée en 1208 dura de longues années et devint un prétexte de divisions que saisirent avidement les ambitieux et les intrigants. Gauthier ne partit cependant que vers 1226 ou 1227. Il fut devancé par un de ses feudataires, Godefroy, chevalier de Flavigny, qui entreprit en 1212 *le voyage des Albigeois*. Pour le sanctifier, Godefroy fit des donations aux églises. Sur le point de partir, il avait donné d'accord avec sa femme Domisons, à l'église de Prémontré, en présence de Hugues, doyen de Guise, et de Guillaume, prêtre d'Iron, les trois parts qu'il avait dans le moulin de Dorengt et le pré qui en dépendait, la moitié d'un quartier de terre, sous cette clause toutefois, qu'ils en percevraient

---

(1) *Aug. Viromand.*, liv. 2, p. 196; — Colliette, *Judicium anni 1213, ad prob.*,

(2) *Aug. Viromand.*, liv. 2, p. 189.

les revenus leur vie durant, et qu'après leur mort Prémontré paierait sur le moulin une rente de deux muids de froment dont dix-huit jalois à Emmeline, et six jalois à Elisabeth, sa sœur, et à leurs héritiers, à condition que ladite rente ne pourrait être aliénée ou vendue par eux qu'à l'abbaye, au cas qu'elle en voulut acquitter le prix *qu'un autre en pourroit donner.*

Afin d'entourer cette donation de garanties suffisantes, le chevalier Godefroy voulut la reconnaître en présence des officiaux de l'évêque de Laon, maître Prieur, chanoine, Garin, prêtre du couvent de Saint-Vincent, et l'abbé de Prémontré ; et les pria de la confirmer du sceau et de l'autorité de la cour épiscopale (*curiœ*). Ceux-ci, avant d'accéder aux désirs du donateur, donnèrent commission à Hugues, doyen de Guise, et à Guillaume, prêtre d'Iron, *hommes habiles et discrets*, de s'enquérir avec soin du consentement de la femme de Godefroy et de leur en rendre fidèle compte. En conséquence, Godefroy et Cécile se présentèrent devant les deux commissaires et reconnurent leur donation ; et ce ne fut qu'après avoir reçu leur témoignage qu'ils accédèrent à la demande de l'abbé de Prémontré. Les mêmes officiaux reçurent encore cette année-là et avec les mêmes formalités la donation que fit à la célèbre abbaye, Philippe, clerc du prieuré de Tupigny, de la moitié de la portion de dîme tant *grosse que menue* (*tam magna quàm minuta*), qu'il avait sur Neuville (lès-Dorengt), après qu'il eut promis de n'élever jamais à ce sujet aucune réclamation (1).

La guerre des Albigeois, n'avait cependant pas fait perdre

---

(1) *Carta offic. Laud. de Elemosynœ Godifridi, militis de Flavigniaco. Cartul. MSS. Præmonst;*— *Ibid. Carta offic. Laud. de Elemosynâ Philippi, clerici de Tupigny*, anno Domini M. CC. XII.

de vue la défense du saint sépulcre. Aux prédications de Robert de Corzon, que le pape Innocent avait envoyé prêcher la croix en France, tandis que d'autres légats parcouraient l'Allemagne dans le même but, les courages s'enflamment d'une nouvelle ardeur pour la guerre sainte. Parmi ceux qu'ils *munirent du signe de la sainte croix* furent le roi de Hongrie, Guillaume de Hollande, Albéric, archevêque de Reims, et Gauthier d'Avesnes, qui s'était déjà croisé contre les Albigeois et qui accomplit en effet ces deux pèlerinages (1). Quoique le sire de Guise eut été autrefois du nombre des nobles qui avaient *juré sur leurs âmes* la ligue de Richard, roi d'Angleterre, et de Beaudouin, comte de Flandre, contre Philippe-Auguste, il n'en fit pas moins partie, l'année même qu'il prit la croix, de l'arrière-ban convoqué en 1214. Il se rendit avec son frère à l'ost du roi pour la bataille de Bouvines; ils y parurent au nombre des chevaliers du Vermandois portant bannières. Nul doute qu'ils aient fait leur devoir dans cette célèbre rencontre, mais leurs faits d'armes n'ont point été enregistrés par l'histoire, laquelle n'a pas oublié ceux de Galon de Montigny (en Arrouaise), leur voisin, homme très-peu favorisé de la fortune, puisqu'il avait engagé toute sa terre pour se procurer un cheval de bataille, mais *puissant de corps* et très-habile au métier des armes. Le roi, touché des grandes qualités de ce seigneur, avait fait choix de lui, parmi tant de chevaliers de renom, pour porter l'oriflamme à Bouvines. Montigny répondit à cette haute confiance par une bravoure incomparable. En même

---

(1) *Ex chronico Anonymi Laud.*, tom. 18, p. 718, *des historiens des Gaules et de France.*

temps qu'il écartait l'ennemi à grands coups d'épée, on le voyait hausser et baisser l'étendard royal selon que le prince courait plus ou moins de danger. Philippe-Auguste récompensa tant de valeur en donnant à celui qu'on appelait *le brave des braves* la terre de Garneville pour lui aider à soutenir le rang qu'il avait acquis dans la noblesse (1).

Quelques années après cette grande affaire, où l'on vit un roi payer de sa personne, comme le dernier des chevaliers, le sire de Guise fit des acquisitions importantes du chef de sa femme Marguerite, fille aînée de Thibaut de Blois et de Chartres. En 1218, il unissait à ses domaines les deux comtés de ce nom. Il était le troisième époux de Marguerite, qui avait été mariée en premières noces à Hugues III, seigneur d'Oisy, et en secondes noces à Othon Ier ou IIe, comte de la Haute-Bourgogne, frère de l'empereur Barberousse. Aussi dans une charte donnée en 1219, à Englancourt, par Gauthier son mari, prend-elle les titres de comtesse de Bourgogne et de Blois qu'elle unit à ceux de dame d'Avesnes et de Guise, tandis que Gauthier ajoute aux siens celui de comte de Blois. Il s'agissait dans cette charte de la *commune* d'Hannape. On se souvient qu'il avait été convenu autrefois entre l'abbaye de Prémontré et le sire de Guise que tous les bois qu'elle possédait sur le terroir d'Hannape, vingt muids exceptés, seraient vendus aux *bourgeois* qui viendraient habiter le village. Cette clause fut modifiée; il fut arrêté que pour l'utilité

---

(1) *Histoires de France.* — Aug. Viromand., pars 2, p. 201; — *Histor. de Fr.*, t. 17, p. 46, *Ex Rimer*, tom. 1er, p 30, 2° édition; — Devismo. *Man. historiq.*, p. 325.

On donnait le titre de *banneret* aux chevaliers dont les *hommes* ou vassaux étaient en nombre suffisant pour former une compagnie portant *bannière*.

commune, celle de Gauthier, celle de l'église et celle du village qui était déjà bâti, Prémontré vendrait toute la terre labourable qu'il avait hors d'Hannape, au temps de cette convention, c'est-à-dire en 1219, et retiendrait pour lui tout le bois qu'il avait sur le terroir pour en tirer le parti qu'il voudrait, sauf qu'il ne pourrait l'aliéner sans la permission de Gauthier; mais que s'il venait à être vendu, ni lui ni ses héritiers ne pourraient empêcher leurs *hommes* de l'acheter. Bien plus, Gauthier s'engagea à fournir un sauf-conduit par sa terre aux acheteurs du bois vendu par l'église comme à ceux qui achètent du sien propre (1).

Pendant que tout semblait réussir à Gauthier d'Avesnes, son frère Bouchard attirait par le scandale qu'il donnait au monde, une déplorable illustration sur sa famille. Bouchard avait été élevé à la cour de Philippe de Flandre, qui l'avait envoyé aux écoles de Bruges, où il fit des progrès tels que son maître conseilla à la reine Mahaut de l'envoyer étudier à Paris. Le comte de Flandre et Jacques d'Avesnes ayant goûté cet avis, Bouchard au bout de quelques années fut jugé par les maîtres et les docteurs suffisamment instruit dans la philosophie *tant naturelle que morale*. De Paris, il fut envoyé à Orléans où il demeura jusqu'à ce qu'il fut reçu chevalier et docteur ès-lois. La carrière des honneurs ecclésiastiques ne tarda pas à s'ouvrir devant lui. Il fut pourvu de la prébende de chantre, ou, selon Jacques de Guyse, de l'archidiaconé de Laon, et le comte de Flandre qui ne le

---

(1) *Carta Walteri, comitis Blesensis et domini de Guisiâ, et uxoris ejusdem Margaretœ, comitissœ Blesensis et dominœ de Guisiâ*, etc. Cartul. MSS. Præmonst.— La charte porte cette date: *Actum apud Englancourt XI, kal. maï, anno grég. M. CC. IX, décimo.*

perdait point de vue lui fit obtenir la trésorerie de l'église de Tournay (1). Les deux églises, à cause de ces bénéfices, l'obligèrent à prendre les ordres, ce qu'il fit bien malgré lui (*invitissimè*), et il fut donc ordonné acolyte à Orléans, puis sous-diacre à l'insu de tous ses amis.

De retour en Flandre, Bouchard, au lieu de mener la vie qui convenait à un chanoine, étala le faste militaire d'un chevalier ou d'un baron. Il fit même dans les guerres de Flandre tant d'actes de vaillance, que bientôt sa réputation l'emporta sur celle de tous les chevaliers voisins de sa province. Il laissa ses prébendes, abjura l'état clérical et ne respira plus que gloire militaire. Richard, roi d'Angleterre, plein d'admiration pour la renommée d'un tel homme et pour ses hauts-faits, voulut l'armer chevalier de sa main et lui donna des biens dans ses états. Enfin, Bouchard avait acquis tant d'estime en Flandre et en Angleterre, à la cour des rois et dans les villes, que nul ne pouvait rivaliser avec lui et qu'il l'emportait sur tous en bravoure militaire, en véracité, en justice, en éloquence, en profondeur dans les conseils, par la sévérité de ses mœurs, par la beauté, l'élégance et la force du corps, enfin par toutes les vertus qui font les héros.

Aussi, Bouchard ne fut pas plutôt sorti des écoles qu'il devint le principal conseiller du comte, de la reine Mahaut (2), des bonnes villes et communautés de Flandre, et qu'il

---

(1) Bouchard n'était pas, comme le dit l'auteur de la *Lettre sur l'histoire de Guise*, *sous-diacre de Cambrai*, mais chanoine de Tournay avec la prébende de la trésorerie.

(2) La reine Mahaut était femme de Philippe d'Alsace, mort à Saint-Jean-d'Acre, le 5 juin 1191.

l'emportait sur tous par son intelligence. Dans de telles conditions, il ne pouvait manquer d'amasser de grands trésors, quoique, comme cadet de famille, il n'eut que de modiques domaines : il menait donc le train, non d'un simple chevalier, mais d'un grand prince. Il etait entouré de plus de chevaliers, d'écuyers, de nobles et de bourgeois que la reine elle-même ; et quoique sa position excitât l'envie, sa faveur le faisait sortir de tout avec honneur.

Beaudouin, à son départ pour la terre sainte, voulut adjoindre Bouchard à Philippe, comte de Namur, pour le gouvernement de ses états ; mais il fallut toute son autorité pour lui faire accepter cette charge, qui devait bientôt lui devenir funeste. Philippe ayant envoyé à la cour de France les deux filles de Beaudouin, Jeanne et Marguerite, sans le consentement de la reine Mahaut, à l'insu de Bouchard, son associé, et sans la participation des bonnes villes de Flandre et de Hainaut ; le roi de France, au bout de quelque temps, renvoya les deux jeunes filles à Bruges, où elles furent reçues avec de grands témoignages de joie. Jeanne fut mariée plus tard à Fernand, fils du roi de Portugal, et Marguerite dut être confiée, jusqu'au temps convenable, avec un état de maison digne de sa naissance, à Bouchard, dont la réputation de sagesse ne laissait rien à désirer. On lui donna pour compagnie cinq dames des plus nobles de toute la Flandre et on assigna à Bouchard trois mille livres, monnaie courante, d'appointements sur les revenus de la Flandre et du Hainaut. La prudence lui fit d'abord refuser une charge qui lui inspirait autant de crainte *qu'elle devoit lui rapporter d'honneur*, mais enfin vaincu par les instances de son *hôte*, il donna son consentement, fit toutes ses dispositions avec noblesse et magnificence, et se chargea, sur son honneur, d'élever la *demoiselle* Marguerite, selon les bonnes mœurs, et de la nourrir comme il convient à la fille d'un grand empereur et d'un noble comte tel qu'était Beaudouin.

La jeune Marguerite mena longtemps une vie « pleine de dévotion, de révérence, d'humilité, de chasteté, de sobriété et d'honnêteté de mœurs. Comme une sainte vierge, ornée de vertus, elle étoit remplie de bonté, de tempérance, de prudence et de force. Elle passoit doucement le temps que Dieu lui avoit accordé et sans mériter aucun reproche » dans un château solitaire sous la garde de Bouchard. Ces grandes qualités de Marguerite la firent rechercher en mariage par une foule de comtes et de barons qui s'adressaient tantôt à Bouchard, tantôt à la reine Mahaut. Le roi de France lui-même fit demander sa main pour un chevalier de son sang, mais les Flamands n'y voulurent point consentir. Le comte de Salisbury, qui la demanda aussi pour son fils aîné, se vit également repousser par les Flamands, parce que ce nouveau prétendant était boîteux. Enfin, on dit que Mahaut ayant laissé échapper ces paroles, « Bouchard propose au conseil de Flandre et à nous, divers partis pour ma fille et ne parle pas pour lui-même, » une de ses femmes, qui les avait recueillies, attendit l'arrivée de Bouchard et lui dit : « J'ai entendu dire ceci et cela par ma maîtresse. » Celui-ci se mit à réfléchir et résolut de faire part de cette découverte à ses amis et surtout au seigneur de Guise, son frère, et de prendre leurs conseils sur ce qu'il avait à faire. Ceux-ci ignorant son *incapacité* pour le mariage, répondirent qu'ils n'avaient osé consulter personne sur un si grave sujet avant que de savoir la volonté de la reine, mais que, si elle donnait son consentement à cette alliance, on obtiendrait facilement celui des *communautés*, des bonnes villes et des nobles de Flandre.

Bouchard se présenta en tremblant devant la reine, pour lui déclarer ses intentions, lui demander son consentement et son appui. Mahaut à son tour voulut prendre du temps pour consulter son conseil et les bonnes villes. Elle leur exposa d'abord les nombreuses demandes de la main de Marguerite, faites par les princes et les seigneurs étrangers, puis elle leur représenta que son éloignement pouvant devenir préjudiciable à sa patrie, il valait mieux la marier dans son pays à un parti moindre, mais qui pourrait lui être utile *par son bras et par ses conseils*; enfin, elle ajouta: « Nous avons ici un chevalier tel que nous pouvons le désirer, qui est de sang royal et qui lui-même a fait la demande de Marguerite. » Après cette ouverture, les conseillers prirent jour pour réunir les nobles de Flandre et de Hainaut, et sur leur avis et celui des bonnes villes, ils conclurent après diverses délibérations, qu'il y aurait plus de sécurité à marier Marguerite en Flandre ou en Hainaut, qu'avec un étranger et surtout un Français, dont les prétentions pourraient plus tard *être un sujet de ruine pour la patrie.*

Tout le monde étant d'accord, parce que tout le monde ignorait l'empêchement de Bouchard, les amis des deux partis, ceux de Jeanne, sœur de Marguerite, et du comte de Namur, conclurent le mariage et le firent célébrer avec solennité en face de l'église selon la coutume des nobles, et achevèrent « avec joie et grande allégresse tout ce qui appartient à un vrai et louable mariage. » On voit ce qu'il faut penser des prétendues séductions dont Marguerite eut été l'objet de la part de Bouchard, qu'on a été jusqu'à transformer en un autre Abeïlard (1). Bouchard avait imprudemment déguisé le caractère sacré dont il était revêtu, mais il ne trahit point sa foi de chevalier en abusant de la confiance de ses bienfaiteurs.

Gauthier de Guise, pour soutenir l'honneur de sa maison, voulut que son frère apportât en dot à la demoiselle Marguerite, cinq cents livres de rente sur sa ville d'Avesnes, et toute sa terre d'Etrœungt en Hainaut. Le temps de noces passé *avec paix et joie*, Bouchard emmena sa femme en Hainaut avec une suite convenable, afin de prendre possession de sa dot. Le seigneur de Guise reçut Marguerite avec honneur et révérence, comme le prouve la teneur d'une charte rédigée à cet effet et datée de Mons, en 1212. Quelques années après, Bouchard se retira avec sa femme à Etrœungt où ils vécurent longtemps dans la paix la plus profonde. La première année de son mariage, elle lui donna un fils qu'il nomma Jean, et un second, l'année suivante, qu'il nomma Beaudouin.

Cependant des rumeurs étranges circulent dans toute la Flandre, à propos de ce mariage. Le bruit court que Bouchard étant sous-diacre, son mariage est nul et ses enfants sont bâtards. L'étonnement fut tel qu'on ne saurait dire. Innocent III tenait vers ce temps-là le IV⁰ concile de Latran. Jeanne, sœur de Marguerite, profita de cette circonstance pour lui envoyer des députés porter plainte contre le *ravisseur*. Le pape, indigné de la conduite de Bouchard, et tou-

---

(1) *Lettre sur l'Histoire de Guise*, p. 5.

ché du sort de Marguerite, après s'être enquis auprès de plusieurs prélats et autres hommes de probité, s'il était réellement sous-diacre, l'excommunia avec injonction de quitter Marguerite, malgré son mariage prétendu, et de réparer l'injure faite à la comtesse de Flandre par l'enlèvement de sa sœur. Il chargea de l'exécution de la sentence, l'archevêque de Reims et ses suffragants, auxquels il écrivit une lettre pressante où, après avoir rappelé la conduite de Bouchard, il s'exprime ainsi...... « Sentant nos entrailles émues de pitié pour la jeune fille, et voulant remplir le devoir de notre charge pastorale contre celui qui a commis un si horrible crime, nous vous ordonnons par ces lettres apostoliques, qu'à l'égard de Bouchard, contre lequel, à cause de sa méchanceté, nous avons été contraint de lancer une sentence d'excommunication, il soit chaque dimanche et fête, au son des cloches et les cierges allumés, dénoncé publiquement excommunié, avec ses fauteurs, dans vos diocèses; que sa rencontre soit évitée avec soin, que les lieux où il sera présent et la jeune fille retenue, ceux même où il penseroit à se retirer ou à la conduire hors de votre province, soient privés de l'office divin, jusqu'à ce qu'il ait remis Marguerite libre entre les mains de la comtesse, et que faisant une satisfaction convenable de ses fautes, il soit revenu à une vie décente et à l'observation des saints ordres (1). »

Bouchard, ne pouvant plus dissimuler la fraude dont il s'était rendu coupable, alla à Rome trouver le pape Innocent pour le supplier de lui accorder une dispense des ordres,

---

(1) Lettre d'Innocent, *in Metropolis Remens. Eccles. historia. lib.* III, tom. 2 ; p. 483, — Lelong. — Dormay, tom. 2, p. 305; — Meyer ; — *Nangis, in vitâ S. Ludovici*......

la validation de son mariage, et lui demander miséricorde et pardon, peine et pénitence pour le forfait commis. Sa demande lui fut refusée et on lui enjoignit d'aller *en terre sainte de Jérusalem, au mont Sinaï*, et d'y rester un an ; enfin de rendre Marguerite, qu'il disait sa femme, à ses amis, avec une réparation convenable.

L'archevêque de Reims et ses suffragants ayant apporté quelque retard dans l'exécution de la sentence d'excommunication prononcée contre Bouchard, la comtesse Jeanne fit tant d'instances auprès du pape Honorius, successeur d'Innocent, que celui-ci ordonna de nouveau à l'archevêque de Reims de sévir contre le sous-diacre apostat, sans avoir égard aux appels qu'il pourrait interjeter à Rome. On verra par la lettre terrible qu'il envoya à l'archevêque, combien la conduite de Bouchard avait été noircie à Rome, et sous quel jour elle avait été présentée par ses ennemis (1).

« Honorius, serviteur des serviteurs de Dieu, aux vénérables frères l'archevêque de Reims et ses suffragants, salut et bénédiction apostolique. »

« Plut à Dieu que l'apostat Bouchard d'Avesnes, le perfide, l'impudique, le pervers, plein de douleur et de contrition, reçut la discipline, de sorte que la rigueur lui ait rendu l'intelligence, et que la face couverte d'ignominie ; il eut mis fin à son impiété ; de peur que par lui le ministère de l'ordre clérical ne soit couvert de blâme et la face du clergé, de confusion, mais qu'il soit exempt de reproche. Au lieu,

---

(1) Nous avons suivi, par rapport au mariage de Bouchard, la version de Jacques de Guyse, préférablement à la lettre même d'Honorius. Le premier écrivait sur le lieu des événements, tandis que le pape ne pouvait être instruit que par les ennemis de Bouchard et par des rapports éloignés.

qu'à son occasion, le nom clérical est blasphémé parmi les Gentils et qu'à cause de lui vous paraissez coupables de négligence, car quoique sous-diacre et chantre de l'église de Laon, comme il est notoire, adonné entièrement aux vices, ayant abdiqué toute vertu, il a commis un tel crime et un rapt, en enlevant d'un château par fraude et violence la noble Marguerite, sœur de la noble dame Jeanne, comtesse de Flandre, confiée à son honneur, et en s'unissant à elle par un commerce illicite, sous le voile d'un mariage qu'il ne pouvoit contracter. Mettant ainsi le comble à la trahison et au rapt par l'apostasie, méprisant toute crainte divine et mettant de côté le respect dû à l'ordre clérical, il la retient impudiquement, au péril de son âme et au scandale affreux de plusieurs....... Cependant, parce que vous n'avez pas exécuté, dans leur plénitude, les ordres du saint siége, ainsi que la comtesse nous l'a fait savoir, il n'est pas revenu à celui qui le frappe et ne s'est pas tourné vers le Dieu des armées; mais comme sa tête est un nerf de fer (*nervus ferrens cervis ejus*) et son front d'airain (*et frons sua ænea*), et que, ni la crainte de Dieu, ni la honte des hommes, n'ont pu lui faire donner, même des signes de repentir, de sorte que la comtesse, couverte de douleur et de confusion, se plaint de n'avoir pu jusqu'ici reprendre sa sœur; afin donc qu'un châtiment plus grave touche enfin celui que la pénitence jusqu'ici n'a pu toucher, nous mandons à votre fraternité l'ordre formel, par ces lettres apostoliques, que selon l'injonction précédente de notre prédécesseur, vous procédiez contre l'apostat, malgré tout obstacle d'appel, afin que vous montriez que nous avons en abomination de si grands et de si malheureux forfaits, et que la comtesse ne soit plus obligée de nous porter plainte, et que nous puissions louer le zèle de votre droiture (1). »

Effrayé des foudres de l'église, Bouchard partit pour la terre sainte, suivant l'injonction du pape, bien résolu de ne plus reprendre Marguerite; mais à son retour, il n'eut pas le courage de revenir à son ancien état. Absous mais non dispensé, il rentra dans ses domaines, n'approchant de la Flandre qu'avec honte et confusion, et habita de nouveau avec la comtesse le château d'Etrœungt, que Gauthier de Guise lui avait donné. On dit que l'infortuné en revoyant Marguerite et ses enfants poussa un cri terrible, et s'écria « qu'il aimeroit mieux être écorché vif et coupé par morceaux, que de faire ce que le Romain lui avoit ordonné. » Cet amour constant et fatal, après avoir fait le malheur de sa vie, devint la cause de sa mort. Il fut arrêté à Gand en 1218, et décapité à Rupelmonde. Sa tête fut portée dans toutes les villes de Flandre et de Hainaut comme un objet de risée. Exécution barbare, et que ne peut faire excuser la rupture ouverte d'engagements sacrés et solennels (2).

Telle est l'histoire du frère du sire de Guise. Elle a été tellement défigurée de nos jours, qu'on a dû la rétablir sur les pièces authentiques. Bouchard ne fut point seigneur de Guise, comme on l'a avancé avec une légèreté impardonnable, en le confondant avec Bouchard, fils de Guy de Guise, mais sa postérité rentra par alliance dans la possession de cette seigneu-

---

(1) Lettre d'Honorius, *ex hist. Metropolis Eccles. Remens.*, tom. 2, lib. III, p. 484.

(2) Auteurs déjà cités. — *Annales de Jacques de Guyse*, tom. 3, f. 93, *versio in manuscripto codice regio*, 5995. — *Historiens de Gaule et de France*, tom. 18, p. 588.

On voit si Bouchard a pu *au prix de quelques excommunications épouser celle qu'il aimait*, comme l'a prétendu le docteur C. (*Lettre..... p. 5.*)

rie. Les deux fils de Bouchard furent légitimés en 1246, ce qui prouve que l'église n'avait pas sanctionné son mariage. L'aîné, nommé Jean Ier, fut comte de Hainaut et épousa Alix, sœur de Guillame de Hollande, seigneur de Frise, élu empereur, lequel ne laissa pas d'héritier mâle, de sorte que Jean joignit ce comté à celui de Hollande, du chef de sa femme. Le second fut Beaudouin d'Avesnes. Jean II, qui succéda à Jean Ier, eut, entre autres enfants, Jean III qui épousa Blanche de France, fille de Philippe-le-Hardi, dont il n'eut pas d'enfants, Guillaume, qui eut la Hollande et le Hainaut après la mort de son frère, Jean IV, seigneur de Valenciennes, et deux filles, dont l'une épousa le comte d'Artois, prince du sang, et l'autre le seigneur de Nesle, connétable de France. Jean IV se maria en 1325 avec la comtesse de Soissons, dont il eut Jeanne de Hainaut, laquelle épousa Guy de Châtillon, seigneur de Guise (1).

Tandis que Bouchard était engagé dans cette déplorable affaire, Gauthier, son frère, s'était rendu en Palestine pour accomplir le vœu qu'il avait fait en 1214. Il y fit beaucoup de bruit selon une ancienne chronique. En 1216, après l'expiration d'une trêve conclue entre les Sarrazins et les Fidèles de la *terre promise*, les rois de Jérusalem, de Hongrie et de Chypre se réunirent à *Achon* et s'avancèrent vers les rives du Jourdain, pour essayer un généreux effort. Avec eux se trouvait en

---

(1) L'auteur de la *Lettre sur l'Histoire de Guise*, après avoir travesti l'histoire de Bouchard, entasse sur sa postérité erreur sur erreur. Il fait tomber en partage la seigneurie de Guise à Gauthier II (ou Warderik) son fils, or, Gauthier II, frère aîné, et non fils de Bouchard, la possédait depuis longtemps. Gauthier II suit au tombeau ses prétendus frères, qui sont réellement ses neveux, et laisse ses domaines à Marie d'Avesnes qu'il appelle sœur de Gauthier, et qui est sa fille, etc... En vérité, il n'est pas permis de traiter ainsi l'histoire. — *Ex Aub. Miræo*, tom. 2, p. 777, remarq.

première ligne le *noble et puissant* Gauthier d'Avesnes. Les succès de cette expédition furent partagés. Gauthier, fait prisonnier par les Infidèles, fut délivré par les Templiers, qui alors rendaient de si grands services aux Chrétiens de la Palestine. Ces religieux, et les chevaliers de l'ordre Teutonique s'associèrent avec Gauthier et d'autres pèlerins pour la construction du château des Etrangers; ce fut le seigneur de Guise qui en posa la première pierre en 1217. Cette forteresse est située entre Caïphe et Césarée, à peu de distance de la mer. On l'appela d'abord le château *étroit* parce que le chemin de Jérusalem en cet endroit s'appelait la *voie étroite* (*viam strictam*). Les Templiers durent quitter Achon ville livrée à toutes sortes de débauches (*omni spurcitiâ plena*) et fixer leur résidence au château des Etrangers jusqu'à la réparation des murs de Jérusalem (1). Selon l'*Art de vérifier les dates*, Gauthier aurait accompagné les Croisés dans leur expédition d'Egypte, où ils se rendirent maîtres en 1219 de la ville de Damiette (2), mais il est plus probable qu'à cette époque il était déjà de retour dans ses terres. En effet, il donna en 1217 aux Templiers établis à Esterpigny, près de Péronne, par Raoul Ier, comte de Vermandois, sept muids de blé de rente sur sa terre de Douilly, en reconnaissance de ce que ces chevaliers l'avaient délivré *de la captivité des Payens* (3). Les Templiers avaient aussi une commanderie à Puisieux, près Chambry, qui comprenait Puisieux,

---

(1) *Hist. de France*, tom. 17, p.735, *Ex Matthæi Paris*, *majori Anglicanâ historiâ*.

(2) *Art de vérifier les dates.* — Duchesne. *Hist. de Montmorency*, liv. II, p. 90. — *Hist. de Cambrai*, tom. 2, p. 399.

(3) Colliette rapporte cette donation en 1207.

Laon et Câtillon-du-Temple. La maison de Câtillon, qui revint plus tard aux frères hospitaliers de Saint-Jean-de-Jérusalem, ainsi que la majeure partie des biens appartenant aux Templiers, possédait, dans les siècles derniers, 3054 jalois de terres, prés, bois, vignes, dont une étendue de 1590 verges et demie, dans les prairies de Guise et de Flavigny-le-Petit, et 3516 verges et demie tant en prés qu'en jardins à Landifay (1).

Outre ces départs nombreux qui portent le nom de croisades, il y avait aussi des expéditions partielles exécutées individuellement par une foule de chevaliers qui allaient offrir le secours de leur bras aux Chrétiens de la Palestine. Gauthier de Guise était à peine de retour, lorsqu'un seigneur du pays, son parent sans doute et son vassal, le noble homme Godefroy de Sains, se prépara aussi au voyage d'outre-mer et vint à Laon se présenter en plein chapitre demandant des prières pour lui et pour ses héritiers. Cette demande lui ayant été accordée, il remit solennellement, en présence de maître Garnier, chanoine et official du diocèse, au monastère de Prémontré, une rente annuelle de trois muids et trois jalois de froment, mesure de Guise, sur la grange de Ribeaufontaine (*Ribaldifontis*) que la communauté lui devait *héréditairement*, et que sa femme Elisabeth reconnut ne point faire partie de sa dot. En compensation de cette libé-

(1) Colliette attribue la donation de Douilly à Godefroy de Guise, mais Godefroy frère de Bouchard était mort depuis longtemps. Cette erreur était d'autant plus facile à commettre que les titres des biens des Templiers ne purent être rassemblés par les frères de Saint-Jean, au dire de Colliette lui-même. Nous avons substitué le nom de Gauthier à celui de Godefroy, parce que la donation vient naturellement après la croisade de 1214 dont Gauthier fit partie, et la date de 1217 à celle de 1207, parce que ce seigneur ne fut point de la croisade de 1204. — Arpentage de 1692, aux archives de l'Aisne. Collect. de M. Delaigle, curé de Presles-Thierny.

ralité, Prémontré lui donna *soixante livres de blancs, comme subvention et secours pour le voyage de Dieu* (1). Les donations en faveur des Prémontré se succédaient presque sans interruption, dans leur établissement d'Hannape. La dame d'Iron, veuve du noble homme Aubert de Ribemont, lui concédait dans ce temps-là la moitié des produits du four banal de Dorengt qu'elle avait acquise avec son mari et tous les terrages dits de Bucilly, situés entre Iron et le *Torchon*, qu'ils avaient achetés aux enfants de Wiard, mayeur d'Iron, et à ceux de Robert du Fresnoy ; plus, huit jalois de blé, mesure de Guise, à prendre à perpétuité sur le moulin *sous Iron*, acquis autrefois par Wiard, et qui avait été l'objet de si vives contestations (2).

Les mayeurs comme les avoués des monastères abusaient trop souvent du pouvoir que leur déléguaient les abbayes et les églises sur leurs terres, pour s'insurger contre elles. Aussi s'élevait-il entre les communautés et ces officiers des dissensions continuelles. L'année 1222 vit terminer un de ces conflits qui existait depuis longtemps entre Prémontré et Hugues, mayeur de Dorengt. Il consistait dans les faits les plus graves, au sujet desquels, sur les plaintes de l'abbaye, Hugues avait été cité par autorité apostolique devant Guillaume et P...., chanoines de Saint-Vaast de Soissons. On récriminait violemment de part et d'autre et on demandait de grandes réparations. D'un côté, l'église exigeait de Hu-

---

(1) *Carta curiæ Laudun. de elemosyna Godefridi de Sains, de tribus modiis et tribus galetis bladi. Cartul. MSS. de Præmonst. anni* 1220 ; — *Actum Lauduni, anno greg. M. CC. vicesimo, mense junio.*

(2) *Ex carta Dominæ de Iron, de medictate furni de Dorenc, quod contulit in elemosyna Eccles. Præmonst.*

gues soixante-dix sous de blancs, pour frais faits par les échevins de Dorengt, en cherchant à Laon le jugement rendu sur les difficultés qui s'étaient élevées entre ledit Hugues et le prieur de Dorengt, envers lequel le mayeur s'était rendu coupable de *calomnie*; en second lieu, qu'il lui restituât jusqu'à la valeur de trente livres de blancs, pour les dommages qu'il lui avait causés en entrant sur ses terres et en spoliant de leurs biens ses *hommes et ses hostes*; en troisième lieu, l'église demandait à Hugues une juste satisfaction, pour avoir *scandalisé* et *diffamé* le prieur de Dorengt et ses confrères les chanoines de Prémontré, autant qu'il avait été en son pouvoir, en leur attribuant certaines choses *criminelles et énormes* (*flagitiosa et enormia*), qui n'étaient ni vraies ni prouvées en aucune manière; et surtout pour avoir eu la témérité de porter *une main violente*, sur l'un des frères de l'église. Quant à la somme demandée comme réparation de la diffamation et de la violence, elle ne s'élevait pas à moins de quarante marcs d'argent, sauf la réduction convenable qu'on pourrait faire sur cette somme. Plus vingt livres de blancs pour une certaine amende qu'il s'était refusé avec opiniâtreté de payer (*contumaciter*), ce qui lui avait fait encourir une seconde amende.

De son côté, le mayeur de Dorengt alléguait mille sujets de plaintes contre l'église de Prémontré. Selon lui, elle s'était rendue coupable d'injustice à son égard, en détenant d'une part, un muid de terre que son père lui avait donné en aumône, et quatre jalois d'autre part, que Matthieu son frère lui avait également donnés *pour le remède de son âme*; et de plus, un jardin sur lequel il prétendait avoir, à raison de parenté, un droit de succession. Il demandait donc, quarante livres de blancs pour les frais du procès qu'il avait entrepris contre l'église, plus d'être déchargé du terrage de certaines terres qu'il tenait d'elle, sur le terroir de Dorengt.

Telles étaient les plaintes formulées par les deux parties et les réparations qu'elles exigeaient réciproquement. Pour les vider, on finit par s'en rapporter à l'arbitrage du frère R...., dit *Prieur*, et de frère Thomas, chanoines de Prémontré, auxquels on adjoignit noble homme Gobert de Mailly, chevalier. Il y avait une amende de trente livres, pour celle des deux parties qui ne regarderait pas comme réglé et arrêté *à toujours*, tout ce qui serait jugé et réglé *de plano* par les trois commissaires, ou par deux d'entre eux, au cas qu'ils ne fussent pas tous du même sentiment sur l'affaire en question. Adam . . . . (*enpirevile*) de Dorengt et Guillaume, forgeron (*faber*), de la Neuville (Dorengt), se firent *pléges* (cautions) de Hugues, et se rendirent tous deux solidaires de l'observation de la convention, selon les formes arrêtées, ce qui n'empêcha pas d'ajouter encore à ladite caution tout ce que Hugues possédait de terres de la dépendance de l'église sur le terroir de Dorengt. Quant à l'église, elle remit à Hugues un écrit par lequel elle s'engageait à observer fidèlement ce qui avait été convenu. Lorsque tout fut ainsi réglé, les juges après s'être suffisamment instruits sur les faits en question, prononcèrent la sentence suivante:

« Quoique Hugues, mayeur de Dorengt, méritât d'être condamné, d'après les rigueurs du droit, sur tous les faits allégués par l'église, cependant *par la grâce seule et la tolérance de l'église de Prémontré*, nous le renvoyons de la demande faite par elle sur ces faits, hors, que pour la diffamation susdite et la violence avec coups (*cum injectione*) dont il s'est rendu coupable sur un frère de l'église, Hugues se disposera, le dimanche qui suivra le terme de notre arbitrage, à recevoir, dépouillé de ses vêtemens, la discipline, devant tous ceux qui assisteront à la messe en l'église de Dorengt. De plus il se disposera à recevoir une fois la *correction des verges*, à Prémontré, à moins que l'abbé du monastère, n'use d'indulgence à son égard, sur ce point ; néanmoins, nous avons enjoint à Hugues de ne plus oser désormais inquiéter, en leur enlevant ce qui leur appartient, ou autrement, *les hommes ou les hostes* de l'église sur le terroir ou le domaine de Saint-Pierre de Dorengt, sans l'agrément de l'église elle-même, ou de ses serviteurs, qu'elle aura députés pour garder la justice de Dorengt. Nous renvoyons l'église de Prémontré de la demande de Hugues sur tout ce que renferme sa réclamation, attendu : que nous avons acquis la certitude que lesdites terres données par son père et son frère peuvent et doivent être possédées librement par elle, malgré cette réclamation ; que quant au terrage susdit, silence lui a été imposé d'ailleurs par la sentence définitive des juges délégués à ce sujet par le seigneur ; que pour le jardin, il a été acquis entièrement à l'église, selon le serment de Wiard Lebègues, d'Esquehéries (*de Æscheriis*), qui l'avoit transmis dans le domaine et propriété de l'église et ne l'avoit point aliéné avec malice pour deshériter Hugues ; que celui-ci n'a aucun droit dans sa demande d'être indemnisé desdits frais, puisque dans toutes les causes à l'occasion desquelles il les avoit faits, il eut favorisé le parti de la justice (*in partem justam fovisset*), ainsi qu'il nous a paru être de toute évidence sur ce point comme sur tout le reste. Nous avons ajouté, en outre, que si l'une des deux parties s'écartoit de l'observation de quelques-uns ou de tous les articles arrêtés et encouroit ainsi l'amende susdite de trente livres de blancs, l'autre partie pourra, si elle le veut, et sur la demande de la peine même et sur les autres questions susdites, se pourvoir en justice contre la partie adverse (*judiciario ordine experiri*), devant le doyen de Saint-Vaast et ses conjuges, devant lequel l'église de Prémontré avoit déjà cité Hugues, au sujet des choses contenues dans la pétition susdite, par autorité apostolique, avant ledit compromis; et la partie qui aura *résilié* ne sera plus entendue de nouveau sur aucune des susdites questions. »

« Ce fut fait aux nones de juin, l'an de l'Incarnation mil deux cent vingt-deux (1). »

Les chanoines de Saint-Vaast s'étant fait présenter le compromis et l'arbitrage acceptés par les parties sur cette affaire, les firent transcrire, selon la teneur de la charte des arbitres, et après l'avoir approuvé *par l'autorité apostolique*, comme fait dans toutes les règles, y apposèrent leurs sceaux, le treize des calendes de juillet de l'an de grâce mil deux cent vingt-deux.

Cependant Gauthier de Guise était revenu sain et sauf de la croisade, après avoir échappé à tous les dangers inséparables de semblables expéditions, et s'occupait dans ses châteaux, de l'administration et de l'augmentation de ses domaines. A son retour, il acquit Bohain, fief important, au sujet duquel il eut avec l'abbé de Vermand de longs démêlés qui furent aussi terminés par arbitrage ecclésiastique. Il s'agissait sur-

---

(1) *Cart. MSS. Præmonst. De compositione inter Eccl. Præmonst. et Hugonem, majorem de Dorenc.*

tout de l'hommage que le sire de Guise devait à l'abbaye pour ce fief et dont l'origine remontait à la réunion du Vermandois à la couronne. Beaucoup de seigneurs de cette province craignant d'être troublés dans la possession de leurs fiefs, crurent échapper à ce danger imaginaire, mais que la politique et le caractère du souverain justifiait assez, en les soumettant à la crosse des abbés voisins de leurs domaines. Dominé par cette idée, un seigneur de Bohain fit hommage de sa personne et de ses biens, tant pour lui que pour ses successeurs, à l'abbé de Vermand; mais cet hommage n'avait pas tardé à devenir onéreux aux châtelains de Bohain; plusieurs même avaient déjà essayé de s'y soustraire, notamment le sire de Guise, quoique son prédécesseur Renier de Boncourt eut reconnu, par charte authentique, sa dépendance de l'abbaye et *avoué* que s'il ne payait pas à son suzerain les 5,000 parisis de relief qu'il lui devait, l'abbé était en droit de se saisir du fief sans forfaiture (*sine forefacto*). Ceci se passait en 1224 (1).

Il y avait à peine deux ans que cet acte était passé, lorsque le châtelain de Guise devint seigneur de Bohain; il était donc obligé de reconnaître la suprématie de l'abbaye de Vermand. Il ne cessa néanmoins de la vexer, dans l'espoir de se soustraire au sceptre abbatial. Poussé à bout, l'abbé porta plainte devant Gérard, évêque de Noyon, lequel interposa son autorité entre le vassal récalcitrant et le suzerain, et amena le noble homme à jurer en sa présence foi et hommage à l'abbé de Vermand.

Le moment était bien choisi pour réduire le sire de

---

(1) *Carta homagii, præstatio facta abbat. Viromand.* Dans Colliette, aux preuves.

Guise. On était en pleine guerre des Albigeois. Les papes, par des bulles lancées à différentes reprises contre ces hérétiques, avaient déterminé une croisade qui dura de longues années. Ces malheureux, qui ont eu la sympathie de tous les ennemis de l'Eglise, méritaient l'application d'un remède aussi violent et tout-à-fait en rapport avec les mœurs de cette époque : non-seulement ils professaient les doctrines les plus hétérodoxes, mais ils pratiquaient l'immoralité jusque dans ses dernières limites, portaient partout le pillage et la dévastation aux environs de Toulouse. « J'ai vu, écrivait Etienne, abbé de Sainte-Géneviève de Paris, que le roi avoit envoyé dans cette ville, sur toutes les routes, les églises brûlées et ruinées jusqu'aux fondemens ; j'ai vu les habitations des hommes devenues les retraites des bêtes sauvages. » Les Albigeois soutenus par beaucoup de chevaliers s'étaient encore unis avec les Cotteraux, brigands pour qui il n'y avait rien de sacré et qui se livraient aux plus déplorables excès. Ce n'était donc plus seulement contre l'Orient, mais aussi sur le Languedoc que se précipitaient ces pèlerins armés pour la défense de la foi ; mais bientôt la politique, l'ambition et les plus mauvaises passions s'y étant donné rendez-vous, une guerre juste et sainte dans son origine, devint cruelle et barbare dans ses résultats.

Entraîné par le mouvement général, le seigneur de Guise s'était croisé dès 1208 et était sur le point de *s'en aller aussi à la guerre des Albigeois*, lorsque survint son différend avec l'abbé de Vermand. Il fallait pour gagner l'indulgence de cette nouvelle croisade faire ce qu'exigeait la justice et se soumettre d'abord à tout ce qu'ordonnait le pouvoir de l'Eglise. Mais comme le temps de se rendre à l'ost du roi Louis VIII. Cœur-de-Lion pour aller combattre les hérétiques approchait, il promit que si Dieu lui accordait la faveur de revenir, il se rendrait, avant d'entrer dans sa terre de Guise, à l'église de Vermand et ferait son hommage en présence de ses pairs (selon la coutume de Vermandois, qui porte en effet expressément, que l'hommage doit se rendre au lieu du fief dominant et en présence des pairs et hommes du fief), sous peine d'encourir l'amende fixée par l'évêque de Noyon (1).

Gauthier partit donc à la croisade des Albigeois, dont firent partie les seigneurs du Vermandois, Enguerrand de Coucy et Evrard de Fonsomme, sénéchal de la province. On sait quelle fut l'issue de cette guerre sanglante, où les philosophes et les romanciers ont été puiser tant d'inspirations malveillantes contre la religion, sur laquelle ils en ont fait retomber tous les malheurs. Gauthier revint de la croisade, par la grâce de Dieu (*gratiâ Dei permittente*), mais ne pouvant à son retour exécuter la convention faite avec l'abbaye de Vermand, à cause de la multiplicité de ses affaires, il obtint un sursis, avec promesse de remplir ses engagements dans les quinze jours qui suivraient la sommation de l'abbé. On voit par les clauses de la charte qui contient ces promesses, et qui est de 1226, que Gauthier faisait sa demeure ordinaire en l'hôtel de son castel de Guise (2).

---

(1) *Hist. de France*; — *Hist. ecclésiastique*, par M. Henrion, tom. 5, p. 168; — *Hist. de Soissons*, par Henry Martin, tom. 2, p. 96 et suiv.; — *Coutumes de Vermandois*, commentées par Lafons, p. 74; —*Carta homagii*, dans Colliette, *ad prob.*

(2) *Extrait du cartulaire de l'abbaye de Vermand*; — Colliette, tom. 2, p. 274, pièces justificatives.

Vers la fin de cette année, Gauthier assista au sacre de Saint-Louis qui eut lieu à Reims, le premier dimanche de l'avent. Il était allié à Jacques de Bazoche, évêque de Soissons, qui donna l'onction royale, le siége de Reims étant vacant par la mort récente de l'archevêque. Jacques de Bazoche était en effet de l'illustre maison de Châtillon-sur-Marne, dans laquelle Marie d'Avesnes, fille de Gauthier de Guise, venait d'entrer par son mariage avec Hugues de Châtillon, seigneur de Crécy et comte de Saint-Paul. Cette union avait eu lieu en 1225, et Marguerite de Blois mère de Marie, étant morte en 1230, celle-ci lui succéda avec Hugues, aux comtés de Blois et de Chartres; mais ce ne fut qu'après la mort de Gauthier que les deux époux eurent la jouissance de la seigneurie de Guise (1).

L'année de la mort de Marguerite de Blois, Gauthier étendit à sa nouvelle terre de Bohain le privilége d'exemption de tout impôt de *transport* que sa mère Améline avait accordée à Fervaques sur les terres de Guise et de Lesquielles. Amaury de Hauteville, son parent, en avait fait autant en 1216 pour ses possessions de Hauteville, Aisonville, du Fresnoy et de Héricourt (*Hericurtis*). Saint-Louis enchérit encore sur ces faveurs en y ajoutant en 1255 tout le Vermandois. Au reste, presque tous les nobles de cette province, dans les environs de Guise, imitaient la générosité de leurs ancêtres envers les établissements religieux du pays. Tandis que les religieuses de Fervaques joignaient aux noms du roi de France et des seigneurs de Guise, leurs bien-

---

(1) *Histoire de Soissons*, tom. 2, p. 104 et 105; — *Art de vérifier les dates;* — Duchesne, *Hist. de Montmorency*, liv. II, p. 90 et 91; — Description MSS. de Guise;—Généalogies..... *Histor. de Fr.*, tom. 13, p. 560, *ex Balduino de Avennit.*

faiteurs, celui de Griselles, seigneur de *Leskières* (Lesquielles), les religieux de Vermand honoraient aussi ceux d'un chevalier appelé Pierre de *Leskières*, surnommé *Watebois*, et de Béatrix, sa femme, vassaux du sire de Guise. Un autre seigneur du pays, Raoul de Landifay, avait fondé vers 1220 une chapellenie dans l'église de Saint-Quentin. Ceux-ci, avec Drogon de Tupigny, Amaury de Hauteville, Gobert de Bernot et Matthieu de Parpe, étaient comptés parmi ce qu'il y avait de plus noble dans le Vermandois, et tenaient presque tous à la maison de Guise (1).

Ce Matthieu de Parpe fit en 1229, avec Prémontré, une transaction où sont signalés certains droits seigneuriaux assez singuliers. Matthieu tenait de l'église de Dorengt, sur le terroir de Thenailles, environ vingt jalois de terre, en outre, un quart d'une *fauchée de pré*, c'est-à-dire un quart de ce qu'un homme peut faucher en un jour, cinq chapons moins un quart (*quinque capones, uno quarterio minus*), le quart d'une maison située à Thenailles; plus, des pains et du vin sur plusieurs maisons du village, jusqu'à la valeur d'environ trois sous parisis; le tout moyennant un cens annuel de quinze deniers (2). L'église de Prémontré et celle de Dorengt consentirent, *en vue de Dieu et à la prière d'hommes recommandables*, à ce que Matthieu de Parpe vendit tout ce qu'il tenait d'elle à Thenailles sous le cens susdit, à la maison-Dieu de Ribemont, sauf leurs droits, à condition que les frères de la maison-Dieu paieraient à ceux de Dorengt ou

---

(1) *Aug. Viromand., lib.* II, p. 245, 253, 247, 157 et 100.

(2) On payait la demi-rente, la demi-coutume, le demi-pain, la demi-poule, le demi-capon, la valeur de ces demi-rentes s'évaluait en argent. *Monteil*, tom. 1er, p. 411.

à leur délégué, le jour de Sainte-Benoîte, à Thenailles, quinze deniers parisis de rente perpétuelle. Quelques années auparavant, le chevalier Aubert de Ribemont avait échangé aussi avec Prémontré son terrage d'Iron contre le cens que l'abbaye possédait dans *son village* de Thenelles, mais sous cette réserve qu'il ne pourrait rien distraire de ce cens pour le donner *en aumône*, sans le consentement de l'abbaye, et que s'il meurt sans *hoir de son corps,* le cens reviendrait de droit à l'église (1).

Le temps des croisades fut aussi celui des pèlerinages et des translations de reliques. Les abbayes, les prieurés, les églises mettaient toute leur gloire à s'en procurer ; on y employait quelquefois de pieuses fraudes ou des sommes considérables, quoiqu'elles n'eussent pas toujours le degré d'authenticité exigé par l'église. Au rapport de Guibert de Nogent, qui a écrit sur ce sujet un traité où il montre beaucoup de jugement, de critique et d'érudition, on honorait dans sa ville natale un des bras du bienheureux saint Arnoul et ce même bras était aussi vénéré, disait-on, selon le même écrivain, dans la collégiale du château de Guise. Des voleurs ayant tenté de l'enlever avec le trésor de l'église, comme ils le tenaient déjà, il s'arracha de leurs mains (*de eorum sese manibus extorsit*) et ne se laissa pas enlever. Les voleurs ayant été arrêtés avec ce qu'ils avaient pris, confessèrent ce prodige au moment où on les mettait au gibet. Il y a, continue Guibert, dans l'or où ce bras est vénéré, un endroit où l'on ne put jamais fixer de pierre

---

(1) *Cartul. MSS. Præmonst. Carta mensis aprilis anno Domini M. CC. XX. IX; Ibid. Carta Auberti, militis de Rebodimonte, de terragio de Iron.*

précieuse, car à peine y en avait-on attaché une, qu'elle tombait sur-le-champ. Si l'on changeait de pierre et d'ouvrier, le même effet se reproduisait. Guise honorait à plus juste titre sans doute saint Agapie, dont le culte est encore en vénération dans l'église de Saint-Pierre, celui de saint Algis était toujours florissant dans le village auquel il a attaché son nom, et Lesquielles, déjà célèbre dans le pays par l'honneur qu'on y rendait à saint Jean-Baptiste, s'enrichissait vers cette époque des restes des saintes Grimonie et Preuve, dont la translation au prieuré de Saint-Jean, dans le manoir des sires de Guise, donna lieu au pèlerinage encore si fréquenté dans le pays (1).

La légende merveilleuse de ces innocentes martyres de de la tyrannie du paganisme et de son intolérance sauvage porte qu'elles naquirent en Ecosse de parents nobles et riches, mais encore idolâtres. Dans cet âge où la jeunesse s'embellit de toutes ses grâces et ne cherche que la joie et les plaisirs, Preuve et Grimonie, éclairées des pures lumières de l'Evangile, découvrirent un monde nouveau et en comprirent l'excellence; leur premier dessein avait été de demeurer dans les solitudes brumeuses de leur pays, pour se soustraire aux lois de l'hymen et travailler en paix à leur salut, mais les guerres fréquentes qui agitaient l'Ecosse et la barbarie de ses habitants les obligèrent de passer la mer pour se rendre dans la Gaule Belgique, où Valentinien protégeait les Chrétiens. Elles exécutèrent leur projet à l'insu de leurs parents, qui mirent bientôt sur les traces des jeunes fugitives. Gri-

---

(1) *Vie de Guibert de Nogent*, liv. III, p. 128; *Collect. de Mémoires*, etc.; — *Venerabilis Guiberti abbatis, de vitâ suâ, lib.* III, p. 524.

monie avait choisi un lieu de la Thiérache qui fut nommé depuis La Capelle, et Preuve s'était retirée à Laon, dans le val des Chenizelles. Elles eussent vécu en paix dans ces retraites, si la sainteté de leur vie ne les eut pas fait connaître. Les Barbares qui les cherchaient finirent par les découvrir, et les voyant fermes dans leur foi et bien déterminées à ne point retourner avec eux, ils leur donnèrent la couronne du martyre.

On montrait autrefois à Laon, dans l'église de Saint-Pierre-le-Vieil, du sang de sainte Preuve. Pour comble de merveille, on disait que la sainte y avait apporté elle-même sa tête. Ce précieux chef fut retiré de l'antique église et renfermé dans la châsse de saint Béat à Notre-Dame. Quant aux reliques de Grimonie, elles furent honorées au lieu même de son martyre, dans une chapelle (*cella*) qu'on y éleva, et où se fit un pèlerinage, qui donna naissance à La Capelle, à qui il aurait enlevé son ancien nom de *Duronum*. Comme dans beaucoup de pèlerinages, il y a à La Capelle une fontaine dont les eaux passent pour opérer des effets miraculeux. C'est sans doute au bord de cette fontaine que la sainte avait élevé son ermitage.

Les corps des deux vierges furent levés de terre en 1231 par Anselme, évêque de Laon, et transférés par ses soins, au prieuré de Saint-Jean-Baptiste de Lesquielles, pour être mis sous la sauvegarde des sires de Guise. L'an 1389, les reliques furent examinées et reconnues authentiques, dans l'église de Lesquielles, en présence de plusieurs ecclésiastiques dont les principaux etaient Grumelli, doyen rural de Guise, Humblemus (*de Humblemis*), prieur du couvent de Saint-Jean-Baptiste, Gavet..., et Gribert, chapelain de la léproserie de Guise. C'est de la translation de 1231 que doit dater le pèlerinage de Lesquielles (1).

C'est un fait digne de remarque que tandis que l'Eglise avait toujours admis dans son sein et élevé à ses dignités les hommes du peuple aussi bien que les nobles, ce n'est guère que vers le xiiie siècle, c'est-à-dire seulement après l'affranchissement des communes, que les premiers donnent signe de vie dans les actes civils. Si nous avons vu des noms roturiers dans les chartes de donation, ce fut toujours du côté des témoins ecclésiastiques, mais à cette époque, on les y voit apparaître avec leurs sobriquets ou l'énoncé de leurs professions. De plus, non-seulement ils signent les donations, mais ils en font eux-mêmes aux églises, en même temps qu'ils luttent contre elles selon l'exemple qu'avaient souvent donné les seigneurs. La première donation de ce genre que nous fournissent nos annales est celle que fit à Prémontré Wiard, forgeron de Lesquielles, en février 1232, l'année d'après la translation des reliques de sainte Grimonie. Elle se fait remarquer par la réserve pleine de prudence avec laquelle l'abbaye consentit à l'acceptation d'une aumône offerte par des gens d'une condition inférieure.

Wiard et sa femme Adelaïde, donnèrent donc à perpétuité, après leur mort, à l'église de Prémontré, une maison située à Lesquielles, au milieu du village (*in mediâ villâ*), laquelle ils avaient fait construire à leurs frais, avec cette clause que si après leur décès, il se présentait quelqu'un qui, usant de son droit, voulût réclamer et racheter la maison, il ne le pourra faire qu'après avoir donné à l'église quarante livres

---

(1) Boll. 28 avril. — *Breviarium Laudun.* — Lelong, p. 52 et 53; — Devisme, *Manuel historique*, p. 8.

parisis, sans quoi la maison lui restera. Celle-ci néamoins, de crainte d'être taxée d'*avarice ou de concupiscence,* et considérant que *l'état des hommes change facilement*, voulut qu'on ajoutât encore cette restriction : que s'il arrivait aux donateurs de tomber dans un état de pauvreté tel qu'on n'y puisse pourvoir autrement (que par la vente de la maison), ils en feront ce que bon leur semblera, mais dans ce cas seulement et à l'exclusion de toute autre nécessité. La même année, Elisabeth, veuve d'Herbert de Lesquielles, leur mère, *fit constater* avec leur consentement, *par un écrit authentique*, la donation qu'elle avait faite également à Prémontré d'un bien situé près de Dorengt, de la contenance de sept jalois de semence (*sementis*), que ladite église posséderait après sa mort *librement*, *paisiblement* et *pacifiquement*, et sans réclamation aucune, à condition seulement qu'elle, Elisabeth, la tiendrait, de son vivant, de l'église de Prémontré, moyennant un cens d'un denier *de bonne monnoie*, payable à la Saint-Remi (1).

Cependant Hugues de Châtillon et Marie de Guise, sa femme, imitant la piété de Gauthier, leur père, avaient couronné leur alliance par une fondation qui devait attirer sur eux les bénédictions du ciel, celle de l'abbaye de Pont-aux-Dames, au diocèse de Meaux (1226), où ils avaient appelé des religieuses de Cîteaux. C'est là que plusieurs de leurs descendants choisirent le lieu de leur sépulture. On voyait briller aux vitraux coloriés de l'église les armes des fondateurs. En 1228, Hugues vit augmenter sa fortune et ses titres du comté de Saint-Paul que lui laissait son frère aîné tué au

---

(1) *Cartul. MSS.—Carta Stephani, decani de S. Angesio, de elemosyna Wiardi, fabri, et Alaïdis, uxoris ejus;* — *Ibid. Carta donationis Elisabeth de Lescheriis.*

siége d'Avignon, en sa qualité d'héritier le plus proche de la comtesse sa mère encore existante. Plusieurs chartes indiquent qu'il en porta le titre ; une entre autres par laquelle il concède à Thomas de Coucy, seigneur de Vervins, et à ses héritiers, *en foy et hommage*, *soixante livres provinoises en ses censiers* de Crécy (diocèse de Meaux), à condition qu'après la mort de Gauthier d'Avesnes, son beau-père, cette somme serait reportée sur le domaine de Landrecies, dont il n'était pas encore en possession, moyennant quoi Thomas de Coucy se constituait *son homme-lige*, sauf les hommages qu'il devait à divers suzerains, tels que Enguerrand de Coucy son frère, le comte de Champagne et le roi de France (1).

Hugues entra dans la faction des princes ligués contre la reine Blanche, mère de Louis IX, mais il ne tarda pas à sentir l'injustice et la folie de cette levée de boucliers, aussi fut-il un des premiers à revenir sous la bannière de son suzerain. Il sut même si bien gagner ses bonnes grâces, qu'en 1230 il fut agréé comme l'un des garants du traité que Louis fit avec le comte de Ponthieu, et qu'il fut appelé, la même année, à faire partie d'une assemblée de seigneurs où Pierre de Dreux, dit *Mauclerc*, comte de Bretagne, fut déclaré déchu du *bail de Bretagne*, pour forfaiture envers le roi son seigneur. Les voyages et les expéditions où il accompagna le roi, l'hommage qu'il lui fit en plusieurs circonstances des terres

---

(1) *Hist. de Châtillon*, par Duchesne, liv. III, p. 93, et les preuves. — L'hommage-lige obligeait le vassal à servir à ses dépens le suzerain, *tant que durerait la guerre à soutenir*, et à se rendre à l'ost *en personne*, tandis que le vassal ordinaire pouvait se faire remplacer par un chevalier pour le service de 40 jours ; à moins que la guerre du suzerain ne fût pas *en chef*, c'est-à-dire ne le regardât pas directement (Brussel, *Traité des Fiefs*, tom. 1, p. 92 à 123).

qu'il tenait de la couronne, montrent combien son retour avait été sincère (1).

Le caractère religieux de Louis IX et son esprit de modération ne l'empêchaient pas de soutenir avec vigueur les droits de sa couronne et de réprimer tout ce qui portait un caractère d'exagération. La puissance ecclésiastique avait été longtemps la seule force qui pût s'opposer efficacement aux excès du pouvoir féodal. Celui-ci s'était souvent signalé par les tracasseries qu'il suscitait à sa rivale, par ses usurpations et ses pilleries sur les biens des églises et des monastères. Au XIII° siècle, cet abus de la force, ce mépris du droit, se changeaient déjà en une opposition moins violente mais plus systématique contre l'influence et l'empiétement des gens d'église, dont l'importance politique se faisait moins sentir depuis que la puissance royale avait repris sa prépondérance. En 1235, il se tint donc par ordre du roi une assemblée des principaux seigneurs du royaume, dans l'abbaye de Saint-Denis, pour aviser aux moyens d'arrêter l'extension exorbitante de la juridiction des prélats. Une plainte fut rédigée à cet effet et adressée au pape Grégoire IX. Au nombre des hauts barons dont les noms figurent sur cette pièce, on distingue ceux de Gauthier d'Avesnes, sire de Guise, et de son gendre le comte de Saint-Paul. Celui-ci, après l'assemblée de Saint-Denis, donna, à titre de fief, à Nicolas, seigneur de Rumigny, Aubenton et ses dépendances, ancienne mouvance du château de Guise (2).

La réputation de probité que Hugues de Châtillon avait

---

(1) Duchêne; *idid.*, p. 97.
(2) *Hist. de Châtillon*, liv. III, p. 99 ; — Lelong, *Hist. de France.*

acquise, se manifesta dans tous ses rapports avec ses vassaux et ses suzerains, dont plusieurs le choisirent comme *plége* ou caution dans leurs contrats et traités. Anselme de Laon lui accorda, en sa qualité de seigneur de Guise, le droit de présentation ou de patronage sur la chapelle du château, par une charte de 1240. Il est vrai que cette pièce est regardée comme supposée par les auteurs du *Gallia Christiana*, parce qu'elle porte le nom de Guy au lieu de celui de Hugues; mais on ne devrait peut-être y voir qu'une erreur de nom et lire *Hugoni de Castilione* au lieu de *Guidoni* (1). Ce qui rend pour nous cette opinion à peu près incontestable, c'est que le chapitre de Laon s'étant plaint au pape que l'évêque s'était dépouillé ou avait essayé de se dépouiller de la prérogative de nommer aux prébendes du chapitre de Saint-Gervais, inhérente aux droits de l'évêché, une bulle sévère fut lancée de Rome en 1262 contre quiconque oserait attenter à ce privilége.

Elle est ainsi conçue :

« Urbain, évêque, serviteur des serviteurs de Dieu, au doyen et au chapitre de l'église de Laon, salut et bénédiction apostoliques. Touché de vos prières; par l'autorité de ces présentes, sous menace d'anathême, nous enjoignons à l'évêque de Laon de ne point avoir la présomption de transporter à une autre personne, d'aliéner ou de laisser sortir de sa main le droit de conférer les prébendes de l'église de Guise, au diocèse de Laon, qui lui appartient. S'il fait un acte contraire, nous déclarons qu'il manque de force, qu'il détruit ou, que par une audace téméraire, il contredit les constitutions; si, cependant, quelqu'un a l'audace de le tenter,

---

[1] La charte est de 1240. Elle est extraite du Cartulaire de Vallulsant, diocèse de Sens. — *Hist. de Chatillon*, liv. III, p. 90.

qu'il encoure l'indignation du Dieu tout-puissant et des bienheureux apôtres Pierre et Paul. . . . Donné à Viterbe, le 15 des calendes de mai, de notre pontificat l'an premier (1).

Cette sévérité du pape Urbain était motivée par le zèle qu'il avait pour la dignité de l'Eglise et par les souvenirs qu'il conservait du diocèse de Laon. Fils d'un cordonnier de Troyes, Jacques Pantaléon avait d'abord été enfant de chœur à Laon, où il fit ses études avec distinction. Il devint archidiacre du chapitre, dont il géra toujours les affaires avec une grande habileté, puis évêque de Verdun, patriarche de Jérusalem, et enfin pape, le 28 août 1261, sous le nom d'Urbain IV. Il était le compatriote et l'ami de Guillaume des Moutiers, qui occupa le siége de Laon de 1261 à 1263. Guillaume, pour empêcher le retour de l'abus qu'avait commis son prédécesseur Anselme, aura sans doute provoqué lui-même la fulmination de cette bulle, car on ne peut supposer que Urbain IV ait lancé un pareil anathème contre son ami.

Tandis que Hugues de Châtillon jouissait de l'estime publique et figurait par son rang et sa puissance dans les affaires de son temps, sa vie privée était empoisonnée par la maladie de Marie de Guise, sa femme. La comtesse sentant approcher sa dernière heure fit ses dispositions testamentaires, dont elle confia l'exécution à la loyauté de son époux et à l'amitié de la comtesse de Chartres, sa tante, leur laissant tout pouvoir sur ses biens, soit pour réparer les torts qu'elle pouvait avoir à se reprocher, soit pour remplir ses intentions libérales. C'était le vendredi d'après la Quasimodo de l'année 1241 dans le courant de laquelle elle mourut. Son

(1) Dom Grenier, MSS. bulle de plomb pendant en lacq de soie ; Urbain IV ; — *Archives de l'Eglise de Laon.*

corps fut inhumé dans l'abbaye de Pont-aux-Dames, où l'on voyait autrefois sa tombe en pierre décorée d'une statue, sans épitaphe (1).

Cependant le roi Louis IX se préparait à accomplir le vœu qu'il avait fait de marcher contre les Sarrasins. A l'exemple du souverain et de ses trois frères, tous les grands seigneurs du royaume s'engagèrent dans cette *croisière*. De ce nombre fut le *bon Hue comte de Saint-Pol*, et Gauthier de Guise, son beau-père. Avant son départ Hugues partagea entre ses enfants, ses comtés, terres, seigneuries et confirma la donation de tous les biens qu'il avait faite à l'abbaye de Pont-aux-Dames; après quoi il se disposa au voyage d'outre-mer, en si grand appareil que, selon Matthieu Paris, « il n'en parut de plus noble en toute l'armée françoise, n'y de plus puissant en armes que luy, car il assembla cinquante chevaliers portant bannières (2), tous braves gens au mestier de la guerre, desquels il étoit le chef, et prépara dans le royaume d'Ecosse un navire admirable pour passer hardiment, avec les Boulonnois, les Flamands et ceux qu'on nomme vulgairement d'Avalterre. » Les préparatifs de la croisade durèrent plusieurs années, et Louis IX ne partit qu'au mois de juin de 1248. Hugues tomba malade avant l'embarquement et trépassa le 9 avril, emportant l'estime générale et le titre de *bon et vaillant*, que lui donnèrent Joinville et Dutillet. Ses restes mortels furent déposés auprès de la tombe de Marie de Guise, à Pont-aux-Dames. Quant au sire de Guise,

---

(1) Sentence arbitrale latine de 1241, preuves du liv. III de l'*Hist. de Châtillon*.

(2) Chaque banneret avait sous lui 25 hommes d'armes complètement équipés, et chaque homme d'armes se faisant suivre de 2 archers bien montés et de 3 chevaux, l'un pour lui, le second pour le page et le troisième pour le varlet.

son beau-père, il arriva avec le roi devant Damiette, où il mourut en 1249, avant la catastrophe de Massoure, qui coûta la vie au sire de Coucy et à tant de chevaliers de marque.

Avec Gauthier finit la domination des seigneurs d'Avesnes sur la terre de Guise, qui passa par Marie de Guise dans la maison de Châtillon. Marie avait eu de Hugues une *belle lignage*. L'aîné de leurs fils, Jean de Châtillon, eut par le testament de son père toutes les terres que lui avait apportées en mariage la dame de Guise : « Jehanz mes einnez fils aura toute la terre qui muet de par sa mère, et quelconque il puet escheoir à lui ou à ses frères de par leur mère, » c'est-à-dire Guise, Avesnes et leurs dépendances, Landrecies, Bohain, Leuse, avec les comtés de Blois et de Chartres (1).

---

(1) *Hist. de France;— Aug. Viromand,, lib.* II, p. 233 et 239;—*L'art de vérifier les dates,— Chronologie des comtes de Blois;—Généalogies des seigneurs de Guise*, dans le *Grand Dictionnaire historique*, etc., de La Martinière.—*Dictionnaire de la noblesse.*—Testament de Hugues Ier, de 1246; — Lelong, Dormay, etc.

CHAPITRE IV.

GUISE SOUS LES SEIGNEURS DE LA MAISON DE CHATILLON.

TROISIÈME RACE.

La maison de Châtillon, qui succéda à celle d'Avesnes dans la possession de la ville et châtellenie de Guise, était l'une des plus anciennes, des plus nobles et des plus florissantes du royaume de France. « Chastillon est moult noble chose et très-noble de nom et des plus grands seigneurs du royaume de France, et le lignage le plus peuplé, car, comme l'on trouve que, outre la mer, celle de Lusignan est le plus noble et le plus grand lignage, aussi est en ce royaume le lignage de Chastillon. » Cette maison étendait ses diverses branches sur une foule innombrable de fiefs et de seigneuries. Parler de ses alliances, c'est nommer ce qu'il y a de plus illustre au monde, les rois de France et d'Angleterre, ceux de

Jérusalem et de Chypre, les empereurs, les comtes de Flandre et d'Artois, les ducs de Bretagne et de Lorraine. Celle qu'elle contracta avec la maison d'Avesnes et de Guise ne devait pas la déshonorer. Tant de conditions d'existence, tant de séve et de vie ne purent néanmoins la sauver de sa ruine. A peine si l'on retrouve au xvii° siècle des rejetons de cette noble souche, qui est aujourd'hui entièrement disparue (1).

Quelques auteurs, pour relever la gloire de la maison de Châtillon ont été chercher son origine dans les plus vieilles races seigneuriales. Il en est qui la font descendre de celle d'Avesnes, qui posséda avant elle le comté de Guise, mais il paraît qu'elle sort d'un comte de Champagne, qui vivait vers l'an 880. Nous ne suivrons pas sa descendance jusqu'à Gaucher, III° du nom, qui fut père de Hugues Ier, comte de Saint-Pol, son fils puîné. Hugues avait épousé en premières nôces une fille du comte de Bar, cousine de Philippe-Auguste, qui mourut jeune et sans lui laisser d'enfants. Il contracta, comme on l'a vu, une seconde alliance avec Marie d'Avesnes, fille de Gauthier II, seigneur de Guise, et de Marguerite de Bourgogne, dont il eut Jean de Châtillon, qui prit possession de Guise après la mort de Gauthier son grand-père (2).

Jean de Châtillon, l'année de la mort de Gauthier, fit acte de souveraineté dans ses domaines. « Il donna et octroya à son amy Thomas de Coucy, chevalier signor de Vervin, et à ses hoirs, quatrevingt livres de terres à tournois, lesquels

---

(1) Duchesne, *Hist. de la Maison de Châtillon*, liv. III, p. 86 et suiv.; — *Hist. de Montmorency*, liv. II, p. 90 et suiv.; — *Dictionnaire de la noblesse*.

(2) *Hist. de Châtillon*, liv. 3, p. 103; — *Hist. de Coucy*, par Lallouette, liv. IV; — *Histoire du Valois*; — Dormay, etc...

il asséna à penre, chacun an permanablement, à Monstervel (*Montreuil*), au jour de la feste de Nostre-Dame en septembre. Et de çou, devint li devant dis Thomas, ses hom. tos lige (*son homme lige*). » Il mettait ainsi à exécution la convention faite autrefois entre ce dernier et Hugues son père. Il fut stipulé dans une charte passée à cet effet, le lundi d'après la fête de saint Barnabé, « que nul ne tenroit ces quatrevingt livrées de terre devant dites, fors le signor de Vervin (1). »

Jean de Châtillon avait eu avec la célèbre abbaye de Marmoutiers, dont il était avoué, au sujet du droit de gîte et autres intérêts, de longs démêlés qui engendrèrent *les plus graves calamités*. L'absence du roi Louis, qui guerroyait alors au pays des Infidèles, favorisant la violence, Jean avait eu l'audace d'enlever de force Geoffroy de Conan, abbé du monastère, et de le retenir prisonnier pendant sept ans au château de Guise. Il poussa même la barbarie jusqu'à faire précipiter par ses satellites, deux de ses religieux du haut de la montagne escarpée où il est situé. Ce fait atroce dut avoir lieu après le départ de Gauthier de Guise pour la croisade, ou après sa mort, c'est-à-dire sept ou huit ans environ après l'enlèvement de l'abbé de Marmoutiers en 1240. Jean fut dénoncé au pape Innocent IV, qui, pour mettre un terme à de pareils forfaits, envoya en 1254 en France, son légat Nicolas, lequel par un jugement prononcé contre lui, comme contumace, le dépouilla de l'avouerie et de tous les autres droits qu'il réclamait sur les choses du monastère. Il paraît

---

(1) *Hist. de Châtillon*, liv. III, p. 103; — *Hist. de Coucy*, par Lallouette, liv. IV. — *Hist. du Valois*, etc.

que prévoyant cette sentence il les avait abandonnés dès 1250 à Alphonse, comte de Poitiers, fils de Louis VIII, son cousin, pour 300 livrées de terre. Néanmoins le comte méprisa la sentence du légat et continua à déchaîner sa rage contre les religieux (*continuatâ rabie debacchatus est*). Saint-Louis ayant fait admettre en 1255 les religieux à faire valoir leurs droits, acheta les 300 livrées de terre pour 500 livres tournois et parvint à tout accommoder, en 1258, entre le comte et l'abbé de Marmoutiers, après des années de discussions. Cependant le seigneur de Guise revint sans doute sur ces arrangements, car en 1264 l'archevêque de Tours rendit contre lui une autre sentence où il est dit : Que suivant les exemples funestes de ses ancêtres, le comte de Blois ne cessoit de tourmenter les moines de Marmoutiers. Bien plus, l'abbé de Saint-Denis, régent du royaume, donna à Robert, successeur de Geoffroy de Conan, des lettres par lesquelles il ordonnait : Que s'il s'élevoit de nouveaux différends entre les religieux et Jeanne d'Alençon, comtesse de Blois, fille de Jean de Châtillon, l'affaire seroit portée et discutée *dans le palais du roi* (1).

Malgré ces excès qui eurent un grand retentissement, Jean de Châtillon épousa, en 1254, une noble et riche héritière, Alix ou Alpaïs de Bretagne, fille de Jean I*er*, dit *le Roux*, duc de Bretagne, et de Blanche de Champagne, fille elle-même de Thibaut IV, comte de Champagne, roi de Navarre et parent de Saint-Louis. Alix lui apporta en dot les

---

(1) Guibert de Nogent, *Notes sur le* v*e* *liv.*, p. 292. Edit. comprenant Hermann et Guibert ; — Lelong, 299 ; — Jean Bernier, *Hist. de Blois*, 2e partie, p. 342 ; — *Hist. de Châtillon*, liv. III, p. 104 ; — *L'Art de vérifier les dates*, qui adopte pour le mariage de Jean la date de 1254.

terres de Braye-en-Brie et de Pontarcy. Vers le même temps, Mahaut, comtesse de Chartres, fille de Jean d'Oisy et d'Elisabeth de Blois, et sœur de Marguerite, femme de Gauthier d'Avesnes, lui laissait par sa mort le comté de Chartres. Jean n'usa de son crédit et de sa puissance que pour confirmer les dons pieux que sa défunte parente avait laissés dans les terres qu'il venait d'acquérir (1).

Guise qui avait été témoin des violences de son seigneur envers l'abbé de Marmoutiers, le fut aussi de sa bienfaisance. En 1256, il faisait don à l'abbé et au couvent de Saint-Michel d'une rente de cinq muids de blé, sur les moulins de Flavigny-lès-Guise, au lieu de la moitié qu'ils partageaient avec lui. Il ne resta pas en si beau chemin, car sans parler d'une foule de libéralités qu'il répandit sur ses terres, il permit en 1264 à Hugues de Rumigny, son cousin, de reprendre du roi Saint-Louis, en fief et hommage, la ville d'Aubenton et autres terres avec leurs appartenances, que son père en avait reçues également en fief et hommage, promettant de n'élever jamais aucune prétention sur ces domaines.

Jean fut arrêté au milieu de ces sages réparations de sa conduite passée, par une maladie qui le conduisit aux portes du tombeau et qui, en lui rappelant qu'il était mortel, l'engagea à mettre ordre à ses affaires temporelles et à celles de sa conscience surtout, qui ne devaient pas laisser que d'être en assez mauvais état. Il fit son testament au mois d'octobre 1268. Il y nomme pour exécuter ses dernières volontés, l'évêque de Louvain, l'abbé de Bohéries, Guy de Châtillon,

---

(1) *Hist. de Châtillon*, liv. III, p. 104. — *Art de vérifier les dates.*

comte de Saint-Pol son frère, et quelques autres chevaliers. Cette pièce commence ainsi :

« En non dou père et dou fiz et dou saint Espérit, amen. En l'an de l'incarnation nostre Seigneur mil deux cens et soixante et vuit, ou mais d'outoure, ge Johan de Chastillon cuens de Blois et sire d'Avesnes, en ma bonne mémoire et de sein entendement, pensant d'ou salu de m'ame, ordrene par le consentement de Aaliz, ma fame espouse, de mon testament en tèle manière. » Suivent les dispositions générales concernant ses dettes, restitutions, usurpations et tout ce qui pourrait nuire en l'autre monde à l'âme du noble comte; puis viennent ses legs particuliers.

Il commence par sa terre de Guise. Il assure à l'abbaye de Bohéries, une rente pour la célébration de son anniversaire. Nous ne changerons rien à son langage. « Après ie veil, lese et donne en perdurable aumosne à l'abé et au couvent de Bohéries de l'ordre de Cisteaux, sexante sous de blans de rente, iascun an, por faire mon anniversaire torjormes, le jor de obit et de Aaliz ma fame et de mes anceisors solempnellement en couvant. Et veil et ordrene, que li devant dit moine ou lor comandement les aint, praignent et reçoivent en ma taille ou en mes borioisies (1) de Guise le ior de la Saint-Remi, à paine de cinq souz par iascun ior qu'il demoront estre paiez. E seront paiez cil devant dit sexante souz par la main de celui qui les devant dites tailles ou borioisies recevra. Après ge leisse et donne

---

(1) On appelait bourgeoisie le droit résultant « de l'aggrégation qui avait été faite par le prévôt ou par le maire d'une ville d'un homme libre qui n'était point né dans cette ville, au nombre de ses anciens habitants pour participer à tous leurs priviléges » *Brussel*, tom. 2, liv. III, chap. 15, p. 902. Les bourgeoisies ont pris naissance comme les communes au XIIe siècle.

en pure et perdurable aumosne à l'abé et couvent de Foisni, de l'ordre de Citeaux quarante souz de blans de rente iascun an, por faire mon anniversaire toriosme le ior de mon obit et de Aaliz ma fame et de mes anceisors, ensemble solempnellement en covent. E veil et ordrène que li devant dit moine ou lor commendement praignent et reçoivent les devant diz quarante souz en ma taille ou en mes borgoisies de Hériçon (Hirson) ou en mes plus clères rentes de Hériçon, se la devant dite taille ou les devant dites bourgeoisies ne sofisent, par la main de celui que les devant dites rentes reçeivra le ior que ele seront recues. »

Le testateur lègue aussi de pareilles sommes et à la même intention à Bucilly et à Clairfontaine. Les hôpitaux ou maisons-Dieu eurent une large part à ces donations, qui nous font connaître l'existence de plusieurs de ces établissements de charité tant à Guise que dans les environs. « Après, continue le noble homme, ie les et doing cent souz de rente iascun an à la maison-Dieu de Guise, et as poures de cèle maison, à prendre en ma taille et bourgoisies de Guise, en la manière devant dite, por faire à toziors les devant diz anniversaires. Après, à la meson-Dieu de Lesquieles vint souz de rente en ma taille ou en mes borgoisies de Lesquieles en la manière et por la raison devant dites. Après, à la meson-Dieu de Vuadencourt vint souz de rente à prendre et à reçevoir en mes tailles et en mes borgoisies de celui leu en la manière et por réson devant dites. »

Les maisons-Dieu et maladreries de Landrecies, Prisches, Avesnes, Hirson, Wimi, du Nouvion, d'Etréaupont, de Bohain, de Leuse, de Condé, reçurent de pareils dons. La maladrerie de Guise située près du faubourg Saint-Lazare eut vingt sous de rente à prendre sur *les bourgeoisies* de la ville. Le chapitre de Saint-Gervais ne fut pas non plus oublié par l'ancien avoué de Marmoutiers. Il lui laissa vingt sous de rente à prendre également sur sa taille et bourgeoisie de Guise.

Enfin, il légua aux *pauvres pucèles gentis-fames, de bourgoisage et de vilenage* (1) de ses terres de *Tyreche* et *Hénaut et de Brabant*, 600 livres pour les marier ou les faire entrer en religion. Les abbés de Bohéries, de Clairfontaine et de Foigny furent chargés de l'application de cette somme pendant les trois années qui devaient suivre la mort du testateur. 600 autres livres furent aussi appliquées aux pauvres *ménasgiers* (2) des terres de Guise, d'Hirson et dépendances, et 1500 autres aux pauvres des terres de Guise, d'Avesnes et de Brabant. « Après ge les et donne en aumosne, dit le comte, au commung des povres ménasgiers de mes châtelleries de Guise et Hireçon, et leus appartenans à ces châtelleries, six cens livres à païer par trois ans prochains, après mon décès et à départir en menues almosnes ; c'est à savoir chacun an deus cens livres. E veil et ordrene que ce les six cens livres soient départies par la main dou prieur de Bohéries et dou daen (doyen) de Guise, et des devant diz gardiens par la volonté et par l'ordrenement de mes exécutors dit à cui li (auxquels les) devant conseiller seront tenus à rendre conte e reson de totes les devant dites six cent livres. Après, oultre les devant dites six cens livres, ge les mille cinq cenz

---

(1) *Vilenage.* C'était le droit auquel étaient soumis les *vilains* ou habitants des villages non affranchis (*Villanum servitium*).

(2) Les ménasgiers ou ménagers étaient des gens qui vivaient du travail de leurs mains, possédaient un courtil composé d'un petit manoir et d'un jardin.

livres à doner et départir par le conseil et par la volonté de mes exécutors en mes terres, ces assavoir de Guise et d'Avesnes e de Brabant as povres de icelle terre et lor appartenances ; c'est assavoir : chacun an, trois cens livres de tornois. Et veil que il soient départi par cinc ans, les aumosnes de trois devant dites années peés e rendues tôt premièrement. Et veil que les devant dites mile et cinc cens livres soient donez as pauvres des devant diz leus, en cotes, en chemises, en sollers (souliers) par la main de mes exécutors et par lor commandement ; c'est assavoir..... ès parties de Guise par le conseil frère Pierre de Oesy, ou dou gardien de Saint-Quentin, se cil n'estoit présent.... après, as povres ménasgiers de ma châtellerie de Bohain cent cinquante livres, c'est assavoir en cotes, en chemises, en sollers, et autres menues almosnes..... »

Au nombre des communautés qui furent portées sur le testament de Jean de Châtillon, on remarque les Béguines de Guise auxquelles il légua *cent souz*. C'était une de ces associations de femmes dévotes instituées en 1173 dans les Pays-Bas par Lambert Lebègue. Saint-Louis se montra favorable à ces établissements et leur fit bâtir en quelques lieux des maisons fort belles. Les Béguines vivaient en commun, gardaient la continence mais sans faire de vœu, et sans renoncer au mariage ni aux biens qu'elles pouvaient posséder (1). Enfin le sire de Guise laissa aux prêtres des paroisses de ses terres de la Thiérache, de Hainaut et de Brabant, cent livres en deniers pour célébrer des messes en son honneur selon l'usage du pays et la portion de deniers

---

(1) *Hist. de l'Eglise*, par Henrion ; — Dormay, *Hist. de Soissons*, etc...

que chacun d'eux aurait reçue. Ces deniers, avec six sous tournois légués aux chanoines de Notre-Dame de Louvain et plusieurs autres aumônes, devaient être prélevés sur les tailles et bourgeoisies de Lesquielles, le jour de la Saint-Remy, sur les biens et granges d'Oisy, de Landrecies, d'Avesnes, sur les bois des terres de Guise, d'Avesnes et de Brabant qui devaient rester grevés jusqu'à ce que le payement en eut été accompli selon la volonté du testateur.

Le mourant s'en remit, pour l'exécution de ses intentions dernières, « à son chier père en Dieu l'évesque de Lovin et religions homme l'abbé de Bohéries et son très-chier frère le comte de Saint-Pau... » et au cas, ajouta-t-il, que mi her (héritier) ou mi successor i contredicent en aucune manière per aul ou par d'autres, ge lès tretotes choses que ge pardevant obligés, c'est assavoir les granges e les bois et totes les autres choses devant nommés, en la main de mon chier seignor le roi de France et en main de ma chière dame la comtesse de Flandres et à lors hers... et afin que ce soit ferme et estable, ge lai saelé de mon seau et dou seau de Aaliz ma femme comtesse de Blois (1). »

Le cuens de Blois, sire de Guise revint des portes de la mort. Il faisait son testament au mois d'octobre 1268 et au mois de mai 1269 il octroyait à l'abbé de Bohéries, la cauchie (chaussée) de Vadencourt à condition que l'abbaye ferait rebâtir le pont de ce village. La charte qui fut donnée à cet effet porte donc qu'il accorde, laisse et abandonne « as religieux homes l'abbés et le couvent de Bohéries la

---

(1) Le testament de Jean de Châtillon se trouve tout entier aux preuves du livre IIIe de l'*Hist. de Châtillon*, p. 58 et suiv.

cauchie de Vadencourt dusque à six ans continuellement accomplis, contez del mois de mai ki fu en l'an del incarnation de nostres Seigneur, mil deux cens et sessante huit, dusques à terme devant dit des six ans continuez et accomplis. En tèle manière, ken recompensation de ceste cauchie, li abbés et li couvens devant dit feroient le pont de Vuadencourt et le pont de Radoues de pierre suffisamment, dedens ces six ans deseurdis, et qu'il s'oblige de leur délivrer et faire avoir par sa terre grès et pierre, pour ces ponts faire à leurs cous ; moyennant quoi, le terme de six ans accomplis, *la cauchie devant dite* reviendroit à la *ville de Vuadencourt.* » L'année suivante Jean de Châtillon donna à l'église de Saint-Fiacre-en-Brie, dépendante de Saint-Faron de Meaux deux livres tournois de rente sur le vinage de Guise (1).

Saint Louis était parti pour sa seconde expédition d'outre-mer. Notre comte n'ayant pu l'accompagner en personne, voulut néanmoins contribuer aux frais de la guerre sainte et gagner les indulgences que le pape y avait attachées « *en y aumosnant* mil cinq cents livres tournois dont quittance lui fut donnée en 1270, à *Saint-Denis en France,* par le connétable Imbert de Beaujeu ; nul doute que le comte ne se soit acquitté en cette occasion du service militaire qu'il devait au roi et qui était pour sa terre de Guise de dix chevaliers, lesquels devaient avoir *lors gages et lors dépens du roi, alans et venans.* En sa qualité de pair de Vermandois, titre qu'il tenait de ses ancêtres, les premiers seigneurs de Guise, le comte avait le privilége de n'aller nulle part en ost, fors à celui au roi, c'est-à-dire où le roi

---

(1) *Hist. de Châtillon*, liv. III, p. 108.

était en personne (1). Le successeur de Louis IX, Philippe III, dit *le Hardi* eut tant d'estime pour Jean de Châtillon, qu'à son retour à Paris en 1271, ayant nommé le comte d'Alençon, son frère, tuteur de ses enfants jusqu'à la majorité de l'aîné, il désigne pour lui succéder dans cet emploi aussi noble qu'important, au cas qu'il vint à manquer, le comte de Blois. Celui-ci toutefois ne jouit pas de cet honneur réservé à sa maison, car il mourut avant le roi aussi bien que le comte d'Alençon (2).

Les exercices de la bienfaisance remplirent les dernières années du sire de Guise. En 1273, il s'entendit avec Gobert de Wimi, abbé de Bucilly, pour apaiser les différends qui les partageaient au sujet du moulin et du haut domaine du village de Mondrepuis. Depuis il se montra toujours le défenseur des droits de l'abbaye. Hasard de Stenay ayant voulu enlever à l'abbé le droit de vie et de mort, c'est-à-dire la haute justice, l'abbé Mahieux en appela au comte comme protecteur (*vindicem*) de la fondation, en sa qualité d'héritier des fondateurs et cita l'usurpateur devant lui. Le comte choisit pour juger le différend, du consentement de Hasard de Stenay, les chevaliers Gauthier de Rumigy, Jean de Proisy et Nicaise de Rochefort; mais la mort l'empêcha de terminer cette affaire. Pierre d'Alençon, son héritier par sa femme, poursuivit le cours du procès et fit mettre à exécution la sentence rendue en 1281 par les arbitres en faveur de Bucilly (3).

(1) Brussel, *Traité des Fiefs*, tom. 1er, p. 156. — MSS. de D. Grenier.

(2) *Hist. de Châtillon*, liv. III, p. 109 et 110.

(3) *Sacri et canonici ordinis Præmonst. annales*, tom. 2, p. 422; — Lelong, *Hist. du Diocèse de Laon*, p. 151; — *Dictionnaire de la noblesse*, art. *Guise*.

Jean de Châtillon avait fondé à Blois un couvent de Jacobins, en 1277; il fonda encore l'abbaye de La Garde, près de La Guiche, *en l'honneur de Dieu et de Notre-Dame*, du consentement *de sa chière fame Aaliz*. La charte de fondation fut passée et scellée de leurs sceaux le mercredi *après les octaves des brandons* (mars 1277). Pour prévenir les prétentions qui pourraient porter le trouble dans sa succession, et la laisser intacte à ses héritiers, Jean donna cette même année à Gaucher et à Jean de Châtillon, ses neveux, mille livrées de terre à Bohain et à Sains à condition qu'ils renonceraient tant pour eux que pour leurs hoirs, à la succession de leurs aïeuls et aïeule, à l'*échoite* de Mahaut d'Amboise, comtesse de Chartres, cousine de leur père, et à celle de Hugues de Châtillon, leur oncle, et qu'ils le défendraient contre les prétentions qu'y pourraient élever Mahaut de Châtillon, dame de Noyers, leur sœur. Sentant sa fin approcher de plus en plus, le comte légua une somme de 3,000 livres pour envoyer quelques chevaliers en la terre sainte et l'année même de sa mort, arrivée en 1279, il accorda aux habitants de Guise une charte où il énumère et confirme les priviléges et franchises dont la ville jouissait depuis longtemps, puisque le comte semble plutôt les reconnaître que les concéder. Au reste, il proteste qu'il ne prétend nullement leur accorder le droit de commune, ni même la faculté de le demander. Aussi, Guise ne forma-t-il jamais une véritable municipalité comme les villes affranchies du moyen âge; il eut toujours des seigneurs exerçant une multitude de droits féodaux, lesquels ne disparurent qu'avec le régime qui avait si longtemps pesé sur la liberté en France: on verra même, pour peu qu'on examine attentivement la teneur de sa charte, que les franchises reconnues à la ville par son seigneur, étaient en résumé fort peu de choses. Il alla jusqu'à lui octroyer le droit de rassembler ses citoyens au son de la cloche, mais il se réservait aussi de les appeler quand besoin serait au son de la même cloche, qui, dans les *communes*, ne servait qu'aux assemblées municipales et au rassemblement des troupes qui marchaient sous la bannière de la commune. Au surplus, la charte de Jean de Châtillon n'en est pas moins un de ces monuments du passé qu'on décolore en les analysant. La voici donc tout entière.

« Jehan de Chastillon, cuens de Blois, seigneur d'Avesne, faictz à sçavoir à tous ceulx quy verront ces présentes lettres ; que je, pour l'honneur et pour le remède et salut de mon âme et à la requeste des bourgeois de Guise, je veul et octroy que mes bourgeois de la ville de Guise et mayrie ayent et poursuivent paisiblement à toujourmais, les usaiges et coustumes et les loix et deffaulx només — je veul et entend, que quiconque soit bourgeois de Guise puisse vendre héritaige en la mayrie de Guise hors de franc fiefs et puisse joïr de ses biens paisiblement jusque à droit — veul et octroye que cellui bourgeois puissent marier eulx et leurs enffans par tout là où ils voudront sans (en) mes villes batises (1) et sauf ce, que il ne puissent marier ne eulx, ne leurs enfans à mes hommes, ne à leurs femmes taillables, sauf mon espécial conget se ils ne veulent estre en usaiges et coustumes de ville *batiches*. — Et veul et octroye, que ly bourgeois de la dicte ville puissent aller et venir hors de la dicte ville, maner et demeurer en faisant

---

(1) On entendait par villes *batiches*, *baptice*, *bapteiches*, « les villes hors de communes, » c'est-à-dire ne jouissant pas du droit de commune. *Gloss.* de Ducange.

créant de leurs debtes que ils devront, et des meffaictz que il auront fais avant quil s'en partent de la ville et puissent revenir à la ville sans nul forfait. — Derechef, je veul et octroye, que quiconque, soit maire et échevin de Guise, puisse reçepvoir à bourgeois toutes gens, sauf le droit du seigneur de Guise et l'aultruy;—ne moy, ne autres seigneurs de Guise ne pourront faire ban (ordonnance) sur les bourgeois de Guise sans le maire et les échevins, ne eulx sans moy., et les amendes seront moyes toutes et mes successeurs, et ne pourront faire ban sur les bourgeois, fors de vingt deux solz et demy de blans, et les menuz bans de cinq solz d'amande. Et veul que les dicts bourgeois usete (usent) des pastures et des aisances et des eaues paisiblement et n'y puissent pescher, ne faire pescher par aultruy, ne encombrer la rivière en tèle manière qu'y faire domaige à moy et à aultruy ; — Et seras la chaussée de la ville aux us et aux coustumes que on la recheue (reçue), sauf chou qu'y l'en doibvent retenir tous les ans pour qu'y sont en le ville et en le mairye et doibvent aussi retenir la cauchée (ou les droits de chaussée) et les mains pour de le ville. Et ce que ils recepvront de la dicte cauchée je veul que il contentent (rendent compte) chacun an à moy ou à mon commandement, pour ce que je veul sçavoir que bien soit employé ce que on reçepvra pour la raison de la cauchée; — Et ne pourra nulz vins vendre à Guise se il n'est faorés par les maire et eschevins, qu'il ne soit à vingt deux solz six deniers blancs d'amende qu'y seront à moy et à mes hoirs ; et s'il en sont requis par tesmoignage et s'il en sont reprins plus d'ugne fois, il seront à telle amende comme de droict et coustume du pays donra. — Et veul et octroye que ne moy, ne mes hoirs ne puission tenir bourgeois, ne bourgeoise, ne leurs enffans en prison, se ilz peulz donner seureté caution suffisante parmy le loix de la ville; se n'estoit au cas qu'ilz fusent mes sergens propres, et se ce n'est de vilain cas approuvé par cry ou commune renommée — Et veul se aulcuns se trouvent encontre aultre par ire mettre main, faire sault, se l'en est prouvé, que il paict à moy et à mes hoirs, vingt deux solz six deniers de blans d'amende. — Et ne veul que aulcun puissent acater héritaiges en la mairye de Guise se il n'est bourgeois et se il ne l'est qu'il deviègne, en sois (ensuite) quil entre en l'héritaige — Et veul et entend que les bourgeois de la dicte mairye mennent en la ville moudre son bled au moulin de Guise au seizième, et se le bled demeure la nuict et il soit perdu, le mosnier le rendra — Et veul et octroye que nul bourgeois, ne bourgeoise, filz, ne fille de Guise, ne soient arrestez, en mes villes batiches, pour debtes ou catel (1) se le debte n'est faicte pardevant le juge du lieu là où ils seront arestez — Et veul que, de toutes ses choses de quoy eschevins ne seront sages, voisent à Laon pour estre enseignez — Et veul et octroye, que le maire et échevins de la dicte mettent et ostent pourtours (à tour) aux jours messiers (de moisson, de *messis*) as bledz warder (garder) sergens quy vardent le ville, par mes asniers quy portent les bledz au molin et rapportent les fermes, et sergent pour les vins cryes et pour fère les besognes de la ville et à cou (aux frais) de le ville — Quiconque vendra vin à

---

(1) On entendait par *chatel* et *catel* ou *cateux*, tous les biens mobiliers. *Gloss.* de Ducange.

Guise il ne debvra à moy ne à mes hoirs, de la carrette (charrette) que demy septier ; et nul bourgeois de Guise ne me debvra poinct de vinaige et de tonlieu de son avoir que il (s'il) maine des chevaulx qui sont dou fief de Guise, c'est à sçavoir, à Guise ne au fief de Guise ; mais ailleurs, il me le paieront si comme il ont accoustumé. Et est à entendre que nul bourgeois n'est quicte des tonnieus (tonnelieux) s'il n'est manant (demeurant) dedans la mairie de Guise, et s'y faisoient mener à aulcuns estranges, il me paieront mon vinaige.—Le brassin de gondalle(1) me debvra quatre lotz de foraige et le brassin de cervoise (2) seize lotz — Se il advient que aulcuns entreprengnent sur les aisemens de la ville, en quelque manière que ce soit, cerquemenés et adressés (arpentés et dressés) par les maire et eschevins de le ville et par le pruvost le (du) seigneur de Guise, et le pruvost il sera tenu à aller et faire tenir, toutes les fois qu'il en sera requis par les maire et Eschevins. Et chio quy (ce qui) sera trouvé hors du cerquemenage, si comme le forfaict, demourera au seigneur et l'aisement à la ville et octroye— Derechef, je veul que se aulcun se plaint au maire et ès eschevins pour debte, moy et mes successeurs garderons le prisonnier quinzaine et au boult du temps le rendrons au maire et le délivrera à celluy quy est la debte par et seigneur des échevins s'il affiert par la loix de la ville et sy le gardera dedans les quatre coings de la rue sus ville souffisante en forces ou en vives et partant, les maire et eschevins en seront délivrez.—Et veul que si comme ilz ont usez quy (qu'ils) puissent mettre en la malladerye

---

(1) Gondalle, espèce de bière.

(2) Cervoise, boisson faite avec du grain et des herbes.

de Guise les méseaux (lépreux) de la nation de Guise et de Lesquielles, tant comme il appartient à moy ; et veul que ces deux villes puissent mettre et oster en cette malladerye si comme ils ont usés pour le prouffit de la maison. Et veul que nul ne puisse recepvoir frère ne sœur en celle maison, ce n'est (si ce n'est) par le conseil de moy ou de mes gens et des deux villes. — Je veul aussy que les hostelleryes de Guise soyent gardées par le maire et eschevins. — Et veul que les dictz bourgeois puissent aprester (arrêter) leurs deniers à debteurs forains par ung des bourgeois, tant qu'il aura recouvré justice et celluy à qui le debvras sera tenu luy aider à le tenir tant qu'il sera livré à la justice à son pooir (pouvoir). — Derechef, je veul que l'avoir quy vient, derniers (deniers) frans, ne doibt point de vinage à Guise, s'il ne passe la rivière d'Oise, se ne le voit (si l'on ne voit) par conseil du seigneur ou des hommes de la court qu'il y ait mauvaise fraude pour le vinage amenrir (amoindrir). — Derechef, je veul que quiconque vient au marchet de Guise ne doibt poinct de vinaige ne à moi, ne à mes hoirs, alant et venant pour la journée, pour vendre ou achepter ses denrées audit marchet. — Quiconque vendra en l'année le plus cher vin, il debvra à moy ou à mes hoirs la vallue de ung muy d'icelluy vin. — Se aulcun bourgeois vient à hustin, ne à mielles (mêlée) pour deffaire, se il y a faict ne mal ne grief, il amendera par le loix de le ville. — Et derechef je veul que les bourgeois de le ville puissent faire assise pour leurs frais, toutes les fois que il verront que se soit le prouffit de la ville, mais que se soit de mon conget ou de mes gens et se y suis tenu de donner ou mes gens à leurs requestes, se je vois que raison soit. — Et veul que tous ceulx quy saisiront des aisances de le ville ayent à paeyer les frais de la ville, exceptés les gentilz-hommes et les gens d'église quy maintenent et manquent. — Et veul que le mardy de Pasques la justice soit remué (changée) chascun an et qui aura esté maire ung an, il ne le soit pas l'aultre an ; et que cellui quy y sera de le mairie soit tenu à compter devant les eschevins et la communaulté de la ville, et des l'estats et des fraiz faire bon compte et léal (loyal) et aussy de la cauchée ; et veul que le ville puisse prendre trois prud'hommes et de ces trois de l'ung en faire le maire et des aultres eschevins ; et les trois, le maire et (les) deux eschevins pourront prendre cinq hommes de ceulx qui auront été l'année devant, et moi et mes hoirs seigneurs en prendront les sermens, et veul que quand moi ou mes hoirs prendrons ou mettrons nouveaulx bailly ou prévost en la ville de Guise, quy fassent serment à la ville de garder les loix de le ville. — Et veul que se aulcunz marchantz viennent demeurer et marchander en la ville de Guise, que il soit tenu de mettre à ses fraiz de le ville, au conseil de le ville et par le conseil du seigneur de Guise ou de ses gens, ou se (ou bien) on luy deffendra la marchandise; et pour toutes choses dessus dites et chascune par soy octroyer et donner aux bourgeois de le dicte mairie, que le dict bourgeois soit tenu et obligé à païer au dict seigneur chascun an, au jour sainct Remy à toujours mais perdurablement, cent livres de tournois de rente. — Et ont obligé le dict bourgeois à moy et à mes hoirs et leurs biens présentz et advenir, en quelque lieux que ce soit ; et est à entendre que je retiens à moy et à mes hoirs et successeurs, par toute la dicte mairye de Guise, mon ost et ma chevauchée, toutes les fois que il me sera besoing pour moy et pour messeigneurs ; et je ne les puis semondre se n'est pour ma terre deffendre ou la terre à messeigneurs. — Et est à entendre que les deulx sols que javois acoustumé à prendre sur les bourgeois de la dicte mairye, en nom de bourgeoisye ne seront plus renduz ne à moi, ne à mes hoirs, ains en useront la ville pour eulx des bourgeoisies, ainsy comme ils en ont usez pour aider à païer les cent livres de rente devant dictes, et ne pourrai plus demander aux bourgeois que les cent livres de tournois par an, se il ne veulent faire de leur grez ; sauf à moy et à mes hoirs l'ayde de ranchon (rançon) et la chevalerye de mon filz aisnel et le mariage de ma fille aisnée. — Et veul et octroye, que toutes choses et les advenues quy eschéront, en cette dicte ville de Guise, hourmises les grosses amendes, c'est assavoir rat (rapt), mourtres (meurtre) et larcin, arrssin (destruction) de mes bos (bois) et mes eaues. — Et veul et octroye que les dicts bourgeois aient cloche pour eulx assambler, sy leur plaits, et pour eulx appeler, et s'il advenoit que moy ou mes hoirs ne (en) la ville eussient besoing de l'ayde de la ville, pourrions faire sonner la dicte cloche et qu'y venroit (viendrait) seroit et payeroit deux sols d'amende à moy et à mes hoirs. — Et sil advenoit que bourgeois ou fils de bourgeoise de la ville de Guise sostast de la loyx de le ville, en quelque manière que se fust, moy et mes hoirs pourrions prendre ses mentions (*mansiones* maisons) et héritaiges et tenir et exploicter jusques à tant qu'il revint à la loix de le ville et ne eust amendé ce qu'il auroit meffaict à moy et ès le ville et s'y l'amende estoit jugée pour moy et pour mes hoirs et par le maire et les eschevins de le ville. — Et est assavoir, que je n'entends pas, ne veul que par chose que soit par cy-devant dicte, ne octroye aux dicts bourgeois de Guise, qu'il ayt point de commune à Guise et que les bourgeois de Guise puissent demander, ne dire qu'il ayent commune à Guise, ne par l'octroy que je leur faictz de la cloche avoir, ne par aultres octroy que je leur ay dessus faict ; car, en telle manière leur faictz les choses dessus dictes, que parce, ne leur soit poinct acquis de droict d'avoir commune et quils ne puissent commune demander, ne dire qu'ils aient ; — Et toutes ces choses dessus dictes aye consenty, sauf mon droict et l'aultruy, et à toutes ces choses dessus dictes toutes ensemble et chascune par soy tenir et garder fermement et loyaulment à tousjoursmais je lie et oblige moy et mes hoirs et mes successeurs, sauf à moy et à mes hoirs toutes les aultres droictures (droits) rentes que j'ay et pourroys avoir sur les dicts bourgeois de la dicte mairye quy ne sont nomez en ceste charte. En témoing desquelles choses et que soit ferme et stable, bien donné de chou (ce) aux bourgeois de Guise, la ville et mairye de Guise (j'ai scellé) les présentes lettres de mon scel.

Ce fust faict l'an de l'Incarnation Nostre Seigneur mil deux cent soixante et dix-neuf au mois de juillet (1).

(1) Il existe aux archives de la mairie de Guise une copie de cette charte, avec une interprétation faite à l'école des Chartes à Paris, en octobre 1857, par les soins de M. Lesur, maire de Guise. L'original se voyait autrefois au couvent de Saint-Vincent de Laon. On lit sur la copie : « C'est la charte de la ville de Guise quy fut monstrée, l'an *m. iiijciiijxx*, jovr de mars avant Pasques, à honorable homme et saige M. Pière de Romery, maire de la ville de Guise, Pière Espinas et Robert de Flavigny, eschevins, et Oliver de Flavigny, escuyer, seigneur de Ribauville et bourgeois du dict Guise, ad ce appellez. Ichan Duboys, commis roial demourant à Laon; et laquelle charte, après la lecture et *vidimus* faicte, sur icelle, fut remise au chartrier de Saint-Martin l'abbaye, en ung certain coffre estant au dict chartrier dont les dicts maire et eschevins en ont une clef gardé (par) le couvent de la dicte eglise. Et ce fut faict en ma présence, tesmoing mon sing cy mis, l'an et jour susdicts. Ainsy signé, GOUDAIN.

« Collation de la présente coppie a estée faicte pardevant nous notaires roiaulx hé-

Jean de Châtillon ne vécut que peu de temps après la concession de cette charte, car il mourut vers le 26 juin 1279. Ses restes mortels furent déposés à l'abbaye de La Guiche, Sa veuve fit en personne le voyage de la terre sainte, en 1287, et l'année suivante, elle passa, avec un chevalier nommé Florent du Hainaut, un traité par lequel celui-ci s'engageait à faire dans l'espace d'un an, lui cinquième de chevalier, *le service de Dieu et le sien en la terre sainte d'outre-mer*, moyennant une somme de 2,500 livres. Elle trépassa en France en 1288, à l'âge de quarante-cinq ans, laissant pour héritière de tous ses biens Jeanne de Châtillon, l'unique enfant qu'elle eut eu de Jean de Châtillon. Le corps de la comtesse fut transporté à La Guiche, près de celui de son mari.

On ne voit pas que les seigneurs de Châtillon aient beaucoup habité leur manoir de Guise. La seigneurie de Guise, malgré les grands fiefs qui en dépendaient et qui en faisaient un des plus beaux domaines du pays n'était qu'une faible portion des immenses territoires soumis à leur domination. Ils habitaient tour à tour leurs comtés de Blois, de Chartres, d'Alençon. Ces grandes terres, en les mettant au nombre des premiers feudataires de la couronne, nécessitaient leur présence aux conseils du roi, les obligeaient à le suivre dans ses expéditions et chevauchées, et à paraître souvent à leur cour féodale. Un châtelain ou gouverneur, des prévôts et

réditaires en la prevosté de Ribemont soubsignez en son original escript en papier sain et entier d'escripture et signature et se concorde la dicte coppie au dict original rendu à Me Jacot de Lacroix, advocat et procureur fiscal à Guise, qui nous l'a exhibé et à ceste fin icelle tiré en nos présences du trésor des titres de monseigneur le duc de Guise estant au chasteau du dict de Guise. Cejourd'hui ix décembre, an mil six cent et neuf. Signez CONDRAU et DEHÉRISSART.

baillis administraient leurs terres, y rendaient la justice en leur nom et défendaient leur domaine en cas de besoin.

Le mariage que Jeanne de Châtillon dame de Guise et d'Avesnes avait contracté avec Pierre de France, fils de Saint-Louis, ne devait pas changer cet état de choses. Accordée au prince à l'âge de neuf ans, elle lui avait apporté en dot par traité de mariage passé en 1263, le comté de Chartres, Bray et Pontarcy, terre de la comté de Braisne, qu'elle avait hérité tant du côté paternel que du côté maternel. Quant à Pierre de France, il avait reçu en 1268 du roi son père les comtés d'Alençon et du Perche. Ainsi un prince du sang royal devint seigneur de Guise et d'Avesnes. Quoique marié en 1272 (1), ce ne fut guère qu'en 1277 qu'il entra réellement en possession des terres qui constituaient la dot de sa femme. D'accord avec cette dernière, il échangea en 1279, avec Gaucher et Hugues de Châtillon, les villes de Bohain et de Sains pour la terre de Pontarcy, suivant les conditions stipulées à l'occasion du don que leur en avait fait en 1277 Jean de Châtillon leur père.

Pierre de France, malgré l'éclat de sa naissance, acquitta les devoirs féodaux qui le liaient envers l'abbaye de Vermand en sa qualité de seigneur de Guise. En 1282, il fit hommage à l'abbé de la châtellenie de Bohain, à l'exemple de ses prédécesseurs, et reconnut, dans l'acte qu'il passa à cet effet, qu'il avait reçu une remise de 100 livres parisis, sur une somme plus forte qu'il devait à l'occasion de cet hommage. Il mourut en 1283 dans un voyage qu'il avait

(1) *Art de vérifier les dates.*

entrepris avec d'autres seigneurs, dans le but de secourir le roi de Sicile. Il avait dès l'année précédente constitué à Jeanne de Châtillon un douaire de 200 livres parisis de rente (1).

La dame de Guise restée veuve et sans enfants, à la fleur de l'âge, passa le reste de ses jours dans la piété. Elle fonda un anniversaire dans l'église de Saint-Quentin en lui donnant une maison qu'elle possédait dans cette ville. L'église de Saint-Denis reçut d'elle, en 1284, les droits qu'elle avait sur la maison ou forteresse de l'avouerie de la Flamengrie en Thiérache. La même année elle confirma, en sa qualité de dame de Guise, la vente faite à la même abbaye du domaine de Mucecort en Laonnois, par son cousin Gaucher de Châtillon, pour la somme de mille livres tournois. En 1284, au mois de mai, elle avait fait hommage en la ville de Paris à Robert de Thorote, évêque de Laon, des biens qu'elle tenait en fief de son évêché, quoique cet hommage dut se faire à Laon dans l'évêché même, *lieu du fief dominant*.

Cependant un nouveau roi montait sur le trône en 1285, sous le nom de Philippe-le-Bel. Ce prince était neveu par son père de Jeanne de Châtillon. En même temps que celle-ci vendit au nouveau monarque sa ville et comté de Chartres, elle donnait, en 1289, à Hugues de Châtillon comte de Saint-Pol, son cousin et son héritier, la seigneurie d'Avesnes, pour 9,000 livres tournois de rente sur le Temple à Paris, d'où elle tirait déjà d'autres rentes considérables (2). Vers

---

(1) *Sacri et canonici ord. Præmonst. Ann.*, tom. 2, p. 427; — *Traité de mariage de Jeanne de Châtillon*, aux preuves du livre III°, p. 68 et 69 de l'*Histoire de Châtillon*; — ibid., livre III, p. 446; — Lelong; — Colliette; — *Art de vérifier les dates*; — Aug. Viromand. Hommage de Bohain en 1282; — Mallon, *Annuaire historique de l'Aisne* pour 1848, p. 32.

(2) *Hist. de Châtillon*, liv. III, p. 446 et 232; — Aug. Viromand, *illust.*

ce temps-là, Philippe-le-Bel confirma des acquisitions faites en faveur des pauvres de Saint-Quentin, par une charte où il est question d'un revenu de sept septiers de blé sur un muid et un *plein mancaud* de terre (*septem sextarios bladi... super unam modiatam et plenum mancoldum terræ..*) sur le terroir d'Esonville ; d'un autre revenu de 12 deniers sur une maison d'Ade d'Esonville, située à l'entrée du Grand-Pont, près de l'étang ou vivier ; enfin d'un autre revenu de 12 deniers, également sur une maison et un jardin appartenant à Colard de Bernot, près du fossé de la ville, dans la rue Mairesse (*in vico majoris*) (2).

Le roi, satisfait sans doute de la vente que Jeanne lui avait faite du comté de Chartres, lui accorda, l'année qui suivit cette affaire (1290), pour sa seigneurie de Guise, un privilége qui montre combien la puissance royale avait déjà fait de progrès par suite de l'institution des baillis royaux. Guise étant du ressort du grand-bailliage de Vermandois, le roi avait droit d'y faire tous les actes de justicier, puisque toute justice émanait de lui. néanmoins il voulut bien « qu'encore qu'il fut en saisine (c'est-à-dire en possession) de justicier et cognoistre en sa terre de Guise et de Thiérasche, laquelle étoit du ressort du bailliage de Vermandois, ès cas de forces nouvelles, de saisines, de vinages, de debtes constituées par lettres et échevinages et autres cas semblables, toutefois pour l'amour et en considération d'elle (Jeanne de Châtillon), aucuns de ses baillys, sergens et autres officiers, ne justicieroient doresnavant, sous son nom, dedans les dites terres, tant qu'elle vivroit. » Jeanne

---

(1) Collielle. ***Mém. du Vermand.,*** tom. 2, p. 517 et suiv. pièces justificatives.

ne jouit pas longtemps de cette faveur toute personnelle, car elle mourut l'année suivante (1291) (1).

Guise eut une large part aux legs considérables que la comtesse avait faits par son testament. Elle laissa de quoi y *bâtir un hôpital*, reportant en outre sur cette fondation les sommes dont l'emploi pourrait être contesté. Sans vouloir enlever à Jeanne de Châtillon un honneur qu'on lui a toujours attribué, nous rappelerons ici qu'il y avait à Guise avant 1197 un établissement de bienfaisance sous le nom *d'hôpital*, et que par conséquent elle ne serait que la seconde fondatrice de cette maison comme mademoiselle de Guise en a été la troisième. D'après les titres de fondation perdus dans les guerres dont Guise fut si souvent la victime, l'hôpital fondé ou restauré par Jeanne de Châtillon, était bâti près de l'église de Saint-Pierre, d'où il fut transféré plus tard au lieu où il s'élève aujourd'hui (1). Quoi qu'il en soit, le testament de Jeanne de Châtillon, comme celui de son aïeul, a une couleur trop locale et trop historique pour qu'on regrette de trouver ici textuellement ce qui regarde notre ville. Il commence ainsi :

« En nom du père et dou Fil et dou Saint-Espérit, amen. Je Jehanne jadis fâme de noble homme conte d'Alençon, contesse de Blois, considéranz et attendeuz, que nulle chose n'est plus certène de (que) mort, ne nulle chose moins certène de l'eure de la mort, à l'onneur de mon Créateur, en reconnaissont les grâces que j'ai eües de lui en

---

(1) *Hist. de Châtillon*, liv. III, p. 117 ; — *Dict. de la noblesse*, art. *Guise*; — *Description MSS. de Guise*.

(2) *Archives de l'hôpital; Description MSS. de la ville de Guise* ; — *Quelques mots en réponse à la lettre d'un Vandale*, p. 17.

Sceau appendu au testament de Jeanne de Chatillon.

ceste vie mortel, pour amender mes mesfacz (méfaits), et pour le remède de mâme et pour espérence de mon sauvements, faz mon testament et ma derreine (dernière) volenté et ordène en la forme qui s'ensuit. »

Après avoir légué diverses sommes aux abbayes de Saint-Michel et de Foigny *pour pitance,* à la communauté des Béguines d'Avesnes, à *l'ostel-Dieu* de Landrecy et aux *povres ménagers* de la terre d'Avesnes, 500 livres, la testatrice ajoute que « se par aucune indulgence qui venist d'apostèle (de l'autorité apostolique) ou d'autruy estoient empeschié, qu'ils n'en poissent ioir finablement, je rapèle ce lais (legs) et veil que il soit à l'opital de Guise que j'ay ordené à fonder : en tèle manière que la moitié de ces 500 livres sera pour acheter les nécessitéz as malades, tèles comme je ai divisé de l'ostel-Dieu d'Avesnes, et l'autre moitié sera pour acheter rente pour les dites choses soustenir en un estat à touziourz.... »

Outre 45 livres pour la fondation d'un anniversaire, l'abbaye de Foigny, reçut une rente qui devait être *départie en pitance au couvent*, le jour où il serait célébré. Celle de Bohéries eut 10 livres à prendre sur le vinage de Guise, aussi pour l'anniversaire de la comtesse et autant *pour pitance*. Bucilly reçut les mêmes sommes que Foigny, dans les mêmes intentions. L'abbaye des *Nonnains* de Montreuil eut 100 sous de rente à *penre* sur le vinage de Guise également pour la célébration d'un anniversaire, et 40 livres en deniers *pour leurs nécessitez.*

« Item, au chapitre de Guise, continue la testatrice, pour acheter rente pour faire mon anniversaire, XXX livres. Item, as chappelains et as clercs de la dite église en autel forme. Item au curé de l'église parrochiale de la dite ville X livres, pour faire un annel (annuel) ou faire faire. Item à l'euvre (à la fabrique) de la dite église XL sols. Item à la maladrie de Guise XV livres. Item à la meson-Dieu de Guise L livres pour achetez les nécessitez as povres, si comme il est dit à l'ostel-Dieu d'Avesnes, et L sols de rente à prenre sur les bourgeoisies de Guise pour les dites choses soustenir. Item as Béguines de Nouvion XV livres pour acheter rente. Item à tous les chapellins de touz mes châteaux et de toutes mes mesons de la terre d'Avesnes et de Guise, pour faire chanter messes pour l'ame de moi XXX livres. Item as povres ménagers de la terre de Guise VIII cents livres. Et s'il n'en poaent jouir pour aucune indulgence d'apostèle ou d'autruy, je veill qu'il soit à l'ostel-Dieu de Guise que j'ai ordené à fonder, en autel forme, comme il est dit des ménasgiers d'Avesnes. Item as povres pucèles de la dite terre (de Guise) marier ou mettre en religion, V cents livres. Item as povres gentils fames de la dite terre IIII cents livres. Item as povres ménasgers, povres pucèles à marier, ou mettre en religion, et as povres gentils fames des fiez et rerefiés (fiefs et arrière-fiefs) de la dite terre de Guise et de leurs voisins, là ou mes exécuteurs verront qu'il sera mieux emploié, IIII cens livres. Et se il advenoit que par aucune indulgence d'apostèle ou d'autruy que n'en puissent joir pesiblement, je veill et ordène que ce lais soit à l'opital de Guise que j'ai ordené à fonder, en la manière que est dit des ménasgers de Guise. »

Jeanne de Châtillon reporta encore sur l'hôpital de Guise 1,100 livres réparties en différents legs sur les maisons religieuses du Cambrésis, de la Flandre et du Hainaut, au cas qu'il advint qu'elles ne pussent être employées selon ses désirs. Elle en fit autant d'une somme de 1,000 livres qu'elle avait laissée, pour la célébration de ses obsèques dans toute sa terre de Guise et lieux voisins, et pour être distribuée aux pauvres ce jour-là. Après avoir ordonné « que *ses tombes soient dou moins coust que l'en porra par reson*, » Jeanne désire « que toutes ses robes, linges et langes de son corps et de lit » soient donnés « pour Dieu aux pauvres gentils fames de ses terres, ainsi que queuvrechies (couvrechefs) quimples (guimpes) et toutes tèles menues choses, » elle veut aussi que « touz dras entiers et fourures neuves qu'elle aura au jour de sa mort soient donnés pour Dieu à povres chevaliers, povres dames et povres damoiselles, et povres prêtres en ses terres ou vendus et donné l'argent pour Dieu, selon que ses exécuteurs verront qu'il sera plus profitables. » La moitié de ce dernier legs devait encore retourner à l'hôpital de Guise au cas qu'il souffrît quelque difficulté dans son exécution.

Les frères Mineurs, les frères Prêcheurs, les Bons-Enfants, les Béguines et autres *povres religions* de Saint-Quentin, de Laon, les dames du Sauvoir, eurent aussi part aux libéralités de la comtesse, à la charge de prières, messes, pénitences et autres bonnes œuvres pour le repos de son âme. L'année même de sa mort, qui arriva le 19 ou 29 janvier 1291, et qui fut « dévote et précieuse devant Dieu et continuellement recommandable *en la mémoire d'aucun*, » elle destina plus de 15,000 livres tournois à l'envoi de chevaliers au secours de la terre sainte. Selon Duchesne et le P. Anselme, qui le suit, elle fut enterrée en l'abbaye de la Guiche; selon les annales de Prémontré, au contraire, elle le fut à Bucilly, dans le sanctuaire de l'église de cette abbaye, où l'on voyait son tombeau (1).

La branche aînée des descendants de Hugues Ier de Châtillon, et de Marie d'Avesnes, dame de Guise, étant éteinte dans la personne de Jeanne, la terre de Guise et les autres terres qu'elle possédait en Thiérache passèrent aux descendants de la branche cadette, dont le chef était Guy Ier de Châtillon, comte de Saint-Pol, fils puîné ou deuxième fils de Hugues, et frère de Jean de Châtillon, seigneur de Guise. Guy avait eu de Mahaut de Brabant, dite, par quelques auteurs, de Châtillon, plusieurs enfants, entre autres Hugues II de Châtillon, Guy III de Châtillon, Jacques et Béatrix de Châtillon. Ce fut Hugues « qui hérita des comtés de Blois et de Dunois, des seigneuries de Guise et d'Avesnes, et des terres du Nouvion, de Landrecies, de Trélon et des armes pleines de la maison de Châtillon, tant par droit de naissance que par la volonté de Jeanne de Châtillon sa cousine (2). »

Cette riche succession ne laissa pas que de soulever de grandes contestations entre Hugues II et ses frères Guy et Jacques, et Gaucher de Châtillon, leur parent, au sujet de divers dons qu'il prétendait lui avoir été faits par la comtesse sa cousine. Elles furent apaisées en 1294 par la médiation de Philippe-le-Bel; et Hugues, moyennant la cession qu'il fit à ses co-héritiers du comté de Saint-Pol et de quelques

---

(1) Testament de Jeanne de Châtillon, dans l'*Histoire de Châtillon*, par Duchesne; — *Hist. Généalogique du P. Anselme*; — *Généalogie de Châtillon*. — *Annales de Prémontré*, tom. 2, p. 427.

(2) Et non sa sœur comme le dit Colliette; — *Hist. de Châtillon*, liv. III, p. 124; — *Dict. de la noblesse*, art. *de Guise*; — Lelong. Colliette.

autres terres de Brabant, resta paisible possesseur de tout le reste. Il avait épousé, en 1287, et du vivant de Guy son père, Béatrix de Flandre qui descendait de Bouchard d'Avesnes et de Marguerite de Flandre (1). Celle-ci fit à sa requête, plein et entier abandon à Guy comte de Saint-Pol et à ses hoirs, de tout le droit de douaire qu'elle pouvait prétendre sur le comté de Saint-Pol et sur les biens de Jeanne de Châtillon. Moyennant l'assignation de 5,000 livrées de terre, de 1,500 livres sur les châteaux de Bohain, d'Oisy, du Nouvion et d'Englancourt, consentie par Hugues, son mari, ses frères et le roi Philippe-le-Bel. En 1296, Hugues permit au comte de Saint-Pol de lever *certains profits* sur la terre de Guise jusqu'à ce qu'on l'eut mis en possession du château de Bohain et de ses appartenances, c'est-à-dire de tout ce qui appartenait originairement à la seigneurie en hommes, terres, coutumes, droitures, péages, etc. Ce ne fut guère qu'en 1297 que ce dernier et son frère Jacques, seigneur de Leuse, ratifièrent le contrat de mariage de Hugues et de Béatrix, et qu'ils approuvèrent le nouveau douaire assigné à la comtesse (2).

Dès l'année qui avait suivi son entrée en possession, Hugues fit acte de propriété sur le comté de Guise, en faisant hommage, à Paris, à l'évêque de Laon, des terres de cette seigneurie, que Jeanne sa cousine *souloit tenir de lui,* reconnaissant toutefois, tant pour lui que pour ses successeurs, que ledit hommage devait avoir lieu en l'évêché de Laon (3).

(1) *Hist. de Châtillon,* liv. VII, p. 334 ; — *Ibid.,* liv. III, p. 232 : — *Lettres de 1204 tirées de l'inventaire des titres du Trésor de La Fère, dressé par M. Galland, etc., etc., aux preuves de l'Hist. de Châtillon.*

(2) *Lettre de 1294, aux preuves de l'Histoire de Châtillon.*

(3) *Hist. de Châtillon,* liv. III, p. 132.

L'évêque de Laon était alors Robert de Torote, qui occupa ce siége depuis 1285 jusqu'en 1296.

Ce prélat, dans une visite pastorale qu'il avait faite à l'église de Saint-Gervais, s'étant aperçu que des abus s'étaient introduits dans cette collégiale et que les anciens statuts étaient tombés en désuétude, donna aux chanoines un nouveau règlement concernant l'état de l'église et des personnes de l'église, sauf toutefois les priviléges qui lui avaient été accordés par les souverains pontifes. Ce règlement, qui se trouve au cartulaire de l'évêché de Laon, entre dans de grands détails sur la discipline et la lithurgie observées dans la collégiale au XIIIe siècle ; le voici en substance.

« Les chanoines, les chapelains et tous ceux qui possèdent un bénéfice dans l'église de Saint-Gervais, se comporteront en y entrant et en en sortant pour le service divin, avec honnêteté dans leur démarche et leur contenance. Ils porteront depuis la Toussaint jusqu'à Pâques, le surplis et par-dessus une cape (chappe au manteau) noire, et de Pâques à la Toussaint, le surplis seulement, à moins que le mauvais temps, la faiblesse du corps ou une autre cause ne les oblige à user de la cape avec le surplis. Ils s'acquitteront exactement de l'office de la nuit, en sorte que pendant l'hiver et surtout pendant l'avent ils se lèvent pour matines assez à temps (*ad eo tempestive*) pour les avoir terminées au point du jour; en été ils doivent les sonner et les commencer de manière à les voir finies vers le lever du soleil. Quant à cet office et aux autres heures, le prélat recommande aux chanoines de s'en acquitter selon la note, clairement et distinctement (*ad notam apertè et distinctè*), en sorte que le service soit agréable à celui qui en est chargé, et qu'il ne soit pas inquiété par les détonations des assistans. Le chantre de l'église réglera avec fidélité le service par lui-même ou par une autre, selon le serment qu'il en aura fait, et l'écrira ou le fera écrire sur un tableau spécial, ainsi que les charges que chacun devra remplir pendant la semaine. Les prêtres feront chacun leurs semaines, à des temps marqués, soit par eux-mêmes, soit par d'autres; la semaine commençant aux vêpres du samedi, ils rempliront ainsi l'office sacerdotal jusqu'aux vêpres du samedi suivant. Les diacres et les sous-diacres rempliront aussi pendant leur semaine les fonctions de leur ordre. Ainsi, chaque jour de l'année, à la grand'messe qu'on célèbre dans l'église, ils assisteront le prêtre célébrant, revêtus d'aubes, d'amicts, de manipules, d'étoles, et des autres ornemens, selon la diversité des temps et l'ordre du service, et ils les porteront pendant la messe entière et lorsqu'on sortira processionnellement. Le semainier qui aura célébré la grand'messe, en sa semaine, célébrera la messe des morts la semaine suivante, à moins que la grand'messe elle-même ne soit pour les morts. Aux fêtes annuelles, la grand'messe sera chantée par le doyen, s'il n'est *canoniquement* empêché; dans ce cas, il sera remplacé par un chanoine-prêtre. L'empêchement pourra être certifié sur la foi du serment. » Ceux qui manquaient à quelqu'une de ces prescriptions, étaient condamnés à payer deux blancs; si le manquement avait lieu à la grand'messe on payait cinq blancs; aux jours solennels, l'amende était de six blancs pour la messe et de quatre blancs pour le reste de l'office; à défaut de payement, on devait faire une retenue qui revenait à celui qui avait remplacé l'absent. « Les chanoines assisteront *aux heures entières*, surtout aux matines, à la messe et aux vêpres, à moins d'empêchement canonique, « et parce qu'il est juste que celui qui travaille davantage reçoive une récompense plus grande, » celui qui dira la grand'messe recevra ce jour-là de plus que les autres un pain ou deux blancs. On choisira, pour montrer les reliques au peuple, pour leur garde et celle des vases sacrés et des ornements, des personnes de confiance et d'une piété reconnue. On tiendra dans la propreté les lieux où elles reposeront, ainsi que l'église et ses dépendances, et on fera en sorte qu'ils ne soient point pollués par la mauvaise odeur des animaux. »

« Il était enjoint *aux personnes de l'église*, chanoines, chapelains ou autres serviteurs, d'être modestes dans leurs repas, d'éviter les lieux suspects, les mauvaises fréquentations, *de peur que leur conversation ne fut un sujet de scandale*; d'habiter les maisons du chapitre, à moins qu'ils n'en eussent une à eux dans la ville. Dans ce cas, les maisons inhabitées étaient confiées à l'un des chanoines jusqu'à ce qu'il y en eut un qui l'habitât, et s'il arrivait qu'un chanoine ne voulût pas habiter la maison qu'il tenait du chapitre, il lui était défendu de la louer à un autre qu'à un chanoine, d'y mettre du blé, de l'avoine, du vin, ou d'autres redevances, jusqu'à ce qu'il se trouvât un chanoine pour y demeurer, l'acheter ou la louer. On devait tous les ans tenir le chapitre général, pour régler tout ce qui avait rapport à la réforme de l'état de l'église, des personnes et des biens, et choisir une personne capable de remplir l'office de prévôt. »

« .... La durée de l'office de prévôt était fixée d'un chapitre général à l'autre, à moins que la mort du titulaire ou une cause grave n'obligeât de faire une élection dans l'intervalle. Le prévôt ne pouvait rien sur les biens de l'église, soit pour les affermer soit pour terminer les difficultés ou les procès suscités par ses débiteurs, sans le conseil du chapitre, surtout lorsqu'ils pouvaient occasionner de longs débats ou des frais considérables. On lui recommandait la plus scrupuleuse exactitude dans la perception des revenus de sa recette et dans sa répartition entre les chanoines. Il était tenu de se présenter au chapitre général pour y rendre un compte fidèle de son administration, de ses recettes et dépenses, en présence du doyen, des chanoines, et de tous ceux qu'on aurait jugé à propos de convoquer ; et au cas que *par ruse ou malice* il eut mal géré les affaires de l'église, il devait réparer le dommage de ses biens propres et recevoir une punition convenable. D'un autre côté, il était défendu aux chanoines d'usurper aucun des droits inhérents à sa charge sans son expresse autorisation. »

« Dans le chapitre général, on devait nommer une ou plusieurs personnes chargées de la garde des clefs du sceau, du chartrier et du trésor. On n'avait accès aux sceaux que pour sceller ce qui avait été convenu au chapitre général, après quoi, ils devaient être remis sous clef à leur place accoutumée. Toutes les fois qu'il s'agissait de faire quelque chose intéressant le chapitre, celui-ci devait être convoqué au son de la cloche pour en délibérer mûrement. Le défaut de convocation de tous les membres résidants suffisait pour infirmer la validité des résolutions prises, hors le cas de nécessité évidente pour le bien de l'église. Quant au partage des gros revenus (*grossos fructus*) attachés à chaque prébende, il était confié *à des personnes discrètes* qui en devaient faire autant de portions qu'il y avait de chanoines et de prébendes, *fidèlement et également pour le mieux*, observant de ne donner qu'aux chanoines et de ne faire servir qu'à l'utilité générale de l'église, les prébendes des chanoines qui ne font point de résidence (*stagium*), et ce qui resterait des prébendes foraines. Il était recommandé de garder sous clef, de peur qu'ils ne vinssent à périr par le laps du temps, les papiers sur lesquels on inscrivait ces distributions ainsi que les revenus du chapitre. Tous les contrats concernant *les choses* du chapitre et les *investitures*, non passés en plein chapitre, étaient affectés de nullité. L'évêque veut que le doyen, le chapitre et les chanoines s'obligent à pourvoir *par eux-mêmes, par leurs sceaux et provisions*, à chacun des bénéfices à leur collation ou présentation, et d'y nommer selon ce que Dieu leur aura inspiré, lorsque le temps de les conférer serait arrivé. Il était accordé au chanoine qui se ferait saigner (*qui se fecerit minui*) de n'être pas forcé d'aller à l'office pendant les trois jours de sa saignée, et il n'en avait pas moins droit à ce qu'il eut reçu s'il y avait assisté en personne. Il pouvait sortir de la ville pour sa santé à cause de la saignée, (*causâ minutionis*), et y rester les trois jours *supposés nécessaires à ceux qui se font saigner*, mais il ne lui était pas permis de passer la nuit dehors la ville (1). Tout chanoine qui avait fait sa résidence de vingt-quatre semaines, avait droit aux gros revenus de sa prébende. L'évêque terminait son règlement en statuant que les prébendes possédées alors par le doyen Jacques de Châlons et les chanoines Jehan de Villemore, Henri de Laduc (*de Laduco*), Hugues de Jon-

---

(1) Il était d'usage alors dans les communautés de se faire saigner de temps à autre. L'évêque de Soissons allait tous les ans se faire saigner au couvent de Saint-Jean-des-Vignes.

chéri, curé de La Flamengrie, et Pierre *de Ortis*, fussent à perpétuité *presbytérales* ou *sacerdotales*; que les prébendes possédées par Guillaume d'Aunay, Jehan d'Ascogne (*de Asconio*), Geoffroy de Montargis, et Thibaut de Courcelles, fussent à perpétuité *diaconales*, et que celles occupées par Guillaume de Maigers, Jehan des Maisons (*de Domibus*), Pierre de Bonval (*de Bonavalle*), fussent à perpétuité *subdiaconales*. Ceux qui avaient obtenu ces prébendes devaient y être promus au bout d'un an, et l'année suivante, ils ne pouvaient en percevoir les gros revenus et être censés faire leur résidence, jusqu'à ce qu'ils en fussent réellement pourvus. L'évêque termina ces longues et sévères prescriptions, empreintes de cet esprit libéral qu'on ne voyait guère alors que dans les communautés, en ordonnant sous peine d'excommunication aux doyens et chanoines de Guise *présens et à venir* de les observer, et en leur enjoignant de jurer, le jour de leur réception, de s'y conformer. »

Un an après l'arrangement du douaire de sa femme, Hugues, tout occupé du soin de ses nouvelles possessions, amortit aux religieuses de Fervaques les fonds qu'elles avaient sur la seigneurie de Guise, se réservant toutefois le ressort de la justice et la suzeraineté. Il quitta bientôt ces soins domestiques pour suivre le roi Philippe, qui porta la guerre en Flandre, en 1297, afin de punir le comte Guy de son alliance avec l'Angleterre; et l'année suivante, il donna son approbation à l'ordonnance qui établissait la reine Jeanne, femme de ce prince, régente du royaume, au cas qu'il mourût avant que l'héritier présomptif de la couronne fut parvenu à l'âge de majorité. La guerre ayant recommencé en 1299, entre le roi de France et le comte de Flandre, après une trêve de deux ans, Hugues ne put répondre à la *semonce* de son suzerain pour cette expédition, car il tomba malade au mois de mai de cette année (1).

A l'exemple de ses prédécesseurs, il recommanda à ses exécuteurs testamentaires, parmi lesquels étaient Béatrix sa femme, ses deux frères Guy et Jacques, les abbés de Foigny, de Bohéries, de Saint-Michel, le chevalier Jean du Nouvion, son confesseur, et Gauthier de Monampteuil, son chapelain, de payer ses dettes, de restituer tout ce qui avait pu être usurpé par ses officiers et de réparer les torts « faits, en sa vie, par lui ou par ses baillifs et châtelains, prévost ou autres sergens.' » Les hôpitaux et les couvents de Guise, de Landrecies et d'Avesnes, les prêtres des paroisses de ses terres, reçurent des legs considérables. Ainsi, il laissa « à la maison-Dieu de Guise C sous, à Saint-Ladre (Saint-Lazare) de Guise, LX sols, as moines de Bohéries, de Clérefontaine, de Busillies, de Liessies, de Fanu (Fémy) et de Foisni, à chacun abbaie, X livres..., as moines de Saint-Michel-en-Terasche, X livres..., à chacun prêtres de paroisses de toutes ses terres, pour faire son obsèque, V sols..., as povres ménasgers de la ville et villages de la terre de Guise, deux cents livres. » Il voulut de plus, que soixante livres « fussent départies as povres ménasgers d'environ Englaincourt; XL livres à ceus d'entor les haies d'illecques environ, et XL livres à ceus d'entor les haies du Nouvion; » et qu'en cas que la cour de Rome vint à changer ces dispositions, tous les legs qu'il fait aux pauvres, revinssent aux hôpitaux de ses châtellenies.

---

(1) *Histoire de Châtillon*, liv. III. p. 132; *Lettres de 1206;* — *Ibid.*, p. 160; — *Histoire de France.*

Enfin, « ayant pour la dévotion qu'il avoit à la saincte terre où notre Seigneur mourut, » voué le voyage d'outre-mer, il laissa à ses enfants, ou à leur défaut à ses frères, ou à défaut des uns ou des autres à ses exécuteurs testamentaires, 5,000 livres tournois, pour y envoyer un certain nombre de chevaliers (1).

Hugues ne mourut pas aussitôt qu'il l'avait cru, car en 1300, il remit au seigneur de Bohain les hommages qu'il lui devait, à cause de sa châtellenie de Guise. Cependant il paraît qu'il en avait excepté le fief de Bohain lui-même, puisque le comte de Saint-Pol reconnut en 1318 qu'il tenait la terre de Bohain du comte de Guise, sauf ce qui était tenu de Vermandois. Le comte Hugues prolongea sa vie jusque vers 1303. Il avait choisi pour le lieu de sa sépulture le couvent de la Guiche, en cas qu'il vint à mourir sur le pays qui sépare Blois de Paris, et celui de Foigny, s'il venait à décéder entre Paris et la Thiérache. L'abbaye de la Guiche reçut ses restes mortels (2).

Hugues de Châtillon, aima fort les gens de lettres. Il fit composer plusieurs romans en langue vulgaire, dont les titres indiquent suffisamment ce que devait être ce genre de composition, « un tissu d'aventures guerrières et amoureuses de princes et de chevaliers, » parcourant le monde pour les beaux yeux de leurs dames. L'auteur de l'histoire de Châtillon avait vu, dans la bibliothèque du président de

---

(1) Testament de Hugues de Châtillon, aux preuves du livre IV de l'*Histoire de Duchesne*.

(2) Lettres de 1300, et celles de 1318, aux preuves du liv. VI, p. 172 de l'*Histoire de Châtillon*; — *Hist. de Châtillon*, liv. IV, p. 135; — *Dictionnaire de la noblesse*, art. Guise.

Thou, deux de ces romans écrits sur parchemin. L'un portait en frontispice ce long titre : *Ichi commenche l'histoire de Kanor et de ses frères lequeil furent fil au noble Cassiodorus, empéreor de Constantinoble et de Rome, lequeil furent engenré en l'empéréis Fastige, ki fille fu à l'empéreor Phiseus.* L'auteur disait ensuite qu'il avait composé ce livre à la prière de noble prince *Huon de Châsteillons*, comte de Saint-Pol. L'autre, composé par Butorius, l'an 1294, est intitulé : *Roman de Constant*. Il est également dédié « à Huon de Châstillon, jadis comte de Saint-Pol, et tant com aore (étant encore) comte de Blois, seigneur d'Avesnes et de la Grand Tieraisse (1). »

Guy de Châtillon, fils de Hugues, lui succéda dans la possession des seigneuries de Guise, d'Avesnes, de Landrecies, de Trélon, etc.... Il avait été fiancé dès l'âge de dix ans avec Marguerite de Valois, fille de Charles de France, comte de Valois, frère de Philippe-le-Bel, et sœur de Philippe de Valois, depuis roi de France. Cette princesse lui apporta en dot mille livrées de terre et vingt-cinq mille livres tournois. Le premier acte connu que Guy de Châtillon fit en sa qualité de seigneur de Guise, fut l'approbation qu'il donna, comme suzerain, à diverses ventes faites au chapitre de Saint-Quentin par Collard de Moy, au village de Gouy (*apud Gogicum*). Plus tard, il *loua* également celle que fit au même chapitre le chevalier Matthieu Poket d'Urvillers, son vassal (1314), et celles que firent à ce dernier (en 1317), sur le terroir d'Essigny, Raoul de Foisseux, chevalier, seigneur de Saint-Simon. Lui-même il acquitta cent livres

---

(1) *Hist. de Châtillon*, liv. IV, p. 155.

parisis à l'abbé de Vermand, à titre de reconnaissance de vasselage envers l'abbaye (*titulos clientis renovati*). Cet acte a été attribué à Hugues de Châtillon par l'auteur de l'*Augusta Viromanduorum*, mais il est évidemment de Guy, son fils, puisqu'il est de 1305, et que Hugues était mort en 1303 (1).

Le comte de Blois, après être resté sous la tutelle de sa mère Béatrix, et de son oncle Guy, comte de Saint-Pol, épousa, en 1310, Marguerite de Valois sa fiancée, et fut fait chevalier par Philippe-le-Bel, à l'occasion de son mariage, en présence d'Edouard, roi d'Angleterre, et d'Isabeau de France, sa femme.

Ce fut un an après ce mariage que le concile de Vienne, présidé par Clément V, supprima l'ordre des Templiers et condamna les Bégards et les Béguines, dont il existait une communauté à Guise. Ces dernières s'étant mises à dogmatiser, avaient adopté les erreurs des Bégards ou Béguins, sorte de laïques enthousiastes, qui se nommaient frères de la pénitence ou du tiers-ordre, vivaient aussi en communauté, et chez qui s'étaient glissées des doctrines pernicieuses et de grands désordres. Les Bégards soutenaient que l'homme peut en cette vie atteindre un degré de perfection qui le rende impeccable, obtenir ici-bas la béatitude finale et en jouir comme dans l'éternité. Les conséquences pratiques qu'ils tiraient de ces rêveries ne tendaient à rien moins qu'à ruiner les dernières limites de la morale, car ils disaient : qu'arrivé à ce point de perfection où la chair se trouve entièrement soumise à l'esprit, ils ne devaient ni

---

(1) *Aug. Viromand*, p. 251 et 270 : — *Hist. de Châtillon*, liv. IV, p. 137 ; — Colliette, Lelong, *Dictionnaire de la noblesse*.

jeûner, ni prier, ni même obéir aux ordres de l'église, mais qu'ils pouvaient accorder à leur corps tout ce qu'il convoitait ; qu'il était indigne d'une âme élevée en grâce de s'abaisser à la pratique des vertus, à la méditation des mystères de l'homme-Dieu, de recevoir l'Eucharistie et de lui accorder quelque marque de respect et de vénération (1).

Quoique rien ne prouve que les Béguines de France aient donné dans ces pernicieuses erreurs répandues surtout en Allemagne, il n'en est pas moins vrai que des abus s'étaient introduits, à leur occasion, dans ces communautés, et que la sentence du concile, tout en les exceptant, ne laissa pas que de porter atteinte à leur existence dans toutes les villes de France où elles étaient établies. On ne retrouve plus à Guise aucune trace de cette communauté, que les seigneurs de la maison de Châtillon avaient distinguée dans leurs donations testamentaires à cause des services qu'elle rendait à l'humanité dans les maisons-Dieu, hôpitaux et léproseries qu'elle desservait, sous le nom de *sœurs*; avec des prêtres qui s'appelaient *frères* (2).

La lèpre, cette affreuse maladie rapportée d'Orient, faisait dans ce siècle d'horribles ravages. On avait d'abord admis les lépreux dans les hôpitaux ordinaires, mais on les en expulsa ensuite, à cause de la contagion, et on les plaça dans des hospices qu'on bâtit au milieu des plaines. On distingua donc deux sortes d'hôpitaux, les maisons-

---

(1) *Histoire ecclésiastique*; — *Concile de Vienne* en 1311; — Dormay, *Histoire de Soissons*;— Carlier, *Histoire du Valois*; — *Aug. Viromand.*;— Lelong, *Histoire du diocèse de Laon*.

(2) Auteurs précités. — *Aug. Viromand.*, lib. 2, p. 172 et 173.

Dieu et les *léproseries* ou *ladreries*. Les premières servaient de retraite aux voyageurs, passants pauvres et pèlerins qui visitaient les lieux de dévotion dans l'intérieur du royaume. Sur les premiers indices de la lèpre, on les transférait dans les maladreries hors des villes.

Il y avait deux sortes de lèpre, la *cutanée* qui attaquait la peau, la faisait tomber comme une dartre, défigurait affreusement le malade, et n'offrait pas de danger; l'*éléphantide*, qui était une horrible maladie, mettait le malade dans une hideuse situation. « Les pieds et les mains enflent à telles gens, dit Falcon, la peau de leur corps s'en va par écailles, les cheveux leur tombent, leur bouche s'empuentit, leurs dents branlent, toutes les parties charnues de leur corps ne sont à proprement parler qu'un ulcère, et il croît sur ces parties des pustules grosses comme des châtaignes d'où flue continuellement un pus infect. Le malade est en proie aux accès des passions les plus brutales, aussi nomme-t-on ce fléau *grande maladie*. » C'est de là qu'est venu le nom de maladrerie qu'on donne encore aux anciennes léproseries et aux lieux où elles étaient situées (1).

Chaque espèce de lèpre se divisait, selon son origine, en deux natures: l'une appelée lèpre de naissance s'apportait en venant au monde, l'autre dite lèpre d'accident se gagnait par la débauche, et par le passage d'un pays chaud dans un climat froid. Ce qu'il y avait d'étrange dans cette maladie, c'est que plus elle avait d'intensité, plus le lépreux éprouvait de fureur de se mêler aux personnes saines, ce qui donna

---

(1) *Histoire du Valois*, tom. 1er, p. 539 et 540; — Falcon, *Commentaire sur la chirurgie de Guy de Chaulieu*; — *Histoire de Soissons*, par H. Martin, tom. 2, p. 81, et celle de Dormay.

lieu à ce proverbe: « Ladres et larrons veulent tout le monde pour compagnons. » Cependant les lois les plus sévères l'excluaient de la société. Dès qu'un infortuné était frappé, on le séquestrait dans une loge qu'on bâtissait dans le canton le plus voisin consacré au séjour des lépreux ; aussi les maladreries n'étaient-elles qu'un amas de cellules près desquelles il y avait une chapelle dédiée à sainte Marthe, à sainte Magdeleine, ou à saint Lazarre. Avant de quitter sa demeure, le lépreux se formait une pacotille des choses les plus nécessaires à la vie : « une tartarelle, souliers, chausses, robes de camelin, une housse et un chaperon de la même étoffe, deux paires de drapeaux, un baril, un entonnoir, une courroie, un couteau, une écuelle de bois..., un lit étoffé de coutte, coussi et couvertures, deux paires de draps à lit, une huche ou un escrin fermant à clef, une table, une selle, une lumière, une poêle, un andier, des écuelles à mangier, un bassin, un pot à mettre cuire la chair. » Telle devait être la composition de son mobilier. De plus on était tenu de lui faire une maison et un puits.

On fuyait les lépreux comme des spectres ambulants, des cadavres déjà corrompus qui exhalaient des odeurs pestilentielles. Ils devaient porter des cliquettes pour avertir les *sains* de leur approche. Aux anciennes lois sur les lépreux, Charles V, en 1371, en ajouta une nouvelle, à la fois sage et sévère, pour arrêter les progrès effrayants de cette maladie que le défaut de surveillance dans les léproseries et la méchanceté de certains ladres multipliait comme à plaisir. Ces misérables irrités de l'horreur qu'ils inspiraient, et souvent pressés par la faim, quittaient par bandes les maladreries, erraient dans les campagnes et s'ingéniaient à répandre le fléau pour rendre, disaient-ils, tout le monde *mésel* (lépreux). On réveilla par des mesures rigoureuses et par l'appareil lugubre dont l'église elle-même entourait cette séquestration, l'horreur que causait autrefois le seul nom de la lèpre (1).

Les maladreries n'eurent d'abord pour revenus que des aumônes et des contributions volontaires que s'imposaient les habitants d'un canton pour prévenir les accidents de cette terrible maladie ; vers la fin du douzième siècle, elles commencèrent à recevoir des rentes et des fonds de terre. Celles de Guise et de Lesquielles furent dotées dans le cours du treizième, ainsi que leurs maisons-Dieu et hôpitaux, par la maison de Châtillon. La maladrerie de Guise était située vers le faubourg Saint-Lazare, qui prit son nom de l'église de la maladrerie, dédiée à saint Lazare ou saint Ladre. Les bâtiments de cet établissement, qu'on croit antérieur à 1256, ne disparurent entièrement que dans le dix-septième siècle (2).

Malgré leur éloignement du comté de Guise, les seigneurs de la maison de Châtillon montrent assez par les rapports qu'ils y entretenaient qu'il était toujours un de leurs principaux domaines. Ils avaient à Guise un *gouvernor* qui, vers ce temps-là, était Huon de Craon, sire de Saint-Crépin, lequel figurait en 1316, avec d'autres nobles hommes, à l'assemblée tenue par Jean de Wallincourt, *bers* (baron) de Flandre, au castel de Wallincourt, à l'effet de rétablir la *loi* de ce lieu tombée en désuétude. En sa qualité de seigneur de Guise, Guy de Châtillon *louoit*, en 1317, la vente faite à

---

(1) *Hist. du Valois*, tom. 1er, p. 340 ; — *Hist. de Soissons*, par Dormay, et celle d'Henry Martin, p. 240 du tome 2.

(2) Auteurs précités. *Description manuscrite de Guise*, — *Réponse à la Lettre sur l'Histoire de Guise*, p. 17.

Essigny par le chevalier Raoul de Foisseux, seigneur de Saint-Simon, à Matthieu Poket, écuyer, comme il avait loué celle faite par Matthieu Poket, chevalier, en 1314. Il confirma également, comme seigneur dominant du fief, le consentement et l'approbation donnés par Guy de Moy et Isabelle de Maigneiers, sa femme, à l'achat fait par le chapitre de Saint-Quentin, d'un arrière-fief de la seigneurie de Guise, mouvant des seigneurs de Moy, lequel consistait en 22 muids, 5 septiers, 47 verges de terre en toute justice, et du relief et hommage de trois autres fiefs dont le premier était de 5 muids de terre, et deux autres chacun de 18 muids, dont un avait déjà été retrait par le chapitre. Le prix de l'acquisition avait été de 1,480 livres parisis (1).

La multiplicité des justices particulières engendrait par des empiètements réciproques, de perpétuels conflits de juridiction entre les seigneurs voisins. Depuis l'établissement des grands-baillis, la puissance royale avait remplacé celle de l'église, lorsqu'il y avait à intervenir dans ces différends et faire rentrer les officiers des justices seigneuriales dans les limites de leur ressort. Guy de Châtillon, ou plutôt les officiers de sa justice de Guise, eurent un de ces démêlés avec l'abbaye de Prémontré. Ceux-ci avaient entrepris sur la justice de Dorengt, en y *justiciant* sur la maison des religieux, par la prise de deux hommes qui y étaient détenus *pour cas criminel*. Les religieux *s'étant dolus et complaints* de cet acte de violence, en appelèrent au bailli de Vermandois, alléguant qu'ils étaient *en longue et souffisante saisine* de faire exploit de justice, d'avoir la prise, la détention, la connais-

---

(1) *Aug. Viromand.*, p. 251 et 270 ; Colliette. — *Mém. sur le Vermandois.*

sance et le jugement des personnes et des biens *en cas criminel* et requirent que messire le comte et ses gens fussent contraints de leur remettre les prisonniers et que son procureur *fut amendé*. Le bailli, comme représentant de la puissance souveraine, après avoir entendu, en ses assises, les dires des deux parties, rendit en 1321, contre le comte de Blois, un jugement qui confirmait les religieux de Prémontré dans leurs droits de justice sur leur terre d'Iron.

Un autre différend à peu près semblable avait eu lieu sous Jean de Châtillon, l'un de ses prédécesseurs, mais il s'était terminé à l'amiable. Le chevalier Wautier de Tupigny, seigneur *d'Iron, de La Vakerèche et du Torchon*, après de longues discordes avec les mêmes religieux au sujet de la justice *de la ville d'Iron*, entra en arrangement avec eux en 1269. L'abbaye lui fit l'abandon des droits de justice, de terrage et autres semblables qu'elle avait à Iron, sauf toutefois *la droiture* de l'église de Saint-Pierre de Dorengt, moyennant une rente de XXX livres tournois que lui et ses hoirs devaient verser aux religieux le jour de la Toussaint, en leur maison d'Hannape, sous peine de III livres de dédommagement pour chaque année de retard du payement, avec le droit pour Prémontré de saisir, sur la simple parole d'un frère de l'abbaye ou du *maître* d'Hannape, sans autre preuve, terrage, tailles et rentes sur *chez ville d'Iron, de La Vakerèche et du Torchon*, pour couvrir les dommages causés par ce retard. Wautier de Tupigny consentit de plus à tenir la mairie d'Iron avec les mêmes franchises que Prémontré, et pour forcer ses héritiers à remplir les conditions de ce traité, il y engagea pour lui et pour eux, comme garantie, tous ses biens *catels et meubles*. Seulement, au cas où la mairie reviendrait à Prémontré, le possesseur de la *maison* (manoir) de Tupigny devait acquitter les XXX livres. Enfin il fut stipulé que le comte de Blois ou tout autre seigneur de Guise pourrait les contraindre, eux et les receveurs d'Iron, de Lavaqueresse et du Torchon, à payer la rente, sans nul *admonestement* préalable et sans *mesfaire* (1).

Guy confirma en 1325 la charte de franchises accordée par Jean de Châtillon à la ville de Guise, et fit en même temps retourner à leurs possesseurs légitimes, certaines donations faites depuis soixante ans sur le comté, lesquelles, par la négligence de ses gens, étaient restées entre ses mains. Il donna à cet effet la charte suivante.

« Nous, Guy de Chastillon, cuens de Blois et sire d'Avesnes, faisons sçavoir à tous, que comme plusieurs rentes et possessions ayent esté données et laissées as aulmosnes des communes povres de plusieurs des villes de nostre terroir de Guise, depuis le terme de soixante ans, lesquelles rentes et possessions nous avons acquises, par deffaut de ce que les gens des dictes villes n'avoient pas mises hors de leurs mains lesdictes rentes et possessions dedens l'an et jour qu'ils en furent admonestez, de par nous ; et aussy que plusieurs rentes et possessions ayent esté laissées et données aux luminaires et églises et édifices en nostre dicte terre, depuis le terme dessus dict, lesquelles nous avons acquises en telle deffauté que dessus est dict, nous, que tous jours voulant accroistre les œuvres de miséricorde, tant de grâce espécialle comme au nom des pauvres, aulmosne que toutes les rentes et possessions dessus dictes

---

(1) Cartul. MS. de Prémontré.

ainsy à nous acquises, demeurent à tous jours ès dictes ville et esglise pour en joir, user loiaument selon l'intention des personnages qui les donnent et laissent et les admortissent dès maintenant, et les en establissent vraiz possesseurs et sans se que nostre hoir ou nostre successeur y puisse jamais mestre empeschement que les dictes esglises d'illec n'enjoissent comme de chose admortie. Donné en tesmoing de ce, nous, nostre scel, l'an de grace mil trois cents vingt et cinq, au mois d'aoust (1). »

Les années qui suivirent la concession de cette charte, le seigneur de Guise reçut l'hommage de plusieurs vassaux de sa terre. Ce fut, en 1326, celui de Hues de Lorraine, sire de Martigny et de la Roche, qui lui fit, par lettres du samedi d'après la fête de Notre-Dame d'août, un aveu par lequel il reconnaissait tenir de lui, Guy de Châtillon, « *le chastel* de Martigny et ses appartenances » à cause du fief de Guise, et en 1329 celui de Hugues de Rozoy, vidame du Laonnais, qui *avoua* tenir du comte de Blois, à cause de sa seigneurie de Guise, « le four (*banal*) de Mons-en-Laonnois qui est bennez en ladite ville; *item*, la justice de la ville de Nisicourt et dou bois Roger, » avec plusieurs autres choses (2).

En 1326 finit une de ces guerres d'extermination si fréquentes au moyen âge entre les seigneurs rivaux, et dont le comté de Guise fut une des premières victimes. Un seigneur nommé Jacques de Rochefort s'étant emparé violemment des terres et des droits de l'abbaye de Bucilly, au village de la

---

(1) Archives de l'hôtel de ville de Guise.

(2) Extrait du Cartulaire de la terre de Guise en la chambre des comptes de Paris. charte 63, aux preuves de l'*Histoire de Châtillon*, liv. 4, p. 100; — *Ibid.*, liv. 7, p. 345.

Haie, Jean III, abbé de ce monastère, somma le seigneur de Guise de mettre l'usurpateur à la raison, en vertu du serment qu'il avait prêté et du devoir que lui imposait son titre d'héritier du fondateur de l'abbaye. On employa d'abord les raisons, les conseils, les menaces, pour engager Jacques de Rochefort à restituer ce qu'il avait pris, mais ce fut en vain. On eut donc recours au sort des armes et un combat fut engagé, où l'injuste détempteur périt dans la mêlée. Irrités de la mort de leur frère, Tassard, Nicaise et Guillaume de Rochefort, appellent de nouveau aux armes leurs parents et leurs amis, et ayant mis des troupes sur pied, ils attaquent le comte de Blois avec vigueur, portent le fer et le feu sur ses terres, abîment (*exinaniunt*) les seigneuries de Guise et d'Avesnes, et échappent au comte qui les poursuit à outrance. Craignant un combat en rase campagne, ils divisent leurs gens en divers corps, tombent partout à l'improviste, dépeuplent les villages et s'en retournent chargés de butin. Guy fut obligé d'offrir la paix et des accommodements à un ennemi qu'il ne pouvait atteindre et qui formait plutôt une armée de pillards qu'une troupe de soldats. Il offrit aux trois seigneurs, comme garant de ses propositions pacifiques, Guillaume, comte de Hollande et de Hainaut, qui leur était agréable; l'offre ayant été acceptée ils s'en remirent à lui du soin de venger leur injure. Guillaume soumit la discussion de l'affaire au jugement des seigneurs (*procerum*). Ceux-ci, après avoir pesé les raisons apportées de part et d'autre, mirent d'accord les deux partis, par une décision pleine d'équité, en sorte que Bucilly n'eut plus à redouter de nouveaux outrages (1).

(1) *Sacri et canonici ordinis Præmonst.*, annales, tom. 1er, p. 418.

Le comte de Blois dut séjourner dans son comté de Guise en 1330, à l'occasion du voyage qu'il fit en Flandre, pour aller tenir sur les fonds baptismaux, le jour de la Sainte-Catherine, le fils aîné de la comtesse de Flandre. Ce qui semblerait le faire croire, c'est un acte qu'il fit cette même année concernant le village de Macquigny. Il s'agit d'un amortissement qu'il octroya à un certain « Colars, doimoisels (damoiseau) de Villiers, qui avoit en son manoir de Makigny fondé une chapellerie en l'honneur de la Sainte-Vierge. »

Cependant Guy voyait s'élever autour de lui une belle et noble lignée. C'étaient Louis Ier de Châtillon, son fils aîné, Charles de Châtillon, dit de Blois, et plus tard duc de Bretagne, et Marie de Châtillon, dite aussi de Blois, qui épousa Raoul, duc de Lorraine, tué à Crécy en 1346, dont elle eut Jean de Lorraine. Celui-ci eut deux fils à son tour; dont l'aîné, Charles de Lorraine, fut père d'Elisabeth de Lorraine, mariée au duc d'Anjou, roi de Sicile, et le second, Ferry de Lorraine, seigneur de Rumigny, Aubenton, Martigny, qui épousa la comtesse de Vaudemont, dame de Joinville, fut la tige de la maison de Lorraine et par conséquent des ducs de Guise (1).

Louis de Châtillon porta, du vivant de son père, le titre de sire d'Avesnes, terre qu'il avait eue en mariage, et devint après la mort de Guy, seigneur de Guise, du Nouvion, de Landrecies, de Trélon et de Chimay, que lui apporta en dot, vers 1333, Jeanne de Hainaut, fille unique de Jean de Hai-

---

(1) Accord de 1339 entre Guy et Louis son fils aîné, aux preuves de l'*Histoire de Châtillon*; — Tige de la Maison de Lorraine, *ibid.*, p. 145 et 146; — *Hist. de Soissons*, tom. 2, p. 193.

naut, seigneur de Beaumont, et de Marguerite, comtesse de Soissons, dame de Chimay, qui lui laissèrent ces deux superbes héritages. Jeanne de Hainaut, descendait de Bouchard, fils de Jacques d'Avesnes et d'Améline de Guise. Le mariage de Louis de Châtillon avec la noble demoiselle se fit avec un appareil qui répondait à la grandeur des deux maisons. La mésintelligence n'en éclata pas moins entre le gendre et le beau-père, comme on le vit lors de la coalition formée en 1336, par Edouard III, roi d'Angleterre, l'empereur Louis de Bavière, le comte de Namur, et dans laquelle était entré le comte de Hainaut, et Jean de Hainaut son oncle, père de Jeanne.

Edouard étant débarqué en Flandre, dans l'automne de 1337, menaçait d'envahir la France avec une grosse armée renforcée bientôt par les troupes des seigneurs entrés dans la ligue et qui, à la *semonce* du roi d'Angleterre, s'étaient rendus à Malines. « Afin que leur guerre fut plus belle, les coalisés s'accordèrent (comme faire falloit,) d'envoyer leur défiance au roy Philippe. » Messire Jean de Hainaut, qui avait abandonné les intérêts de la France pour s'unir à son plus mortel ennemi, montra déjà en cette circonstance ce qu'on devait attendre de lui. Il refusa de joindre sa *défiance* à celle des coalisés, disant : « qu'il feroit son fait à part luy, à temps et à point. » Guise ressentit bientôt les effets de ces menaçantes paroles du beau-père de son seigneur (1).

Tandis que le roi de France « convoquoit chevaliers, sommoit ses vassaux de se joindre à lui et retenoit gens-

---

(1) *Hist. et chroniques mémorables* de messire Jehan Froissard, revues et corrigées par Denis Sauvage, historiographe du roi Henri II, édit. de M. D. L. XXIII, vol. 1er, chap. 1, p. 40; — *Hist. de Soissons*, par Martin, tom. 2, p. 193.

d'armes et soudoyers de tous côtés, » Edouard s'avançait jusqu'à Valenciennes, où le jeune comte de Hainaut, et messire Jehan de Hainaut, son oncle, vinrent le rejoindre. Edouard prenant la main du comte de Hainaut, le conduisit à l'appartement préparé pour le recevoir. Comme ils en montaient les degrés, l'évêque de Lincoln somma l'évêque de Cambrai d'ouvrir au roi d'Angleterre les portes de cette cité. Nul ne répondit à cette parole, car l'évêque n'était pas présent, mais le fanatique prélat s'écria de nouveau, sur un ton plus convenable à un guerrier qu'à un prince de l'église : « Comte de Haynaut, nous vous admonestons de par l'empereur de Romme, que vous veniez servir le roy d'Angleterre son vicaire, devant la cité de Cambray, à tout (avec tous) ce qu'avez de gens ; » à quoi le comte répondit et dit « Volontiers; » puis, on entra dans la salle où bientôt on servit le souper qui fut « grand et bel et bien ordonné. » Le lendemain, Cambrai fut assiégé et on vit paraître, au milieu d'une foule de seigneurs et d'hommes d'armes qui arrivaient sans cesse pour se joindre à l'armée d'invasion, le jeune comte de Hainaut « en très-grand arroy, et messire Jehan, son oncle, qui logèrent assez près du roi (1). »

Messire Jean de Hainaut, ne tarda pas à tenir la parole qu'il avait donnée. C'était l'usage, dans les invasions à cette époque, que la gendarmerie se divisât par petits bataillons ou *routes*, composées d'un certain nombre d'hommes d'armes aux ordres du routier commandant, qui maniait ainsi, et faisait agir plus facilement sa bataille. Jean de Hainaut se détacha donc du siége avec le sire de Fauquemont et che-

(1) *Collection de chroniques*, tom. 1ᵉʳ ; Froissard, 1ᵉʳ vol., p. 231 et 235.

vauchant ensemble « ils ardirent et gastèrent moult le pays de Cambrésis. » Néanmoins ils échouèrent devant le château d'Oisy, auquel ils livrèrent un rude assaut avec cinq cents lances et mille autres combattants. La place fut si bien défendue par les écuyers et les chevaliers du sire de Coucy, que les ennemis furent obligés de retourner « en leur logis (1). »

Pendant le siége de Cambrai, le roi de France avait fait son *mandement* à Péronne, et faisait grand amas de nobles de son royaume. De son côté le roi d'Angleterre et son *détroit conseil* voyant que la cité de Cambrai se défendait vigoureusement, qu'un assaut livré par le comte de Hainaut, *qui étoit moult bachelereux* (valeureux), et Jean de Chandos n'avait pas réussi, et craignant surtout les approches de l'hiver, avisèrent qu'il fallait « déloger et chevaucher avant au royaume ; là ils trouveroient largement à vivre et mieux à fourager ; » bientôt en effet tout le camp se met en mouvement « on trousse tentes et pavillons et toutes manières de harnois, » et on chevauche vers le Mont-Saint-Martin, qui formait de ce côté-là, la frontière de royaume. Arrivé au passage de l'Escaut, le comte de Hainaut ayant acquitté le service féodal qu'il devait à l'empire, prit congé du roi anglais, « prié et mandé qu'il étoit, disait-il, du roi de France, auquel il ne vouloit pas de haine. » Edouard lui répondit : « Dieu y ait part. » Le roi d'Angleterre logea deux jours au couvent et ses troupes se mirent à faire des courses dans le Vermandois, le Laonnois et la Thiérache, pillant, brûlant tout ce qui

---

(1) Froissard, 1er vol., p. 42 ; — Dans la *Collection des chroniques*, vol. 1er, p. 236, chap. L. XXXII.

n'était pas capable de faire résistance, rançonnant les couvents et les places ouvertes (1).

Cependant le roi Philippe ne restait pas tout-à-fait dans l'inaction. Ayant appris à Compiègne qu'Edouard avait franchi les frontières du royaume et menaçait Saint-Quentin, « il renforça son mandement, » ordonnant au connétable Raoul d'Eu d'aller à Saint-Quentin avec force gendarmes, et aux sires de Coucy et de Ham de partir pour leurs terres, afin de couvrir la frontière, dirigeant enfin « grands gens d'armes en Guise, en Ribemont et en Bohaing et ès forteresses voisines sur l'entrée du royaume; » lui-même enfin se mit en route pour Péronne « avec *grand-foison* de gens d'armes, de ducs, de comtes et de barons, qui lui arrivoient de tous côtés et se logeoient sur cette belle rivière de Somme entre Saint-Quentin et Péronne (2). »

Le roi d'Angleterre ayant quitté le Mont-Saint-Martin, défendit *sur la hart* que nul ne fît mal à l'abbaye. Il entra ensuite en Vermandois, envoyant ses coureurs jusqu'aux portes de Saint-Quentin, pour attirer la garnison ; mais voyant qu'ils revenaient vers l'ost sans y avoir pu réussir, il prit ses logements au Mont-Saint-Quentin, jusqu'au lendemain à prime, c'est-à-dire jusqu'à l'aube du jour. Alors on tint conseil pour savoir si on entrerait plus avant dans le royaume, ou si on se *restrairoit* en Thiérache en cotoyant le Hainaut, « dont les pourvéances leur venoient tous les jours; » ce dernier parti appuyé de l'avis du duc de Brabant fut

---

(1) Froissard, 1er vol., p. 42; — *Collect. des chroniq.*, p. 236; — Lelong, p. 520 et suiv.

(2) *Ibid.*, p. 241 et 242.

regardé comme le meilleur. En conséquence, l'armée entra en Thiérache au printemps de l'année 1339, les chefs étant bien résolus « que si le roi Philippe les suivoit à ost, ainsi qu'ils le supposoient, ils l'attendroient en pleins champs et se combattroient à lui sans faute. » Elle était divisée en trois bataillons ou corps de bataille et chevauchait à petites journées, *ardant et exiliant* (ravageant) tout le pays. Elle ne faisait pas plus de trois ou quatre lieues par jour et prenait ses logements vers midi. De ces trois bataillons se détachaient des *routes* qui allaient au loin faire le dégât. Une de ces routes composée d'Anglais et d'Allemands, ayant passé la Somme au-dessous de l'abbaye de Vermand, « qu'ils gastèrent moult fort, pénétra au cœur du Vermandois qu'ils ardirent et exilièrent moult durement, et y firent grand dommage. »

Un autre détachement conduit par Jean de Hainaut, le sire de Fauquemont et messire Arnoult de Blankenheyn, chevauchait d'un autre côté, vers Origny-Sainte-Benoîte, « ville assez bonne, mais foiblement fermée; » aussi fut-elle bientôt emportée d'assaut « pillée et robée et une bonne abbaye de dames qui là étoit et est encore, violée, dont ce fut grand pitié et dommage, et la ville toute arse (brûlée). » Tel fut en effet le sort de l'abbaye d'Origny que, ni le sexe, ni l'âge, ni la noblesse des religieuses qui l'habitaient ne purent sauver de la brutalité du soldat. D'Origny les ennemis chevauchèrent, l'évêque de Lincoln, l'un des auteurs du sac d'Origny, avec ses cinq cents lances, vers les terres du sire de Coucy, et Jean de Hainaut vers Ribemont et Guise. Ayant passé l'Oise à gué, l'évêque entre dans le Laonnois brûle La Fère, Saint-Gobain, Marle, et va même loger un soir à Vaux-sous-Laon, après quoi ayant appris par des prisonniers que le roi de France était à Saint-Quentin, où il devait passer la Somme, et craignant d'en être rencontré, il se replia vers l'ost Anglais. Il n'en brûla pas moins en passant Crécy-sur-Serre, « une bonne ville, mais qui n'étoit fermée, et grand-foison de villes et de hameaux, là environ et à grand-foison de pillage (1). »

Jean de Hainaut ne restait pas en arrière au milieu de toutes ces pilleries, mais sa cruauté devait tomber de préférence sur la terre de son gendre. Laissons raconter le naïf chroniqueur: « Or parlerons de la route de messire Jehan de Hainaut, où il avoit bien cinq cents combattans. Si s'en vint à Guise et entra en la ville et la fit toute ardoir et abattre les moulins. Dedans la forteresse étoit madame Jeanne sa fille, femme au comte Louis de Blois, qui fut moult effrayée de l'arsure (incendie) et du convenant (disposition) monseigneur son père, et lui fit prier que pour Dieu, il se voulut déporter et retraire ; et qu'il étoit trop dur conseillé contre lui, quand il ardoit l'héritage de son fils le comte de Blois. »

« Nonobstant ce, le sire de Beaumont ne se voulut oncques déporter ni délaisser si eut faite (qu'il n'eut fait) son entreprise ; et puis s'en retourna devers l'ost du roi qui étoit logé en l'abbaye de Fervaques. » Il paraît même qu'il se mit en devoir d'attaquer le château, mais que Jeanne ayant fait un appel aux chevaliers et aux hommes d'armes de la garnison, se défendit avec une telle intrépidité que Jean reculant devant le courage de sa fille se vit contraint d'abandonner son projet.

Pendant que les gendarmes de l'armée anglaise parcou-

(1) Froissard, *Ibid.*, p. 243.

raient ainsi le pays en tous sens, six cents lances d'Allemands ayant à leur tête le sire de Fauquemont, vinrent au Nouvion (Lonnion-en-Thiérache), *une bonne grosse plate ville* dont les habitants s'étaient presque tous retirés dans les bois, où ils avaient transporté tout ce qu'ils avaient pu emporter et où ils s'étaient fortifiés de *roulliz* (troncs d'arbres), et de bois qu'ils avaient coupés autour de l'enceinte qu'ils occupaient. Les Allemands s'étant renforcés de la *route* de Arnoul de Blankenheyn, les y assaillirent. Ces malheureux se défendirent tant qu'ils purent, « mais ce ne fut mie grandement, car ils ne tinrent point de couroi (d'ordre) et ne purent durer à la longue contre tant de bonnes gens d'armes. » Leurs retranchements furent forcés et on les mit en chasse, comme des bêtes fauves. Il y en eut bien une quarantaine tant morts que *navrés* (blessés) : c'est ainsi que la malheureuse Thiérache abandonnée à l'ennemi, fut courue et pillée sans *déport* (relâche) et fut la proie de l'armée anglaise (1).

Edouard ayant quitté Fervaques était venu loger à Bohéries où il ne resta qu'un jour, tandis que ses gens couraient et ardaient tout le pays environnant. Ayant appris que le roi de France était parti de Péronne, et s'approchait avec plus de cent mille hommes, il quitta vitement Bohéries et prit le chemin de La Flamengrie par Leschelle et Buironfosse. Arrivé à La Flamengrie, il s'y arrêta avec tout son ost composé de 40 mille hommes, résolu d'attendre le roi de France. Celui-ci marchait en effet « avec son plus grand effort qui s'accroissoit encore, pendant la marche, de

---

(1) Froissard, *Ibid.*, p. 249 et suiv.; — Lelong, p. 320, prétend que c'est Plomion et non Le Nouvion, dont il est ici question. Le texte de Froissard porte *Lonnion en Thiérache*. Ce pillage aurait en effet pu avoir lieu lors de l'invasion des terres du sire de Coucy par la route dont le sire de Fauquemont faisait partie.

gens qui lui arrivoient de tout pays, et si exploita tant lui et tout son ost » qu'il arriva sur les derrières d'Edouard à Buironfosse, le 20 octobre 1339, disant qu'il n'irait pas plus avant sans avoir combattu le roi Anglais et tous ses alliés qui n'étaient en effet qu'à deux lieues de lui.

Une belle journée se préparait donc ; les deux rois étaient logés avec toutes leurs troupes entre Buironfosse et la Flamengrie, en plein pays, sans nul avantage l'un sur l'autre, et montraient tous deux la plus grande envie d'en venir aux mains. Prévenant les désirs du roi de France, Edouard lui avait envoyé, dès qu'il eut la nouvelle de son arrivée, un héraut d'armes pour lui offrir le combat, lui laissant le choix du jour et du lieu. Philippe accepta le défi, et pour donner à ses troupes harassées d'une course rapide le temps de se rafraîchir, fixa le jour du combat au vendredi suivant (on était alors au mercredi) et ordonna que chacun s'y préparât par la confession et la communion. Le héraut fut renvoyé chargé de présents « pour l'amour des bonnes nouvelles qu'il avoit apportées (1). »

Il était difficile que jusqu'au vendredi il n'arrivât pas quelque aventure d'un côté ou de l'autre. Il advint en effet que le jeudi matin deux chevaliers du comte de Hainaut et *de sa délivrance*, le sire de Faguinelles et le sire de Tupigny, montant sur leurs coursiers « roides, forts et bien courans, » sortirent de l'ost, eux deux seulement, pour aller voir la manière de l'ost anglais, et chevauchèrent longtemps, toujours cotoyant les retranchements ennemis. Or il arriva que le cheval du sire de Faguinelles, « coursier trop mélancolieux

---

(1) Froissard, vol. 1er, p. 44 ; — Gaguin ; — Lachaux ; — *Hist. de Soissons*, par H. Martin, tom. 2, p. 201 ; — Lelong.

et mal enfrené, » s'effraya en chevauchant, prit le mors aux dents en telle manière, *s'escuillit* (s'agita) et se démena tant qu'il se rendit maître de celui qui le montait et l'emporta « vousist ou non, droit emmy (au milieu) le logis des Anglois, et cheut d'aventure » dans le quartier des Allemands. Ceux-ci reconnaissant bientôt que le chevalier n'était pas des leurs l'environnent de toutes parts, le prennent avec son cheval et il demeura prisonnier de cinq ou six gentilshommes de cette nation. Le sire de Faguinelles leur ayant déclaré qu'il était du Hainaut, on le conduisit à Jean de Hainaut, à qui il raconta son aventure, et qui, émerveillé de le voir, l'*applégea* (le cautionna) de sa rançon, après quoi il retourna en l'ost du comte de Hainaut, qui était avec le roi de France. Le sire de Tupigny y avait déjà raconté l'affaire, et le comte, aussi bien que tous les seigneurs, étaient courroucés contre lui, mais ils furent fort joyeux quand ils virent Faguinelles revenir. Le comte de Hainaut ayant fait remercier son oncle de sa courtoisie, celui-ci renvoya au sire de Faguinelles son cheval (1).

Au jour dit, les deux armées se rangèrent en bataille sur une plaine unie et découverte. On n'avait vu, « de mémoire d'homme, si belle assemblée de grands seigneurs. » Parmi cette brillante noblesse on distinguait messire Jean de Hainaut, Jean de Chandos, du côté des Anglais, et du côté des Français, le comte de Hainaut, Guy de Châtillon, sire de Guise, son fils Louis de Blois, sire d'Avesnes. Il y avait avec le roi de France onze vingts bannières, quatre rois, six ducs, vingt-six comtes, plus de quatre mille chevaliers, et des

---

(1) Froissard, 1er vol., p. 45 et 256 et suivantes.

communes de France plus de quarante mille hommes. « C'étoit, dit Froissard, grande beauté à veoir sur les champs bannières et pennons voleter, et chevaux couverts, chevaliers et escuyers armez moult noblement. »

Les Français s'étaient divisés en trois corps de 15,000 chevaux chacun, et de 20,000 fantassins, commandés par les rois de France, de Navarre, d'Ecosse et de Bohême, et les ducs de Normandie, de Bourbon, de Bretagne et de Lorraine. Les Anglais suivirent le même ordre de bataille. Leur premier corps de 8,000 hommes, la plupart Allemands, était commandé par le duc de Gueldres, Jean de Hainaut et Arnoul de Blakenheyn ; le second, de 7,000 hommes, était aux ordres du duc de Brabant ; Edouard et Jean de Chandos dirigeaient le troisième, formé de 6,000 hommes d'armes et de 6,000 archers. Ils firent du reste de leurs troupes un corps de réserve dont le commandement fut confié aux comtes de Warvik et de Pembrok.

On se peut grandement émerveiller, ajoute Froissard, « comment de si belles gens d'armes se peuvent partir sans bataille ; » c'est pourtant ce qui arriva. Les deux armées restèrent en présence jusqu'à midi, attendant avec impatience le signal du combat ; les preux se préparaient à recueillir une moisson de gloire, mais leur espoir fut trompé et cela par un événement ridicule. Un lièvre étant venu se jeter étourdiment dans les premières lignes, ceux qui le virent se mirent « à crier et huer et faire grand-noise, » ceux des derniers rangs, qui croyaient le combat engagé, saisissent leurs glaives, enfoncent leurs têtes dans les *bacinets* (*casques*), mais, s'apercevant de leur méprise, ils en restèrent là. En récompense, on créa sur le champ de bataille force chevaliers. Le comte de Hainaut en fit pour sa part quatorze, qu'on nomma *chevaliers du lièvre.*

Le reste de la journée se passa en observation, sans aucun engagement. Il est juste de dire que malgré leur bravoure, les deux rois se trouvèrent heureux, chacun de leur côté, de n'avoir pas été contraints d'en venir aux mains ; le roi de France, parce qu'en se hasardant au sort d'une bataille, il s'exposait à perdre la fleur de la noblesse et à laisser ouvertes à l'ennemi les frontières de ses états, et le roi d'Angleterre, parce qu'il comptait assez peu sur une armée composée, en grande partie, d'étrangers, et que le manque de vivres commençait à se faire sentir dans un pays ruiné par ses troupes. Les chroniqueurs rapportent plusieurs autres raisons assez curieuses qui auraient encore empêché le roi de France d'engager le combat. La première raison, selon le continuateur de Nangis, « pour ce que c'étoit un vendredi ; la seconde, car lui ni ses chevaux n'avoient bu ni mangé ; la tierce cause, car lui et son ost avoient chevauché cinq lieues sans boire ni manger ; la quarte cause, pour la difficultée d'un pas qui étoit entre lui et ses ennemis (1). » D'ailleurs, Philippe, au dire de Froissard, avait pris l'avis du roi de Sicile, Robert, qui était « un très-grand astrologien et plein de science et qui plusieurs fois avait jetté ses sorts sur l'estat et les advenues des rois de France et d'Angleterre, et avoit trouvé en l'astrologie et par influence, que se le roi de France se combattoit au roi d'Angleterre, il convenoit qu'il fut déconfit. » Philippe, malgré ces funestes présages, voulait livrer bataille, mais il en fut détourné par ses con-

---

(1) Les *Chroniques de France* et le continuateur de Nangis, énumèrent ces mêmes causes dans leur récit. — *Chron.*, chap. 17.

seillers qui l'assuraient qu'il avait satisfait à l'honneur puisqu'il avait hardiment poursuivi ses ennemis et tant fait qu'il les avait boutés hors de son royaume (1).

Telle fut l'issue de l'affaire de Buironfosse. Le soir même, le roi anglais se dirigea sur Arras et Philippe se retira du côté de Saint-Omer, mit de bonnes garnisons dans les places et donna congé « à toutes manières de gens-d'armes, aux ducs, comtes, barons et chevaliers, et remercia les chefs des seigneurs moult courtoisement. » Ainsi se défit « cette grosse chevauchée » après l'affaire de Buironfosse, et chacun regagna ses châteaux jusqu'à nouvelle semonce (1).

Quoique Guy de Châtillon fut, à proprement parler, le seul seigneur de Guise, qui avait tant souffert à cause de lui dans l'invasion du roi Edouard, Jean de Châtillon, son frère, en portait aussi le titre avec ceux de comte de Saint-Pol, de Blois et de seigneur de Bohain, dont la châtellenie lui était échue en partage dans la succession de Hugues, son père. Ainsi que les sires de Guise, seigneurs de Bohain, ses prédécesseurs, il tenait toujours cette terre à foi et hommage de l'abbaye de Vermand, qui ne laissait pas prescrire ses droits féodaux. Retenu par la maladie, en 1339, dans sa ville de Loches, au comté de Blois, et ne pouvant se rendre à Vermand pour y faire son hommage à l'abbé du monastère, le comte l'invita honnêtement à se rendre près de lui pour le recevoir, sans préjudicier aucunement aux droits de l'honneur qu'il lui devait en sa qualité de suzerain. Jeanne de Fiennes,

---

(1) Froissard, p. 254 et suiv.

(2) Froissard, vol. 1ᵉʳ, p. 48 ;—*Hist. de Soissons*, par H. Martin, tom. 2, p. 205 ; — Lelong. — Colliette. — Devisme.

châtelaine de Baurevoir et dame de Fayel, sa femme, fit après la mort de son mari en 1341, et au nom de Guy de Châtillon, leur fils, le dénombrement de la terre de Bohain et dépendances, entre les mains de Pierre de Puisieux (*de Puteolis*), avocat à Saint-Quentin, porteur de la procuration des moines et de l'abbé de Vermand, qu'elle avait mandé près d'elle, toujours sans aucun préjudice de l'observance féodale. La maison de Luxembourg qui succéda à celle de Châtillon dans la possession de Bohain ne s'y montra pas moins fidèle, et on ne vit plus renouveler les anciennes prétentions des seigneurs de Guise à l'exemption d'un droit si légitime (1).

Cependant le roi de France n'oubliait pas l'échec que son honneur avait reçu par l'envahissement de ses frontières. Il *subtilloit et imaginoit nuit et jour* comment il pourrait se venger de ses ennemis et par *espécial* de messire Jean de Hainaut, qui avait été l'auteur des ravages du Cambrésis, de la Thiérache, et de la ruine de Guise. Avant la reprise des hostilités, qui devaient recommencer avec l'année 1340, il manda au sire de Baumont, seigneur de Vervins, au vidame de Châlons, aux seigneurs de Beaumetz et de la Bove, à Jean et Gérard de Loire, ses parents et ses amis pour la plupart, de mettre sur pied une chevauchée et armée de compagnons sûrs, d'entrer en la terre du sire de Hainaut, et de l'*ardir sans nul déport*. Ces seigneurs obéissant au mandement du roi, rassemblèrent environ 500 *armures de fer* et s'en allèrent assaillir Chimay, dont ils brûlèrent les fauxbourgs et pillèrent les environs. Comme les gens du pays ne s'attendaient nullement à ce que les Français dussent passer

---

(1) *Aug. Viromand. illustrata*, p. 158 et 159. — Colliette, *Mém. sur le Verm.* seigneurs de Bohain.

les bois de la Thiérache, ceux-ci purent faire le dégât tout à leur aise et se retirer sans encombre à Aubenton. Pendant ce temps-là, d'autres *soudoyers* de la garnison de Cambrai, s'étant aussi mis en route avec la permission de Philippe de Valois, abattaient *une maison forte* qui appartenait à un bâtard du comte de Hainaut, se jetaient ensuite sur les terres que celui-ci possédait du côté de Valenciennes, brûlaient la ville d'Haspre, et parcouraient, le fer et le feu à la main, tout le pays des Hennuyers (1).

Ces terribles représailles portèrent au comble les ressentiments de Jean de Hainaut contre le roi de France. La ville d'Aubenton, ancien fief des seigneurs de Guise, en fut la première victime. Les habitants d'Aubenton s'attendaient, sans doute, à quelque entreprise de la part des Hennuyers, car ils en avaient écrit au grand bailli de Vermandois, qui ordonna au vidame de Châlons et au seigneur de la Bove et de Lore de s'y enfermer avec des troupes. Aubenton, *bonne et grosse ville et pleine de draperie*, n'étant fermée que de palis, ne pouvait faire une longue résistance; néanmoins on se mit en devoir de la bien défendre contre les Hennuyers. Elle ne tarda pas à être assaillie par Jean de Hainaut et le comte son neveu, qui avaient à leur suite force chevaliers, écuyers, et gendarmes. La place ne put résister à leurs efforts, malgré les beaux faits d'armes du vidame de Châlons et de ses fils, qu'il venait de faire chevaliers, et qui périrent au champ d'honneur, car après un assaut « grand et fier, » elle fut emportée. Jean de Hainaut y entra le premier, sa bannière

---

(1) Froissard, vol. 1er., p. 49; — Lelong, p. 310 et suiv.; — *Hist. de Soiss.*, tom. 2, p. 203; — Dovismo, *Manuel historiq.*, etc. — Voyez aussi Froissard, édition de M. Guizot, tom. 1er., p. 272 et suiv.

à la main, avec grand bruit de clameurs et de chevaux. Chevaliers et gensdarmes, tout fut tué ou pris, et la ville fut brûlée et détruite. Pour se venger par de nouvelles représailles de la prise d'Aubenton et de la perte de ses chevaliers « *prins et occis* » par les Hennuyers, le roi ordonna au duc de Normandie, son fils, « qu'il mist sus une grosse chevauchée et vinsis en Haynault et meist le pays en tel poinct, que jamais il ne fust recouvert, » ce qui fut ponctuellement exécuté (1340) (1).

Tandis que le comte de Hainaut passait en Angleterre pour ranimer la guerre contre la France, messire Jehan de Hainaut, son oncle, mit de fortes garnisons dans les places frontières de Flandre, même dans Avesnes, qui appartenait à son gendre, le sire de Guise, lequel tenait toujours le parti du roi. Le gouverneur et capitaine de Guise était, vers ce temps-là, Guillaume de Vignacourt, qui avait donné en présence de Gilles de Proisy, à l'église du Mont-Saint-Martin, quelques maisons sises à Gouy, lesquelles provenaient de Lutgar de Choiseul, sa femme. Quelques années après, cette charge était exercée (1349) par Eustache Mallet, dit *le brave Eustache*, originaire de Marle. Il n'avait pas reçu moins de vingt-deux blessures dans les nombreux combats où il avait payé de sa personne (2).

Toujours implacable contre la France, Jean de Hainaut se trouva bientôt l'un des principaux chefs de l'armée formidable que son neveu avait assemblée en 1340, et qu'Edouard

---

(1) Froissard., vol. 1er, p. 51 et 52, édit. Guizot, tom. 1er, p. 281 et suiv.

(2) *Hist. de Cambrai*, tom. 1er, 1re partie; — Froissard, v. 1er, chap. 42; — *Hist. de Sois.* tom. 2, p. 205; — Devisme, *Manuel historiq.*, p. 309; — *Hist. de Coucy*, par Melleville, p. 288.

vint commander en personne. Le prince anglais mit le siége devant Tournai, et, chose assez commune dans les guerres de cette époque, où les membres d'une même famille se trouvaient si souvent divisés d'intérêts, on vit dans le camp anglais Jean de Hainaut et le vieux comte Guy de Châtillon, tandis que Louis de Châtillon, sire de Guise, fils de l'un et gendre de l'autre, était dans l'armée que le roi de France, son oncle, amenait pour faire lever le siége (1).

Tournai fut délivré par le roi avec le secours du comte de Blois et des seigneurs français ses vassaux. Une trêve à laquelle Guy contribua fut ensuite ménagée entre les divers princes. Ce fut sans doute dans cette chevauchée que le sire de Guise amortit « certains héritages laissez par le sieur de Monchiaux-sur-Oise, pour fonder une chapellerie, » car les lettres en furent expédiées cette même année 1340, au mois d'août, et la trêve devait commencer le 2 septembre. Un an après, à pareille époque, il était avec le roi au pont de Bouvines. Il mourut le 12 août 1342 ou 1343, et fut enterré, comme ses ancêtres, en l'abbaye de la Guiche ou de N.-D. de la Garde (2).

Louis de Blois prit, après la mort de son père, le titre de seigneur de Châtillon, de Guise, etc... Quant à Charles de Blois, son frère, il avait eu en partage cinq mille livrées de terre à tournois sur le domaine de Guise. En conséquence, il donna le 18 février 1345, des lettres où il prend les titres de vicomte de Limoges, de sire de Guise et du Maine, par lesquelles il ordonne à « ses amés et féaux conseillers, monsieur Raoul de Bernou (ou Vernou), che-

---

(1) *Chroniques* de Froissard, *ibid*; — *Hist. de Soiss.* tom. 2, p. 205.
(2) Duchesne, *Hist. de Châtillon*, liv. 4, p. 443; — *Hist. de Soiss.* par Martin, tom. 2, p. 205.

valier, et maître Rapoy le Voyer, archidiacre de Rennes, de parfaire et accomplir l'assiette et prisée de cinq mille livrées de terre à tournois, en quoi lui étoit tenu son très chier et amé frère le comte de Blois, en sa terre et châtellerie de Guise, selon l'ordonnance de son très chier seigneur et père défunt. » Telle fut l'origine du titre de seigneur de Guise que prit Charles de Blois, et des contestations qui s'élevèrent dans la suite au sujet de la possession de cette riche seigneurie.

Mais des soins plus importants occupaient alors Charles de Blois. Il avait épousé Jeanne de Penthièvre, héritière du duché de Bretagne. Jean, comte de Montfort, frère du dernier duc, disputa à Jeanne, sa nièce, la possession du duché. Le roi d'Angleterre se déclara pour Montfort, et le roi de France pour Charles de Blois, son neveu. Louis de Châtillon, de son côté, ne manqua pas d'appuyer son frère, et alla, en 1341, avec d'autres barons de France, contribuer à la prise du comte de Montfort dans la ville de Nantes. Il se trouva l'année suivante au siége de Hannebon et à celui d'Auray, et avait fait partie de la chevauchée que Philippe de Valois avait envoyée en Bretagne sous les ordres du duc de Normandie, son fils; ensuite il profita d'une trêve imposée aux deux partis par les légats du pape, pour réconcilier Jean de Hainaut, son beau-père, avec le roi de France, qui l'avait chargé de cette négociation. L'un et l'autre se trouvèrent à la funeste bataille de Crécy au nombre de tant de vaillants hommes qui firent en vain des prodiges de valeur. Louis de Châtillon y laissa la vie, ainsi que le duc de Lorraine, son beau-frère, après s'être combattu « moult vaillamment au milieu d'une route d'Anglois, qui nul ne prenoient à merci. » Jean de Hainaut échappa au désastre, en tirant le roi de France, par force, hors de cette horrible mêlée, et après avoir cent fois exposé sa vie (1336) (1).

Louis de Châtillon laissait, en mourant, de la courageuse Jeanne de Hainaut, l'héroïne de Guise, trois fils en bas âge, dont l'aîné, Louis II de Châtillon, eut le titre de comte de Soissons et de seigneur de Guise, etc..; Jean de Châtillon II, comte de Blois et de Dunois; et Guy de Châtillon, d'abord comte de Soissons puis comte de Blois, enfin héritier de toute sa branche. Louis de Châtillon avait aussi laissé un bâtard qui reçut un fief de la seigneurie du Nouvion et mourut *sans hoirs procréés de son corps* (2).

La douleur que dut éprouver Jeanne de Hainaut à la mort de son mari, s'accrut encore par suite des difficultés que lui suscita l'intérêt de ses enfants. Charles de Blois, frère de Louis, avait renoncé à la succession de ses père et mère, à condition qu'on lui donnerait en apanage le château de Guise avec cinq mille livrées de terre à tournois. Il avait été convenu, dans l'accord passé entre les deux frères, que ces cinq mille livrées seraient assises sur tous les revenus les plus proches du château et de manière que les autres castels et maisons qui se trouveraient enclavés dans l'assise seraient remis entre ses mains. Or, le château d'Hirson avait été mis de ce nombre par les commissaires nommés à cet effet du consentement des deux frères. Charles ne jouit paisiblement des droits qu'il prétendait avoir sur Guise et sur Hirson que pendant un an et demi, car son frère, qui

---

(1) Froissard, v. 1er., p. 150; — *Hist. de Soissons*, p. 207 et 208, tom. 2.; — *Hist. de France*

(2) Duchesne, liv. IV, p. 157; — Dormay, *Hist. de Sois.*, tom. 2, p. 309.

refusait même de lui payer les rentes assignées sur la succession de son père, s'empara de vive force du château d'Hirson, en expulsant violemment les gens qui le tenaient pour lui. Le duc, fort de son bon droit, eut recours au roi et en obtint des lettres de jussion adressées au bailli de Vermandois, nommé commissaire avec les prévots de Laon et de Ribemont, par lesquelles il était ordonné que les parties elles-mêmes, appelées sur les lieux, eussent à lever tout obstacle, et qu'en cas d'opposition elles fussent citées au parlement à l'effet de fixer l'assise en question.

Jeanne de Hainaut s'opposa à main armée à l'exécution des lettres royales et adressa une requête au monarque pour le supplier de les révoquer, aussi bien que les commissaires nommés pour présider à leur exécution, et de nommer des personnes capables (*idoneas*) prises dans le sein du parlement, pour examiner les lettres qui réglaient cet apanage; ainsi qu'il avait déjà fait, lors de l'hommage qu'elle lui avait rendu au nom de ses enfants, en enjoignant à cette cour de choisir deux de ses membres pour examiner la requête et aux commissaires de ne pas passer outre. Le parlement ayant examiné l'affaire et entendu le procureur du duc Charles, qui exposa l'accord passé entre les deux frères et scellé de leurs sceaux, la cour ordonna, par arrêt du 9 février 1346, que deux commissaires seraient députés pour fixer l'assiette de 5,000 livres et faire exécuter les lettres obtenues par le duc (1).

Le différend ne fut pas apaisé pour cela. Le procès resta pendant au parlement, et l'assiette des 5,000 livres tournois sur la terre de Guise n'était pas encore terminée

---

(1) Arrêt de 1346, aux preuves de l'*Hist. de Châtillon;* — *Hist. de Sois.*, tom. 2, p. 208 et 209.

en 1348. Dans cet intervalle, la comtesse ayant épousé le comte de Namur, le duc de Bretagne cita celui-ci en parlement pour reprise du procès, qui fut enfin terminé par un arrêt du 10 mai 1348, ordonnant qu'il fut procédé sans retard à la *confection* de l'assise objet de tant de débats. La convention suivante fut arrêtée entre le duc de Bretagne et le comte de Namur.

«... Le duc de Bretagne aura en jouissance..... le chastel d'Irson, la justice, proufiz et émolumens de la ville, chastel et chastellerie et prévostée d'Irson, la garde des églises, des garennes, des grosses bestes, la justice et seignorie, les proufiz des dites garennes, justice et seignorie, des bos situez et assis ès terres, chastelleries et prévostée de Guise, de Oisy, de Ainglaincourt, l'imposition de quatre deniers pour livre, en la dite prévostée et chastellerie d'Irson;... les appartenances et appendances de la dite chastellerie et prévostée de Irson; excepté le domaine des bos situez et assis ès mètes (*limites*) de la dite chastellerie et prévostée d'Irson. Desquelles choses contencieuses le dit M. le duc, durant le dit bail, goira entièrement, exceptées les dites garennes de grosses bestes et la justice des bos estans ès mètes de la terre, de laquelle M. le duc goira et doit goir lesquelx furent et appartiendrent en domaine à feu M. le comte Guy de Blois, que Diex absolve, et ne ont encore estez baillez et délivrez au dit M. le duc et desquels bos les dits conte et contesse auront et prendront les proufiz. ... Et pourront les dits conte et contesse et leurs dits gens, les bêtes par eulz levées, ès dites garennes, poursuivre et mettre toiles (*toiles*, *filets*) ès terres dont goit et goira le dit duc. Et aussi et par la manière dessus dite des bêtes levées par ledit M. le duc et ses dits gens, ès terre dont goient et goieront les dits conte et contesse à cause du dit bail: excepté la haye de Nouvion..... et les autres bos dont la justice appartient pour le tout aux dits conte et contesse à cause dudit bail.... et paiera chacune des dites parties la moitié des gaiges de un chascun des sergens ; et seront iceulx sergens établis par les dites deux parties. C'est assavoir par les dits conte et contesse, un à la garde du bos de Arouaze (*forêt d'Arrouaise*), l'autre en la garde du bos de Guise, l'autre en la garde du bos de Mondrepuis ; et de par le dit M. le duc, un en la garde du bos de Lesquielles, l'autre en la garde des bos de Marle, l'autre en la garde des bos de Luvin, et l'autre en la garde des bos de Saint-Mikiel.... *Item*, les dits conte et contesse, le dit bail durant, sont et seront tenus de garentir au dit M. le duc la terre et appartenances de Crupillis et les surcroiz des tailles de Proit et Leheries, pour ce que la dite terre et surcroiz sont estimez en l'avis des prisées... *Item*, que parmi les choses dessus dites, le dit M. le duc, le dit bail durant, se tendra pour contens des dites cinq mille livrées de terre et se déportera de demander autre assiette ; sauf que il pourra requerre et demander contre les dits conte et contesse telz arrérages, comme deus li sont du tems passé jusques au tems présent pour cause de la dite assiette à lui non parfaite...., »

Cet accord, passé au parlement le 13 décembre 1348, et approuvé par le roi, ne pût être mis à exécution par la comtesse, car elle mourut au commencement de l'année 1350, enlevée encore à la fleur de l'âge par la peste noire, en son château de Villeneuve, près Soissons. Ce terrible fléau qui fit périr la *troisième partie des hommes et des femmes de l'Europe*, ravagea nos contrées pendant plusieurs années. C'était un spectacle affreux. On voyait au loin le drap mortuaire flotter sur tous les clochers. Ce n'étaient que convois funèbres sur les chemins ; on entendait continuellement le son des cloches; c'était, dit Monteil, un glas général. A la peste succéda une famine si horrible qu'on mangea de l'herbe, des racines, des écorces d'arbres. Les récoltes étaient nulles et le commerce tellement abandonné, que l'argent n'avait plus de cours ni de valeur. On ne voyait partout que pauvres errants, pâles et amaigris, gonflés et moribonds dans les rues des villes, dans les champs et dans les bois. On n'avait rien vu de si effrayant depuis l'an mil (1).

Après la mort de Jeanne de Hainaut, la tutelle des enfants de Louis de Châtillon, qu'elle avait conservée, passa dans les mains de messire Jean de Hainaut, leur aïeul, et de Charles de Blois, leur oncle. Pour éviter les difficultés qui pourraient s'élever entre eux « à cause de la *garde ou du bail des terres des enfants de Blois, mineurs d'âge*, mouvants du côté de leur père, tant au royaume de France, comme en l'empire, » les deux tuteurs convinrent, par une transaction passée en 1350, avec l'agrément du roi, de se faire représenter par les *sages et honorables personnes* Regnault de Barbançon, clerc, et Pierre de Beaucourt, chevalier, qui devaient pendant un an s'informer du droit des parties, gouverner les terres des mineurs, en percevoir les revenus et pourvoir à leur nourriture et entretien. Il y eut encore

---

(1) *Hist. du Valois*, tom. 2, p. 500; — Dormay, tom. 2, p. 501 et 517, — *Hist. de Soiss.* par H. Martin, tom. 2, p. 210; — *Hist. de Châtillon*; — *Hist de France*; — Monteil, tom. 2, p. 372 et suiv.

un autre accord approuvé en 1351 par le roi Jean, entre Jean de Hainaut et Charles de Bretagne. Par cette convention, on arrêta que le duc de Bretagne aurait en garde-noble une partie des terres de ses neveux, sous diverses clauses et conditions. Ainsi, il y est dit : « Que bon compte lui seroit fait pardevant Regnault de Barbançon et Pierre de Bocour de tous les arrérages qui pouvoient lui être dus, pour cause de sa terre de Guise, non parfaite du tems de monsieur le comte de Blois, du tems de la vefveté de madame de Blois, sa femme, comme du tems que le comte de Namur l'eût espousée; » que ces arrérages lui seraient payés sur les revenus du comté de Blois, et qu'en outre, il aurait la faculté d'user des forêts et des bois des dites terres, selon les usages des pays où ils sont situés; «... de faire copper de viez caisnes pour les édifices des lieux des païs apartenans as dits enfans. » De son côté, le duc s'engageait à payer « pour cause de vivre des dits enfans, chascun an, depuis Noël l'an 1350, mil livres tournois, tant que Loys aira quatorze ans accomplis, le dit duc tenant le bail. » Sur cette rente devaient encore être décomptés les arrérages dus pour la « cause de l'assiette de sa terre de Guise non parfaite. » Enfin il promettait en outre de laisser le procès pendant au parlement « en cas de nouvelleté, » au sujet de la châtellenie d'Hirson, dans l'état où il était lors de l'accord fait entre lui, le comte de Namur et madame de Blois, jusqu'à la majorité de Louis, sans préjudice « de l'une partie, ne de l'autre. »

De toutes ces contestations, il résulta que Guise demeura entre les mains du duc de Bretagne, qui le posséda légitimement, comme formant sa part dans la succession de son père. Si ses neveux, Louis de Châtillon, Jean et Guy de Blois, s'intitulèrent quelques fois encore seigneurs de Guise, ce ne fut plus qu'un vain titre, car Guise ne fut pas nommé dans le partage fait entre eux, en 1361, approuvé par Charles de Bretagne et ratifié par le roi. Au reste l'extinction de la branche des Châtillon, seigneurs de Guise, dans la personne des trois frères, qui moururent sans postérité, termina naturellement les difficultés (1).

Cependant, les affaires du royaume se trouvaient dans le plus déplorable état sous le gouvernement du roi Jean, dont le règne fut plus malheureux encore que celui de son prédécesseur. La bataille de Crécy avait mis la France à deux doigts de sa ruine, celle de Poitiers la précipita dans les derniers malheurs. L'intrépide mais téméraire monarque se fit écraser avec soixante mille hommes par le prince Noir, fils d'Edouard, roi d'Angleterre, qui n'en avait que douze mille, mais qui avait su, comme son père à Crécy, suppléer par la prudence au défaut du nombre. Le roi de France combattit en soldat et en chevalier, mais il fut fait prisonnier et envoyé en Angleterre avec un grand nombre de seigneurs de la première noblesse. Dans cette déplorable journée, se distinguèrent plusieurs chevaliers de la Thiérache, entre autres Eustache de Ribemont, l'un des plus braves gentilshommes

---

(1) *Hist. de Châtillon*, preuves.
Quoiqu'en dise le docteur C., Charles de Blois ne tenta pas de s'approprier la seigneurie de Guise de vive force. L'histoire n'est point muette à l'égard de ses droits, qui sont très-clairs ; nous croyons l'avoir prouvé, pièces en main. Il ne posséda pas Guise au préjudice de ses neveux, puisque Guise représentait sa part dans la succession paternelle. Les arrêts du parlement, les lettres de jussion, les transactions entre les parties contestantes, sont des titres sérieux qui valent mieux que le titre supposé de la faveur du roi. Charles de Blois ayant été mis au nombre des Bienheureux par l'Eglise, le docteur a été bien aise de lui imputer cette *petite injustice*.

de son temps, qui avait commencé l'attaque à la tête des *Enfants-Perdus*; le sire de Châtillon, le sire de Marle, de Raineval, etc., et *grand'foison* de gens d'armes de Picardie et de Vermandois (1).

Tandis que le prince de Galles ravageait les contrées au-delà de la Loire, le nord de la France était en proie aux factions les plus ardentes. Paris était en pleine révolte contre Charles, régent du royaume pendant la captivité du roi. Le roi de Navarre, Charles-le-Mauvais, et ses partisans attisent partout le feu de la discorde et se liguent avec les Anglais, d'une part, et de l'autre avec l'évêque de Laon et Marcel, prévôt des marchands de Paris, chef des factieux de cette ville. Les Navarrais occupent les rives de l'Oise, s'emparent des châteaux, rançonnent les voyageurs, obligent les abbayes et les villes à se racheter du pillage par de fortes contributions. Courant le pays la nuit, ils tombaient à l'improviste sur les forteresses et prenaient prisonniers les chevaliers, les nobles dames et demoiselles en leurs lits. A ces pillards s'en joignirent bientôt d'autres qui firent surtout aux gentilshommes une guerre d'extermination. Tandis qu'on taillait les bonnes villes pour faire des aides au roi et au dauphin, le pays était dévoré par les Routiers et les Jacquiers ou Jacques-Bons-Hommes; on les nommait ainsi, selon les uns, à cause de leurs jacquettes, et selon les autres d'un de leurs chefs *Jacques Bonshoms*. Ils se joignirent à une foule d'étrangers sans aveu, débris des anciennes invasions, Anglais, Navarrais, qui pillaient tous les partis, brûlaient les châteaux, tuaient les chevaliers, et violaient les

(1) Lelong, p. 320; — *Hist. de France.*

dames. En l'espace de quelques semaines, plus de cent châteaux et *bonnes maisons de chevaliers et écuyers furent exiliées* par la Jacquerie, sur les territoires de Laon, de Soissons, de Noyon; ces villes même n'échappèrent point au pillage. Les gentilshommes se réunirent enfin contre ces hordes de sauvages qu'ils défirent en plusieurs rencontres. Les courses des Jacquiers dans la Picardie et la Thiérache avaient déterminé les villes et les monastères à se fortifier pour se mettre à l'abri de leurs insultes. Il en résulta également de nouvelles forteresses dans les villages, les bourgs, les hameaux. Aubenton et Ribemont sont fermés de murs. On fortifie même les églises en y ajoutant des tourelles. Cependant ce ne fut qu'à grand' peine que le dauphin, aidé de ces secours partiels, parvint à apaiser les troubles excités par tant de factieux.

Chaque ville, en ces temps malheureux, étant obligée de recevoir, à ses frais, des chevaliers et des écuyers pour se défendre, on croit que c'est de là que datent les milices bourgeoises connues sous le nom de compagnies de l'arc et de l'arbalète. Formées d'abord spontanément, par la nécessité de la défense, ces compagnies continuèrent de subsister pendant la paix, furent régularisées par les ordonnances des rois, et il s'en organisa dans toute la France. Celle de Guise, favorisée plus tard par la duchesse de Lorraine, dût commencer aussi dans ce siècle de désorganisation, où chaque cité devait pourvoir à sa propre sûreté.

Les troubles continuèrent dans la Thiérache et la Picardie jusque dans le cours de l'année 1359. Après avoir été mise à feu et à sang par les Navarrais et les Jacques, il ne restait plus à ces malheureuses provinces que d'être envahies par une armée immense partie des côtes d'Angleterre. Débarqué à Calais au mois d'octobre 1359, Edouard entre en Thiérache en 1360, « ses gens courant à dextre et à senextre et prenant vivres partout où ils pouvoient en avoir. » Il vint loger à l'abbaye de Fémy, où ses troupes trouvèrent *grand'-foison* de vivres pour eux et leurs chevaux. Le dauphin, qui ne pouvait tenir la campagne, commença à donner des preuves de cette habileté qu'il déploya plus tard sur le trône. Il se contenta de jeter des garnisons dans les villes frontières, qui reçurent à leurs frais des chevaliers et des écuyers. Edouard parcourut rapidement le Cambrésis, la Thiérache et le Laonnais, et vint mettre le siége devant Reims, espérant emporter facilement cette place et s'y faire couronner roi de France. Sa retraite ne mit pas fin aux calamités qui, depuis tant d'années déjà, accablaient le pays. De tous ces corps d'armée d'Anglais, de Navarrais, des débris de la Jacquerie, il resta un surcroît d'aventuriers et de brigands, qui infestaient les chemins, ruinaient les terres, et jonchaient les champs de cadavres, ce qui ne manqua pas de ramener la famine et la peste.

Par le traité de Bretigny, le roi Jean obtint sa liberté aux conditions les plus onéreuses pour la France ruinée par les guerres intestines et étrangères. Aussi, ce ne fut qu'un long cri de douleur quand on proclama les ordonnances sur les impôts et les subsides pour *la rédemption* du monarque. Il fut stipulé qu'il céderait à peu près le tiers de son royaume; qu'il donnerait trois millions d'écus et enverrait quarante otages. Jacquemart de Flavigny, chevalier, seigneur de Chigny, gouverneur de Guise, fut taxé pour sa part dans la rançon du roi à la somme de 1,000 livres tournois, somme notable pour le temps, et qui indique qu'il possédait une fortune considérable. La famille de Flavigny, qu'on croit originaire de Bourgogne, était l'une des plus anciennes du pays. Les chartes de Foigny parlent de deux frères, Godefroy et Renault de Flavigny, qualifiés chevaliers dès 1089. Jacquemart fut enterré à Guise dans une chapelle dédiée à Saint-Jacques, qu'il avait fait bâtir. Il y avait fait élever un tombeau de marbre à la hauteur de trois pieds. Il y était représenté avec sa femme. La noble dame tenait un petit chien entre ses bras, et lui, paraissait à genoux dans l'attitude de la prière, armé de toutes pièces, sauf les armes et les gantelets qui étaient à coté de lui, et ayant à ses pieds un lévrier. Près des armes étaient ses armoiries en forme d'un échiquier d'azur au champ d'argent, avec un écusson de gueules posé en abîme (1).

Les plus grands seigneurs du royaume et même les princes du sang renoncèrent à leur liberté pour procurer celle du royal prisonnier. Le duc de Bourbon, le comte d'Alençon, les ducs de Berry et d'Anjou, fils du roi, et le comte Guy de Châtillon, « qui, pour le temps, était un jeune écuyer et frère au comte de Blois, » qu'il eut la générosité de remplacer, partirent pour l'Angleterre. Le duc d'Anjou dut trouver le sacrifice bien amer, car il venait d'épouser Marie de Bretagne. Charles avait donné à sa fille par traité de mariage daté du mois d'août 1360, et où il s'intitule seigneur de Guise, « toute la terre, châteaux et châtellenies et villes de Guise, de Irson et de Oisy, et la châtellenie et terre d'Englecourt et autres pays de la terre de Guise, » sans rien

---

(1) *Hist. de France; — Dictionnaire de la noblesse*, art. Flavigny; — *His. de Soissons*, par H. Martin, tom. 2, p. 247 et suiv.

retenir, ainsi que les seigneuries de Mayenne, de Chailly, et autres, pour l'assiette d'un revenu de vingt-cinq mille livres de rente qui devaient former la dot de Marie ; aussi cette dernière se qualifia-t-elle, dans une procuration qu'elle donna pour poursuivre la canonisation de son père, duchesse d'Anjou et de Touraine, comtesse de Mayenne et dame de Guise. Ainsi sortit le domaine de Guise de la maison de Châtillon, pour entrer dans celle de France, après avoir été possédé par la première l'espace de cent dix ans (1).

(1) *Hist. de France;* — Froissard, *Chroniq.*, tom, 2, liv. 1er, chap, 144-252, édit. de M. Guizot, *Collect. de mémoires*, etc. — Lettres passées à Saumur, contenant le traité de mariage entre Louis, comte d'Anjou, et Marie de Bretagne, dans Duchesne, preuves du liv. 5, p. 134; — Extrait d'un arrêt de 1361, *ibid.*, 135; — *Dict. de la noblesse*, art. Guise. — *Traité des droits du roi*, par Dupuis, du comté de Guise.

CHAPITRE V.

GUISE SOUS LES SEIGNEURS DE LA MAISON DE FRANCE.

DUCS D'ANJOU.

QUATRIÈME RACE.

Le duc d'Anjou, Louis de France, premier du nom, auquel Marie de Bretagne avait apporté en dot la terre de Guise, qui fut érigée en comté en sa faveur, était frère de Charles V, dit *le Sage*, et fils comme lui du roi Jean. Il fut roi de Sicile et de Jérusalem et comte de Provence. De ce prince et de Marie de Bretagne sortirent les derniers rois de Jérusalem, les comtes et ducs de Guise et de Mayenne.

Pendant la captivité de son mari, la duchesse d'Anjou s'était retirée dans son domaine patrimonial de Guise. Elle habitait le château de Guise dont la force pouvait la mettre à l'abri des partis qui désolaient encore la campagne, et peut-être même les deux époux avaient-ils de concert choisi cet asile qui les rapprochait d'avantage, dans l'espoir de s'y rejoindre bientôt. En effet, le duc ne pouvant supporter la captivité et l'éloignement d'une épouse qu'il aimait, parvint à s'échapper d'Angleterre, et vint à Guise trouver la duchesse, avec laquelle il se rendit ensuite à Paris (1).

Cependant le roi de France ne pouvant remplir toutes les clauses du traité de Brétigny, retourna en Angleterre en 1363, pour délivrer ses enfants et les autres ôtages, et pour réparer la faute du duc d'Anjou, Il y mourut en 1362, la même année que Charles de Blois, qui, après bien des vicissitudes, périt au combat d'Auray, où « en bon chevalier, il s'étoit merveilleusement, vaillamment et hardiment combattu. » Il n'avait eu qu'un fils, Jean de Blois, duc de Bretagne, et Marie, dame de Guise, qui le suivit de près au tombeau, puisqu'elle mourut aussi en 1364 (2).

La mort du roi n'avait pas beaucoup changé la face des affaires, qui paraissaient moins que jamais disposées à la paix. Guy de Châtillon était toujours en Angleterre avec les autres ôtages. Charles V, pour reconnaître sa générosité et lui aider à supporter les dépenses que nécessitait le séjour de Londres, lui fit donner une somme de 1,000 livres tournois ; mais quand il vit que le jour de sa délivrance n'arrivait pas, il remit entre les mains du roi d'Angleterre, du consentement de ses deux frères, Louis, qui portait toujours le titre de sire de Guise, et Jean de Blois, son comté de Soissons, que le roi anglais donna au sire de Coucy, son gendre. Il fut dédommagé de cette perte par la part qui lui revint dans

---

(1) Lelong. p. 334. — *Hist. de France...*

(2) Froissard, 1er vol., p, 265.

la succession de Louis de Châtillon, lequel mourut sans avoir été marié, en 1372. Jean, qui hérita le titre de sire de Guise, ayant épousé l'héritière du duché de Guerles, éprouva beaucoup de difficultés à faire reconnaître sa suzeraineté. « Ainsi, dit Froissard, eut messire Jehan de Blois femme et guerre qui moult lui cousta. » Enfin *mourut le gentil comte* en 1381, laissant son vain titre de sire de Guise, et, ce qui valait beaucoup mieux, tous les biens de sa branche à Guy de Blois, qui devint ainsi l'un des plus puissants seigneurs du royaume de France (1).

Le règne de Charles V, surnommé *le Sage*, fut un de ceux dont la France à conservé le souvenir. Elle avait été remise entre les mains de ce prince mutilée et dégradée, il la rendit glorieuse et tranquille en y rétablissant la paix, l'ordre et la justice. Toute la sagesse de ce monarque se trouve comme résumée dans le préambule d'un arrêt qu'il rendit au mois de juin 1373, en son hôtel de Saint-Paul, en faveur des hommes de fiefs du comté de Guise. « La grandeur de la puissance céleste qui tient l'empire de toutes choses et qui, par sa grace, nous à établi roi et nous a élevé au faîte de l'empire, nous avertit d'en haut (*divinitus*) de tenir et de conserver dans la tranquillité de la paix et le royaume et ses sujets, et de nous appliquer avec une sollicitude infatigable à tout ce qui concerne leur garde, leur sûreté et leur obéissance envers nous, afin que, se sentant défendus dans la sécurité de la paix par la sollicitude de la puissance royale, ils deviennent actifs et plus volontiers dans l'obéissance due à notre grandeur. »

---

(1) Froissard, vol. 2, p. 243 ; — Dormay, *Hist. de Soissons*, tom, 2, p. 525 et suivantes.

Telles sont les belles paroles précédant ces lettres, qui réduisaient à une juste mesure les excessives garanties qui entravaient à Guise la marche de la justice. Les hommes de fiefs de la ville et de la châtellenie étaient tenus, à raison de leurs fiefs, de rendre des jugements à la réquisition des baillis de Vermandois et de Guise et du prévôt de Ribemont, *à la cour* du duc d'Angers, *résidant à Guise*; et lorsqu'il arrivait qu'un de ces jugements, porté au parlement par voie d'appel ou autrement, vint à être cassé pour défaut de forme ou comme injustement rendu, ils étaient condamnés à des amendes arbitraires ou à payer au roi 60 livres parisis. Cette singulière coutume avait eu pour résultat « que là où la justice était en vigueur et où elle était rendue chaque jour aux opprimés, » elle ne s'y exerça plus qu'avec difficultés, car ces hommes de fiefs, dans la crainte d'encourir des amendes onéreuses au cas que leurs jugements fussent cassés, différaient ou refusaient d'obtempérer aux ordres des baillis, lorsque ceux-ci les appelaient à siéger. Le duc et la duchesse d'Anjou ayant exposé au roi tout ce qu'un tel état de choses, qui ne pouvait que s'aggraver, « devait apporter de préjudice à la chose publique (*rei-publicæ*) et de détriment aux justiciables de la châtellenie de Guise, » le monarque, « après une mûre délibération avec les gens de son conseil, et pour faire plaisir à son frère et à son épouse, » ainsi que s'exprime l'arrêt, ordonna que les hommes de fiefs, qui selon la coutume étaient obligés de siéger, ne pourraient plus désormais être condamnés par le roi ou le parlement qu'à une seule amende de 60 livres parisis pour tout jugement cassé, au lieu qu'auparavant ils devaient payer chacun la même somme pour chaque jugement infirmé.

Cependant on devait revenir aux anciennes observances dans le cas où le nouveau privilége ouvrirait la porte à la fraude, à la ruse où à la faveur dans l'instruction ou le prononcé des jugements. Enfin, le roi enjoignait aux hommes de fiefs, pour la commodité des justiciables, de venir au lieu accoutumé et au temps marqué, pour rendre la justice, à moins de causes légitimes d'absence, sous peine d'être livrés aux mains du duc, d'être arrêtés et détenus par le bailli de Guise, jusqu'à ce qu'ils eussent payé une amende proportionnée à leur faute (1).

Charles VI était à peine monté sur le trône, que le duc de Buckingham entra en France et arriva jusqu'aux portes de Saint-Quentin, dont la garnison fit bonne résistance, en sorte que *l'ost* fut obligé de passer outre, et vint occuper Origny-Sainte-Benoîte et les villages des environs. L'abbaye d'Origny avait alors pour abbesse la belle-tante du seigneur de Vertaing, qui était à l'avant-garde. Ce fut à sa prière que l'abbaye et toute la ville *furent respectées d'ardoir et piller*. Le comte de Buckingham logea dans l'abbaye; mais le soir même et le lendemain de son arrivée, ses gens poussèrent jusqu'à Ribemont, où il y eu de grandes escarmouches et beaucoup de morts et de blessés, tant de la part des Anglais que de celle des Français. Le matin se *délogea l'ost d'Origny*, passa à Crécy-sur-Serre et de là à Laon, n'ayant fait que traverser une faible partie de la Thiérache, et s'enfonça dans la Champagne (2).

Le roi étant mineur, ses oncles se disputèrent la régence,

---

(1) Ordonnances, tom. 5, p. 622.

(2) Froissard, vol. 2, p. 82 et 83.

Le duc d'Anjou, qui l'obtint, n'en profita que pour s'enrichir de rapines et piller le trésor. Cependant le jeune prince montrait d'heureuses dispositions. Il fit une invasion en Flandre pour punir l'insolence d'Artevelle et de ses Flamands révoltés, et gagna la bataille de Rosbeck (1383) où les Français lavèrent par le carnage de 40 mille Flamands, l'affront reçu à Courtrai. Guy de Châtillon y commandait l'arrière-garde et fit plusieurs chevaliers, selon l'usage. Le gentil sire, par la politesse de ses manières et par le crédit qu'elles lui avaient acquis dans l'armée, préserva *le bon et gentil pays de Hainault*, où il avait de beaux héritages, des pilleries qu'un parti de 500 lances se préparait à y exercer. Il rendit le même service à la ville de Valenciennes, qu'un chevalier voulait *guerroyer et harrier* avec le même nombre de lances, « car, tant exploita le gentil comte, qu'il fit le chevalier tout privé et le mit en sa volonté et en celle du sire de Coucy, et, par ainsi, vint la ville en paix et paya, par reconnoissance d'amour, le service du comte (2). »

La conduite du comte de Blois dans ces circonstances ferait regretter que le comté de Guise fut sorti de sa maison, si l'on ne savait d'ailleurs qu'il était incapable d'administrer ses domaines. Il avait vu mettre le comble à sa fortune par le mariage de Louis, son fils unique, avec la fille du duc de Berry, oncle du roi régnant. Les fiançailles avaient été célébrées en présence de plusieurs chevaliers et hauts barons, et accompagnées de grandes fêtes, de dîners, de soupers, de danses et de *caroles*, et le mariage venait d'avoir lieu à Bourges, « où furent faictes grandes festes,

---

(2) Froissard, vol. 2, p. 204 et 208. — *Hist. de France.*

ébâtements et grandes joûtes de chevaliers et escuyers, » huit jours durant, lorsque le jeune comte fut enlevé par une fièvre qu'il avait gagnée à la suite d'une chevauchée à grandes journées qu'il avait faite en se rendant de Blois en Hainaut, pour rejoindre sa femme et sa mère. En lui finit la branche aînée des Châtillon, seigneurs de Guise. Le comte de Blois, qui était un des plus vaillants hommes de son temps, mais prodigue et dissipateur, se voyant privé de son fils et d'ailleurs accablé de dettes, vendit ses comtés de Blois et de Dunois, en 1391, à Louis de France, duc d'Orléans, à la sollicitation de Charles VI, au prix de 200 mille couronnes. Il était tellement adonné à la bonne chère, que sur la fin de sa vie il était gros comme un tonneau. Il mourut en 1397, et fut inhumé à Valenciennes, dans l'église des Cordeliers de cette ville (1).

Froissard, qui avait été secrétaire de Guy de Châtillon, en fait le plus bel éloge dans ses chroniques. « Or pourtant, dit-il, que j'aye veu, au tems que j'ay travaillé par le monde, deux cents beaux princes, si n'en ay-je onques veu un plus humble, plus débonnaire, ne plus traittable que Vinceslas, roi de Bohême, et aussi avecques luy monseigneur et mon bon maistre, messire Guy, comte de Blois, qui ces histoires me commanda faire. Si furent les deux princes, de mon temps, d'humilité, de largesse et de bonté, sans nul mauvais malice, qui sont plus à recommander; car ils vivoyent largement et honorablement du leur sans guerroyer et travailler leur peuple, ne mettre nul mauvaises ordonnances ne coustumes en leurs terres (2). »

---

(1) *Art de vérifier les dates, Chronologie historiq. des comtes de Blois;* — Dormay, tom. 2, p. 526; — Froissard, vol. 2, p, 265.

(2) Froissard, tiers volume, p. 244 et 245.

Guy de Blois avait été précédé dans la tombe par le duc d'Anjou, dont il serait impossible de faire le même éloge, quoique l'histoire ne nous dise pas s'il porta sur ses terres de Guise la même rapacité que dans l'administration de l'état. Il était mort en 1384, et avait eu pour successeur son fils aîné, Louis II, roi de Sicile, qui fit hommage, le 25 avril 1405, à Charles VI, à cause de son château de Ribemont. Un échange qu'il fit en 1406 est à peu près le seul rapport connu qu'eut Louis II avec son comté de Guise. L'abbé de Foigny, Gobert de Wattigny ou de Wimi lui concéda le droit de pêche qu'avait l'abbaye sur le cours de l'Oise pour deux muids et six jalois de bois. Les seigneurs de Guise de la maison de France avaient à traiter des intérêts trop élevés pour s'occuper de l'administration personnelle de leur comté (1).

Mais, à mesure que les seigneurs des grands fiefs disparaissent, vers la fin des véritables temps féodaux, de nos chroniques locales, pour aller jouer un rôle plus important dans l'histoire générale, ces chroniques s'enrichissent, par compensation, de nouveaux personnages qui, pour avoir jeté moins d'éclat, n'en deviennent que plus dignes de notre intérêt. Les premiers se font remarquer par leur naissance, leurs hauts-faits, leur fortune ; les seconds, par la noblesse du talent, la beauté du génie, et l'amour de la vertu. Ceux-là passèrent leur vie à la guerre ou dans d'orgueilleux châteaux, ceux-ci vécurent à l'ombre des cloîtres, dans le silence du monastère ou dans les universités. C'est donc au XIVe siècle que commence cette série d'hommes remar-

---

(1) *Gall. Christ. eccl. Laud. Abbates Fusniacenses.* — *Hist. de Foigny,* par Piette.

quables qui reçurent le jour à Guise ou dans ses environs, c'est-à-dire lorsque nous n'aurons presque plus qu'à enregister le nom de ses seigneurs.

Depuis Nicolas de Hannape, dernier patriarche de Jérusalem, agiographe et auteur *du Biblia pauperum*, mort en 1291, le pays avait été stérile en hommes célèbres, surtout dans les lettres et les sciences. Les trois premiers personnages qui parurent au xiv° siècle, et à qui Guise donna la naissance, tinrent la crosse abbatiale et gouvernèrent de célèbres abbayes. Ce furent : Jean de Guise, qui était abbé de Foigny en 1374, et mourut le 4 novembre 1380; Matthieu de Guise, abbé de Vauclerc, couvent de Bernardins situé au diocèse de Laon, dans la vallée de l'Aillette, lequel mourut en 1354; le troisième était Jean de Nouelles ou de Noyelles, qui s'appelait aussi Jean de Guise, du lieu de sa naissance. Il fut un des plus illustres abbés de Saint-Vincent, dont il était le quatorzième, et laissa une réputation méritée de science et de sainteté. Par la sagesse de son administration, il rétablit le spirituel et le temporel de l'abbaye et mit fin aux procès que lui avaient légués ses prédécesseurs. Il y avait dans le cloître une célèbre école de droit canon et de théologie; pour en soutenir l'éclat, il envoyait à Paris pour étudier ces sciences un certain nombre de religieux, qui devenaient à leur tour des maîtres habiles. Il remonta la bibliothèque du couvent et l'enrichit de livres précieux, qu'il porta jusqu'au nombre de onze cents volumes. Malgré la multiplicité de ses travaux, Jean de Guise avait su trouver du temps pour écrire une histoire universelle abrégée, en quatre gros volumes, contenant vingt-huit livres, qu'on conservait avant la révolution chez les Prémontrés de Saint-Jean. Il y fit entrer beaucoup de choses qui regardent la ville de Laon. L'ouvrage finit en 1388, la vingt et unième année de son abbatiat. Il composa la vie de saint Gérard, abbé de Saint-Vincent, et transcrivit trois ou quatre volumes de chartes sous le titre de *Mémoire historial;* ces cartulaires étaient écrits de la même main que ses œuvres. Il fit aussi dresser un catalogue d'environ 200 manuscrits qui existaient de son temps à la bibliothèque du couvent. Jean de Guise soutenait avec fermeté les droits de son abbaye et conservait avec soin ses antiques usages. C'était la coutume que les évêques de Laon partissent processionnellement de Saint-Vincent pour aller prendre possession de leur siége. En 1372, Jean, cardinal et nonce du pape, porta, à sa demande, une sentence par laquelle il déclarait que l'abbé de Saint-Vincent aurait le côté droit depuis la porte Martel jusqu'à la cathédrale. Jean de Guise fut, en 1373, l'un des députés du chapitre général de l'ordre de Saint-Benoît, désignés pour aller à Saint-Corneille de Compiègne signifier aux évêques des métropoles de Reims, de Sens et de Bourgogne, la bulle d'Urbain IV, portant que les abbés de l'ordre ne seraient pas tenus de se rendre en personne aux synodes des évêques; c'est de son temps que les fonds baptismaux de la nef de l'église de Saint-Vincent, qui étaient devant la porte de l'abbaye, furent transportés au faubourg de Semilly, par suite de la dépopulation du lieu où elle est située. Le pape Clément VII, pour lui témoigner l'estime singulière qu'il faisait de son mérite, lui avait envoyé en 1384 les ornements pontificaux. Jean de Guise mourut en 1396. Il fut enterré dans le chœur de l'église du couvent, sous la deuxième arcade. Sa tombe fut dans la suite transportée dans la chapelle de Saint-Christophe, derrière le chœur. On y lisait l'éloge suivant :

De Guisiâ natus hic sub caute Johannes.
Historiographus, arte que juridicus.
Abbatum primus mithrâ fuit hic decoratus.
Inhumata manet fama, mirumque canet
Mens pia, mens humilis, patriæ lux, Martha labore,
Irradiet functo vita beata Deus.
Anno millesimo quater et bis duo dempto,
Octavo mensis idus decessit aprilis (1).

Le silence de nos annales sur les seigneurs de Guise de la maison royale de France n'est interrompu que par l'apparition de quelques faits isolés, mais précieux, qui jettent quelque jour sur l'administration du comté et sur certains usages curieux. Ainsi, on apprend par un compte de grains de la prévôté de Guise, échappé à la destruction de ses archives et recueilli par le savant Monteil, que Jacquemart de Flavigny et Régnier de Merchies étaient, en 1415, l'un bailli et l'autre clerc des bois de la terre de Guise, et qu'ils recevaient par an, le premier 24 livres, et le second 8 livres pour leurs *gaiges*. On voit aussi, dans le même manuscrit qu'il y avait un maître des œuvres de la prévôté de Guise, qui était alors Guillaume de Vieux-Ville (ou Viéville) aux *gaiges* de 40 livres par an. La charge du maître des œuvres consistait à vérifier les comptes de réparations et de con-

(1) Le *Martyrologe* de l'abbaye portait : *Nonis aprilis obiit Domnus Johannes abbas hujus loci, anno D. M. I., millesimo, trecentesimo nonagesimo sexto.* — MSS. de D. Grenier, *Picards célèbres.* — *Gallia Christ. Eccl. Laud. abb. Saint-Vincentii.* — *Hist. de Laon*, par Devisme; — *Manuel hist.*, par le même. — Lelong.

structions dans l'étendue de la prévôté ou du bailliage. Il y avait aussi l'office de mesureur des bois occupé alors par Jehan Camus, qui avait pour ses *gaiges* 8 livres par an (1) C'est à propos de cet office que Monteil introduisant sur la scène, dans le chapitre intitulé *le Champion*, pour mieux peindre les mœurs du temps, un personnage fictif qui se plaint des exactions qu'on lui fait subir, lui fait dire: «... Et maintenant j'ai affaire à son héritier, qui est mesureur de bois de la châtellenie de Guise, qui exige le blé non à la mesure du lieu, mais à la mesure du chapitre, qui se fait payer non en espèces courantes, mais en nouvelles espèces; qui ensuite me dit : *item* à la Saint-Marc, fleur de farine; qui revient tenant toujours son parchemin: *item* à la Saint-Matthieu, deux gâteaux; qui revient encore, etc. Champion, défendez-moi contre les *item* du mesureur de bois de la châtellenie de Guise (2). »

A ces détails se rattachent comme d'eux-mêmes ceux que nous fournit un procès terminé vers cette époque au sujet des foires de Montreuil-sous-Lesquielles. En ladite *ville de Montreuil*, se tenaient donc, de temps immémorial, des foires notables commençant tous les ans à la Notre-Dame en septembre et durant huit jours continuels. Les seigneurs de Guise en ayant la garde, il était d'usage que pour la garde et défense des marchandises venant en icelles foires, les gouverneur, bailli, sergents de Guise et autres officiers de la châtellenie se transportassent à Montreuil, avec un

---

(1) Ce compte est cité par Monteil qui en possède l'original dans son *Histoire des Français des cinq derniers siècles*, tom. 4, Notes du XVe siècle et hist. VI. Le commissionnaire, p. 428. — Ibid. p. 468, *Hist*. IX. L'artisan, — Ibid. tom. 4, p. 48, Notes.

(2) Monteil ; tom. 5, p. 417. — Le Champion.

certain nombre de gens armés, *l'une fois plus*, *l'autre fois moins ;* mais de plus, le seigneur de Guise était en possession et saisine de faire loger et héberger lesdits gouverneur, bailli, sergents et autres officiers de Guise et tel nombre de gens d'armes qu'il lui plairait, à lui ou à son gouverneur, avec leurs gens, chevaux, harnais, pendant les huit jours de foires, dans une maison de Montreuil, appelée la maison ou grange de Saint-Hombert de Maroilles, appartenant aux religieux de cette abbaye, et sur laquelle il avait droit de justice, haute, moyenne et basse, à raison de sa seigneurie de la ville et château de Guise. Cette maison et ses dépendances provenaient de la libéralité des seigneurs de Guise. Mais ce qui rendait de plus en plus onéreux la réserve qu'ils s'étaient faite, c'est que, non content de recevoir toute cette garnison, officiers et gens, il fallait encore leur délibérer et administrer, chaque année, pendant les huit jours de foires, à eux et aux gens d'armes, par quatre jours, « foin, avoine, feurre (fèves) pour les chevaux ; lits, loictes, coustes, coussins, couvertoires, lincheulx (draps), orilières (oreillers), couvre-chiefs (bonnets), et autres choses nécessaires à coucher ; » leur donner aussi : « tables, traiteaux, nappes, touailles (toiles), vaisselles, escuelles, pots, bachines et autres ustencilles de cuisine. » De plus, ils pouvaient forcer les religieux à remplir cette obligation, et au cas que les revenus de Montreuil ne fussent pas suffisants pour y faire face, ils étaient en droit de les contraindre de prendre le reste sur les revenus d'une autre maison qu'ils possédaient *en la ville de Chinis* (Chigny), dans la terre de Guise.

Les religieux s'étant enfin refusés formellement à héberger toute cette garnison, la dame de Guise, Marie de Bretagne, obtint du roi qu'un procès serait intenté, en parlement, aux religieux de Maroilles, « qui l'avoient troublée en ses possession et saisine indûment. » Les religieux de leur côté soutinrent que leurs maisons de Montreuil et de Chigny devaient être quittes envers elle de toutes charges, obligations et servitudes; qu'ils étaient en bonne possession et saisine; que la dame de Guise, ses officiers ou gens d'armes, leurs valets ou chevaux, ne devaient point être logés dans leur maison de Montreuil, par eux ou leurs fermiers, ni de leur livrer les choses en question; en effet depuis plusieurs années ils avaient laissé les foires à la charge de la dame de Guise. Les parties ouïes et les enquêtes faites, le parlement rendit le 12 décembre 1394 un arrêt qui donna droit à la dame de Guise en ses réclamations, mais qui déclara, en même temps, qu'elle s'était indûment complainte au regard de la maison de Chigny comme devant suppléer à l'insuffisance des revenus de celle de Montreuil pour la garde des foires, et décida qu'elle était franche des charges susdites avec ses *appartenances et appendances*.

Toutefois, comme les religieux avaient, dans l'espace de temps que dura ce procès, laissé ruiner, choir et fondre la maison de Montreuil en sorte que les officiers et les gens de la dame de Guise ni pouvaient plus être logés ni hébergés, elle avait été obligée durant la tenue des foires de les défrayer à ses dépens. Elle les attaqua donc devant le bailli de Vermandois aux fins de les faire contraindre à réparer la maison de Montreuil et de la remettre en état de recevoir ses gens, selon la teneur de l'arrêt du parlement, et à l'indemniser des frais qu'elle avait été obligée de supporter pour la garde des foires. En laquelle cause il fut tant procédé, que les religieux furent condamnés par sentence du bailli à remettre la maison dans son ancien état et à payer une indemnité pour les frais de la garde des foires de Montreuil, depuis 1389 jusqu'à 1397, laquelle monta à la somme de 414 livres 19 sols tournois environ, et aux dépens de la dame de Guise.

Le procureur des religieux de Maroilles ne se tint pas pour battu ; il appela de cette sentence au parlement, mais les religieux se déportèrent depuis de leur appel et les revenus de Montreuil furent tenus en main-levée du roi pour l'exécution de l'arrêt du parlement. Ensuite les religieux ayant représenté au duc d'Anjou, fils de Marie de Bretagne, que la maison de Montreuil et ses revenus faisant partie de *l'augmentation de leur église* en vertu de laquelle ils étaient obligés de prier Dieu pour ceux qui leur faisaient des donations ou aumônes, et que ce qui s'était passé au sujet de Montreuil détruisait cette obligation, puisque cette terre leur devenait trop onéreuse, ils le prièrent en conséquence de les délivrer des servitudes dont elle était grevée afin qu'ils fussent tenus de continuer *doresnavant leurs prières et oraisons* pour leurs bienfaiteurs.

Toutes choses considérées, le duc d'Anjou, dans l'intérêt du couvent, mit fin à ce long débat à condition que lui et ses successeurs auraient toujours part aux prières des religieux. Enfin, moyennant 600 écus d'or *du coin du roi*, qu'il en avait reçus, il leur céda à perpétuité, par lettres données à Paris le 15 juillet 1416, tout droit et action quelconque, tant en propriété, possession et saisine, pour lui et ses successeurs, sur le domaine de Montreuil, les libérant de toutes les servitudes en question, les tenant quittes des frais occasionnés par la garde des foires, *taupés et adjugés* par le bailli. Il leur accorda de relever leur maison et de remettre en état les héritages qui en dépendaient. De plus le duc promit « en bonne foi et par obligation de tous ses biens et de ceux de tous ses hoirs et successeurs, de tenir et avoir ferme et estable la présente convention, » et de faire ratifier ses lettres par le roi, dont la terre de Guise *était tenue mouvante*. Il les fit sceller de son grand scel et le roi les approuva en effet dans son conseil (1).

Cependant la haine qui divisait les deux maisons de Bourgogne et d'Orléans était devenue plus vive que jamais depuis le meurtre du duc d'Orléans, assassiné au milieu de Paris, par ordre de Jean-sans-Peur. Uni au comte d'Armagnac, son beau-père, le jeune duc d'Orléans prit les armes pour venger son père, et les deux partis, sous le nom d'Armagnacs et de Bourguignons, commencèrent à allumer le feu de la guerre civile, sur plusieurs points de la France. La démence de l'infortuné Charles VI, dont ils se disputaient la personne, et qui subissait tour à tour leur influence, ne pouvait qu'ajouter au désordre du gouvernement.

Guise, qui fut toujours fidèle à la fortune de Charles et à celle du Dauphin, ne tarda pas à être témoin des premiers malheurs qu'entraînèrent ces dissensions civiles. Dès 1411, le pillage était à ses portes. Clignet de Brabant, de la faction d'Armagnac, ayant été obligé de se retirer de devant Rethel, qu'il avait assiégé avec 2,000 hommes, avait divisé ce corps en deux compagnies. Tandis que l'une, aux ordres de Simon de Clermont, se dirigeant sur le Laonnais, vers Coucy et Chauny, s'empare de Gercy et brûle l'abbaye de Thenailles,

---

(1) MSS. de dom Grenier, transcrits d'une collation faite le 6 juin 1585.

l'autre, commandée par Clignet en personne, surprend Vervins, qui est saccagé, et traverse le comté de Guise et le Cambrésis.

Les Armagnacs ravagent tout ce qui se trouve sur leur passage et enlèvent une grande quantité de bétail qu'ils conduisent à Ham et dans les autres garnisons qu'ils tenaient aux environs de cette ville. Mais tandis qu'ils se retirent, Renaud de Coucy, partisan du duc de Bourgogne, aidé du bailli de Vermandois, rassemble un corps de 400 cavaliers et de 8,000 hommes de pied, et reprend Vervins et Gercy sur les Armagnacs, auxquels il ne fait point de quartier (1).

Ces premières atrocités, un moment interrompues par le traité d'Auxerre et par une sorte de réconciliation ménagée entre le dauphin et le duc de Bourgogne, ne tardèrent pas à reprendre leur cours. Au commencement de l'année 1414, Jean-sans-Peur s'empara de la ville de Soissons, qui bientôt après fut reprise et saccagée par l'armée du roi. De Soissons, Charles marcha sur Laon qui, après avoir expulsé les Bourguignons, se rendit à lui. Ayant appris, à Notre-Dame-de-Liesse, où il était allé faire un pèlerinage, que le duc s'était jeté avec sa cavalerie sur la Thiérache pour y faire le dégât, il envoya pour l'arrêter un détachement considérable, qui se mit à la poursuite des Bourguignons et les fit rétrograder (2).

Oubliant un instant leurs querelles, les Français se réunirent pour combattre Henri V, roi d'Angleterre, qui avait jugé le moment favorable pour débarquer en France. Ils livrèrent bataille à Azincourt et succombèrent. Trop faibles

---

(1) *Chroniques de Monstrelet*, tom. 2, p. 241 et 242; *Collect. de Mém. pour servir à l'Hist. de France*; — Devisme, *Manuel historique*, p. 73; — *Hist. de Vervins*. p. 42 et suiv.;—Lelong, *Hist. du diocèse de Laon*.

(2) Lelong, p. 351; — Monstrelet. — Meyer.

pour le moment, les Anglais repassèrent la Manche; les factions se ranimèrent et couvrirent bientôt toute la France de sang et de ruines. Le Vermandois, la Picardie, la Thiérache, le comté de Guise, furent témoins et victimes de la lutte acharnée des partis. Anglais et Bourguignons, Armagnacs et royalistes ou dauphinais, joints à tout ce qu'il y avait alors de brigands, de pillards, de gens sans aveu, firent de ces contrées un vaste champ de carnage. On prend et on reprend les villes, les bourgs, les villages, les châteaux. On brûle, on saccage les abbayes, les églises où les habitants des campagnes se réfugiaient avec leurs meubles, leurs denrées, à l'apparition des ennemis ou des gens d'armes indisciplinés. Il n'y avait plus ni commerce, ni justice, « les puissans nobles ou autres traitoient cruellement les gens d'église et le pauvre peuple, et quant aux prévôts et autres officiers royaux, peu ou néant, n'osoient exercer leurs fonctions... Les marchands n'osoient sortir leurs marchandises des bonnes villes et forteresses, sinon par tribut et sauf-conduit, ou sur peine de perdre corps et biens (1). »

Ce qui se passa dans le comté de Guise et dans la Thiérache suffira pour donner une idée de l'affreux désarroi où se trouva le nord de la France sous ce malheureux règne. Le roi, qui recevait de toutes parts des plaintes au sujet des pilleries des Bourguignons, essaya de les arrêter en publiant des *mandements* qu'il envoya à différentes places du royaume, mais ils eurent pour effet d'augmenter encore le désordre. Le duc, irrité de ces ordonnances qui, selon lui, portaient atteinte

---

(1) *Hist. de France*;—Monstrelet, *Chroniq.*; — *Hist. de Soissons*, par H. Martin; — Lelong, etc

à son honneur, et qu'il ne manquait pas d'attribuer à ceux qui gouvernaient le prince, non-seulement n'en tint aucun compte, mais poussa la barbarie jusqu'à multiplier le nombre de ses gens d'armes et leur laisser *manger ses propres pays* de Cambrésis, de Thiérache et de Vermandois, avec tout ce que le roi possédait *entour l'eau de la Somme* jusqu'à la mer. La plupart des places que Charles avait encore en ces quartiers-là tombèrent bientôt au pouvoir du duc, excepté Guise et quelques forteresses de son comté, qui tinrent bon pour lui. Cette fidélité de Guise au parti du roi, au milieu de la défection générale, mérita d'être donnée en exemple par le bailli de Vermandois, aux places de son gouvernement, qu'il exhortait en 1418 à tenir comme lui le parti du dauphin. L'année suivante, Coucy fut pris par les Bourguignons, et le duc de Bourgogne étant venu à Saint-Quentin, accompagné de Jean de Luxembourg, de Croy, de l'Isle-Adam, de Longueval, etc., des députés de Laon vinrent le trouver avec les ambassadeurs d'Angleterre, pour l'engager, à la honte de leur ville, à venir prendre sur le dauphin, Crépy et les châteaux de Clacy et de Mouy, qui l'inquiétaient, et désolaient le pays. Le duc se rendant à leur prière, alla dès le lendemain loger à Crécy, qui tenait pour lui, et ensuite mettre le siége devant Crépy, dont Lahire et Pothon de Saintrailles avaient fait comme leur place d'armes. Ceux-ci s'y défendirent vaillamment avec 500 hommes de garnison, et la ville ne fut rendue qu'après quinze jours de siége (1).

Le dauphin, autour de qui les royalistes commençaient à

---

(1) Monstrelet, tom. 3, p. 390 et 400; — Lelong, p. 254; — Colliette, tom. 1er;— *Hist. de Soissons.*

se rallier, avait eu une entrevue à Montereau avec Jean-sans-Peur, et celui-ci y avait été assassiné. La reine Isabeau de Bavière, qui avait livré le royaume au roi d'Angleterre, s'unit au fils de Jean contre son propre fils, qui se vit réduit à lutter, pour arracher quelques provinces, quelques villes et forteresses à l'occupation étrangère. En 1420, malgré les exhortations du bailli de Vermandois et l'exemple de Guise qu'il leur proposait, toutes les places de cette province et d'une grande partie de la Thiérache recevaient la loi du roi anglais. Jean, duc de Bedfort, son frère, établi dans la capitale du royaume, envoyait partout les ordres que Henri eut pu donner lui-même, s'il eut été à Paris, tant était grand l'abaissement du peuple le plus généreux de la terre (1).

Henri vint lui-même à Paris en 1420, accompagné du duc de Bourgogne; il y reçut le serment de fidélité de tous les seigneurs de son parti, fit déposer le dauphin et y exerça tous les actes de la souveraineté. Cependant le duc de Bourgogne ne tarda pas à s'apercevoir que le prince étranger soignait plus ses intérêts propres que ceux de la faction bourguignonne, et lorsqu'il vit qu'il n'épargnait pas même ses gens, à qui il avait ôté les offices de France pour les donner à des Anglais, il se retira en Flandre suivi d'un de ses plus fougueux partisans, messire Jean de Luxembourg, comte de Ligny, capitaine picard et gouverneur d'Artois. Jean de Luxembourg était d'une famille riche et puissante, il avait armé chevalier le duc de Bourgogne, dont il était un des capitaines les plus distingués. Il s'était d'abord refusé de prêter le serment de tenir le parti des ennemis du royaume,

(1) *Hist. de France*; — Auteurs déjà cités.

mais une fois qu'il l'eut prêté il le tint jusqu'au bout. « C'était, dit Olivier de la Marche, un grand homme de guerre, puissant d'avoir, et d'amis, et entrepreneur, et des plus renommés chevaliers de son temps; il avoit gens et soudoyers duits à la guerre et nourris de butin; il étoit porté des Anglois, et aimé du duc de Bourgogne, et conduisit si hautement ses affaires qu'il vécut et mourut en grand bruit et sans foule. » La suite fera voir si ce portrait du futur comte de Guise n'est pas trop flatté (1).

Luxembourg quitta le duc de Bourgogne et se retira en son châtel de Beaurevoir, d'où il distribua de bonnes garnisons dans les forteresses de son obéissance pour *tenir frontières vers le comté de Guise*, qu'il importait de maintenir en respect. Outre que Guise était la plus importante place du pays, il servait de refuge aux partisans du dauphin, qui s'y retiraient successivement et à mesure qu'il leur fallait abandonner les postes qu'ils occupaient. Guise avait donc une bonne garnison, laquelle s'unissant aux détachements qui tenaient les places voisines, faisait de fréquentes excursions, menait forte guerre de tous côtés et inquiétait sans cesse les Bourguignons (2).

La mort du roi d'Angleterre arrivée sur ces entrefaites, ne produisit point en France l'effet qu'on en pouvait attendre. Le duc de Bedfort s'étant fait déclarer régent du royaume par Henri VI, continua, de concert avec le duc de Bourgogne, à s'emparer des places fortes et des châteaux. Celui-ci tint à Arras une assemblée composée de plusieurs capitaines de son

---

(1) *Hist. de France*; — Pierre Fenin, *Mém. sur les règnes de Charles VI et Charles VII, de 1407 à 1427*, p. 50; — Olivier de la Marche. — *Hist. de Soissons*.

(2) Monstrelet, *Chroniq.*, tom. 5, chap. 1er, p. 8 et 9; — Pierre Fenin, *Mém.*, p. 182; — Devisme, *Manuel hist.*; — Lelong.

parti. Il y fut résolu que messire Jean de Luxembourg réunirait des troupes pour mettre fin aux courses des dauphinais du comté de Guise et des environs, qui *travailloient grandement les marches* du Cambrésis et du Vermandois. Luxembourg ayant à peine assez de gens pour tenir ses nombreuses forteresses, manda devers lui tous ses partisans du comté de Guise, qui, à leur tour, se mirent en devoir de *travailler moult grandement* le pays par leurs courses, en attendant qu'il pût faire de sa personne une expédition plus régulière (1422) (1).

Cette expédition ne se fit pas longtemps attendre. En conséquence des résolutions prises à l'assemblée d'Arras, Luxembourg avait fixé le rendez-vous des troupes à Péronne, d'où il partit avec tous ses gens d'armes, et vint en *la comté de Guise et ès-marches d'alentour*. L'actif Bourguignon conquit en peu de temps les forteresses de Bussy, Surfontaine, Franqueville, Neuville-lès-Dorengt, Buironfosse, Hannape, et autres, en la compagnie d'Hector de Saveuse, de messire David de Poix et autres capitaines *experts et éprouvés en armes*. Quoique Guise fut le point capital auquel il en voulait par-dessus tout, il ne tenta pour lors aucune entreprise pour le réduire; il se contenta de livrer à la garnison une *très-grande escarmouche*, après quoi, il alla se présenter devant le château d'Oisy et donna congé à tous ses capitaines et autres gens d'armes. Une exécution barbare couronna toutes ces conquêtes. Le féroce Bourguignon condamna 800 hommes qui étaient tombés entre ses mains, à être pendus avec leur chef (2).

(1) Monstrelet, *ibid*.

(2) Monstrelet, *Chroniq*, tom. 5, chap. 2 et 3, p. 14.

La garnison de Guise, composée de ce qu'il y avait alors de plus vaillant dans le parti du dauphin, ne négligeait aucun des moyens en son pouvoir pour conserver le peu de forteresses qui lui restaient encore aux environs et lui ramener les villes qui l'avaient lâchement abandonné. En 1422, les chefs de la garnison écrivirent aux maire, échevins, gens d'église et habitants de Saint-Quentin, pour les engager à abandonner le parti des Anglais et leurs prétentions chimériques, et à reconnaître le dauphin régent du royaume comme le vrai et seul héritier de la couronne de France ; les assurant de sa part que le passé serait oublié et leur offrant, comme *bons amis et voisins*, leur médiation à cet effet. Cette lettre ne fit aucune impression sur les habitants de Saint-Quentin, qui continuèrent de préférer le joug étranger à l'autorité du roi légitime, et ne servit qu'à accélérer le siége de Guise résolu depuis longtemps. En effet les dernières courses du comte de Ligny dans la Thiérache n'avaient eu d'autre but que de resserrer Guise de plus en plus ; aussi vers le temps de la mort de Charles VI, arrivée le 22 octobre 1422, on tenta un effort pour s'emparer de ce dernier rempart des partisans du dauphin dans la Picardie (1).

Le maréchal de l'Isle-Adam, du parti du duc de Bourgogne, s'était engagé, dans une entrevue pratiquée à Amiens, à lui soumettre cette place, mais comme le maréchal différait trop d'exécuter sa promesse, le duc de Bedfort lui en écrivit vivement de Paris et lui fit entendre que sa lenteur déplaisait infiniment au roi Henri et au duc de Bourgogne et

(1) MSS. de dom Grenier.

causait un si grand dommage aux intérêts de ces deux princes, qu'un million d'or, ni tous les biens de l'Isle-Adam, ne seraient capables de le réparer. Il ajoutait, que cette ville seule, tant qu'elle ne serait pas prise, empêcherait toujours de porter la guerre au-delà de la Loire ; qu'enfin lui, l'Isle-Adam, n'avait été envoyé en Vermandois que pour s'emparer de Guise, *comme rebelle au roi* (d'Angleterre), et que s'il avait besoin de troupes, pour cette entreprise, celles du duc de Bourgogne voleraient à son secours (1).

Ainsi pressé par le duc de Bedfort, le maréchal ne put résister plus longtemps et vint mettre le siége devant Guise. Mais le gouverneur Jean de Proisy, issu d'une des plus anciennes familles du pays et l'un des meilleurs capitaines de Charles VI, défendit vaillamment l'importante place que le roi avait confiée à son courage, et l'Isle-Adam se vit obligé de renoncer à son entreprise. Proisy avait été secondé par un des plus renommés chevaliers du temps, Pothon de Saintrailles, dont les annales militaires de la France ont à jamais consacré le souvenir et qui mérita par ses exploits de devenir grand écuyer de Charles VI et connétable de France. Une aventure assez singulière l'avait conduit à Guise (2).

En se retirant à Bourges, le dauphin avait envoyé commander à Coucy un vaillant écuyer nommé Jean de Saintrailles, frère de Pothon, avec cent hommes d'armes qui se logèrent autour de la ville. En 1418, vers la Chandeleur, Pierre fut trahi par quelques-uns de ses gens, ayant à leur

---

(1) Colliette, tom. 3, p. 50 ; — *Aug. Viromand.*, p. 311 et 312.

(2) *Les chroniq. et annales de France*, in-f°., p. 301 ;— Pierre Fenin ; *Mémoires*, p. 204 ; — Lelong, p. 354 ; — Colliette, tom. 3, p. 50, *Aug. Viromand.*, lib. 2, p. 311 et 312.

tête son fourrier (ou *couturier*) et son maréchal. Ceux-ci, après avoir traité avec quelques-uns des Bourguignons, prisonniers en grand nombre dans le château, en délivrèrent une partie, puis allèrent secrètement « bucquer à l'huis de la fenêtre du capitaine Saintrailles, couché en une forte tour. » Celui-ci envoya un valet qui couchait dans sa chambre pour ouvrir l'huis et demander ce qu'on voulait. « Ledit couturier répondit qu'il avoit laissé dedans, une pièce de la robe de son maître qu'il avoit taillée naguère. » Pendant cet entretien, six hommes bien *embâtonnés* saillirent dans la chambre et incontinent occirent le capitaine et son valet. De là les assassins s'en allèrent à une autre tour où étaient détenus le seigneur de Maucourt, Lyonnel de Bournonville et autres gentilshommes, et les délivrèrent. Bientôt tous les Bourguignons se réunirent, tuèrent le guet, les portiers et tous les Armagnacs qu'ils rencontrèrent en criant : Vive Bourgogne! Les portes mêmes de la grosse tour furent forcées par ceux qui y étaient prisonniers.

Cependant, Lahire, qui était dans la ville avec foison de gens d'armes dauphinais, ayant appris ce qui se passait par des gens du capitaine qui avaient pu franchir la muraille du château, et entendant « un trompette qui faisoit le guet en la haute tour plommée sonner très-fort l'alarme, » s'arma à la hâte avec tous ses gens et vint au pont pour assaillir et reprendre le château, mais accueillis par une grêle de pierres et une bonne défense, Lahire et les siens se retirèrent dans la ville jusqu'au jour. Voyant que tout était perdu, les gens d'armes montèrent à cheval après avoir égorgé 60 prisonniers qui étaient dans les prisons de la ville, et ayant nommé pour leurs capitaines, Lahire et Pothon de Saintrailles,

« lesquels ils cognoissoient vaillans en armes, » ils se retirèrent à Guise et à Montaigu. Ce départ inespéré réjouit fort les Bourguignons, qui mandèrent le coup de main à Jean de Luxembourg, lequel envoya à Coucy une bonne garnison.(1).

Proisy et Pothon de Saintrailles ne restaient pas oisifs à Guise. Ils étaient toujours en mouvement avec leurs gens, bataillant sans relâche et courant sus aux Bourguignons contre lesquels ils défendirent la Thiérache jusqu'à la dernière extrémité. Les Français du comté de Guise s'étant réunis avec ceux de Mouzon, formèrent un corps de troupes qui se mit en marche vers la fin de juillet 1423, et parvinrent à enfermer soudainement le bailli de Vermandois dans une forteresse qu'ils se mirent en devoir d'assiéger; mais cette capture leur échappa, car Luxembourg et le comte maréchal anglais se mirent aussitôt à la tête d'un gros de Bourguignons et chevauchèrent hâtivement pour faire lever le siége. Ne se trouvant pas en nombre suffisant pour leur tenir tête, les Français s'éloignèrent, et Luxembourg les poursuivit *roidement, bien vingt lieues pour les combattre*, mais sans pouvoir les atteindre (2).

Au mois d'octobre, Pothon se mit à la tête de la garnison de Guise et poussa vers la ville de Ham, qu'il prit le 3, mais il avait affaire à Luxembourg, non moins actif et non moins vaillant que lui. Celui-ci vint deux jours après, avec un nombre de soudoyers à peu près égal à celui de Pothon, et

---

(1) *Les Chroniq. et Annales de France*, p. 304 ; — Monstrelet, tom. 4, p. 115 ; —*Hist. de Coucy*, par Melleville, p. 142 ; — Lelong, p. 353. — Le récit de Monstrelet diffère en quelques circonstances de celui des *Chroniq.*

(2) Monstrelet, *Chroniq.*, tom. 5, chap. 11, p. 44 ; — Lelong, liv. 3, p. 355.

reprit la ville d'assaut. Le comte de Ligny y fit des prodiges de valeur, ainsi que Jacotin de Covert, qui portait son étendard. Le capitaine royaliste parvint néanmoins à lui échapper et eut le bonheur de regagner Guise avec une partie de ses gens; le reste fut tué ou pris par les Bourguignons; de ce nombre fut Valerand de Saint-Germain, que Luxembourg fit mourir, *pour aucunes promesses dont le dessus dit lui avoit failly*.

Le mauvais succès de l'expédition de Ham, fut compensé par un brillant coup de main que firent, dans cette même année, les royalistes de Guise et de la Thiérache. Ils s'étaient dirigés au nombre de quatre cents combattants sur la ville de Compiègne et y étaient arrivés de nuit. L'assaut avait eu lieu sur-le-champ, et au point du jour la place était en leur pouvoir, mais comme ils étaient en trop petit nombre pour la garder, ils se retirèrent après l'avoir mise au pillage et y *avoir fait moult de maulx*, emportant avec eux force butin et prisonniers (1).

Luxembourg, après s'être rendu maître de Ham, avait pris la route du comté de Guise où il continua à *mener forte guerre*. Dans le courant de l'année 1423, il acheva de soumettre le peu de forteresses que tenaient encore les partisans du roi dans le Cambrésis et la Thiérache. Après avoir pris Proisy, Gercy, Landouzy, qu'il avait désolés, et fait pendre à des arbres, selon sa coutume, 80 prisonniers avec Breton, leur chef, il résolut de s'emparer de Guise, à tout prix. Il ne manquait pas de prétentions sur la ville et son comté. Le malheureux Charles VI, étant au pouvoir des Anglais, les lui avait donnés le 4 juin 1422, du consente-

(1) Pierre Fenin, *Mémoires*, p. 210.

ment du roi d'Angleterre, héritier prétendu du royaume de France, après les avoir confisqués aux enfants de Louis II d'Anjou, Louis III roi de Sicile, René et Charles, qui tenaient le parti du dauphin contre le roi son père et les Anglais. D'ailleurs Luxembourg prétendait avoir encore d'autres droits sur le comté de Guise, comme descendant de Mahaut de Châtillon (1).

Mahaut de Châtillon, comtesse de Saint-Pol, dame de Bohain, fille de Jean de Châtillon, comte de Saint-Pol, et petite-fille de Guy de Châtillon troisième du nom, avait épousé en 1350 Guy de Luxembourg, comte de Ligny, qui fut ôtage du roi Jean en 1371 et mourut à la guerre avec la réputation d'un vaillant chevalier. Ils eurent plusieurs enfants, entre autres : Jean Ier de Luxembourg, seigneur de Beaurevoir, qui continua la lignée masculine de la maison, et Vallerand de Luxembourg, seigneur de Bohain. Jean épousa Marguerite d'Enghien dont il eut trois fils : Pierre de Luxembourg qui continua la postérité, Jean II de Luxembourg, dont il est ici question, et Louis de Luxembourg, évêque de Térouane, puis archevêque de Rouen, chancelier de France, et une fille, Jeanne de Luxembourg.

Pierre de Luxembourg, laissa une nombreuse postérité de Marguerite de Baux, tandis que Jean II, son cadet, qui avait épousé Jeanne de Béthune, comtesse douairière de

---

(1) *Hist. de Bourgogne*, tom. 4, liv. 18, p. 77 ; — *Mém. de saint Remi*, p. 242; à la suite de Monstrelet, tom. 6 ; — *Traité des droits du roi*, par Dupuis, p. 532. — M. Matton, dans son *Annuaire historiq.*, p. 40, dit que Charles VII donna le comté de Guise à Luxembourg en 1423. Il y a évidemment ici une erreur, car il n'est pas possible que Charles VII ait donné ce comté à l'un de ses plus violents ennemis et au moment même où ses partisans le défendaient avec tant d'opiniâtreté. Dupuis, en attribuant cette donation à Charles VI alors au pouvoir des Anglais et en la rapportant au 4 juin 1422, nous paraît être dans le vrai.

Marle et de Soissons, dame d'Oisy, veuve de Louis de Châtillon, comte de Saint-Pol, connétable de France, trépassa *sans hoirs de son corps*. L'aîné des fils de Pierre de Luxembourg fut Louis de Luxembourg, connétable de France, que messire Jean de Luxembourg son oncle, paraît avoir affectionné plus particulièrement. Une de ses filles, Isabeau de Luxembourg, épousa en 1443, Charles Ier d'Anjou auquel elle fut censée porter le comté de Guise contentieux entre ce duc et les héritiers de Jean de Luxembourg, son grand-oncle (1).

Messire Jean de Luxembourg descendait donc de Mahaut de Châtillon, mais ses prétentions n'en étaient pas moins inadmissibles. La branche directe des Châtillon seigneurs de Guise était éteinte à la vérité, mais on se rappelle que Marie de Bretagne, avant l'extinction de cette famille, avait porté en dot le domaine de Guise à Louis 1er, duc d'Anjou, qui l'avait laissé à Louis II. Celui-ci eut pour successeur René d'Anjou, roi de Sicile, son second fils et duc de Lorraine du chef de sa femme Isabelle de Lorraine.

Le comté de Guise appartenait donc à René, celui-ci en portait le titre même du vivant de son frère aîné, et dès son jeune âge, comme on le voit par l'acte de donation du duché de Bar, que lui fit le cardinal de Bar, son oncle, en 1419, et par le pouvoir qu'il donna au cardinal, en 1429, de faire pour lui foi et hommage pour le comté de Guise au duc de Bedfort, régent de France pour le roi d'Angleterre. Les deux frères, Pierre et Jean de Luxembourg, s'appuyant sur leurs pré-

---

(1) *Hist. de la Maison de Châtillon*, par Duchesne, liv. 4, p. 293; — *Traité des droits du roi*, par Dupuis; — Lelong; — Colliette.

tendus droits, n'en portèrent pas moins un œil d'envie sur le comté, au point de faire la guerre à René pour s'en mettre en possession. On prétend même qu'ils poussèrent l'audace jusqu'à jeter René en prison, pour le contraindre d'abandonner ses droits. Ce moyen violent, regardé comme une iniquité par les gens de bien, n'ayant sans doute pas réussi au gré de leurs désirs, Jean de Luxembourg eut recours à un autre plus décisif, en prenant le parti de s'emparer de Guise de vive force (1).

Cette entreprise n'était pas de peu d'importance, car la garnison était bonne, bien aguerrie, et commandée par les plus braves capitaines de l'époque. Il fallait donc faire les préparatifs nécessaires pour en assurer le succès. En attendant que tout fut disposé, Luxembourg résolut d'emporter d'abord le fort de Wiége, dont la garnison eut pu l'inquiéter, et gêner ses opérations lorsqu'il serait devant Guise. Wiége n'était pas capable de résister longtemps au fameux capitaine bourguignon exercé au rude métier de la guerre, et qui avait déjà abattu et détruit tant de remparts, mais il était commandé par Proisy, gouverneur de Guise, qui s'y était renfermé et qui se défendit avec vigueur.

Luxembourg se présenta donc devant le château de Wiége avec des forces suffisantes pour le réduire en peu de temps, et accompagné de ses plus braves partisans, Pecquigny, Antoine de Saveuse, Mailly, Saint-Léger, Bournonville, l'Anglais Rampston et autres Bourguignons ; mais le siége dura plus longtemps qu'il ne s'y était attendu, de sorte que

---

(1) Dupuis, *Traité des droits du roi*, p. 552; — *Aug. Viromand.*, lib. 2. p. 311 et 302; — Colliette; — Lelong.

pendant trois semaines, Luxembourg ne cessa de faire *abattre et dérompre par ses engins icelle forteresse*. Outre que Proisy n'en était pas à son coup d'essai, les assiégeants étaient sans cesse inquiétés par la garnison de Guise dont il avait remis le commandement à Pothon de Saintrailles, et qui ne leur laissait pas de repos. Le comte de Ligny résolut de la surprendre. A cet effet, il lui tendit une embuscade derrière une petite chapelle située à un quart de lieue environ de Guise, sur le chemin de Wiége entre la ville et Beaurain. Le capitaine bourguignon s'y rendit de sa personne avec dix ou douze hommes d'armes, puis il envoya, *aucuns de ses gens courre* devant la ville, attendant l'ennemi qu'il espérait attirer par cette manœuvre. Pothon, qui était toujours en alerte, ayant entendu le cri d'alarme, se mit en devoir de repousser les Bourguignons; il *sailly hors la ville*, suivi du sire de Verduisant, de l'*Etendard* de Mailly (Jean, baron de Mailly, surnommé l'*Etendard*), et *d'aucuns autres experts et éprouvés en armes*, et poussa si vivement les Bourguignons qu'il se trouva bientôt avec les siens, assez près de l'embuscade où messire Jean de Luxembourg l'attendait avec son monde ; celui-ci, aussitôt qu'il vit *son point, sailly hors de l'embusque lui et ses gens*, repoussa vigoureusement ceux de Guise, les mit *en grand deroi et tant fist* que Pothon et le sire de Verduisant furent pris avec quelques autres, mais en petit nombre, après un vigoureux combat. Il y eut là de beaux faits d'armes ; l'*Etendard* de Mailly, de *pleine venue assit sa lance dessus Lionnel de Vendôme* ; le coup fut si vigoureux et si bien dirigé, que Lionnel fut renversé de dessus son cheval et en fut *affolé* (estropié) *de bras et de jambes toute sa vie*. Après ce coup de maître, l'Etendard voyant que tout était perdu et que *prouesse ne pouvoit* rien valoir, parce que l'ennemi était trop fort, battit en retraite *et se trahit vitement en la ville*. Luxembourg, après avoir poursuivi longuement les autres, qui s'étaient enfuis de toutes parts, rassembla sa troupe et retourna à Wiége en *menant grande liesse de la bonne aventure qui lui étoit advenue*. C'est de là, sans doute, que le lieu du combat prit le nom de *Bonne-Rencontre*, que porte encore aujourd'hui une petite chapelle bâtie sur l'emplacement de l'ancienne.

Les défenseurs de Wiége, voyant qu'il n'y avait aucun espoir d'être secourus, traitèrent avec Luxembourg. On leur laissa la vie sauve, à condition qu'ils délaisseraient tous leurs biens et promettraient de ne plus porter les armes en deçà de la Loire, sinon en compagnie du roi Charles. La capitulation ainsi réglée et acceptée de part et d'autre, la garnison de Wiége se retira à Guise, et le château fut démoli et rasé (1).

Le lendemain ou le jour suivant, messire Jean de Luxembourg partit pour son châtel de Beaurevoir, avec *aucuns de ses féables*, donnant congé à ses capitaines, *jusqu'à son rappel*. Il emmena avec lui ses prisonniers à Beaurevoir, et les rendit un an après à la liberté, à condition qu'ils ne rentreraient plus dans Guise, et qu'ils s'en iraient *outre l'eau de Loire, sans faire guerre ni dommage*, et promettraient de ne plus revenir, sinon en la compagnie du roi Charles. Saintrailles fut relâché aux mêmes conditions et au moyen *d'au-*

---

(1) Monstrelet, *Chroniq.*, tom. 5, p. 63 et 64; — Pierre Fenin. *Mémoires*, p. 219; Lelong, p. 356; *Manuel historique*, p. 77; — *Hist. de Vervins*, p. 45.

cunes autres finances, qu'il paya pour sa rançon. Esclave de sa parole, il s'en alla au delà de la Loire se joindre à ceux qui étaient restés fidèles à la fortune du roi.

Pendant que Luxembourg resserrait Guise de plus en plus, le duc de Bourgogne avait donné ordre à Hue de Launoi, d'aller à Douai, Cambrai, Valenciennes, Lille, Orchies, faire des préparatifs pour le siége de Guise, et en même temps il avait écrit au duc de Bedfort pour lui demander des renforts. Le régent était trop intéressé dans les diverses opérations des officiers de Philippe pour ne pas répondre à sa demande ; le secours ne se fit donc pas attendre. Messire Jean de Luxembourg, par ordonnance des deux ducs, faisait aussi, de son côté, de grands préparatifs pour le siége, tant en gens d'armes, qu'en habillements de guerre. Dès les premiers jours de l'année 1424, un renfort de 1,600 Anglais, *nageant par mer*, était débarqué à Calais. Une partie avait été dirigée sur Paris pour se joindre aux troupes du duc de Bedfort, l'autre était venue devers Jean de Luxembourg, sur les *marches de la comté de Guise*. Ce n'était pas assez des maux inouïs que causait au pays la marche de tant de troupes indisciplinées, il fallait encore l'écraser de subsides pour les soudoyer. Luxembourg leva de fortes contributions sur plusieurs villes de Vermandois et de Picardie, notamment sur celle de Noyon, pour subvenir au payement de ses gens d'armes, *ordonnés pour assiéger le chastel de Guise* et les forteresses des environs. Le 30 mars 1423, le mayeur de Noyon avait déjà requis qu'on nommât certaines personnes pour cueillir cette taille établie dès le mois d'octobre de l'année précédente. En juin 1424, c'est-à-dire pendant le siége même, il demanda encore à la ville 450 livres pour la troisième assiette faite par le roi (d'Angleterre) sur les habitants pour le siége de Guise (1).

Outre la ville de Noyon, beaucoup d'autres villes s'étaient vu imposer, par l'assemblée d'Arras, de nouveaux subsides pour cette entreprise. Ceux de Péronne, par exemple, avaient été obligés d'accorder 100 livres par mois, et ce pendant quatre mois; ceux de Béthune avaient dû également supporter de nouvelles taxes. Les premiers furent de plus contraints à envoyer à Guise, le 28 juillet 1424, 2 *targeurs* et 4 *pionniers*, et plus tard, 4 *archiers*, 2 *pavoiseurs* et un *varlet* à la solde de la cité, laquelle devait être la même que celle allouée par Arras et les autres bonnes villes aux milices qu'elles avaient envoyées au siége (2). Le 21 août, pour calmer l'irritation de ces milices dont la solde se trouvait sans doute en retard, ils leur firent parvenir le produit de la taille assise par Jean de Luxembourg et qu'ils avaient doublée à cet effet. De plus, il fallut que la ville garantît à ceux qui avaient prêté leurs armures qu'on leur en remettrait le prix au cas qu'elles se trouvassent égarées ou que les archers et les arbalétriers se refusassent à les rendre (3).

Pourvu de troupes et d'argent, Luxembourg s'achemina vers Guise avec toutes ses forces. Il avait à sa suite la plus brillante noblesse du parti bourguignon. C'étaient le seigneur de Péquigny, vidame d'Amiens, Jean de Melun, vicomte de Gand, seigneur d'Antoing, chambellan du duc de Bourgogne,

---

(1) Monstrelet, tom. 5, chap. 17. p. 65 et 66 ; — *Une cité picarde*, par le baron de Méllcocq., p. 97; — *Hist. de Bourgogne*, tom. 4, liv. 18, p. 77.

(2) On appelait *targeurs* et *pavoiseurs* des soldats armés de *targes* et de *pavois*, sortes de boucliers.

(3) Thiérache p. 49.

le sire de Saveuse, messire David de Poix, messire David de Bournonville, Mauroy de Saint-Léger, le bâtard de Saint-Pol, sans compter un grand nombre d'autres chevaliers de marque, mais de moindre renom. Le duc de Bedfort lui avait envoyé de plus Thomas de Rampston, connétable et capitaine de la tour de Londres. Tous ces seigneurs avaient amené des troupes avec eux. Celles de Rampston, montaient au nombre de 300, et celles de Saveuse au nombre de 2,000 combattants *de bonne estofe* (1).

Luxembourg parut devant Guise avec toutes ses forces réunies au mois d'avril 1424, *et tant fist que la ville fut assiégée tout autour*. Il se mit donc en devoir de la presser vigoureusement. La garnison était assez peu nombreuse, mais bien aguerrie et composée de *bonnes gens, qui bien se gouvernèrent pendant le siége*. Jean de Proisy était résolu de faire bonne résistance et de ne se rendre qu'à la dernière extrémité. Il ne fut pas plutôt instruit du dessein de Jean de Luxembourg, qu'il fit ses dispositions pour soutenir un siége opiniâtre. Afin de rendre les abords de la place d'un plus difficile accès, il commença par brûler les faubourgs, où il y avait *moult belles habitations*; excepté deux maisons qui ne furent point *arses*, 400 furent sacrifiées généreusement à la défense commune. On doit entendre ici par les faubourgs à peu près tout ce qui compose encore aujourd'hui le plus beau quartier de la ville, c'est-à-dire tout ce qui s'étendait de la porte aux Poissons jusqu'au-delà du Grand-Pont. Ensuite, les assiégés travaillèrent avec ardeur

(1) Moyer, p. 304.

à réparer leurs murailles et à les mettre en état de recevoir les assauts de l'ennemi (1).

Malgré ces précautions du gouverneur, Luxembourg parvint à loger ses gens en plusieurs endroits et à dresser ses *engins* contre la porte et la muraille, *vers les faux bourgs*, de sorte que Proisy se voyant serré de si près, crut devoir envoyer un messager au comte de Guise René d'Anjou, et au duc de Lorraine, son beau-père, pour les instruire de l'extrémité où il se trouvait et les supplier de lui envoyer des secours. Ces nouvelles déplurent fort aux deux ducs, néanmoins ils se mirent en mouvement pour secourir la place, et firent *grant assemblée cuidant lever le siége*, mais craignant ensuite de paraître, par cette démonstration, déclarer la guerre au roi d'Angleterre et au duc de Bourgogne, ils se désistèrent de leur entreprise et abandonnèrent les assiégés à leurs propres forces. Quant au roi de France, ses affaires étaient alors en trop mauvais état pour qu'il y pût pourvoir. Le siége continua donc, mais assez paisiblement, et parut dégénérer en une sorte de blocus, interrompu de temps à autre par les sorties des assiégés, qu'on espérait prendre par la famine, ne pouvant les réduire par la force. Aussi les travaux de la guerre n'empêchaient pas les seigneurs de l'armée assiégeante de se livrer aux exercices en usage parmi la noblesse (2).

Un jour donc, messire Jean de Luxembourg, accompagné de vingt à trente gentilshommes, était allé *juer sur les champs*, à une lieue ou environ du siége, et avait en sa

---

(1) Monstrelet, ibid.; — Meyer, p. 304; — S. Remy, *Mémoires*, tom. 8, p. 238; Collect. de Mém.; — *Manuel hist.*, p. 78; — Lolong, etc.

(2) Monstrelet, ibid., tom. 5, p. 103; — Meyer, 304; — Fenin.

compagnie des oiseaux de proie, pour prendre le plaisir de la chasse ; *et tant qu'il y eut ung éprevier* qui vola après une *pertris*, laquelle *s'ala mettre en ung buisson*. Ce léger incident fut pourtant ce qui sauva la troupe dispersée, car *là y avoit embusquié dix ou douze brigans les quelz gaitoient les fouragiers du siége*. Or celui à qui appartenait l'épervier ayant suivi l'oiseau, découvrit l'embuscade et aussitôt *cria alarme*. Alors messire Jean de Luxembourg et ses gens tombèrent sur les brigands et les tuèrent tous, sans miséricorde, à l'exception d'un seul qui fut mené au camp. Le capitaine bourguignon fit dresser un gibet pour le pendre, assez près de la ville ; cette circonstance fut son salut, car « quand le bourrel l'eut fait monter sur l'esquielle et qu'il jeta la corde dessus le gibet pour le pendre, il sailly jus et s'enfui dedans la ville, » échappant ainsi à une mort certaine (1).

Cependant, le siége ne laissait pas que de nécessiter de la part des assiégeants de grands labeurs et de grandes dépenses. Au mois de juin, Luxembourg tira encore 450 livres de Noyon pour la troisième assiette faite par le roi (d'Angleterre) sur les habitants de cette ville pour le siége de Guise. A son tour, l'Isle-Adam, qui avait autrefois échoué devant Guise, leur demanda aussi un subside de 200 écus d'or, pour subvenir aux dépenses du siége qu'il allait mettre devant Nesle. Mais cette fois, les Noyonnais résistèrent et firent répondre par Robert de Boulain, mayeur des *huisseux*, que ceux de sa mairie n'avaient ni la volonté, ni l'intention de rien payer, « considéré que pour le siége de Guise, il leur

(1) Fenin, *Mem.*, p. 212 et suiv.

falloit payer chascun mois aide, en quoy ils étoient fort grevés eu égard à leur poureté, pour raison de guerre qu'ils avoient soufferte pour réduire la ville de Compiègne, et qui plus est, ils payoient les aides au roi nostre sire. » Pierre Wallet, mayeur des bouchers, Foursi, mayeur des cordonniers, Jehan Fréron, mayeur des fripiers, pelletiers, etc., Jacques Letellier, mayeur des vignerons, Guy Carton, mayeur des drapiers, firent à peu près la même réponse. Guillaume Simon, mayeur des orfèvres, ajouta encore pour raison « qu'il falloit qu'ils payassent à monseigneur Jean de Luxembourg chascun mois, taille, tant que dureroit le siége de Guise, lequel chastel et ville de Guise leur étoient plus avantageux que Néelle-en-Tardinois. » Le 16 juillet, Noyon avait consenti à payer à Luxembourg 300 livres pour le mois d'août et autant pour le mois de septembre, la cité picarde offrit même de payer comme jadis 400 livres pour le mois d'août, si on pouvait lui obtenir une diminution. On ne sait si Luxembourg accéda à cette demande (1). Saint-Quentin qui avait résisté aux avis de la garnison royaliste de Guise, fut aussi mis à contribution par les ennemis de la France. Les dépenses qu'elle fut obligée de faire tant en gens de guerre, qu'en artillerie pour le siége de Guise, montèrent à la somme de 5 à 600 livres. Cependant le soi-disant roi de France Henri VI remit aux Saint-Quentinois, le 31 juillet 1424, la somme de 800 livres parisis, sur les deniers des aides de la ville, comme dédommagement, de cette imposition de guerre (2).

(1) *Une cité picarde... aux* XIVe *et* XVe *siècles*, par Alph. de Lafons, baron de Mélicocq, p. 97 et suiv.

(2) MSS. de dom Grenier.

Quoi qu'il en soit, on était arrivé à peu près à la mi-septembre (1424), il y avait donc près de cinq mois que durait le siége. Les assiégés, après avoir essuyé pendant ces cinq mois de rudes assauts, voyant que les vivres commençaient à manquer dans la ville ; qu'il n'y avait guère d'espoir d'être secourus, ni du duc d'Anjou, ni du duc de Lorraine, et considérant qu'ils avaient assez fait pour le service du roi et de leur seigneur, demandèrent à capituler. Luxembourg et l'Anglais Rampston, que le roi d'Angleterre avait délégué pour traiter en son nom de la reddition de Guise, arrêta de concert avec lui, la composition suivante, portant en substance que Guise, Hirson et les autres places du comté seraient rendues le 1er mars 1425, si messire Jean de Luxembourg n'était combattu d'ici-là du roy Charles et de ses gens ; qu'en cas de secours le champ de bataille serait fixé entre Sains et Beaurain, et que le combat durerait depuis le lever du soleil jusqu'à son coucher ; qu'enfin la garnison serait libre ensuite de se retirer dans les places les plus voisines appartenant au roi ; et qu'on donnerait des ôtages : Voici au reste le texte de cette capitulation (1).

A tous ceux qui ces présentes lettres verront ou orront, Jean de Luxembourg, seigneur de Beaurevoir, et Thomas de Rampston, chevalier, chambellan de monseigneur le régent, capitaine, commis et député en ces marches, de par le roi de France et d'Angleterre, notre souverain seigneur, par monsieur le régent et par monseigneur le duc de Bourgogne, savoir faisons : qu'aujourd'hui avons traité, appointé et accordé, ès-noms que dit est, avec Jean de Proisy, gouverneur et capitaine des villes et chastel de Guise, les gens d'église, gentilshommes, compagnons de guerre, manans et

---

(1) *Aug. Viromand.*, lib. 2, p. 311 ; — Monstrelet ; — Gilles de Roye ; — Lelong ; — Colliette.

habitans d'iceux ville et chastel, et par ces présentes, traitons, appointons et accordons sous les conditions, moyens, convenances et promesses ci-après déclarés:

Premièrement, lesdits gouverneur, gens de guerre, gentilshommes, compagnons de guerre, bourgeois, manans et habitans de la dite ville et chastel de Guise, se sont mis et par nous ont été reçus à aucune composition, moyennant qu'ils ont promis, juré et enconvenancé, rendre, bailler, délivrer franchement et absolument les dits ville et chastel à nous, ou à l'un de nous ou à autre que le roi de France et d'Angleterre aura commis et ordonné, au premier jour de mars prochain venant, en ce cas qu'à ce jour pris pour ce faire ne soient secourus, et que les seigneurs ou princes du parti de ceux de Guise tiennent, ou aucuns autres par eux commis ou députés à ce, ne combattroient l'un de nous ou autres commis de par le roi toute notre puissance: c'est à savoir entre la ville de Sains et la maison de Fouquausains, où nous avons à ceux de Guise élu et avisé ensemble plaid, pour tenir la dite journée.

Item. Si les princes et seigneurs du parti que les dits de Guise tiennent, ou leurs commis et députés, venoient pour combattre, ainsi que dit est, et ils étoient déconfis, ou se tournoient en fuite, les dits de Guise seroient tenus de nous rendre et délivrer iceux ville et chastel.

Item. Au cas que l'un de nous ou autres commis par le roi de France et d'Angleterre seront déconfis en bataille, ou que comparoir n'y oserions sur le dit lieu et place pour combattre au premier jour de mars, nous serons tenus de rendre, bailler et délivrer aux dits de Guise, sans aucune difficulté, les ôtages et sûretés qui pour la reddition des dits ville et chastel nous auront par eux été baillés.

Item. Mon dit seigneur le régent et mon dit seigneur de Bourgogne, ou l'un deux, et les commis d'eux ou l'un d'eux, nous ou l'un de nous, seront tenus d'être et comparoir en la place, en telle puissance que bon lui semblera, et tenir journée tout le premier jour de mars, c'est à savoir, depuis l'heure de prime, jusqu'à soleil couchant ce dit jour. Et si combattus ou vaincus n'étoient les dits de Guise, seront tenus, incontinent après le coucher du soleil, sans aucune difficulté, fraude ou mal engin, nous bailler et délivrer les dits ville et chastel de Guise en recevant de nous les dits ôtages.

Item. Si pendant la dite composition, ou un mois après que le dit gouverneur et tous autres étant ès dits ville et chastel, gens de quelqu'état qu'ils soient, s'ils veulent partir pour aller ensemble ou à part, outre la rivière de Seine devers leurs princes, ou ailleurs en places tenant leur parti, ils pourroient faire emporter et faire emmener avec eux tous leurs chevaux et armures, bagues et autres biens meubles. Et pour tout ce faire sûrement, leur baillerons et ferons bailler par mon dit seigneur le régent, si requis en sommes, bons saufs-conduits suffisans et valables avecque conduit, s'ils se partoient ensemble outre la somme de vingt personnes. Et si aucuns vouloient aller hors du royaume, fut en Hainaut, ou autre part, faire le pourroient à leurs périls.

Item. Et si après icelle composition, aucuns des dessus dits de Guise, veulent demeurer sur leurs lieux et ailleurs, ès lieux et pays obéissans au roi et à mes dits seigneurs le régent et le duc de Bourgogne, ils y seront reçus en faisant le serment de la paix finale entretenir, faite entre les royaumes de France et d'Angleterre, et jouiront de tous leurs héritages et possessions non donnés, et s'ils se veulent partir comme dit est, emporteront avec eux leurs biens meubles tant seulement.

Item. Les dits de Guise et chacun d'eux en ayant bullette ou sauf conduit des conservateurs ordonnés sur l'entretenement de ce présent traité, qui seront tenus de leur bailler, pourront aller en aucunes villes que nous leur avons ordonnées et ordonnons, et en icelles entrer par le congé des capitaines ou gardes des dites places ou leurs lieutenans: c'est à savoir: Saint-Quentin, Riblemont, Laon, Bruyères, Crespy, Marle, Aubenton, Vertus et ès villages d'environs, pour recouvrer et avoir pour leur argent, tous vivres raisonnablement et autres denrées qui seroient leur besoins pour leur vie, sustentation, le temps durant d'icelle composition tant seulement.

Item. Les dits de Guise pourront poursuivre leurs dettes licites et raisonnables, pardevant les conservateurs qui en auront la connoissance et seront tenus de faire raison, aux parties, icelles ouïes.

Item. Si pendant cette composition, aucuns tenant le parti du roi prenoient par échelles ou autrement, les dits villes et chastel de Guise, nous ferons faire à notre loyal pouvoir de les en faire vider, et mettre iceux ville et chastel, ensemble les dits de Guise à leur premier état et dû, lesquels aussi ne les prendrons, ni ferons prendre, le dit temps durant.

Item. Pendant icelle composition, les dits de Guise, pour tant qu'ils soient résidant ès dits ville et chastel, ne prendront, ou feront prendre couvertement, ni en appert, aucunes places de l'obéissance du roi et de ses seigneurs, et ne feront guerre à leurs sujets en nulle manière.

Item. Abolition générale est faite aux dits de Guise et toutes gens de quelqu'état qu'ils soient et de tous cas, excepté ceux qui sont coupables de la mort de monseigneur de Bourgogne, que Dieu absolve! ceux qui ont juré la paix finale, des coupables de la trahison commise sur la personne du duc de Bretagne, tous Anglois et Irois, si aucuns en y a ès dits ville et chastel, lesquels demeureront en justice. Et pour en avoir plainement connoissance, les dits de Guise nous bailleront par écrit, les noms et surnoms de ceux qui, de présent sont demeurans en icelle ville et chastel, gens de guerre ou autres.

Item. Si pendant icelle composition, aucuns de notre parti ou de la part des dits de Guise, commettent aucune chose contraire au préjudice de ce présent traité ou des dépendances, icelui ne sera déjà rompu, ni violé, mais pourront et seront tenus les conservateurs du dit traité faire prendre et punir les malfaiteurs, et aussi de faire faire la restitution là où il appartiendra.

Item. Les dits de Guise pendant icelle composition, ne feront guerre, pour tant qu'ils soient demeurants en icelle ville et chastel, ni eux ne recevront ni soutiendront aucuns de leur parti qui veulent faire la guerre, et s'il advenoit que aucuns faisant guerre par ceux du parti du roi et des dits seigneurs, poursuivis à vue d'œil et mis en chasse jusque dedans la dite ville et chastel, iceux de Guise seront tenus de bailler et délivrer à ceux qui ainsi les auront poursuivis et chassés, pour en faire comme de leurs prisonniers.

Item. Pendant icelle composition, les dits de Guise ne pourront ou devront démolir iceux ville et chastel, ni fortifier autrement qu'ils sont de présent; et avecque ce, ne démoliront point les approches du dehors.

Item. Incontinent que nous aurons fait retraire en sûreté, tous les canons, artillerie, engins, habillemens de guerre et autres biens étant en notre dit ost, nous levrons notre siége et partirons de devant les dits ville et chastel, pour aller où bon nous semblera.

Item. Le dit gouverneur et autres gentilshommes et bourgeois des dits ville et chastel, jusques au nombre de vingt-quatre personnes, jureront solennellement tenir et faire entretenir ce présent traité, sans enfreindre en aucune manière, et ceux qui auront scel, le scelleront de leurs sceaux.

Item. Avecque ce, pour plus grande sûreté, les dits de Guise nous bailleront huit personnes en ôtage, c'est à savoir: Jean de Regnaut de Hamel, Jean de Cadeville, Jean de Bauvoir, Jean de Saint-Germain, l'ancien Wautier, messire Valérant du Mont, et Jean de Flagny, de Voulbes, et en cas que aucuns iront de vie à trépas, ou s'enfuiront pendant icelle composition, les dits de Guise nous bailleront et fourniront toujours de huit personnes otagiers, aussi suffisans ou plus.

Item. Que nous et les dits de Guise avons élu et ordonné ensemble d'un commun accord et consentement et par ces présentes élisons et ordonnons conservateurs de ce présent traité, c'est à savoir, de notre côté, messire Daviod de Poix, chevalier, et du côté de ceux de Guise, Collard de Proisy, écuyer, ou son commis. Auquel messire Daviod de Poix ou à son commis, avons donné et donnons plein pouvoir et autorité de bailler aux dits de Guise, saufs-conduits ou bullettes nécessaires, de connoître et déterminer de tous cas qui étoient approchés, qui, tant d'une part, comme d'autre, se pourront mouvoir pendant la dite composition, sur les promesses et convenances ci-dessus déclarées et chacune d'icelles.

Item. Avons promis et juré, jurons et promettons loyalement, sur notre honneur, d'accomplir les choses ci-dessus déclarées au regard de celles que tenus sommes d'accomplir de tout notre royal pouvoir, et chacune d'icelles garder et entretenir par tous les sujets et obéissans au roi et à mesdits seigneurs le régent et de Bourgogne, sans enfreindre en aucune manière.

Item. Pour la plus grande sûreté de ce, ferons le plus diligemment que faire se pourra, louer, ratifier et approuver ce présent traité par mon dit seigneur le régent, en la forme et manière ci-dessus déclarées.

En témoin de ce, avons fait mettre nos sceaux à ces présentes.

Donné en notre siège, devant les dits ville et chastel de Guise, le dix-huitième jour de septembre, l'an mil quatre cent vingt-quatre (1).

Le traité ayant été signé de part et d'autre, les ôtages, les seigneurs du Hamel, de Cadeville, de Beauvoir, de Saint-

---

(1) *Chroniq. de Monstrelet*, tom. 5, p. 82 et suiv., année 1424; — *Collect. de Mémoires*, etc.

Germain, Wautier, Vallerand du Mont, de Flangin et de Voubles, furent donnés, et le siége fut levé. Messire Jean de Luxembourg retourna à Beaurevoir, après avoir congédié tous ses capitaines, et Thomas de Rampston, avec ses Anglais, alla rejoindre le duc de Bedfort, dont il fut reçu *moult joyeusement*. Quant aux gens d'armes du comte de Ligny, ils se répandirent sur tout le comté de Guise, pour y continuer leurs pilleries (1).

Le retour de Rampston à Paris favorisa le dessein que Luxembourg avait formé depuis longtemps de s'emparer de Guise à son profit. Ne voulant pas remettre entre les mains des Anglais une conquête de cette importance, il traita en particulier avec Proisy, et le secours n'ayant pas paru, celui-ci rendit Guise, Hirson et tout le comté dès le 26 février 1425, au lieu du 1ᵉʳ mars, jour fixé par la capitulation. Les otages rendus, le gouverneur et sa fidèle garnison sortirent avec tous les honneurs de la guerre. Ainsi fut perdue pour le roi une place qui, servant de refuge à tous ceux qui défendaient encore ses intérêts dans le nord de la France, était comme une dernière protestation contre l'occupation étrangère, et qui avait mérité d'être citée dans ces temps désastreux, comme un modèle de fidélité à son souverain légitime.

Cependant le bruit de la reddition de Guise pour le 1ᵉʳ mars s'étant répandu dans les contrées environnantes, les Anglais et les Picards de la faction bourguignonne étaient accourus en grand nombre pour assister à l'exécution de la capitulation ; mais ils ne furent pas peu surpris lorsqu'ils virent que

(1) Monstrelet, tom. 5, chap. 22, p. 82 et suiv.; — Fenin, p. 212 et suiv.; — Lelong; — Colliette; — Devisme.

la place était déjà au pouvoir de Luxembourg, qui avait eu l'adresse de les prévenir par son traité secret avec Proisy. Cette conduite du comte de Ligny ajouta au ressentiment qu'avaient déjà conçu contre lui les seigneurs picards à cause des ravages qu'il avait laissé commettre à ses soudoyers pendant le siége de Guise, sur les terres de plusieurs d'entre eux. Ceux de Longueval, de Saint-Simon, de Mailli, de Maucourt et d'autres nobles du Vermandois, se réunirent dans la ville de Roye pour aviser ensemble aux moyens de résister à ces bandes indisciplinées qui, sans égard pour ceux de leur parti, « dégâtoient aucunes de leurs bonnes villes, de leurs amis et de leurs gardes, et vivoient indûment sur le pays, dont moult leur déplaisoit. » Ils firent entre eux une sorte d'alliance, malgré la confiscation de leurs biens dont l'ennemi s'était emparé, aussitôt leur retraite à Roye, et ils en prirent même occasion de quitter le parti bourguignon pour rentrer dans celui du roi (1).

Luxembourg se mit peu en peine de cette défection et du mécontentement des Anglais. Par le droit de conquête qui avait plus de valeur réelle que toutes ses prétentions héréditaires et que la donation de Charles VI, il garda Guise et tout le comté qu'il avait si souvent couvert de ses routiers et de ses gens d'armes. Il se nomma dès lors comte de Guise et on lui laissa toute sa vie la jouissance paisible de ce domaine dont il joignit la possession à celle des comtés de Marle, de Coucy, de Soissons, « qui étoient assez bonnes villes, et moult d'autres grandes terres qui en faisoient un des seigneurs de ce temps le plus redouté de ses ennemis, plus que nul autre

---

(1) Monstrelet, chap. 18, tom. 5, p. 69 ; —Froissard, p. 304; —Colliette, tom. 3, p. 52; — *Aug. Viromand.*; — Lelong, p. 356 ; — Devisme, *Manuel historique.*

tenant le parti au duc Philippe. » C'est assez dire à la louange du fameux capitaine bourguignon que d'ajouter : « qu'il voulloit bien entretenir ce qu'il promettoit tant à ses amis, comme à ses ennemis, » joignant ainsi une sorte de loyauté à la fureur des guerres civiles qu'il porta aussi loin que pas un de ceux des deux partis qui, alors, déchiraient la France (1).

Devenu possesseur de Guise, Luxembourg en fit une de ses résidences ordinaires. Il habitait tantôt Beaurevoir, tantôt l'hôtel du château de Guise. Il y avait mis pour gouverneur René de Poix, l'un de ses plus dévoués capitaines. Quant à l'ancien gouverneur Proisy, il fut récompensé de sa noble conduite dans les guerres du comté et lors du dernier siége, par la dignité de gouverneur et de grand bailli de Tournai. Il périt à la bataille de Verneuil avec plusieurs officiers de distinction, et quoiqu'il restât encore à Charles VII de vaillants chevaliers, tels que les Dunois, les Lahire, les La Trémouille, les Saintrailles, sa mort fut regardée comme une perte véritable pour les affaires de ce prince.

Vers ce même temps, la Thiérache vit encore ajouter aux maux que lui avaient causés les courses des Bourguignons de Luxembourg. Elle fut parcourue en divers sens par des troupes de pillards organisés, qui avaient succédé aux Jacques. Ces hordes s'appelaient *gobeurs* ou *écorcheurs*. C'étaient des restes de soldats congédiés ou déserteurs des divers corps d'armées indigènes et étrangères qui inondaient le nord de la France. Ils avaient à leur tête des nobles ruinés par la fureur des guerres civiles, qui espéraient rétablir leurs affaires par le brigandage. Rien n'échappait à la fureur

(1) Auteurs précités; — *Hist. de Soiss.*, par H. Martin, tom. 2. p. 310; — *Hist. de Vervins*; — Lelong ; — Devisme ; — Dupuis.

de ces bandes sauvages, qui tombaient sur les villes ouvertes, les églises, les abbayes. Le pillage qu'ils exercèrent dans les environs de Guise, joint aux déprédations des soudoyers de Luxembourg, avaient ruiné les biens qu'y possédaient les riches couvents dotés par les seigneurs de cette ville. Les religieux Prémontrés de Vermand, dont la conduite en ces temps de troubles n'était rien moins qu'édifiante, crurent trouver dans la ruine de leurs terres du comté de Guise, un prétexte plausible pour se refuser à satisfaire les nombreux créanciers de l'abbaye. Ils en référèrent donc au duc de Bedfort, qu'ils croyaient pouvoir faire entrer facilement dans leurs vues; mais le chapitre de Saint-Quentin, qui les avait comblés de bienfaits, et qui était intéressé dans cette affaire, prouva victorieusement que les dettes de l'abbaye venaient moins des malheurs de la guerre que de la faute des religieux, de leur mauvaise administration, de leurs brigues intérieures, des cabales de certains d'entre eux, qui achetaient à prix d'argent les dignités claustrales ; que si leurs domaines des environs de Guise avaient été ruinés, ce qui était vrai, ils en avaient d'autres en Flandre capables de fournir de quoi remplir leurs nombreuses obligations. Le chapitre, pour se rendre favorable le duc de Bedfort, accusait de plus l'abbé de Vermand d'être opposé au parti anglais, ce qui, en faisant l'éloge de l'abbé, ne faisait pas celui du chapitre. Le duc donna droit à ce dernier et aux autres créanciers de Vermand. Ce trait suffirait à lui seul pour montrer le degré d'avilissement où était tombée une partie de la France, et l'autorité qu'y exerçait la faction étrangère (1).

(1) *Aug. Viromand.*, tom. 2, p. 512; — Colllette, tom. 5.

Mais le temps était arrivé où l'orgueil national réveillé par une héroïne allait secouer le joug des Anglais et des factieux de l'intérieur. Jeanne d'Arc avait jeté les yeux sur sa patrie désolée : à la vue de ses incomparables malheurs, son âme ardente s'est exaltée, quelque chose de surhumain lui indique qu'à elle seule est réservé l'honneur de sauver la France. Sans hésiter elle va trouver Charles VII, qui s'endormait au milieu des plaisirs tandis que tant de braves se faisaient tuer pour lui, et lui annoncer sa mission que confirment bientôt des succès inouïs. A la vue de cette jeune fille qui les conduit au combat, les Français se raniment, et les Anglais frappés de terreur s'enfuient de toutes parts à son approche. Charles conduit par elle va se faire sacrer à Reims. La victoire couronne toutes ses entreprises, mais la Pucelle s'étant retirée après avoir rempli sa mission, les Anglais reprirent bientôt une partie de ce qu'ils avaient perdu. Elle revint en 1430 pour les repousser de nouveau, mais elle alla malheureusement se renfermer dans Compiègne, assiégé par le duc de Bourgogne, le sire de Luxembourg et Beaudouin de Noyelles, qui commandaient chacun les principaux postes.

Compiègne se défendit assez pour laisser à Pothon de Saintrailles le temps de faire une diversion sur le comté de Guise, ancien théâtre de ses exploits. En compagnie du maréchal de Brissac et de Théobald de Valperge, il tomba sur les terres de son ennemi et vint assiéger *la ville de Proisy-sur-Oise*, où commandait le bâtard de Chevreux. La garnison de Proisy, qui n'était que de 40 hommes environ, fut bientôt forcée de se rendre à discrétion, et fut en partie mise à mort par les gisarmiers du maréchal. La forteresse de Proisy fut démolie. Plusieurs autres places eurent le même sort, c'est-à-dire qu'elles furent détruites, et la majeure partie des compagnons qui les gardaient, massacrés (1).

Mais ces succès de Pothon ne purent compenser la prise de Jeanne d'Arc. Dès le jour même de son entrée dans Compiègne, elle fit une sortie par la porte du Pont et tomba à l'improviste sur le quartier du sire de Noyelles, au moment où le comte de Guise et quelques-uns de ses cavaliers y étaient venus pour reconnaître la ville de plus près. Le premier choc fut rude : les Bourguignons étaient en petit nombre et presque sans armes. Luxembourg se maintint de son mieux, jusqu'à ce qu'au cri d'alarme les assiégeants arrivassent à son secours. Les Français reculent, Jeanne se défend avec sa vaillance accoutumée, enfin un archer picard l'ayant saisie, la mit à bas de son cheval. Elle combattit encore à pied, mais, le signal de la retraite ayant sonné du côté des siens, elle ne put entrer dans la ville à cause de l'encombrement, et elle dut se rendre à Lionnel de Vendôme. L'héroïne s'était prononcée contre cette sortie, par une sorte de pressentiment de son malheur, elle avait voulu néanmoins en faire partie, dans la crainte d'être *notée de lâcheté*. La Pucelle fut amenée au quartier du sire de Guise, à qui on prétend qu'elle avait été vendue d'avance par le gouverneur de Compiègne, le sire de Flavy.

Luxembourg après avoir repris Laon et Soissons, fit conduire sa prisonnière au château de Beaurevoir, où les dames de Luxembourg lui firent un accueil gracieux.

(1) *Hist. de France*; — Monstrelet, tom. 5, chap. 94, p. 344; — Colliette; — Lelong; — *Manuel historiq.*, p. 70; — *Histoires de Laon, de Soissons*....

Néanmoins on la fit garder soigneusement nuit et jour dans une tour, dans la crainte qu'elle ne s'évadât par *art magique* ou par *quelqu'autre manière subtile*. L'héroïne tenta en effet de s'échapper de sa prison, en se précipitant de la tour où elle était renfermée, au risque de se briser, mais elle ne put éviter son malheur.

En effet, le roi d'Angleterre ne tarda pas à la réclamer de Jean de Luxembourg. Celui-ci ne voulut d'abord rien entendre : il regardait la Pucelle comme sienne. Vivement courroucé de ce refus, le monarque assembla plusieurs fois son conseil, qui lui donna enfin l'avis de mander l'évêque de Beauvais auquel il fit remontrer : Que la Pucelle *usoit d'art magique et diabolique*, qu'elle était *hérétique*, qu'elle avait été prise sur son diocèse et que par conséquent c'était à lui à en prendre connaissance et justice, et à admonester le duc de Bourgogne et Luxembourg de lui rendre la Pucelle pour lui faire son procès, en offrant toutefois de payer rançon selon les lois de la guerre.

L'évêque prit à son tour l'avis de l'université de Paris, qui, pour complaire au prince anglais, jugea qu'il était dans son droit et en écrivit au comte de Guise, lui déclarant que s'il ne rendait pas la Pucelle, il ne se montrerait *pas bon catholique*. En conséquence, l'évêque fit sa sommation au duc et au comte, requérant dans sa cédule du 14 juillet 1430 : « Que la Pucelle fut envoyée au roi d'Angleterre pour qu'il la délivrât à l'église afin qu'on lui fît son procès, sur ce qu'elle était soupçonnée et diffamée d'avoir commis plusieurs crimes, comme sacriléges, idolâtries, invocations d'ennemis et plusieurs autres cas touchant la foi. L'évêque ajoutait, que quoiqu'elle ne dût point être considérée *en cette qualité*, comme prise de guerre, néanmoins le roi offroit libéralement 6,000 livres, pour remunération de ceux qui l'avoient prise, et au bâtard de Vendôme notamment, 2 à 300 livres de rente pour soutenir son état. » Réclamant ensuite la Pucelle, comme prise dans son diocèse et sous sa juridiction spirituelle, l'évêque Cauchon disait « que c'étoit à lui à lui faire son procès, auquel il étoit tout prêt de *procéder* avec l'assistance de l'inquisiteur de la foi, si besoin étoit, des docteurs en théologie, en décrets, et autres personnes notables en fait de judicature. » Il finissait par lui déclarer « que, s'il ne vouloit pas obtempérer à son injonction, le roi pourroit la réclamer en baillant au porteur 10,000 francs, selon le droit et coutume de France. » Enfin, l'évêque, moyennant cette même somme, le requérait, « en son nom propre, selon les formes et peines de droit, de lui bailler et délivrer la Pucelle. »

Les lettres que l'université fit parvenir au comte de Guise, contenaient les mêmes raisons, mais en style plus poli. On y faisait appel à sa religion, à son honneur de chevalier, à sa noblesse et à l'édification qu'il devait au peuple, pour l'engager à obtempérer aux demandes de l'évêque. Celui-ci vint lui-même au siége de Compiègne pour les lui présenter avec sa sommation; Luxembourg en ayant pris connaissance entra en pourparlers avec lui et finit par lui promettre de livrer la Pucelle aux Anglais moyennant les 10,000 francs proposés (1). En effet, trois ou quatre jours après, Jeanne

---

(1) L'auteur de *Quelques mots d'un Vandale* à l'auteur de la *Lettre sur l'histoire de Guise*, plaisante ce dernier pour avoir dit que la Pucelle avait été vendue pour 10,000 francs et lui reproche de *faire remonter un peu haut le système des francs et des centimes*. Nous lui observerons que ce terme est employé dans les pièces du procès de la Pucelle et qu'il l'était même avant cette époque. Selon un manuscrit de l'an 1380, cité par Monteil, tom 2, p. 483, notes du XIV° siècle, Regnaul de Cambral, tumbier, reçoit pour une tombe par lui faite et livrée, et assise sur le

fut remise à l'evêque, qui la livra aux Anglais. Dans le long interrogatoire qu'elle eut à subir, on lui adressa plusieurs questions au sujet de sa chute volontaire de la tour de Beaurevoir. On lui demanda pourquoi elle avait voulu ainsi s'échapper et si elle n'avait pas voulu se tuer. Elle répondit : « que si elle avoit sailli de la tour, c'est que ayant appris que tous ceux de Compiègne depuis l'âge de sept ans avoient été égorgés et la ville mise à feu et à sang, elle avoit mieux aimé mourir que de survivre à la destruction de tant de braves gens ; qu'elle avoit su qu'elle étoit vendue aux Anglois, et qu'elle avoit préféré mourir que d'être entre les mains de ses ennemis ; qu'après sa chute elle avoit été tellement *grévée*, qu'elle avoit été deux ou trois jours sans pouvoir manger ; que loin d'avoir *cuidé* se tuer, elle s'étoit en saillant recommandée à Dieu, espérant par ce moyen échapper et *vader* d'être livrée aux Anglois ; qu'elle avoit agi ainsi non par désespoir, mais en espérance de sauver son corps et aller secourir plusieurs bonnes gens qui étoient en nécessité. » Malgré la justesse de ses réponses et les preuves qu'elle apporta de son innocence, Jeanne d'Arc fut condamnée, et brûlée à Rouen avec une lâcheté qui sera à jamais la honte de la nation anglaise (1431) (1).

Après la conclusion de son infâme marché avec le roi d'Angleterre, Luxembourg chercha de nouveaux moyens

---

lieu de la sépulture d'un défunt VII francs valant CXII sous. — Le même auteur cite un autre manuscrit (tom 2, p. 506, notes 2), qui contient un compte de l'hôtel du roy, année 1382, « au roy pour jouer à croix ou pile, baillé II francs. » — Enfin d'après Monteil le confesseur du roy avait entre autres choses 200 francs de de pension, 28 francs pour menues nécessités (tom. 2, p. 135).

(1) *Chroniques et procès de la Pucelle* ; — Monstrelet, tom. 9, p. 303 et suiv. ; — *Aug. Viromand.*, lib. 2, p. 315, et auteurs précités.

pour légitimer la conquête du comté de Guise. René d'Anjou étant depuis un an prisonnier du duc de Bourgogne, il profita de cette circonstance pour l'amener à lui vendre le comté moyennant une somme de 216 mille livres. Il en est qui prétendent que René ayant été fait prisonnier au siége de Vaudemont par Luxembourg lui-même, fut obligé de lui abandonner Guise pour sa rançon. Selon quelques autres, René d'Anjou, récemment monté sur le trône de Naples, traita avec Luxembourg et lui céda Guise et Bohain à perpétuité, à condition qu'il ferait renoncer Jeanne de Bar, sa belle-fille, aux droits qu'elle avait au duché de Bar par son père, qui était l'aîné de la maison de Marle. En effet, Duchesne dit que Jeanne de Bar, à qui Luxembourg fit depuis épouser son neveu, outre les grandes seigneuries qui lui échurent à la mort de son père, avait aussi des prétentions aux duchés de Bar et de Cassel après le décès de Louis, cardinal de Bar, malgré la donation que celui-ci en avait faite à René, et qu'elle reçut comme compensation, entre autres domaines, le comté de Guise. Quoi qu'il en soit, il y a un contrat d'acquisition de la terre de Guise par Luxembourg pour 216 mille livres, du 20 février 1433, et une ratification de cette vente portant décharge du prix d'acquisition, par Jean de Luxembourg, du 13 décembre 1436 (1).

Le soin de ses affaires personnelles n'empêcha pas le comte de Guise de continuer, en 1432, le cours de ses expéditions contre les royalistes. Par ordre du roi d'Angle-

---

(1) *Traité des droits du roi* par Dupuis, p. 552; — *Description MS. de Guise*.
Jeanne de Bar, fille de Robert de Bar, comte de Marle, et de Jeanne de Béthune, qui avait épousé Luxembourg en seconde noce, était belle-fille de ce dernier et en sa puissance. Il la maria à Louis de Luxembourg son neveu.

terre et du duc de Bourgogne, il marcha en Champagne et prit plusieurs forteresses, entre autres celle de Guétron, dont presque tous les défenseurs furent *pendus et étranglés* à plusieurs arbres, par son ordre et commandement. Ayant poussé la barbarie jusqu'à faire exécuter ces malheureux par un de leurs compagnons, il arriva une aventure qui *bien fait à ramentevoir*. L'infortuné royaliste ayant été *bouté jus* de l'échelle, la corde qui le tenait à l'arbre se *férit contre le menton d'icelui*, de sorte que la strangulation ne put avoir lieu sur-le-champ. Cet accident fut son salut, car tandis qu'on en pendait d'autres, il fut aperçu de quelques gentilshommes auxquels il en prit grande pitié ; l'un d'eux coupa la corde d'un coup de gisarme (1) et le pendu étant tombé à terre revint bientôt à lui. Ceux qui l'avaient sauvé demandèrent à Luxembourg, *que pour Dieu et par pitié, il put avoir la vie sauvée*. Le cruel Bourguignon voulut bien pour cette fois accéder à leur demande (2).

En 1433, les succès furent partagés. Un parti d'Anglais auxquels s'étaient joints quelques soudoyers du sire de Guise, défirent une troupe de royalistes de 5 à 600 combattants commandée par Jean de Beaurain, lequel parvint à grand'-peine à échapper à la déroute des siens. Mais cet exploit ne préserva pas le comté de Guise d'une nouvelle ruine. Les royalistes ayant repris le cours de leurs succès, Lahire, Saintrailles, Antoine de Chabannes, Blanchefort, Charles de Flavi, Regnault de Longueval, et autres capitaines de Charles VII, passent la Somme au mois de septembre à la

(1) Sorte de hache à deux tranchants.
(2) Monstrelet, tom. 6, p. 23.

tête de 1,500 combattants et fondent sur le Cambrésis, l'Artois, le Vermandois et le Hainaut, qu'ils livrent au pillage. Après s'être emparés du château d'Aplaincourt, près Péronne, ils vinrent loger au Mont-Saint-Martin. Lahire, qui en voulait surtout à Luxembourg, *fit ardoir et embraser la ville de Beaurevoir, le moulin, et une très-belle maison de plaisance nommée la Mothe*, qui appartenait à la comtesse de Ligny. Les royalistes se partageant ensuite par compagnies, se répandirent sur toute la surface du pays, en faisant grands maux et *innumérables* dommages, brûlant les villages, les églises, faisant *grands pilleries et prinses* de prisonniers, avec d'autant plus d'assurance que le redoutable comte de Guise était alors en sa comté de Saint-Pol, avec son neveu, « en très-grand deuil pour la mort de son frère Pierre de Luxembourg, qui s'en étoit allé de vie à trépas, » ignorant ce qui se passait sur ses terres.

Il n'en eut pas plutôt reçu la nouvelle qu'il assembla un gros de troupes composé de 800 combattants picards, et alla, accompagné du sire de Saveuse, du jeune comte de Saint-Pol et d'autres nobles capitaines, attaquer le château d'Aplaincourt, dont la prise avait jeté la consternation dans le pays, toujours occupé par les Bourguignons, lesquels ne faisaient point de quartier. La garnison, qui n'était guère que de 40 à 50 hommes, fut forcée de se rendre, et en grande partie pendue et étranglée. Après cet exploit, Luxembourg alla tenir au lieu et place de son neveu la journée de *Monceaulx.* Cette forteresse située en Normandie avait été assiégée par Pierre de Luxembourg, et il avait été convenu qu'on *prendroit journée pour combattre* ou rendre la ville le 29 octobre 1433, ainsi qu'on l'avait pratiqué à Guise.

L'oncle et le neveu partirent donc de Guise, selon toute apparence vers le 15, avec 4 ou 5,000 combattants de Picardie et de Hainaut commandés par leurs capitaines, Allard de Mailli, Saveuse, Vallerand de Moreuil, Guy de Roye, *experts et renommés en armes*, auxquels s'étaient joints le seigneur de Villeby et Thomas Kiriel, avec 1,200 Anglais. La troupe s'arrêta près de Villers-Carbonnel pour exécuter la composition de Monceaux, selon le traité conclu entre le comte Pierre de Luxembourg et messire Renaud de Fontainsi. Mais ni messire Renaud, ni aucun autre du parti du roi Charles ne s'étant présenté, quoique les deux comtes fussent restés en bataille au lieu convenu, une partie du jour, ils s'en retournèrent *ès lieux* d'où ils étaient venus *par plusieurs journées*, c'est-à-dire à Guise. Quand à Lahire et Pothon, après avoir quitté le Mont-Saint-Martin, ils avaient dirigé leurs pas vers Laon, rançonnant toujours le pays, enlevant du bétail et faisant des prisonniers. Ils avaient logé à Crécy-sur-Serre et étaient heureusement arrivés à Laon, où s'était fait le partage du butin : après quoi, ils avaient renvoyé leurs troupes dans leurs garnisons respectives (1).

Elles n'y restèrent pas longtemps en repos, car Pennesac, capitaine royaliste à Laon, refit bientôt une *grosse assemblée* composée de 400 combattants qu'il en tira pour *cuider échieller* et prendre la ville de Vervins, qui appartenait à Jeanne de Bar, belle-fille de Luxembourg, auquel on en voulait toujours. Pennesac ayant manqué son coup, fut obligé de faire retraite, et en se retirant brûla plusieurs villages du

(1) Monstrelet, tom 6, p. 98.

comté de Marle et *ardit* même les faubourgs de cette ville. Luxembourg apprit bientôt à Guise que les royalistes étaient venus *courre* vers Marle, avaient *cuidé* prendre Vervins, et que déjà ils avaient « *bouté les feux* aux faubourgs de Marle. »

A ces nouvelles alarmantes, le comte de Guise mande, en toute hâte, à tous ceux qui étaient logés dans ses forteresses les plus proches de Guise de le suivre sans délai, tandis que Simon de Lalaing, gouverneur de la ville, fait venir de son côté ceux de ses gens qui étaient logés dans un village des environs. Ensuite, il monte à cheval, prend avec lui le comte de Saint-Pol, Simon de Lalaing avec *les gens de son hôtel*, et 300 hommes qu'on était parvenu à réunir, sort de Guise et chevauche si vigoureusement vers ses ennemis, qu'il les atteint non loin de Marle, près de *Dessy* (Assis ou peut-être Dercy-sur-Serre), au moment où ils se disposaient à passer la rivière. Luxembourg ne les eut pas plutôt aperçus qu'il se *férit des premiers dedans eux sans* attendre ses gens et *fit de grandes merveilles et faits d'armes de sa personne*, tant enfin que les Français prirent la fuite, en vue de leurs capitaines, laissant des leurs *déconfits et tués* au nombre de 200, tant de pied comme de cheval et 60 à 68 prisonniers. Parmi les morts, les plus marquants furent Gaillard de Lille, Antoine de Bellegarde, de Moï, le Borgne de Vy, Henri Quenof du Brabant. Les fuyards furent poursuivis jusques assez près de Laon et laissèrent encore dans leur fuite des morts et des prisonniers.

Ceux-ci au nombre de 70, furent presque tous pendus le lendemain. Parmi ces derniers étaient le prévôt de Laon, Rousselet, et un *gentilhomme d'armes* nommé l'Archenciel ou Arcancel, qui s'était rendu au gouverneur de Guise, à qui il avait sauvé la vie à Saint-Vincent. Lalaing voulut lui rendre le même service, mais il ne put l'arracher à la fureur de Luxembourg, qui le fit tuer comme les autres, ce dont Simon fut *moult courroucé*, mais *autre chose n'en put avoir*. Ce fut dans cette circonstance que le jeune comte de Saint-Pol fit, pour ainsi dire, ses premières armes et fut mis *en voie de guerre*, car Luxemboug son oncle *lui fit occire aucuns prisonniers, lequel y prenoit grand plaisir*. Après cette *détrousse*, les Bourguignons s'en retournèrent à Guise très-joyeux de la victoire qu'ils avaient remportée. Quant au comte, il eut au cœur grande tristesse, non pas sans cause, car il y avait perdu une grande partie de ses plus vaillants hommes de guerre (1).

Les royalistes qui avaient échappé à la déroute d'Assis se virent surpris à leur tour en 1434, dans le fort de Saint-Vincent de Laon, par les gens du comte de Guise qui tenaient les frontières du Laonnais. Un notable gentilhomme, nommé Antoine de Cramailles, ayant été pris à l'assaut du fort, Luxembourg lui fit couper la tête et écarteler le corps à Rupelmonde. Pennesac et Eustache de Vaude y perdirent la vie. Maître de Saint-Vincent, Luxembourg garnit le fort de ses soudoyers, ce qui mit la ville de Laon *en très-grand doute* et l'obligea à rassembler de son côté *de droites gens d'armes* qui, chaque jour, livraient contre l'autre parti, de très-grandes escarmouches où il y avait toujours grand nombre de morts et de *navrés* des deux côtés. Luxembourg

(1) Monstrelet, tom. 6, p. 99 et suiv.; — Lelong, p. 373; — *Mémoires de saint Remy*, p. 434; — *Hist. des ducs de Bourgogne*, par de Barante, tom 6, p. 258 et suiv.; — Dovismes, *Hist. de Laon et Manuel historique*; — Piette, *Hist. de Vervins*, p. 46.

perdit dans une de ces rencontres, un vaillant chevalier nommé Colard de Forges, qui fut *féru* d'un trait à travers la jambe. Enfin par un de ces revirements subits tels qu'on en vit souvent dans ces guerres civiles, les gens de messire de Luxembourg se virent assiégés dans les formes par le connétable de Richemont. Dans cette extrémité des siens, le comte envoya vitement des messagers au duc de Bourgogne qui, se dirigeant de ses pays de Picardie vers la Champagne, par Crécy-sur-Serre et Vervins, s'était arrêté dans cette dernière ville. Le duc ayant avec lui 2,000 hommes de guerre, il le pria de rétrograder avec ses gens d'armes jusqu'à Crécy, et d'y demeurer deux ou trois jours pour obliger, par cette démonstration, les Français à se retirer ou à recevoir des conditions honorables. Le duc de Bourgogne accéda aux désirs de Luxembourg et revint sur ses pas. A la nouvelle de son approche, le connétable consentit à traiter avec les Bourguignons du fort Saint-Vincent. Il fut stipulé que la garnison aurait la vie sauve et sortirait avec armes et bagages, à condition que Luxembourg rendrait Bruyères et Aulnois, en échange de Ham qui venait de lui être enlevé par les royalistes (1).

Quelque temps après ces expéditions guerrières, le comte de Guise donna à son neveu Louis de Luxembourg une nouvelle preuve de l'attachement qu'il lui avait voué, en lui faisant épouser sa belle-fille, Jeanne de Bar, comtesse de Marle et de Soissons *et de moult grandes et notables seigneuries*. Le mariage se fit le dimanche 16 juillet 1435 en son châtel de Bohain,

---

(1) Monstrelet, tom VI, p. 111 et 114; — Lelong, 374; — Devisme, *Hist. de Laon* et *Manuel historique;* — Piette, *Histoire de Vervins*, p. 46; — De Barante, *Hist. des ducs de Bourgogne*, tom 6, p. 263.

dont il avait fait hommage en 1431 à l'abbé de Vermand. L'assemblée fut magnifique ; on y vit briller environ cent chevaliers et écuyers tant des deux familles que de leurs amis ; mais il n'y eut point de *prince des fleurs de lys*, quoique le comte fut issu de la famille royale, à un degré très-rapproché. La comtesse douairière de Saint-Pol, mère de Louis, y fut présente avec plusieurs de ses enfants. Le comte de Guise, *comme il fut commune renommée*, supporta tous les frais de la dépense faite en son château et qui fut considérable, « car on y fut servi très-abondamment et avecque ce y fut faite très-joyeuse chère de tous ceux là étant, en boires, mangers, danses, joûtes et autres ébattemens, pendant toute la durée des fêtes (1). »

Cependant la déroute des Anglais et des Bourguignons sur la plupart des points dont ils s'étaient rendus maîtres, la honte de se voir à la merci d'un peuple étranger, les déboires dont il s'était vu abreuvé en toutes circonstances, enfin son propre intérêt, avaient amené le duc de Bourgogne à se rapprocher du roi. Le traité d'Arras, signé le 22 septembre 1435, vint achever de le séparer du parti anglais. Sa défection entraîna bientôt celle de la majorité de la faction dont il était l'âme et le chef. Le fier Luxembourg ne voulut pas d'abord accéder au traité d'Arras, ni abandonner les Anglais et son premier serment. Il avait rendu les comtés de Marle et de Soissons à Jeanne de Bar, en la mariant avec son neveu, mais il se réservait de lui garder ses grandes et notables seigneuries, qui relevaient toutefois du roi de France. Quoi qu'il n'eut pas voulu être compris dans le traité, il garda néanmoins une

---

(1) Monstrelet, chap. 177, p. 102 ; — *Hist de Soissons*. tom. 2, p. 321 ; — Lelong.

sorte de neutralité pendant le délai qui lui était accordé, pour faire sa paix avec le roi, en cessant ses brigandages.

Mais Lahire, qui avait été nommé par Charles VII grand bailli de Vermandois, le fit sortir de son inaction. Ayant brusquement emporté Soissons en 1437, sur Guy de Roye, à qui le comte en avait confié la défense, Luxembourg irrité, donna ordre à Guy de lever des troupes et de mener *forte guerre au pays soissonnois*. Le roi, satisfait de la neutralité qu'avait gardée le comte, parut intervenir et ordonna au bailli de rendre Soissons. Mais celui-ci s'y refusa, ou du moins gagna du temps et usa de représailles contre Jean de Luxembourg, en venant purger le Vermandois et la Thiérache des bandes de licenciés anglais et bourguignons, qui, sous le nom d'*Ecorcheurs*, ravageaient ces provinces. Il mit à feu et à sang les possessions du comte de Guise, et comme ce dernier n'était jamais attaqué, impunément « tous les pays autour d'eux furent moult travaillés et oppressés, tant d'un côté comme de l'autre. » On convint enfin de faire cesser cette guerre d'extermination pour donner à Jean de Luxembourg le temps d'accéder au traité d'Arras. Le comte ne se vengea pas moins de Lahire « *qu'il haïoit mortellement*, » en le faisant prisonnier à Beauvais pendant qu'il jouait à la paume, à la tête d'un parti bourguignon qu'il avait poussé jusqu'à cette ville. Quoique Luxembourg paraît avoir enfin juré le traité d'Arras, Soissons ne resta pas moins au pouvoir du roi. Quant à son neveu, Charles VII reçut sa soumission, à condition qu'il s'avouerait feudataire de la couronne pour les terres de son domaine qui en relevaient (1437) (1).

(1) Monstrelet, chap. 177, p. 208 et suiv.; — *Hist. de Soissons*, par H. Martin, tom. 2, p. 321 ; — *Manuel historiq.*; — Lelong.

Dans le cours de l'année suivante, il y eut quelques tentatives de paix avec l'Angleterre, et on devait espérer de voir mettre fin à tant de guerres désastreuses. On tint même, à ce sujet, des conférences qui n'eurent aucun résultat. Les Anglais, à qui il restait encore un certain nombre de places dans le cœur du pays, continuèrent donc la guerre, sous le commandement du fameux Talbot. On vit encore des engagements continuels, des combats journaliers que se livraient les garnisons des forteresses et les détachements nombreux qui parcouraient les provinces. D'un autre côté, les compagnies d'Ecorcheurs se répandirent de nouveau sur la Champagne, la Picardie et l'Isle-de-France, mais ayant trouvé les domaines de Luxembourg en bon état de défense, les chefs traitèrent avec lui. De là, 2,000 de ces brigands ayant poussé jusqu'en Hainaut, le seigneur de Chimay, aidé des secours que lui envoya le duc de Bourgogne, les rejeta sur Guise d'où ils allèrent s'écouler dans la Champagne (1).

L'opiniâtreté des Anglais à continuer sur les terres de France une guerre de dévastation et de ruines, sans distinction de parti, eut pour résultat de détacher de leur faction leurs plus chauds partisans et de resserrer de plus en plus l'union du roi avec Philippe de Bourgogne. Pour achever de cimenter sa paix avec le duc, Charles VII accorda, en 1439, sa fille en mariage au comte de Charolais, connu depuis sous le nom de Charles-le-Téméraire.

Le sire de Guise, quoique lié depuis si longtemps d'amitié et d'intérêt avec le duc, ne prit aucune part à cette alliance et ne parut pas même aux fêtes dont elle fut l'occasion. Il avait toujours d'anciens ennemis qui ne négligeaient aucun

(1) Auteurs précités.

moyen de le molester et d'user de représailles à son égard, pour se venger des excès auxquels il s'était porté pendant les guerres civiles. Cette année même, un gentilhomme nommé Gilbert de la Roche vint, à la tête de 100 hommes, faire le dégât sur sa terre de Marle et rançonner ses vassaux; mais lui, toujours actif au métier de la guerre, se mit à sa poursuite avec un nombre à peu près égal de gens d'armes qui atteignirent l'ennemi au passage de la rivière près de Royal-Lieu, le mirent en pièces et tuèrent le capitaine avec une partie de sa troupe. Ce fut la dernière expédition du sire de Guise, car il trépassa au château de Guise en 1440, sans laisser d'hoirs de son corps. Ses restes mortels furent transportés à Cambrai et déposés dans l'église de Notre-Dame. Né pour figurer dans les guerres civiles de cette sombre époque, héritier d'un grand nom, Luxembourg se signala parmi les factieux par une férocité digne d'un cannibale, et vendit la Pucelle aux éternels ennemis de la France.

Aussitôt après la mort de Jean de Luxembourg, ses biens furent confisqués au profit du roi, tant parce qu'il s'était obstiné à suivre le parti anglais, que parce qu'il avait refusé de jurer la paix d'Arras, quoi qu'il en eût été sommé et requis. Charles VII les transporta néanmoins à la comtesse de Ligny, sa veuve, à la réserve de Guise et du Nouvion, sur lesquels il déclarait demeurer *en ses droits et actions* pour *en faire demande quand bon lui sembleroit*, tout en laissant à Jeanne de Bar la faculté de faire valoir également les siens. Malgré cette confiscation, Louis de Luxembourg n'en conserva pas moins le comté de Guise, s'intitulant comte de Saint-Pol, de Ligny, de Braine, seigneur d'Enghien, de

Beaurevoir, châtelain de Lille et de Bohain. Il fit même rebâtir ou réparer en partie, le château de Guise, ainsi que ceux de Bohain, de La Fère, de Ham, de Beaurevoir, de Vendeuil, et autres, qui avaient été fort maltraités pendant les dernières guerres.

Néanmoins un procès lui fut intenté en parlement par le procureur général et par Louis d'Anjou, comte du Maine. Le premier s'appuyant sur les raisons apportées pour motiver la confiscation, et le second disant que, par le testament de partage de Louis II d'Anjou, roi de Sicile son père, le comté de Guise lui appartenait ; et, qu'en outre, le roi lui ayant donné toute la confiscation des biens immeubles de Jean de Luxembourg, Guise, Ligny, etc., devaient nécessairement en faire partie. Le comte de Saint-Pol, répondait au procureur général que son oncle avait tenu la paix d'Arras, mais que la mort seule l'avait empêché de la jurer, que par conséquent, la confiscation n'était pas légitime ; et au comte du Maine, qu'il avait acheté le comté de Guise, à René, roi de Sicile, son frère, ce qui lui créait le titre le plus légitime à la possession de ce comté.

On trouva un moyen terme pour apaiser ce différend, que tout annonçait devoir se prolonger, ce fut le mariage d'Isabeau de Luxembourg, sœur du comte de Saint-Pol, avec le comte du Maine. Le roi porta l'affaire en son conseil et arrêta, qu'en faveur de cette alliance, le comte de Saint-Pol céderait les comtés de Guise et la seigneurie du Nouvion. L'accord fut passé à Angers le 9 janvier 1443, et publié au parlement le 20 juillet 1444, et le procès fut assoupi. Afin de couper court à toutes les difficultés, Charles VII fit aux deux comtes une nouvelle donation de tous les droits qu'ils pouvaient avoir aux comtés, terres et seigneuries confisqués sur Jean de Luxembourg. De plus, pour assurer par tous les moyens possibles au comte du Maine, la possession de Guise, il déclara que les biens qu'il avait vendus et donnés en 1441 à Jehanne de Béthune ne seraient point sujets aux dettes de la maison, et que de nouveau, il se réservait le comté de Guise et la terre du Nouvion. Ainsi, par le jugement du roi et le consentement de la famille de Luxembourg, Charles Ier, comte du Maine, devint seigneur *incommutable* du comté de Guise, qui rentra ainsi dans la maison d'Anjou (1).

Malgré ces arrangements consentis par les deux partis, Louis de Luxembourg parut toujours conserver des prétentions au comté de Guise ; il fit même des actes qui semblent indiquer qu'il n'avait pas eu la volonté d'y renoncer absolument. C'est ainsi qu'après avoir présenté, en 1447, le dénombrement de sa châtellenie de Bohain, comme ses prédécesseurs, à l'abbé de Vermand, il transigea avec lui au sujet du droit de relief, en remettant à la communauté pendant l'espace de dix ans, 17 livres 10 sous parisis de rente qu'elle lui devait à titre de seigneur de Guise, à cause de la maison de Priel, et 5 muids de froment sur celle d'Hennepieux, qu'elle lui devait au même titre ; moyennant quoi, l'abbé de Vermand le tint quitte des droits de relief qu'il lui devait en qualité de vassal. L'abbaye de Vermand paraît avoir été en déclinant jusqu'à l'an 1648, où les religieux toujours accablés de dettes furent obligés de transiger avec le chapitre de Saint-Quentin, leur créancier depuis

---

(1) *Des droits du roi* par Dupuis, p. 533 et suiv.; — *Description* MSS. de Guise; — Duchesne, *Hist. de Châtillon*, liv. 4, p. 296; — *Hist. généalogique* du P. Anselme, tom. 3, p. 478 et suivantes ; — *Manuel historique*, p. 8 ; — Matton ; *Annuaire*, p. 25.

plus d'un siècle. Ils lui abandonnèrent des biens de la mense conventuelle, comme les censes, maison et bois du Grand-Priel, avec la seigneurie du lieu, sa justice, ses dîmes, cens et rentes, le tout affermé alors 60 muids de blé, 20 muids d'avoine, 60 livres d'argent et 4 chapons, avec une charge de 20 livres 15 sous 6 deniers de rente envers les seigneurs de Guise (1).

La perte du comté de Guise ne fit qu'une brèche assez légère à la puissance du comte de Saint-Pol, qui était énorme, tant à cause de l'importance que de la position de ses vastes domaines. Fier de cette puissance et de l'illustration de son origine, il porta ses vues assez haut pour vouloir se rendre important près de Louis XI et du duc de Bourgogne *Charles-le-Téméraire*, qui se faisaient alors la guerre, en se ménageant habilement entre les deux princes rivaux, afin de profiter de leurs discordes pour ses propres intérêts. Ce plan astucieux sembla d'abord réussir au gré de son auteur. Le roi de France, à qui rien ne coûtait pour arriver à ses fins, avait fait tout au monde pour se l'attacher; il lui avait donné l'épée de connétable avec l'importante ville de Saint-Quentin, conquise par les armes de la France. En 1465, il lui avait fait épouser en deuxièmes noces Marie de Savoie, sœur de la reine sa femme, donnant aux époux, par un des articles du contrat de mariage, Guise et le Nouvion, qu'il s'obligeait à recouvrer par échange, achat ou autrement. Il est probable toutefois que le roi ne put réaliser cette promesse, ou s'en mit peu en peine d'abord, car, d'après Commines, il fit offrir à différentes reprises le comté

(1) *Aug. Viromand.*, p. 158; — Colliette, tom. 3, p. 370.

de Guise au connétable pour l'attirer à son parti, quoique le comte du Maine en conservât toujours la propriété (1).

Quoi qu'il en soit, le comte de Saint-Pol acceptait les faveurs du roi, sans toutefois se compromettre auprès du duc de Bourgogne. Agréable aux deux partis, il finissait toujours par faire rompre ou rendre inutiles les trèves que concluaient Charles et Louis. Ce dernier ne pouvant oublier l'affaire de Péronne ni le sac de Liége, auquel le duc l'avait forcé d'assister, ne cherchait plus qu'une occasion favorable pour se venger de tant d'affronts sanglants. Les liaisons de Charles avec l'Angleterre et les autres ennemis de la France lui servirent de prétexte pour rompre encore une fois avec lui. Il ordonna au connétable de saisir Saint-Quentin, Amiens, Roye et Montdidier. Les Français allèrent ensuite ravager le comté de Namur. Pris au dépourvu, le duc se trouva trop heureux de conclure une trève avec le roi de France (2).

Louis XI et le duc de Bourgogne, se disputant Saint-Quentin, qu'ils prirent et reprirent tour à tour, cette ville eut beaucoup à souffrir. Le couvent de Saint-Quentin-en-l'Isle, situé hors des murs de la place était surtout exposé aux premiers coups de l'ennemi. Jean de Vadencourt, qui en était abbé depuis 1453, l'avait vu, sous son gouvernement, ravager par la guerre, et par la peste qui en avait été la suite. Un de ses successeurs, Jean de Verly, élu en 1515 par le suffrage des frères assemblés en chapitre, selon la coutume, par les ordres du souverain pontife, s'entendit avec les abbés d'Homblières et de Vermand pour supprimer trois prébendes

---

(1) *Des droits du roi*, p. 535.

(2) *Hist. de France*.

de la *grande église* et les annexer à la fabrique. Il acheta à Alaincourt une maison pour servir de refuge à ceux qui voudraient fuir la peste, et restaura l'hôtel (*hospitium*) que que le couvent avait dans la ville, où fut transféré plus tard le siége du monastère. Jean de Verly mourut en 1549, regretté de tout le couvent dont il fut le dernier abbé régulier. Trente-huit ans après, Nicolas de Sains était élu doyen du chapitre de Saint-Quentin et signalait son gouvernement par la suppression de la prébende de la trésorerie de l'église collégiale,« féconde à engendrer des controverses et toujours grosse de nouveaux procès. » Tout le chapitre et celui même qui possédait cette dignité applaudirent à son extinction, qu'ils avaient appelée de leurs vœux.

Avant que les trèves conclues entre le roi de France et le duc de Bourgogne fussent expirées, on essaya de les convertir en un traité de paix définitif. Des négociations furent entamées à cette fin en 1472, et diverses conférences eurent lieu dans les deux villes de Laon et de Guise pendant les mois de février et de mars. Le connétable, qui craignait qu'on ne lui enlevât Saint-Quentin, que le duc de Bourgogne avait obtenu par le traité de Péronne, amusa le roi et joua le duc : le roi aux intérêts de qui il paraissait toujours dévoué, et le duc dont le fils était au nombre des ambassadeurs de Bourgogne, aux conférences de Laon et de Guise, en lui faisant espérer, qu'en mariant sa fille Marie avec le duc de Guyenne, il lui remettrait Saint-Quentin, à la restitution duquel il paraissait fort tenir, d'autant plus qu'il l'avait toujours eu en son pouvoir (1).

---

(1) *Hist. du diocèse de Laon* par N. Lelong, p. 383 ; — *Hist. de Laon et Manuel historiq.* par Devismo ; — *Hist. de Vervins*, p. 48.

Ainsi menées, les conférences de Laon et de Guise, finirent par échouer, et la trêve étant expirée, on se remit en campagne de part et d'autre en 1473. Le duc entra en Picardie et pénétra jusqu'en Normandie, mettant tout à feu et à sang sur son passage ; mais contraint par le manque de vivres et par une diversion que le roi fit en Bourgogne, de revenir sur ses pas, il alla essuyer un échec honteux devant Beauvais et vint prendre Chauny le 8 octobre. Le 21, il campa à La Fère, passa l'Oise le 24, logea le 27 à Ribemont, le 28 à Villers-le-Sec, où il séjourna, le 30 à Fonsomme et à Fervaques, le 31 devant Beaurevoir, le 8 novembre devant Bohain ; et le 11 du même mois fut conclue à Laon une nouvelle trêve qui devait finir le 1er avril 1474. L'armée bourguignonne était ruinée par une si longue course et par la désertion et la disette. Cette même année, le duc de Bourgogne conclut également divers traités avec Edouard, roi d'Angleterre, qui prenait toujours le titre de roi de France, et qui en disposait comme s'il en fut toujours le maître. En considération des services que le duc lui avait rendus pour le recouvrement *de son royaume*, il lui fit don du duché de Bar, des comtés de Champagne, de Nevers, de Rethel, d'Eu et de Guise, de la baronnie de Douzy et de toutes les villes de la Somme. Edouard poussa le ridicule jusqu'à garantir cette donation « aussi ferme que si les trois Etats du royaume l'avoient consentie. » On sait comment elle s'est réalisée (1).

Aussitôt après l'expiration de la trêve, la guerre recommença entre Louis XI et Charles, et aboutit à une nouvelle

---

(1) Auteurs cités plus haut ; — De Barante, *Hist. des ducs de Bourgogne*, tom. 10, p. 233.

suspension d'armes conclue à Vervins en 1475. Les garants du traité furent: pour le Laonnais le gouverneur de Laon, Villier pour le comté de Guise, et Humbercour pour celui de Marle. Les conditions du traité étaient dures pour l'ancien comte de Guise, dont les deux princes avaient découvert la perfidie, car le duc de Bourgogne devait entrer en possession des villes de Saint-Quentin, de Bohain et de toutes les autres places que le comte possédait dans ses états, et avoir, pendant les neuf années que devait durer la trève, la souveraineté de Marle, de Montcornet, de Gercy et d'Assis. Il fut de plus stipulé, par une convention secrète, que les deux princes prendraient conjointement des mesures pour arrêter le connétable et lui faire son procès. Ce seigneur se voyant perdu, quitta Saint-Quentin et se rendit à Mons, dans l'espoir d'apaiser le duc de Bourgogne, mais le caractère de ce prince n'était guère accessible à la pitié quand une fois on l'avait irrité. Aussi ses tentatives furent-elles inutiles. Louis XI somma Charles d'exécuter le traité de Vervins, mettant, comme condition de la remise des places, l'extradition du comte, qui fut en effet arrêté et conduit à Paris, où il fut décapité le 19 décembre 1475 : fin bien digne de couronner une vie toute de cruautés, d'intrigues et de mauvaise foi. Le connétable avait eu de Marie de Savoie deux fils morts en bas âge, et deux filles, dont l'une, Marie, hérita de Bohain et épousa en secondes noces François de Bourbon, comte de Vendôme. Ce dernier étant mort le 2 octobre 1495, la riche succession de Marie passa à Charles, puis à Antoine de Bourbon, roi de Navarre, et enfin à Henri IV, qui engagea pour les besoins de l'Etat les seigneuries de Bohain, de Beaurevoir et de Bernot (1).

Malgré les prétentions du connétable de Saint-Pol, le comté de Guise était resté dans la maison d'Anjou. Charles d'Anjou qui était mort le 16 avril 1472, avait eu pour héritier Charles II, son fils, duc d'Anjou, comte de Provence et du Maine. Ce dernier, après la mort de son père, c'est-à-dire en 1473, soutenant les droits de sa famille, fit une protestation par laquelle il constatait que, quoique le roi fut en possession de Guise et qu'il y mit garnison, la propriété de la ville ne lui en appartenait pas moins, et de plus il *promettoit* à Louis XI, le 13 novembre 1475, de mettre la place de Guise en la garde de François de Naillac, écuyer. Cependant le roi nomma à la place de gouverneur de Guise Maurice de Mené, de la maison de Guerlesquin, qui paraît avoir succédé à François de Naillac dans cette charge (2).

Charles II, qui mourut sans laisser d'enfants en 1481, fut le dernier duc d'Anjou. Il avait institué Louis XI son héritier universel; néanmoins Louise d'Anjou, sa sœur, qui avait épousé Jacques d'Armagnac, comte de Nemours, fit entrer le comté de Guise dans la maison d'Armagnac. En effet, Jean et Louis d'Armagnac, leurs enfants, ayant représenté au roi Charles VIII, en 1483, que les biens de Charles d'Anjou, leur oncle, leur étaient échus par sa mort, du chef de leur mère, et l'ayant supplié de les mettre en possession de ces biens,

---

(1) *Hist. de France*; — Lelong, p. 384-386; — *Hist. de Vervins*, p. 48; — *Manuel historiq.*, p. 82; — Colliette, *Seigneurs de Bohain*.

(2) *Des droits du roi*, par Dupuis, p. 335;—Matton, *Annuaire*, p. 58;—Lelong... Cherchez Mené, etc...

leur demande fut agitée au conseil du roi. Le procureur général, qui y avait été appelé, s'opposa à ce qu'on fit droit à leur demande, mais Louis et Jean d'Armagnac ayant déclaré qu'ils ne réclamaient pas les terres tenues par leur oncle, soit en pairie, soit en apanage ou du domaine royal, le roi, conformément à l'avis du conseil d'Etat, où siégeaient le sieur de Gié, les princes du sang et autres seigneurs, ordonna, par lettres données à Plessis-lès-Tours, le 5 mars 1483, que Guise, le Nouvion, etc., seraient délivrés par provision aux d'Armagnac, jusqu'à ce que le parlement eut rendu une sentence définitive, se réservant expressément le droit de pourvoir à la garde des places fortes. Ce droit était déjà supposé d'une manière authentique par l'article 74 du traité de paix conclu le 23 décembre 1482, entre Louis XI et Maximilien, duc d'Autriche, dans lequel les ambassadeurs de ce dernier demandaient que le nombre des gens d'armes qui seraient donnés pour la garde des grandes villes frontières, comme Arras, Béthune, Aire, Térouanne, Hesdin, Saint-Paul, Guise et Saint-Quentin, fût diminué de telle façon que le duc et ceux de ses états fussent contents (1).

Cependant au sombre règne de Louis XI avait succédé celui du chevaleresque Charles VIII, qui n'avait que treize ans lors de la mort de son père, en 1483. Le duc d'Orléans, qui ambitionnait la régence dévolue à la sœur du jeune roi, mit tout en œuvre pour l'obtenir. Ayant perdu sa cause aux états de Tours convoqués à cet effet, il eut recours à la révolte et parvint à se faire un parti en Bretagne, dont il avait

---

(1) Auteurs cités plus haut; — *Hist. de Charles VIII*, p. 338. Observations; —*Ibid.*, p. 387 et suiv.

gagné le duc ainsi que plusieurs autres seigneurs mécontents du gouvernement de la régente. Maximilien, archiduc d'Autriche, qui avait épousé l'héritière de Bourgogne, ne voulant pas laisser échapper l'occasion de faire valoir ses prétentions sur le Vermandois et la Picardie, se joignit aussi au prince rebelle. Il commença les hostilités par la réduction des Liégeois et des Gantois, et, après avoir été couronné roi des Romains en 1486, il entra en France, pénétrant jusqu'au cœur de la Picardie et de la Thiérache, qu'il fit ravager par ses généraux. Montigny, l'un deux, ayant échoué devant St-Quentin, Maximilien tenta vainement de réparer cet échec et se rejeta sur Guise. Arrivé devant la place, il se mit en devoir de l'assiéger dans les formes, mais il fut prévenu dans son dessein par le maréchal de Gié et le seigneur d'Esguerdes, gouverneur du pays, qui envoyèrent Brézé, sénéchal de Normandie, avec un corps de troupes, pour secourir la ville, tandis que de leur côté, ils se mirent à harceler le gros de son armée à la tête d'un camp volant, coupant les vivres, massacrant les traînards ; si bien qu'après avoir parcouru la Thiérache et les environs de Guise en divers sens, l'archiduc se vit contraint de licencier ses troupes, faute de pouvoir les soudoyer.

Ces soldats mercenaires, qui faisaient un métier de la guerre et du pillage, commirent d'horribles dégâts dans le comté de Guise. Ils brûlèrent le Nouvion, et, après leur licenciement, 400 d'entre eux vinrent à Guise offrir au sénéchal de Brézé de passer au service de la France, qui avait déjà dans ses troupes différents corps composés d'Allemands. Brézé ayant accepté leurs offres, les fit partir avec un sauf-conduit pour Compiègne où était le roi, qui leur donna de l'argent pour retourner en leur pays, la saison étant trop avancée pour qu'on pût tirer parti de leurs services (1).

La guerre recommença en 1487. Guise, contre lequel Maximilien avait échoué l'année précédente, fut de nouveau attaqué dès les premiers jours du printemps. La garnison faisant des courses continuelles dans le Hainaut, qu'elle ne cessait de rançonner, Frédéric de Hornes, seigneur de Montigny, voulut les arrêter et user envers elle de représailles. A cet effet, il réunit les milices du Hainaut et fit une tentative pour surprendre la ville. Déjà il avait forcé les premiers retranchements et s'était avancé dans les faubourgs jusqu'au pied des remparts. L'action fut vive et lui devint fatale. Comme il s'opiniâtrait à ressaisir mort ou vif un de ses serviteurs nommé Pétiot, qui avait quitté son service, il eut la cuisse percée d'un coup de lance. Il fallut l'emporter hors du combat et renoncer à l'entreprise. En se retirant vers le Quesnoy, après cette affaire, il tomba dans un gué avec ceux qui le portaient. Sa blessure s'envenima et la gangrène s'étant mise à la plaie, il mourut au bout de quatre jours (2).

Le parti du duc d'Orléans n'était pas plus heureux en Bretagne que dans le nord de la France. Tandis qu'il manquait son entreprise sur Guise et perdait Saint-Omer, Térouane et Coucy, il était battu à Saint-Aubin par le parti de la cour. Néanmoins, la guerre continua en Flandre et en Bretagne jusqu'en 1491 et ne cessa, dans cette dernière province, que par le mariage d'Anne de Bretagne avec Charles VIII. La

(1) Lelong, p. 391; — Piette, *Hist. de Vervins*, p. 50; — Devisme, *Manuel*, p. 85; — *Histoire de France*; — *Hist. de Charles VIII*. par Jaligny....

(2) Lelong, p 391; — *Man. historiq.*, p 86; — *Aug. Viromand.*, lib. 2, p. 330.

cour, voulant sans doute augmenter le nombre de ses partisans, le roi donna par lettres du 29 mars de la même année, Guise et le Nouvion à perpétuité et d'une manière plus explicite, à Louis et Jean d'Armagnac. Ces lettres furent vérifiées au parlement le 18 avril suivant, mais *sans préjudice de l'opposition* du duc de Lorraine, qui avait déjà commencé à faire valoir ses prétentions. Quatre ans après, Charles VIII permit au comte de Guise de nommer aux offices royaux établis dans toute l'étendue de son comté, préludant ainsi aux nombreux priviléges qui devaient être accordés plus tard à ses successeurs (1).

Jean et Louis d'Armagnac étant morts sans enfants, Guise devint le partage de Marguerite d'Armagnac leur sœur, épouse de Pierre de Rohan, plus connu sous le nom de maréchal de Gié, qui prit la qualité de duc de Nemours et de comte de Guise. Le maréchal avait été fort aimé de Louis XI, qui l'avait créé comte de Marle. Il fit hommage à Louis XII, en 1503, tant en son nom qu'en celui de sa femme, pour le duché de Nemours, le comté de Guise et la seigneurie du Nouvion. Quoi qu'il n'y eut eu aucune opposition à cet acte au regard de Guise, Pierre de Rohan n'en demeura pas pour cela paisible possesseur. René II, duc de Lorraine, son cousin issu de germain par les d'Armagnac, engagea de longs procès au parlement de Paris contre les Rohan, prit le titre de comte de Guise, et légua par son testament de l'an 1506, tous ses droits à Claude, son fils (2).

---

(1) *Hist. généalogiq.* du P. Anselme, tom 3, p. 478; — *Diction. de la noblesse*, art. Guise; — Devisme, *Manuel*, p. 86; — Matton, *Annuaire*, p. 22 ; — *Ex compilation chronologiq.* de Blanchard, tom 1er, p. 584.

(2) *Des droits du roi*, p. 537; — MSS. de Dom Grenier.

René II les appuyait sur sa filiation. Il était fils de Ferry II de Lorraine, et de Iolande d'Anjou, fille de René Ier. Ferry II descendait en outre de Marie de Châtillon, dite de Blois, fille de Guy de Châtillon, qui avait épousé Raoul, duc de Lorraine, tué à Crécy, lequel lui laissa un fils, Jean, duc de Lorraine. Celui-ci eut à son tour deux fils, dont l'aîné, Charles Ier, duc de Lorraine, fut père d'Elisabeth ou Isabelle de Lorraine, qui fut mariée à René Ier d'Anjou, roi de Sicile, et le second, Ferry II de Lorraine, seigneur de Rumigny, Aubenton, Martigny, épousa la comtesse de Vaudemont, dame de Joinville, dont il eut René II, tige de la maison de Lorraine. C'était donc comme héritier éloigné de Marie de Blois et de René Ier, que René II se présentait pour réclamer la possession du comté de Guise (1).

Ces prétentions du reste, n'étaient pas nouvelles dans sa famille ; elles s'étaient même traduites par des actes. Dès 1334, Raoul de Lorraine, après son mariage avec Marie de Blois, avait pris le titre de comte de Guise. Antoine de Lorraine, comte de Vaudemont, Ferry II, son fils, aussi bien que René II, avaient également ajouté ce titre à leurs autres qualifications. Afin d'assurer à son fils Claude tous les moyens de faire valoir ses droits sur toutes les terres qu'il possédait en France, René le fit naturaliser Français par lettres du mois de mars 1506. René étant mort en 1508, Claude, après avoir tenté d'exclure de la succession paternelle, Antoine, son aîné, sous prétexte, dit-on, que celui-ci était né du vivant de Marguerite d'Harcourt, que René avait repudiée pour épouser Philippine de Gueldres, leur mère,

---

(1) Duchesne, *Hist. de Châtillon*, liv. 4, p. 145.

ce qui faisait d'Antoine un bâtard et de Philippine une concubine, vint s'établir en France, où il prit le titre de comte de Guise, selon les dispositions testamentaires de son père (1).

(1) *Des droits du roi*, p. 537; — De Thou, liv. 24, an. 1560; — Bayle, *Diction. historiq. et critique*, tom 2, p. 1340. Art. Guise; — *Diction.* de La Martinière.
Selon M. Matton, (*Annuaire du département*, p. 60), Claude de Lorraine aurait, en 1504, fait hommage au roi de France pour ses seigneuries de Guise et du Nouvion. Nous ignorons à quelle source cet historien, d'ailleurs exact, a puisé ce fait qui ne se concilierait guère avec l'âge de Claude, qui ne devait avoir alors que 8 ans, étant né en 1496; Guise et le Nouvion étaient possédés en 1504 par le maréchal de Gié qui, selon Dupuis, avait fait hommage à Louis XII, pour les deux seigneuries, en 1503.

CHAPITRE VI.

GUISE SOUS LES SEIGNEURS DE LA MAISON DE LORRAINE.

DUCS DE GUISE (1).

CINQUIÈME RACE.

Lorsque Claude de Lorraine vint en France, le royaume se reposait de ses longues agitations sous le gouvernement de Louis XII, prince qui mérita le titre aussi rare que glorieux, de *Père du peuple*. Nos frontières avaient cessé d'être inquiétées, et le comté de Guise, toujours exposé aux premiers coups de l'ennemi, avait trouvé un instant de relâche. Un seul événement y avait causé autant de surprise que d'effroi: en 1504, un tremblement de terre accompagné de véritables

---

(1) Nous avertissons le lecteur qu'il ne doit pas s'attendre à trouver ici une histoire détaillée des ducs de Guise ; leurs actions mémorables appartiennent à l'histoire générale. Nous ne pouvions toutefois les passer sous silence.

dommages, s'y était fait sentir ainsi qu'à Laon et à Saint-Quentin, mais n'y avait pas produit d'effets désastreux. Profitant du calme dont jouissait la ville que sa maison ambitionnait depuis si longtemps, Cécile, archiduchesse de Lorraine et comtesse de Bar, y créa en 1510 une compagnie de chevaliers de l'arc. Pour assurer l'existence de cette compagnie, la princesse lui affecta un jardin et d'autres biens exempts d'impôts. Elle avait, comme toutes celles du même genre, des règlements et des priviléges. Le chevalier qui abattait l'oiseau prenait le titre de roi, celui qui l'abattait trois années de suite portait le titre d'empereur et était exempt des contributions pendant un an. Les compagnies d'archers et d'arquebusiers avaient l'avantage d'entretenir parmi les citoyens, dans les villes de guerre, l'émulation, l'adresse, l'amour et l'habitude de la discipline, et de fournir, en cas de siége, des milices tout organisées (1).

Claude de Lorraine, ne fut pas plutôt établi en France, qu'il voulut prouver que la qualification de seigneur de Guise qu'il se donnait n'était pas un vain titre. En 1515 il commença à s'occuper de l'organisation *de son comté* en y réunissant Rumigny, Aubenton, Martigny et Any, anciennes dépendances de la seigneurie, que le duc de Lorraine avait engagées à titre de retrait, en 1481, à Gratien d'Aguerre, seigneur d'Ivoi, gouverneur de Mouzon. Ces terres furent retirées des mains de Jean d'Aguerre, fils de Gratien, moyennant la somme de 22,000 florins. L'opposition cependant n'avait pas tardé à venir traverser ses projets. Pierre de Rohan n'avait point eu d'enfants de son mariage

---

(1) *Manuel historiq.*, p. 87; —*Statistique de l'Aisne*, par Brayer, tom 1er, p. 251.

avec Marguerite d'Armagnac, mais son fils Charles de Rohan, seigneur de Gié, qui avait épousé Charlotte d'Armagnac, sœur de la femme de son père, fit appeler, *en reprise de procès*, Philippine de Gueldres, veuve de René, et Claude de Lorraine, son fils. Après de longues contestations, la cour rendit un arrêt en 1520, par lequel elle adjugea l'usufruit du comté de Guise au sieur de Rohan-Gié, et la propriété à la duchesse de Lorraine et à Claude. Celui-ci en fit hommage au roi, qui lui avait cédé tout ce qu'il avait de prétentions sur le comté (1).

Le comte de Guise ne tarda pas à prendre une grande influence à la cour, par ses belles qualités, sa valeur militaire et son génie hardi et entreprenant. Cette influence s'augmenta encore par le mariage qu'il contracta, le 18 août 1513, avec une princesse du sang, Antoinette de Bourbon. Les noces se firent en grande pompe à l'hôtel d'Etampes, situé devant le palais des Tournelles qu'habitait alors Louis XII. Ce fut l'après-dîner même desdites noces, selon Dubellay, que ce prince apprit que le seigneur de la Trémouille avait été *rompu* devant Novarre et son armée mise à *vau de roupte* (2).

Claude se distingua bientôt parmi les seigneurs de la cour par des actions vraiment chevaleresques et montra qu'il était digne de l'alliance qu'il avait contractée. A la bataille de Marignan (1515), où il avait le commandement général des Allemands à la place du duc de Gueldres, son oncle, leur

---

(1) *Des droits du roi* par Dupuis, p. 557; — *Dictionnaire* de La Martinière, Art. Guise; — Lelong.

(2) *Mémoires de Dubellay*, liv. 1er p. 232; — *Collection de mémoires pour l'histoire de France*; — Bayle, *Diction*. Art. Guise; — *Lettres et mémoires d'état* par Guillaume Ribier, tom 1er, p. 272, 273 et suiv.

capitaine, il combattit au premier rang et faillit même perdre la vie. Son écuyer le voyant renversé et de tous côtés battu à coups de piques et de hallebardes, eut le courage de se jeter sur lui, lui faisant un rempart de son corps et *portant* les coups que son maître eut *portés*. Pendant ce temps-là, les Suisses ayant été repoussés et un gentilhomme écossais de la maison du roi étant venu à son secours, « il fut porté hors la presse, de quoy il avoit grand besoin, tant pour les coups qu'il avoit reçus, que pour le nombre d'hommes qui avoient passé dessus luy, tellement que à grande peine avoit-il la puissance de respirer (1). »

Il accompagna le roi, à son entrée à Milan, avec les princes du sang et toute la noblesse de France qu'il avait amenée avec lui. Ce prince le chargea de conclure avec les Suisses une alliance qui devait être de longue durée. Le roi ayant eu une entrevue à Bologne avec le pape, tandis qu'il revenait à Milan, et pendant le temps qu'il donna aux affaires du duché, Claude, le comte de Vendôme, frère de sa femme, l'évêque de Laon et autres grands seigneurs, allèrent visiter Venise, où ils furent reçus magnifiquement, après quoi ils revinrent en France avec le roi (2).

Claude suivit l'expédition d'Espagne en 1521, sous l'amiral de Bonivet. Il fit des prodiges de valeur à Fontarabie, au passage de la rivière de Bedose (*Bidassoa*), qui se jette à la mer devant cette ville. L'armée était restée en bataille toute la nuit, et la mer était si haute qu'elle n'avait pu effectuer le passage. Le lendemain, lorsque la mer se fut retirée, M. de

---

(1) Dubellay, liv. 1er, p. 258; — Bayle, Art. Guise; — Ex Anselme, *Palais de la Gloire*, p. 442.

(2) Dubellay, *ibid.*, liv. 1er, p. 270 et suiv.

Guise ordonna ses lansquenets, se mit à leur tête, et la pique au poing se jeta le premier dans l'eau, pour aller trouver l'ennemi, lequel fut si effrayé de la furie et de la hardiesse de cette manœuvre, que, quoique en nombre égal, avec l'avantage de la position, il prit la fuite en partie vers la ville et en partie dans les montagnes. Claude montra le même courage dans les longues guerres que la France eut à soutenir contre Charles-Quint et Henri VIII, roi d'Angleterre (1).

L'entrevue que François Ier avait eue avec Henri, au camp du drap d'or, les fêtes galantes et les tournois qui l'avaient signalée, n'avaient pas éteint la haine qui divisait les deux nations, ni empêché la reprise des hostilités. On eut bientôt à défendre la Picardie contre les Anglais et les impériaux réunis. Le comte de Nassau, n'ayant pu réduire Mézières si vaillamment défendu par le chevalier Bayard, se résolut à la retraite ; il s'appuya, pour la protéger, le long des bois, et prit sa route par Montcornet, Aubenton, Etréaupont et Saint-Michel, pour aller à Vervins et à Guise, brûlant et saccageant tout sur son passage. Le roi averti *dudit délogement* et du chemin que prenaient les impériaux, résolut de leur couper la retraite autour de Guise. Dans ce dessein, il fit prendre à toute son armée la route de Guise, et envoya « bon nombre de gendarmerie pour costoyer l'ennemi et le garder de s'écarter au dommage du pays. » Cependant le duc de Vendôme qui était à Fervaques *où sourd la rivière de Somme*, avait envoyé à Guise, pour garder la ville, le seigneur Nicolas de Mouy, son lieutenant de 100 hommes d'armes, le seigneur

(1) Dubellay, liv. 1er, p. 318 et 319.

d'Estrées, ayant charge de 500 hommes d'armes, et les seigneurs de Longueval et de Roumenils, avec pareille charge, tandis que le maréchal de Chabannes marchait sur Vervins *pour donner empêchement* à l'ennemi. Ces dispositions furent de nul effet, car les impériaux en ayant été avertis, changèrent de dessein et après *avoir mis à sac la villette d'Aubenton* et passé au fil de l'épée « toutes sortes de gens indifféremment, de tous sexes et de tous âges, avecques une cruauté insigne et brûlé la ville, » ils prirent le chemin d'Etréaupont, laissant à leur gauche la ville de Vervins, qui fut ainsi sauvée de leur barbarie (1).

Cependant le roi étant arrivé à Guise avec les Suisses, se rendit ensuite à Fervaques, où *par rémunération de la vertu du sieur Bayard*, il lui donna le commandement d'une compagnie de 100 hommes d'armes et l'ordre de Saint-Michel, puis il alla camper au Mont-Saint-Martin, *où croist la rivière de l'Escau*. Il y régla la marche que devait suivre son armée. Le duc d'Alençon eut le commandement de l'avant-garde, qui appartenait au duc de Bourbon en sa qualité de connétable, lequel se vengea si cruellement dans la suite de cette injure faite à sa dignité, en se liguant avec les ennemis de sa patrie. Le commandement de l'arrière-garde fut dévolu au duc de Vendôme, qui devait assiéger Landrecies, tandis qu'un détachement aux ordres du comte de Saint-Pol devait réduire Bapaume. Landrecies, situé sur la Sambre, entre le vivier d'Oisy, où cette rivière prend sa source, et l'abbaye de Maroilles, était alors la première ville ennemie sur la frontière du côté de Guise. Elle touche à la forêt de Mormal et

---

(1) Dubellay, liv. 1er, p. 318 et 319.

aux bois de Thiérache. L'assaut qu'on lui livra fut si vif qu'elle fut abandonnée par les habitants et la garnison. Le duc de Vendôme la fit brûler et raser, puis vint rejoindre le camp au Câteau (1).

Le 2 octobre 1522, le roi de France se trouvant à mi-chemin de Cambrai et de Valenciennes où était l'empereur, faillit faire à ce dernier un mauvais parti en prenant sur lui bonne revanche, mais il en laissa échapper l'occasion ; Charles quitta vitement Valenciennes et se retira en Flandre pendant la nuit avec 100 chevaux. Des ambassadeurs du roi d'Angleterre étant arrivés sur ces entrefaites, on traita de la paix, et François Ier s'arrêta dans sa marche victorieuse ; mais lorsqu'on apprit la nouvelle de la prise de Fontarabie, l'empereur rompit le traité et le roi fit la conquête de plusieurs places, après quoi il se retira à Amiens, où il licencia ses troupes dont il mit une partie en garnison sur la frontière. Guise reçut la compagnie de Claude de Lorraine, son seigneur; Saint-Quentin, celle du maréchal de Chabannes; et Vervins, celle du seigneur de Braisne. Ces dispositions prises, le roi se retira en son château de Compiègne (2).

La frontière picarde ne resta pas en repos pendant l'hiver qui suivit cette campagne. Les garnisons que le roi avait distribuées dans les places étant sans cesse en lutte avec les garnisons ennemies, il en résultait une guerre effroyable qui se faisait tantôt au profit des Français, tantôt au profit des impériaux. Le roi d'Angleterre ayant fait débarquer à Calais, sous les ordres du duc de Suffolk, une armée considérable

---

(1) Dubellay, liv. 1er, p. 318, 324 et suiv.

(2) Dubellay, liv. 1er, p. 331 et suiv.

que devait augmenter celle de l'empereur, on renforça encore les places menacées. Le comte de Saint-Pol fut envoyé à Montreuil avec 400 hommes d'armes, et le comte de Guise, avec 6,000 hommes de pied qu'il commandait conjointement avec le seigneur de Lorges, se rendit aussi dans cette place. Toutefois, pour employer ces forces en attendant l'ennemi, le duc de Vendôme ordonna aux trois seigneurs de réunir leurs corps à Péronne, afin d'entrer en pays ennemi. Les comtes de Saint-Pol et de Guise prirent en effet Bapaume, qui fut rasé, brûlé et ruiné avec le château, ensuite de quoi ils se dirigèrent vers le passage de l'Ecluse pour aller au pays d'Ostrevent, entre l'Escaut et la Scarpe. Ils y trouvèrent l'ennemi, qui leur disputa le passage, mais ils l'assaillirent avec tant de vigueur qu'ils le mirent *à vau de route* et le poussèrent jusque dans Douai. Ils coururent ensuite les environs de Douai, de Valenciennes et d'Arras, et revinrent avec force butin dans leurs garnisons respectives (1).

Claude se remit bientôt en mouvement. Tandis que l'armée anglaise attendait *en la terre d'Oye* l'arrivée de ses vivres et de ses bagages, le duc de Vendôme l'envoya avec le comte de Saint-Pol et 400 hommes d'armes, contre les partis anglais qui faisaient des courses dans le pays, et dont plusieurs furent battus par les deux capitaines. Ayant appris pendant le siége de Hesdin que 400 Anglais étaient venus courir vers Biez et la commanderie de l'Oison, Claude prit avec lui les seigneurs de Pont-Dormy et de Montreuil, avec leurs compagnies et une partie de celle du duc de Vendôme, et les ayant atteints à une demi-lieue de leur camp, il les

---

(1) Dubellay, liv. 2, p. 392 et suiv.

chargea avec tant de vigueur, qu'il n'en laissa échapper que 30 ou 40, qui se retirèrent dans un jardin fermé de grandes haies. Ces derniers se défendirent néanmoins si obstinément, que le comte, malgré les représentations qu'on put lui faire, mit pied à terre pour les assaillir dans le jardin, où ils furent tous tués sans qu'aucun voulut *se rendre à merci* (1).

Enfin, le duc de Vendôme ayant appris que les Anglais étaient sur leur *deslogement*, il envoya le comte de Saint-Pol à Dourlens, avec 300 hommes d'armes et 6,000 hommes de pied, tandis que lui, accompagné de MM. de Guise et de la Trémouille, suivit avec le reste de l'armée le cours de la Somme pour toujours *costoyer* le camp ennemi. Pressés par les approches de l'hiver et les pluies de la saison (on était alors vers la Toussaint de 1522), les ennemis se retirèrent, les Anglais en Angleterre et les Bourguignons dans leurs garnisons. Mettant à profit cette retraite, les comtes de Guise et de Saint-Pol, avertis qu'il y avait à Pas-en-Artois bon nombre d'Anglais *pour leur rafreschir*, allèrent les surprendre à l'improviste et leur tuèrent encore 5 à 600 hommes.

Au commencement de l'année suivante (1523), vers le temps de Pâques, l'ennemi faillit surprendre Guise, au *moyen d'une marchandise* que le duc d'Arescot avait ménagée dans la place. Le dit *marchand* était un soldat de la garnison du château, nommé Livet, serrurier, lequel s'était entendu avec plusieurs de ses camarades pour *vendre* la ville aux impériaux. Livet cependant s'étant repenti de sa perfidie, et voulant en

(1) Dubellay, liv. 2, p. 396 et suiv.

prévenir les effets, vint trouver le duc de Longueval, Nicolas de Bossu, alors en garnison à Guise avec un détachement de 500 hommes de pied, et lui dévoila tout le complot. Longueval résolut, sur-le-champ, de mettre à profit cette découverte et recommanda à Livet de continuer la négociation avec le duc d'Arescot, tandis que de son côté il prendrait des mesures pour le faire tomber dans le piége. Le roi qu'il avertit de son entreprise, *la trouva bonne.* Livet, suivant ses instructions, alla jusqu'à dire au duc d'Arescot, *et estoit vrai*, que le seigneur de Longueval était de la partie, il poussa même la ruse jusqu'à faire venir à Avesnes. où était le duc, quelques-uns *des caporaux et familliers* de Longueval pour s'entretenir avec lui et le convaincre de ce qu'il avançait. Rien n'était plus certain que Longueval *étoit de la marchandise, mais non ainsi l'entendoit le seigneur d'Arescot.* Tout semblait réussir au gré du gouverneur de Guise. Le jour venu de livrer la ville, Fleuranges, fils aîné de Robert de la Marck, seigneur de Sedan, devait venir du côté des Ardennes avec 4 à 5,000 hommes de pied et 300 hommes d'armes, se jeter entre Avesnes et Guise, pour couper la retraite aux impériaux, tandis que le duc de Vendôme, pour les mettre entre deux feux, s'avancerait de Péronne avec 4,000 Allemands, 3,000 Français et 500 hommes d'armes, entre Guise et l'abbaye de Bohéries, pour les *deffaire.* L'ennemi ne pouvait donc nous échapper, car du moment qu'il voudrait se retirer, il aurait Fleuranges en tête et le duc de Vendôme en queue, de sorte qu'il ne pourrait s'attaquer à l'un, sans que l'autre le prit par-derrière. L'ennemi, de son côté, pour nous *amuser* et *divertir nos forces*, avait fait une levée de 15,000 Allemands sous les ordres de de Fiennes, gouverneur de Flandre, et de 5 à 600 Anglais, et était venu assiéger Térouane *d'un siége volant*. C'est de cette dernière ville que devait partir le corps expéditionnaire qui était destiné à surprendre Guise (1).

Mais une aussi belle occasion de battre l'ennemi fut manquée. Ayant su le coup qui se montait, tous les *grands seigneurs* du pays s'étaient comme donné rendez-vous pour cette affaire, voulant chacun *avoir part à l'honneur et au butin*. Le roi lui-même, averti par de Bossu, voulut être de la partie, laquelle selon toutes les apparences devait être brillante. Prenant donc la poste, il partit de Chambord, qu'il venait de faire bâtir, et arriva vers minuit à Genlis, le jour d'avant la nuit où le projet devait être mis à exécution. Ce fut ce qui le fit échouer, car *il étoit malaisé qu'un seigneur tel que le roi, put venir de Blois à La Fère*, c'est-à-dire parcourir 80 lieues, *sans donner soupçon et qu'il en fut nouvelle, car tout le monde veut le suivre*. En effet, comme chacun sait, François Ier était environné d'une cour brillante et toujours désireuse de courir des aventures. Déjà les impériaux s'avançaient vers Guise, lorsqu'ils furent avertis par leurs espions de la marche du roi et de son arrivée à Genlis, ce qui leur fit soupçonner avec raison que leur dessein était découvert, et que peut-être on se disposait à les surprendre eux-mêmes. C'est pourquoi, *prenans leur marchant*, le soldat Livet, qui s'était rendu au milieu d'eux pour les mieux tromper, ils lui donnèrent plusieurs *estrapades*, mais il ne voulut jamais rien confesser, et il soutint la question avec un courage digne de son repentir,

---

(1) Dubellay, liv. 2, p. 509; — Lelong, p. 398; — *Hist. de Vervins*, p. 55; — *Manuel historiq.*, p. 87.

Usant de représailles, le seigneur de Longueval, qui n'avait pas voulu s'engager sans qu'on lui livrât des otages, fit endurer à ceux-ci le même traitement. Quoi qu'il en soit, les ennemis ayant reçu des avis certains de l'arrivée du roi, firent prompte retraite, et se retirant en leur pays, sans avoir la *marchandise;* ils pressèrent le siége de Térouane, que le duc de Vendôme fit bientôt lever (1).

Le roi ayant ainsi gâté par sa faute une si belle occasion de battre l'ennemi sous les murs de Guise, et *congnoissant avoir failly à son attente*, tira parti des troupes qu'on avait mises en mouvement pour cette affaire. Il ordonna à Fleuranges de se retirer vers Sedan, tandis qu'il marcherait en personne à Péronne, où il fit rassembler toutes les forces dont pouvait disposer le duc de Vendôme en Picardie. Il ordonna à ce duc d'aller faire lever le siége de Térouane, et retourna vers Paris. Vendôme, conformément à ses instructions, marcha en pays ennemi afin de le *fouller, et soulager le nostre,* rasant sur son passage quelques châteaux qui causaient *beaucoup d'ennuy à nostre frontière*, et parvint à faire lever le siége (2).

François Ier, avant son départ pour l'Italie en 1523, mettant ordre aux affaires de son royaume, trouva occasion de montrer la confiance qu'il avait au comte de Guise, en le nommant son lieutenant général en Bourgogne : Claude ne tarda pas à justifier la bonne opinion que le roi avait de lui. Le duc de Bourbon s'étant retiré hors de France, avait envoyé en Allemagne, Lamotte des Noyers, pour faire une levée de

---

(1) Dubellay, liv. 2, p. 399; — Auteurs cités plus haut.

(2) Dubellay, liv. 2, p. 401 et 402.

lansquenets. Cet agent y avait mis une telle diligence qu'il descendit bientôt en Champagne et pénétra jusqu'à la Marne. A cette nouvelle, le comte de Guise prit sa compagnie de 100 hommes d'armes, tout ce qu'il put ramasser de troupes, et vint à Chaumont joindre ses forces à celles de d'Orval, gouverneur de Champagne, avec lesquelles ils formèrent un corps de 5 à 600 hommes, sans compter les *arrière-bans*, qu'ils mirent dans Chaumont et dans les autres places, afin de laisser toute la cavalerie tenir la campagne. Les lansquenets ayant battu en retraite, Claude se mit à leurs trousses. Dans la crainte qu'ils ne lui échappassent, il envoya 2 à 300 hommes d'armes faire un circuit pour passer la Meuse et revenir les prendre en tête, tandis qu'il les attaquerait vivement en queue, au moment où ils auraient à demi passé la rivière, manœuvre qu'ils ne pourraient exécuter facilement à cause du butin dont ils étaient chargés. Mais le *partement* des hommes d'armes fut retardé par une querelle survenue le soir même du départ de la compagnie du comte de Guise, entre Courville, son commandant, et Châtelet de Lorraine, porte-enseigne du comte. On mit l'épée à la main et Châtelet porta à Courville un coup d'estoc dans la bouche, qui le perça de *part* en *outre*. Claude pensant que ses compagnies devaient avoir passé la Meuse et se trouver au lieu indiqué, se mit en queue de l'ennemi avec toutes ses forces. Il le surprit en effet au passage, et tout ce qui se trouva encore sur le bord de la rivière fut taillé en pièces et le butin *recoux* (recouvré), mais ce qui avait déjà passé l'eau lui échappa. Cette brillante affaire eut lieu devant Neufchâtel. Les dames de Lorraine et de Guise qui étaient aux fenêtres du château en furent témoins, *et en eurent le passe-tems* (1).

(1) Dubellay, liv. 2, p. 414 et 431.

Tandis qu'on se battait en Champagne et en Italie, la Picardie *n'étoit en patience*. Après l'entreprise de Guise et la levée du siége de Térouane, une partie de la campagne s'était passée en combats partiels, et en courses qui eurent pour résultat de ruiner le pays. Pour l'achever, une armée de 25 à 30,000 hommes, Anglais et Allemands, dont 5 à 6,000 chevaux, suivis d'une nombreuse artillerie, passa la Somme et s'avança sur l'Oise jusqu'à onze lieues de Paris, où l'alarme l'avait précédée, après avoir pris et brûlé plusieurs villes. A ces désastreuses nouvelles, le roi envoya en Picardie le duc de Vendôme avec 4,000 hommes d'armes et de pleins pouvoirs pour la défense du pays. Craignant d'être pris entre celui-ci et la Trémouille, gouverneur de Picardie, qui s'était aussi avancé avec des troupes, et de se voir couper les vivres, les alliés firent retraite vers les sources de la Somme et vinrent camper à Fervaques, laissant Saint-Quentin et Guise qu'ils n'osèrent attaquer, et le lendemain ils se dirigèrent sur Prémont. Le capitaine du château de Bohain, voyant l'ennemi si près, *ne lui donna pas la peine de l'envoyer sommer*, il vint lui-même à Prémont et rendit sa place à l'ennemi, moyennant que lui et ses soldats *sortiroient leurs bagues sauves*. Les Anglais ne furent pas plutôt éloignés que la Trémouille marcha sur Bohain avec six canons, *dont il fit une si furieuse batterie* que la garnison anglaise fut obligée de se rendre. Le seigneur d'Estrée fut nommé capitaine de la place. Ainsi l'ennemi ne garda pas une seule de ses conquêtes et dut se contenter de l'effroyable désolation qu'il avait portée jusqu'au cœur de la France (1).

(1) Dubellay, liv. 2. p. 435, 437 et suiv; — Lelong, p. 598.

Aux maux inouïs causés par tant d'invasions et d'incursions successives, se joignit un hiver rigoureux. Le froid fut si intense en 1523 que dix à douze jours avant la Saint-Martin, les blés gelèrent presque partout le royaume. L'augmentation exorbitante des impôts acheva de mettre le comble aux malheurs publics. Il fallait faire face aux dépenses nécessitées par tant de guerres désastreuses et aux prodigalités d'une cour voluptueuse. Enfin la prise du roi à Pavie, en 1515, mit la France à deux doigts de sa ruine. Louise de Savoie, mère du monarque, sur qui reposait son salut, ayant appris les nouvelles fâcheuses de l'Italie, ne laissa point abattre son courage. Elle manda à Lyon, Vendôme, Lautrec et le comte de Guise, pour aviser avec eux à la défense du royaume. Claude ne tarda pas à rendre dans son gouvernement de Bourgogne et de Champagne de nouveaux services à la monarchie en péril.

L'Allemagne avait vu s'élever, vers cette époque, un *populaire*, troupe de paysans soulevés par Muntzer, qui voulaient la communauté de biens et qui furent sans doute l'origine de la secte politique des communistes modernes. Pour réaliser leur projet de ramener les fortunes à l'égalité, ces rêveurs d'Outre-Rhin se mirent en marche vers la France au nombre de 14 à 15,000 *vilains*. S'imaginant que toute la noblesse avait péri sur le champ de bataille de Pavie, ils espéraient y entrer sans résistance. Ils commettaient toutes sortes d'atrocités dans tous les lieux où ils passaient, pillaient les maisons des gentilshommes, et massacraient les femmes et les enfants avec un raffinement de cruauté inouï. Le comte de Guise et son frère, le comte de Vaudemont, rassemblèrent, pour arrêter la marche de ces bandes furieuses toutes les garnisons de Champagne et de Bourgogne, fantassins et cavaliers, et les rencontrèrent à Saverne. Quoiqu'ils n'eussent à leur opposer que 6,000 hommes, se fiant à leur gendarmerie, ils les chargèrent avec tant d'ordre et de courage qu'ils leur détruisirent de 8 à 10,000 hommes, sans faire eux-mêmes de pertes sensibles, si ce n'est celle du capitaine Saint-Malo et du seigneur de Béthune, capitaine de la garde du comte de Guise. « Et oncques depuis cette défaite, ne fut nouvelles que ceste canaille se deust rassembler. » Le comte, qui avait délivré la France de ce fléau d'un nouveau genre, ne fut pas moins blâmé de la cour pour avoir exposé au sort d'un combat inégal des forces dont on pouvait avoir un si grand besoin, dans les conjonctures présentes (1).

La frontière de Picardie étant aussi dégarnie que celle de Champagne, la Thiérache et le Laonnais devinrent la proie d'un corps d'impériaux sorti du Hainaut, qui y pénétra sans obstacles. Les environs de Guise et de Marle furent pillés. Cette dernière ville fut mise à feu et à sang avec un grand nombre de villages de son comté. Le retour du roi qui eut lieu en 1526 put seul mettre un terme à ces calamités réitérées. Le comte de Guise avait été compris, dans le traité de Madrid, au nombre des douze seigneurs que François aurait la faculté de livrer comme otage, en rentrant en France, à la place de son second fils; mais comme on ne profita pas de cette offre insidieuse qui eut privé la France de ses meilleurs généraux, Claude ne quitta pas son pays. Le retour du monarque fut signalé dans le comté de Guise par la faveur qu'il accorda aux villes de Guise, du Nouvion et

---

(1) Dubellay, tom. 2, p. 6 et 7, liv. 3.

d'Hirson, par lettres données à Saint-Germain-en-Laye, le 8 décembre 1526, d'être affranchies *des tailles et crus mis et à mettre,* pendant dix ans, privilége qu'il prolongea pour six ans encore par d'autres lettres données à La Fère le 7 juillet 1535 (1).

Pendant que tout était en proie aux troubles de la guerre, la paix n'avait pas toujours trouvé un asile dans les monastères, où le malheur des temps engendrait le relâchement de la discipline. Ces asiles du silence et du repos étaient souvent déchirés par des divisions intestines. Telle était la situation de Bohéries, dans le temps même où les comtés de Guise et de Marle souffraient le plus des maux de l'invasion. Après la mort d'Alexandre, trente-deuxième abbé, arrivée en 1522, une division scandaleuse s'établit parmi les moines de cette abbaye, au sujet de l'élection du nouvel abbé. L'un d'entre eux, nommé Pierre Clerfo, poussa l'audace jusqu'à proclamer qu'il avait été élu le 7 des calendes d'octobre 1583, *comme par voie d'inspiration divine* (2); mais quoi qu'il fit, cet ambitieux ne put venir à bout de faire confirmer son élection prétendue, et Jean, abbé de Foigny, ayant interposé son autorité au milieu des rixes et des disputes, nomma à la dignité d'abbé un religieux nommé Baudouin de Mol, la

---

(1) Devismes, *Manuel historiq.* p. 88; — Dubellay, tom. 2, p. 14 et 15; — Archives de l'hôtel de ville de Guise.

(2) Il y avait plusieurs manières de procéder à l'élection des abbés dans les monastères, comme: *la voie de compromis,* qui consistait à remettre l'élection entre les mains de quelques religieux choisis par la communauté; *la voie du Saint-Esprit,* qui consistait à élire l'abbé à la majorité des suffrages, après une messe du Saint-Esprit. Quelquefois les religieux donnaient spontanément au commissaire chargé par le général de l'ordre de présider l'élection le pouvoir de choisir lui-même le nouvel abbé.

veille des ides de décembre (12 décembre de la même année 1525). Alors toutes les divisions se concentrèrent sur les deux rivaux Clerfo et Baudouin, chacun d'eux voulant monter dans la chaire abbatiale. Pour mettre fin à ces querelles, on envoya à Bohéries quelques abbés en qualité de députés, mais Antoine, abbé de Foigny, successeur de Jean, maintint la décision de son prédécesseur et confirma la nomination de Baudouin, le 12 des calendes de janvier (21 décembre). Là finirent les troubles claustraux, et le nouvel abbé fut béni à La Fère, dans l'église des religieuses du Calvaire, par Louis, cardinal de Bourbon, évêque de Laon, et confirmé dans sa dignité par le chapitre général de l'ordre de Cîteaux tenu l'an 1530.

Baudouin mourut vers la fin de l'année 1540, ou au commencement de 1541. Il fut le dernier abbé régulier de Bohéries, qui tomba en commende entre les mains de Robert de Coucy. Il en fut ainsi de presque toutes les autres abbayes de France. L'élection ayant été abolie par le concordat conclu entre François Ier et Léon X, et le roi ayant obtenu le droit de nommer directement aux évêchés, abbayes et prieurés, contre l'antique usage, les abbés commendataires s'introduisirent dans l'église. Nommés par la faveur des princes à des siéges importants, ces dignitaires ne virent plus dans les abbayes que de riches bénéfices, dont le revenu devait servir à soutenir leur rang à la cour, tandis que les pauvres moines étaient souvent réduits au plus strict nécessaire. Tel fut un des déplorables résultats du concordat de François Ier pour les monastères (1).

Les choses n'en allèrent pas mieux à Thenailles qu'à Bo-

(1) *Gall. Christ.*, tom IX, *Eccl. Laud. Bohéries*; — Lelong.

héries. Le siége abbatial étant demeuré vacant en 1538 par la mort de Raoul, trente-deuxième abbé, les mœurs se corrompirent dans le couvent, à la faveur de l'anarchie. Chacun voulait saisir la crosse demeurée sans possesseur et les divers compétiteurs *tondirent le troupeau*, en se disputant les gros revenus de l'abbaye destinés à le nourrir. Un des plus ardents fut, à ce qu'il paraît, un seigneur de Guise dont le nom est resté ignoré. On ne sait si ce seigneur fut réellement abbé de Thenailles, mais, selon les fastes de l'abbaye, il aurait été successeur le plus prochain de Raoul, tandis que, d'un autre côté, l'on voit dans un compte de location de l'an 1539, c'est-à-dire de la première année qui suivit la mort de ce dernier, que maître Geoffroy de Louvain est nommé abbé commendataire de Thenailles. Le seigneur de Guise en question, n'aurait sans doute pu, dans cette hypothèse, parvenir à faire valoir ses prétentions. Nous serions porté à croire que ce seigneur n'est autre que le cardinal Charles de Lorraine, deuxième fils de Claude, comte de Guise, qui voulait obtenir Thenailles en commende(1).

François Ier, à peine sorti de prison, reconnut d'une manière éclatante les services militaires et politiques que Claude de Lorraine avait rendus à l'Etat. Claude n'avait que la simple propriété de Guise, il voulut joindre l'usufruit à la propriété. En conséquence, il fut convenu, le 26 janvier 1526, que Charles de Rohan céderait au roi l'usufruit de Guise, du Nouvion et d'Hirson, moyennant 4,000 livres de rente, et que le roi lui donnerait en échange l'usufruit de la vicomté d'Orbes de 3,600 livres de rente, et 4,000 livres de rente sur le grenier à sel de Bernay. Le roi à son tour et le même jour donna l'usufruit de Guise à Claude de

(1) *Gall. Christ.*, tom IX, *Eccl. Laud. abb. Tenol.*

Lorraine « pour en jouir, dit l'arrêt de vérification, par le dit sieur de Guise, tant qu'il plaira à sa majesté. » Cette clause n'était pas dans les intentions du roi, car, par une lettre de jussion du 26 juin suivant, le don du comté de Guise fut registré purement et simplement, de *son exprès commandement* (1).

Ce monarque fixa enfin la position officielle de la famille de Lorraine en France, par l'érection du comté de Guise en duché-pairie, avec le droit pour lui et ses hoirs fils ou filles, à quelque degré que ce fut, à toujours, perpétuellement, de porter le titre de duc et pair, qui n'avait été donné jusques alors qu'aux fils de France et aux princes de la maison royale. Cet acte, en mettant Claude et ses successeurs au rang des plus grands seigneurs du royaume, élevait la terre de Guise au niveau de ses plus beaux fiefs. Le roi, au reste, ne prétend par ses faveurs que rendre justice à l'un et à l'autre, ainsi que s'en expriment les lettres-patentes.

« En considération des très-grandes, très-louables et recommandables vertus que, de bien longue expérience, avons vues et sçues, en la personne de notre très-cher et très-amé cousin Claude de Lorraine, comte de Guise et d'Aumale, gouverneur de nos pays de Champagne et de Brie, et des très-notables services que lui et ses prédécesseurs et anciens progéniteurs ont faits à nous et à nos prédécesseurs roys de France, que Dieu absolve, en quoy ont très-grandement et vertueusement employé leurs personnes et biens. Pour ces causes et par la grande bonté, foy et loyauté dont nostre dit cousin a toujours usé envers nous et la chose publique de nostre royaume; aussi, pour raison de

(1) Dupuis, *Traité des droits du roi. Du comté de Guise*, p. 538 et 537.

proximité de lignage dont il nous atteint. Afin de plus décorer, élever, exalter lui et sa dite maison, comté et seigneurie de Guise, qui est belle et de bon et gros revenu, et en bonne fortification et deffences sur les marches et frontières de nostre dit royaume, de laquelle dépendent plusieurs beaux fiefs et arrière-fiefs, vassaux, subjets, place, terre et seigneuries. Nous, par l'avis et délibération de ceux de nostre sang et des gens de nostre conseil, de nostre certaine science, propre mouvement, puissance et auctorité royale, avons icelui comté de Guise élevé, érigé et décoré, et par la teneur de ces présentes, élevons, érigeons et décorons en dignité, titre, nom et autorité et prérogatives de duché... »

La dignité de duc de Guise est assurée par les mêmes lettres à Claude de Lorraine et à tous ses hoirs ou ayant cause, et afin d'en relever et assurer le titre, le roi fit entrer dans la composition du duché les anciennes dépendances du comté de Guise et les autres terres que Claude possédait dans ces quartiers-là, comme les baronnies et seigneuries d'Aubenton, de Rumigny, de Martigny, de Vuatefal, d'Any, de Condé, d'Hirson, du Nouvion, et toutes leurs dépendances, avec l'avantage pour toutes ces terres de jouir « de tous les honneurs, priviléges, prérogatives, libertés, franchises, exemptions et prééminences appartenant à duché, » de ressortir immédiatement du parlement de Paris, et pour le duc « de n'être tenu envers la couronne que sous une seule foi et hommage pour tout le duché. » Quant au titre de pair annexé par les lettres à celui de duc de Guise, pour suppléer, ainsi qu'elles s'expriment, à quelqu'un des anciens titres de pairie des grands duchés et comtés de Bourgogne, de Normandie, de Flandre, de Guyenne et de Toulouse, éteints par la rentrée de ces grands fiefs dans le domaine de la couronne, il devait s'éteindre à faute d'*hoirs mâles*, mais sans détruire aucune des prérogatives attachées au titre de duché.

Ces lettres d'érection du duché de Guise furent données à Saint-Germain-en-Laye, en janvier 1527. La volonté royale trouva une forte opposition dans le parlement et il ne fallut pas moins de huit lettres de jussion pour les lui faire enregistrer. L'enregistrement y eut lieu néanmoins le 12 août 1528, et à la cour des comptes le 5 septembre de la même année. Pour accomplir toutes les formalités en usage alors, il ne resta plus qu'à opérer l'*entérinement* des lettres dans les différents bailliages où elles devaient avoir leur exécution. A cet effet, comparut devant Jean Henriel, licencié ès lois, lieutenant du bailli de Vitry au siége de Sainte-Menehould, au nom du duc de Guise, maître Claude Millet, licencié ès lois, bailli de Guise, lequel ne rencontra point d'opposition de la part des officiers de ce siége. Le bailli de Guise comparut également devant Mathieu Letur, lieutenant général du bailli de Vermandois, et lui présenta de la part du duc *certaines lettres, en forme de chartes, scellées en lacs de soye et cire verte*. Après avoir demandé copie desdites pièces, le lieutenant permit au seigneur duc de *joyr, user du contenu ès dites lettres de chartes*. Enfin le 18 juillet 1529, *honorable homme* M. Pierre Rostud les présenta de la part de haut et puissant prince M. le duc de Guise, à Noël Dubois, *écuyer, licencié ès lois*, conseiller du roi, lieutenant général de M. le bailli de Vermandois au siége de Ribemont, lequel consentit aussi à l'entérinement. Ce ne fut qu'après toutes ces formalités que Claude de Lorraine put enfin *joyr, user du contenu*

ARMES DE LA VILLE DE GUISE.

ès dites lettres de chartes et porter le titre de premier duc de Guise, qu'il ajouta à ceux de pair, de grand veneur de France, de comte d'Aumale, de marquis de Mayenne et d'Elbeuf, de baron de Joinville, de chevalier des ordres du roi, de gouverneur de Champagne, de Brie et de Bourgogne, dont il étalait avec orgueil le faste nobiliaire (1).

Une autre faveur que Claude obtint pour sa ville de Guise montre encore l'estime que François Ier faisait de son mérite et le degré d'élévation où était déjà montée sa maison. Suivant une ancienne tradition, le duc de Guise, après l'érection de son comté en duché-pairie, ayant supplié le roi de lui accorder une fleur de lys pour armes de sa ville, le monarque lui aurait répondu « qu'il lui en accordoit par millions. » Voilà pourquoi la ville porte pour armes un lion sur un champ semé de fleurs de lys. Ces armes se voyaient à la porte aux Poissons, au-dessous de la grosse horloge de la ville. Plus tard on les mit aussi au côté gauche du grand autel de l'église Saint-Pierre, sur une des colonnes principales (2).

---

(1) Voyez pour toute cette affaire: *Lettre d'érection*, 11e vol. des *Ordonnances de François Ier*, cote L., fol. 109 ; — *Mémoires de la chambre des comptes*, cote EE, fol. 103 ; — Dutillet-Coquille, *Des anciens pairs de France*, p. 528 ; — *Hist. généalogiq.* du P. Anselme, tom. 3, p. 378 ; — *Dictionn. de la noblesse* ; — *Palais de l'honneur*, etc... p. 457 ; — *Ducs de Guise*. — Dupuis ; *Traité des droits du roi*, p. 538 ; — Devisme, *Manuel*, p. 88.; — *Histoire de France* ; — *Lettres et mém. d'Estat*, par Ribier, tom. 1er, p. 272, etc...

(2) Deverdun, préface du *Siège de Guise* ; — *Description MS. de Guise* ; — *Quelques mots d'un vandale*, p. 16.

Les armes véritables de la ville sont d'azur, semé de fleurs de lys d'or, un lion brochant sur le tout. Néanmoins elles ont subi des modifications, car on en trouve où le lion broche sur le tout à dextre ; d'autres au franc canton d'argent chargé d'un lion de sable, armé et lampassé de gueules. Le père Deverdun qui raconte l'origine de ces armes et qui a dû prendre celles qu'il voyait sur la porte aux Poissons et dans l'église de Saint-Pierre, place le lion brochant sur le tout. Sur la médaille frappée à l'occasion de la levée du siège de 1650, les armes de la ville représentent le lion brochant à sénestre.

Toutefois la puissance du nouveau duc de Guise ne s'exerça pas toujours sans contrôle ; l'église luttait encore contre les restes déjà si ébranlés de l'omnipotence seigneuriale. Des habitants de Fontaine, village sur lequel les religieux de Saint-Michel avaient droit de haute et basse justice et dont la cure était à leur nomination, ayant tué un noble navarrais, nommé Chambrelin, seigneur de Montigny, le duc, pour les punir de ce meurtre, que Chambrelin avait sans doute provoqué, les fit mettre en prison par ses officiers. L'abbaye se récria vivement contre cette usurpation de ses droits les plus anciens, et obligea le duc de lui rendre les coupables afin qu'ils fussent jugés par les officiers du monastère.

Le retour du roi ne fut pas le terme définitif des malheurs de la France. La guerre recommença plus vive et plus ardente que jamais (en 1536), quoique avec moins de succès du côté de l'empereur. Tandis que les Français prennent leurs mesures pour affamer l'armée de Charles-Quint en Provence, le comte de Nassau et Adrien de Croï, comte de Rœux, gouverneur d'Artois, ses généraux, paraissent en Picardie à la tête de 27,000 hommes. La frontière était sans défense et le duc de Vendôme fut obligé pour opposer quelque résistance à l'armée envahissante, de former un camp volant de 6,000 hommes de pied et de 3,000 gens d'armes, en attendant un renfort que le duc de Guise devait amener de son gouvernement de Champagne, sur le théâtre de l'invasion (1).

---

(1) Dubellay, tom. 5, liv. 7, p. 94 ; — Lelong, 400, *ex Chapeauvau*, tom. 3, p. 291, — *Hist. de France.*

Après s'être emparés de Bohain, les impériaux se dirigèrent sur Guise, avec la rapidité de l'éclair, pour ne pas laisser à la ville le temps de se reconnaître. Comme il n'y avait de garnison que dans le château, ce n'était pas sans raison que le comte de Nassau espérait la surprendre. A son arrivée il trouva en effet les bourgeois en grand mouvement pour transporter leurs meubles dans la forteresse afin de les mettre à l'abri du pillage, et par conséquent peu disposés à défendre la ville, abandonnés qu'ils étaient à leurs propres forces. Comme moyen d'intimidation, le comte fit passer au fil de l'épée quelques soldats qu'on avait surpris, ce qui effraya si fort la garnison, qui redoutait le même sort, que les chefs se rendirent, après avoir lancé quelques volées de coups de canon sur les assiégeants. Le comte de Nassau n'en saccagea pas moins la ville et toutes *les villes champêtres* des environs, mettant tout à feu et à sang, *emmenant proye et butin d'hommes, de bestial et de biens meubles* (1).

C'est à cette guerre d'extermination, où le soldat n'épargnait ni les églises ni les abbayes, qui lui offraient toujours la plus riche proie, que se rapporte l'incendie du prieuré de Lesquielles. Les reliques des saintes Grimonie et Preuve furent sauvées du pillage et transférées par les soins du comte de Rœux dans l'église abbatiale d'Hénin, près de Douai, après avoir été examinées (comme en 1389) en présence de Baudouin de Mol, abbé de Bohéries, de Cervay, gruyer du duché de Guise, de Despinay, procureur fiscal, de

---

(1) Dubellay, tom. 3, liv. 7, p. 94 ; — Lelong, p. 401 ; — *Hist. de Vervins*, p. 56 ; — *Manuel historique*, p. 90.

Friquet, écuyer, de Bossu, maïeur, Queux et Guy, échevins de Lesquielles.

La perte de Guise, l'une des plus importantes places de la frontière, et la lâcheté de cette garnison qui avait rendu le château, sans coup férir, irrita si fort le roi, que pour la punir, il dégrada les officiers et fit pendre quelques soldats. Cet acte de sévérité était nécessaire dans ces circonstances critiques où le salut de l'État pouvait ainsi se trouver à tout moment compromis (1).

De Guise, le comte de Nassau s'était dirigé vers Saint-Quentin, mais sur la nouvelle que le maréchal de la Marche s'était jeté dans cette place et se préparait à se bien défendre, il prit le chemin de Péronne dans l'espoir de le surprendre comme Guise, mais il fut encore prévenu par le sire de Cercus, qui y était entré avec le maréchal, 6,000 hommes de pied de la légion de Picardie, et 100 hommes d'armes. Cette nouvelle réjouit fort les ducs de Guise et de Vendôme, qui pouvaient ainsi espérer que les nouvelles bandes qu'ils levaient en Picardie et en Champagne et les lansquenets qu'ils attendaient d'Allemagne arriveraient assez à temps pour faire lever le siége.

Péronne néanmoins, eut à soutenir un siége effroyable, et se trouva enfin réduit à l'extrémité, faute de vivres et de munitions. Les ducs de Vendôme et de Guise étaient à Ham; le maréchal de la Marche parvint à leur faire savoir la situation critique de la place. N'écoutant que son courage, Claude résolut de la secourir de sa personne. Il prit avec lui

---

(1) Lelong, p. 400; — Bayle, *Dict.*, tom. 2, p. 1549; — Mezeray, *Abrégé chronologique*, tom. 4, p. 595.

200 hommes et arriva de nuit, près du camp ennemi, du côté du quartier du comte de Rœux, suivi d'un convoi de 400 arquebusiers d'élite, auxquels il donna pour guide le messager qui était venu donner à Ham des nouvelles de la place assiégée. Puis, il fit tout-à-coup sonner l'alarme sur différents points du camp, au moyen de toutes les trompettes qu'il avait pu réunir, en sorte que toute l'armée impériale courut aux armes et que les deux généraux se mirent en devoir de recevoir la bataille ou de la donner. Profitant *de ce gros alarme*, les arquebusiers suivant leur guide à travers les eaux et les marais arrivèrent à l'endroit où lui-même avait passé, et furent tirés dans la place, ayant chacun sur le cou un sac de poudre de 10 livres. Lorsque le jour parut, le duc de Guise était hors de danger avec sa troupe, et on montra aux comtes de Nassau et de Rœux, ces arquebusiers montant à la file sur les murailles, *chose qui merveilleusement leur déplut*, d'autant qu'ils ignoraient et le nombre de gens et la quantité de poudre qui étaient entrés dans la ville. Ils lancèrent sur le duc de Guise quelques chevaux que celui-ci reçut en bataille, et qui n'osèrent essayer de l'enfoncer. Après une défense héroïque Péronne vit l'ennemi se retirer (1).

Le roi ayant su, après la campagne, et au commencement de 1537, que l'ennemi renforçait ses garnisons sur la frontière de Flandre et commençait à faire quelques légères entreprises, distribua aussi des troupes sur la frontière. Il mit à Vervins la bande du comte de Marle, fils aîné du duc de

---

(1) Dubellay, tom. 3, liv. 7, p. 94, 171 et suiv.; — Colliette, tom. 3, p. 177 et suiv.; — Lelong...

Vendôme, de 50 hommes d'armes, et à Saint-Quentin celle du duc, forte de 100 hommes d'armes. Les garnisons passèrent toute la mauvaise saison *en guerre guerroyable, sans faire grandes ni mémorables choses* à cause des glaces et des neiges excessives qui durèrent tout l'hiver, en sorte *que ne pouvoient aller les gens de cheval au païs.* Cette guerre fut interrompue par une trève entre le roi et l'empereur, mais les deux princes s'étant brouillés de nouveau en 1542, on se battit sur toutes les frontières. Des partis coururent la Thiérache et le duché de Guise, où François de Bourbon, comte d'Enghien, était venu commander après avoir gagné la fameuse mais inutile bataille de Cérisolles. Le village et l'abbaye de Saint-Michel, qui avaient été pillés en 1536, le furent encore cette année. L'abbaye de Foigny fut à peu près détruite (1).

D'un autre côté, le duc de Guise, accompagnait le duc d'Orléans avec son fils aîné, le comte d'Aumale, et d'autres seigneurs de distinction, *capitaines et chevaliers garnis de sçavoir, de prouesses et d'expérience.* Toutes les troupes se trouvant réunies vers le 10 juin, à deux lieues de Verdun, on se présenta devant Yvoi, qui fut canonné si chaudement que les assiégeants demandèrent à capituler, et *tellement se mena la pratique* que le duc de Guise, chargé par le duc d'Orléans de traiter avec eux, leur accorda de sortir *leurs bagues sauves* et d'emmener avec eux six fauconnaux et de la munition pour tirer chacun six coups. L'armée ayant été renforcée pendant le siège, de 10,000 lansquenets et de 1,600 chevaux clévois environ, on fit la conquête du Luxem-

___
(1) Dubellay, tom. 3, livre 3, p. 204 et suiv.;—Lelong.

bourg dont le duc d'Orléans laissa le gouvernement au duc de Guise. Arrivé à Verdun, le prince donna ordre de faire diriger vers Liesse, à portée de la Champagne et de la Picardie, les bandes amenées d'Allemagne par de Bossu, ancien gouverneur de Guise. Le Luxembourg fut bientôt perdu par la faute de ceux à qui on en avait confié la défense ; le duc de Guise parvint néanmoins à recouvrer Montmédi, avec quelques troupes qu'il avait pu réunir. Mais ne pouvant tenir la campagne, il fut obligé de les faire rentrer en garnison. Il put néanmoins conserver Yvoi malgré les tentatives que fit René de Nassau, prince d'Orange, pour s'en emparer (1).

Vers la fin de mai l'an 1543, le roi étant à Villers-Cotterêts, donna ordre à toutes les troupes de se rassembler pour entrer en campagne. Le conseil s'était partagé sur la marche qu'on devait tenir : il fut néanmoins résolu qu'on irait investir Avesnes, qui se trouvait alors sans garnison, et qu'on se saisirait de Landrecies, qu'on pourrait fortifier pour avoir une entrée en Hainaut. En conséquence, le roi ordonna à l'amiral d'Annebault de marcher sur Avesnes et de l'assiéger sur-le-champ, avant qu'aucun secours put y entrer. Le duc de Vendôme devait venir d'Abbeville avec toutes ses troupes et le rejoindre au Câteau. L'amiral ayant réuni toutes ses forces à Montcornet, alla camper à Etréaupont où il fit *repaître* ses chevaux, et, le jour tombé, fit partir de Bossu avec 50 hommes d'armes de sa compagnie, Martin Dubellay avec la sienne, et le capitaine Lalande avec 1,000 hommes de pied, pour aller commencer le siége d'Avesnes. Le roi arrivait au Câteau, et le lendemain il était

---

(1) Dubellay, tom. 3, liv. 3, p. 306 et suivantes.

à Câtillon avec 16 ou 1,800 hommes d'armes commandés par le dauphin, les ducs d'Orléans, de Vendôme, de Guise, le comte de Saint-Pol, l'amiral, le comte d'Aumale, etc. Les bourgeois de Landrecies se voyant hors d'état de se défendre contre cette belle gendarmerie mirent le feu aux magasins et à la ville, et se retirèrent dans la forêt de Mormal. On se mit sur-le-champ en devoir de fortifier la place abandonnée, et le roi se retira à Maroilles pour protéger de ce point les troupes qu'il avait laissées sous les ordres du capitaine Lalande pour exécuter les travaux.

Le jeune comte d'Aumale, qui était avec le roi, commençait à préluder aux grands exploits qu'il devait exécuter plus tard sous le nom de François de Guise. Il fit mille tentatives pour attirer ceux d'Avesnes hors de la ville. Il y parvint enfin, mais ceux-ci eurent encore la prudence de ne sortir qu'en petit nombre et sous le feu de leur artillerie. Pour les *irriter* davantage il alla jusqu'à les charger sur le bord de leurs fossés où ils perdirent beaucoup de monde, « mais ils ne s'esmurent autrement et quoique le dit sieur y fut demeuré longtems pour les provoquer davantage, il n'y eut pas moyen de les attraire. » Force lui fut donc de regagner le camp sans avoir pu engager l'affaire sérieuse qu'il désirait si vivement (1).

Afin de rapprocher davantage ses troupes des magasins de vivres, le roi revint loger à Câtillon. Il visitait chaque jour les travaux, qui n'avançaient pas au gré de ses désirs à cause des pluies continuelles. Cependant, vers la fin de juillet, voyant que Landrecies était en assez bon état de défense et qu'on pourrait continuer les fortifications, en laissant seu-

---

(1) Dubellay, tom. 5, liv. 10, p. 433.

lement à Guise quelques troupes d'infanterie et de cavalerie pour y conduire des vivres, il se retira à Guise pour *adviser aux secours* du duc de Clèves, son allié, laissant à Lalande, gouverneur de Landrecies, 200 chevaux et 1,000 hommes de la légion de Picardie. De Guise, il dépêcha le duc de Vendôme avec des troupes vers Montreuil et Abbeville pour empêcher l'ennemi de faire des courses dans la Basse-Picardie. Avant de partir de Guise, François Ier y laissa pour gouverneur le prince de Melphes, avec 2 ou 300 hommes d'armes, et Brissac avec 12 à 1,500 chevau-légers pour faire *l'envitaillement* de Landrecies. Après avoir ainsi réglé les affaires de la frontière, le roi quitta Guise et alla par Marle à N.-D. de Liesse pour se *rafraischir quelque tems aux chasses, le long de la montagne de Rheims* (1).

Peu de temps après le séjour du roi à Guise, le comte de Rœux, espérant surprendre Landrecies qu'il croyait encore sans approvisionnement, vint camper vers la forêt de Mormal, mais le gouverneur de Guise y avait déjà mis bon ordre par son activité. A la nouvelle de cette tentative, le duc d'Aumale, François de Guise, les deux Larochefoucault, les deux Brezé, d'Andelot, de Crèvecœur, Bonnivet et autres jeunes gens de la suite du dauphin, *espérans faire faits d'armes et acquérir honneur,* quittèrent la cour pour venir s'enfermer dans Landrecies. Or, il arriva qu'un jour le comte de Roquendolfe, favori de l'empereur, quitta le camp et vint dresser une embuscade sur le chemin de La Capelle près de Long-Savery, puis envoya 400 chevau-légers vers Landrecies pour attirer nos jeunes gens à *l'escarmouche*. La-

(1) Dubellay, tom. 3, liv 10, p. 437 et suiv.

lande fit sortir Ricarville, son lieutenant, pour les reconnaître avec 30 chevau-légers. Mais *l'escarmouche fut forte et roide*, car les impériaux voulaient empêcher à toute force que leur embuscade fût découverte. François de Guise, le comte de Nevers et le reste de la jeune noblesse voulant à toute force avoir *leur part du passe-tems*, contre l'opinion des vieux capitaines, sortirent de la ville pour soutenir les chevau-légers, qui étaient *renversés*, et repoussèrent l'ennemi. Roquendolfe voyant les siens *foulés*, envoya son lieutenant avec 100 chevaux pour leur prêter main-forte, mais celui-ci ayant été abattu à la première charge et emmené prisonnier dans la ville, le comte irrité débusqua avec toute sa troupe, renversa les nôtres, qui eussent eu grand peine à se dégager sans le secours de Lalande, lequel étant sorti avec 600 arquebusiers et 400 piquiers, rétablit le combat et à son tour poussa les impériaux qui laissèrent des morts et des prisonniers.

Dans la crainte que cette ardente jeunesse ne compromît le sort de Landrecies par de nouvelles entreprises, le roi lui ordonna de revenir à la cour, afin de l'employer dans la nouvelle expédition qu'il voulait entreprendre sur le Luxembourg. Il manda également au comte de Melphes, son lieutenant général à Guise, de venir le rejoindre par Reims avec la gendarmerie, les chevau-légers et les gens de pied qui y tenaient garnison. Le duc de Vendôme devait le remplacer à Guise avec les forces dont il pouvait disposer, tant en infanterie qu'en cavalerie, dans la Basse-Picardie où il était encore. Le prince de Melphes se prépara donc à se mettre en marche avec toute sa garnison, mais comme la plus grande partie des chevau-légers étaient cantonnés dans deux villages au-delà de la rivière (sans doute Vadencourt et Lesquielles), et dans l'abbaye de Bohéries, à une lieue environ au-dessus de Guise, sur la rivière, *tirant le chemin* de Bohain et de Landrecies, il donna ordre à Brissac de les faire revenir à Guise pour que tout le monde partît ensemble à la pointe du jour.

Mais, les capitaines de la Hunauldaye, Albanais et Théaude de Bédaigne, qui commandaient chacun 200 de ces chevau-légers, se trouvant bien logés dans leurs cantonnements, voulurent y coucher encore une nuit, et laissèrent partir les autres compagnies, comptant bien déloger de si bon matin, qu'ils seraient à Guise au rendez-vous général avant le *délogement* du seigneur de Brissac, leur général. Cependant les impériaux étant en marche pour aller attaquer le château de Bohain, Deliques, lieutenant de la compagnie du duc d'Arescot, eut vent par ses espions, que ces bandes de chevau-légers étaient restées seules dans leurs cantonnements, il forma sur-le-champ le projet de les y surprendre. Il se mit à la tête de 800 chevaux bourguignons, de 200 Anglais, de 4 enseignes de gens de pied, et se dirigea vers le lieu indiqué. Mais voyant que le soleil se levait et que l'infanterie allait trop lentement, il prit les devants avec la cavalerie.

Craignant d'arriver trop tard au logement de nos chevau-légers, Deliques commença par *assaillir* celui du capitaine Théaude de Bédaigne. Celui-ci, voyant qu'il n'avait affaire qu'à de la cavalerie, ferma la porte de son logis et tandis que les cavaliers mettaient pied à terre et s'amusaient à rompre la porte d'une grange où il se trouvait, *meist le harnois sur le dos, monte à cheval, la lance sur la cuisse et à la déses-*

pérade sortit, *estant la porte rompue*, et de furie donna pesle mesle dans la troupe ennemie, de sorte qu'il *faulça ce qu'il trouva devant luy et vint se joindre avecques sa troupe sans dommage* et avec celle de La Hunauldaye, qui était déjà à cheval.

Pendant ce temps-là, le seigneur d'Ache, capitaine de 200 arquebusiers à cheval, et Bertrand de Foissy, seigneur de Crené, qui étaient logés à Bohéries, *oyans l'alarme*, sautent sur leurs chevaux, forcent le pont que les ennemis gardaient, et passant la rivière, viennent au secours des chevau-légers qui à cette vue *preindre cœur* et qui à l'aide des arquebusiers repoussèrent les impériaux. De Bohéries, l'alarme était arrivée à Guise. Le capitaine Théaude Manès, qui était logé dans les faubourgs de Flandre et de Saint-Lazare, monte à cheval sur l'ordre de Brissac pour voler au secours des nôtres, tandis que Brissac lui-même, dont les troupes avaient déjà pris le chemin de Marle, empruntant au prince de Melphes 60 chevaux environ, se dispose à le suivre de près. Théaude Manès passe l'Oise à Guise même, au faubourg, pour aller se jeter entre la rivière et les bois, dans l'espoir que les ennemis *étant travaillez du long chemin qu'ils avoient faict et leurs chevaux déhallez*, il pourrait facilement *leur faire recevoir une honte*. Il n'eut pas plus tôt fait un mille (environ une demi-lieue) et gagné une hauteur, qu'il apprit par un message de Bédaigne que les ennemis *commençoient à bransler*, pensant avoir toute l'armée sur les bras et qu'il fallait les charger vigoureusement avant qu'ils eussent le temps de se reconnaître. En effet, les impériaux ayant réuni toutes leurs troupes en corps de bataille, elles furent poussées *de telle vigueur* que la cavalerie ayant été renversée sur l'infanterie, *tout s'en alla à vau de route; et ils furent suivis si chaudement* qu'ils laissèrent sur la place 300 morts et 600 prisonniers. Au nombre de ces derniers étaient les quatre enseignes d'infanterie et deux cornettes de cavalerie. Le reste de l'armée impériale qui était allé assaillir Bohain ayant appris cette déroute, crut que toute l'armée française était à Guise et en conçut tant d'effroi qu'elle abandonna son entreprise et se retira au Quesnoy. L'imprudence de nos capitaines de chevau-légers ayant tourné à leur honneur, le prince de Melphes se remit en route (1).

Le fils aîné du duc de Guise n'avait pas tardé à rejoindre aussi à Stenay l'armée qui devait faire l'expédition du Luxembourg. Ne pouvant dominer son humeur martiale, le jeune comte alla assiéger avec le duc de Longueville le château de Sainte-Marie, qu'il prit et fit raser ainsi que plusieurs autres places. Il eut au siége de Luxembourg l'occasion de signaler son courage sur un plus vaste théâtre. Ayant été chargé d'ouvrir la principale brèche, il mit à s'en acquitter tant de diligence et d'activité qu'il parvint à établir promptement sa batterie ; ensuite il sortit de la tranchée habillé de blanc, comme il avait été pendant la nuit, pour se faire reconnaître des siens dans l'obscurité ; mais il ne fut pas plus tôt dehors qu'il fut aperçu par l'ennemi et frappé du haut de la muraille d'un coup de mousquet qui lui perça le cou-de-pied près de la cheville. On l'emporta à Longwi, où il eut peut-être succombé à sa blessure, sans les secours des chirurgiens du roi et du duc de Guise son père (2).

(1) Dubellay, tom. 3, p. 441 ; — Lelong, 402, *ex Belleforest*, p. 510.— *Manuel Historiq. de l'Aisne*, p. 91.

(2) Dubellay, tom. 3, liv. 10, p. 446; — 450.

Cependant l'empereur, après avoir soumis le duc de Clèves, notre allié, et reçu un renfort de 12,000 Anglais, vint pendant le siége de Luxembourg, avec une armée de plus de 50,000 hommes, attaquer notre frontière sur une échelle plus large qu'on ne l'avait fait jusqu'alors. Pour se faire une base d'opérations, il devait s'emparer de Guise et de Landrecies, que François Ier avait fait fortifier sur les terres mêmes de l'empire. Le duc de Vendôme, qui était à Guise et qui avait déjà tant contribué par son courage et son habileté à la défense de toute la frontière picarde, ayant su que le comte de Rœux, lequel était toujours devant Landrecies, venait de recevoir un gros renfort amené par Ferdinand de Gonzague, lieutenant général de l'empereur, en attendant l'arrivée du prince, et craignant que la place ne fut pas assez fournie d'hommes, y avait envoyé René de la Chapelle Rinsouin, sieur d'Espeaux, avec 50 hommes d'armes de la compagnie du sieur de Jarnac, dont il était lieutenant. L'entrée de ce renfort dans une place à la conservation de laquelle il tenait beaucoup, réjouit le roi qui se résolut d'aller à la rencontre de l'empereur devant Landrecies, où on l'attendait de jour en jour, pour lui livrer bataille ou secourir la ville.

Charles avait divisé ses troupes en deux corps pour attaquer simultanément Guise et Landrecies. Celui qui devait faire le siége de Guise était commandé par Ferdinand de Gonzague. Ces deux villes se trouvant à peu de distance l'une de l'autre, l'empereur espérait pouvoir réunir facilement toute son armée au cas que les Français voulussent engager une action générale; tandis que d'un autre côté, s'il emportait ces deux villes en même temps, il recouvrait une place de l'empire et s'ouvrait par l'autre un passage facile dans l'intérieur du royaume.

Le roi de France, qui n'avait pas tardé à être instruit du plan de son rival, pourvut au plus vite à la conservation du Luxembourg et se mit en marche avec son armée pour le déjouer. Brissac, général de la cavalerie légère, s'offrit de prendre les devants avec toutes ses troupes et un certain nombre d'arquebusiers à cheval pour les soutenir. Il espérait surprendre une partie de l'armée de Gonzague, qui avait investi Guise, et qui ne s'attendant pas au retour si soudain de l'armée du Luxembourg, devait laisser facilement les chevau-légers s'écarter dans le pays loin du camp pour faire le butin. Le roi ayant approuvé ce projet, manda au comte de Saint-Segond, colonel de l'infanterie italienne, de lui fournir le nombre d'arquebusiers qu'il demandait, mais le comte, qui voulait être de la partie, s'offrit d'aller lui-même avec Brissac, accompagné des hommes les plus expérimentés qui étaient en ses bandes.

Arrivé à Marle par Liesse et Pierrepont, Brissac apprit que Gonzague ayant eu vent du retour du roi avec son armée, n'était nullement disposé à l'attendre devant Guise, devait le lendemain lever le siége, et selon les ordres de l'empereur opérer sa retraite sur Landrecies. Guise, au reste, était défendu par une forte garnison et avait toujours pour gouverneur le prince de Melphes. Une sortie vigoureuse faite à propos sur les quartiers de l'armée assiégeante, qui occupait les hauteurs de Bohéries, avait montré à l'ennemi qu'il devait compter sur une bonne défense et que les assiégés voulaient laver l'affront que l'ancienne garnison avait fait essuyer à la place, par son insigne lâcheté ; 1,500 Espagnols étaient restés sur le carreau. A la nouvelle de cet échec et de la marche du roi, Charles-Quint pressa Gonzague de lever le siége et de se replier sur Landrecies, afin de concentrer toutes ses forces sur ce point. Toutefois, ce mouvement ne s'opéra pas avec assez d'activité pour que Brissac ne pût arriver encore assez à temps pour faire essuyer un nouvel échec aux impériaux.

En effet, malgré la nouvelle qu'il avait reçue du décampement si prochain de l'armée impériale, il se mit en marche, trois heures avant le jour, pour arriver à leur *deslogement*. Parvenu à une petite lieue de Guise, sur une hauteur couverte de bois d'où il pouvait découvrir tout le château, il s'aperçut que la garnison de celui-ci, commandée par le seigneur de Bourdillon, guidon de la compagnie du duc de Nevers, *avoit attaqué l'escarmouche* contre les chevau-légers impériaux. Pour mieux connaître l'intention de l'ennemi, il dépêcha le capitaine Théaude de Bédaigne, l'Albanais qu'on a vu figurer à l'affaire de Bohéries, avec sa bande, pour sonder de plus près le camp impérial, l'attirer, s'il était possible, à son embuscade pour lui couper le chemin entre eux et le château, et leur faire essuyer ainsi une défaite certaine; mais Théaude eut beau *escarmoucher*, l'ennemi ne détacha aucun escadron de son corps d'armée, qui défilait sur le chemin de Landrecies: force fut donc à celui-ci de retourner vers son général, à qui il fit son rapport sur la contenance de l'ennemi. Brissac qui ne voulait pas avoir perdu son temps, après avoir pris l'avis des capitaines qu'il avait près de lui, lança 500 chevaux pour charger l'arrière-garde à toutes brides, se mettant lui-même en devoir de les suivre avec le gros de sa troupe. Nos gens, *ayant fait leur charge gaillarde*, renversèrent tout ce qui se trouva devant eux, tuèrent 5 à 600 hommes et firent beaucoup de prisonniers, au nombre desquels fut dom Francisque d'Est, frère du duc de Ferrare, capitaine général de toute la cavalerie impériale. Le reste fut pressé si vivement, que Gonzague fut contraint d'arrêter sa marche, de rassembler ses *bataillons et de tourner teste pour sauver le demeurant.* Brissac ayant atteint son but, revint à Marle en bon ordre, tandis que Gonzague achevait sa retraite sur Landrecies (1).

La levée du siége de Guise n'en fit pas moins presser celui de Landrecies. Le corps d'armée de Gonzague était allé prendre position du côté du Câteau, près de la forêt de Mormal; le comte de Rœux, avec le sien, était vers Maroilles et La Capelle; l'empereur attendait au Quesnoy 10,000 Anglais que lui envoyait le roi d'Angleterre. Henri VIII s'était déterminé à s'unir avec Charles, à cause du mariage de Jacques V, roi d'Ecosse, avec Magdeleine, fille de François Ier, et en secondes noces, avec Marie de Lorraine, fille de Claude de Guise, dont il laissa en mourant, en 1542, la belle et infortunée Marie Stuart; et surtout parce que le roi de France s'était opposé au mariage de son fils Edouard avec cette jeune princesse (2).

François Ier, qui était à La Fère, toujours dans l'intention de combattre son rival ou au moins de secourir Landrecies, avait donné ordre à l'ancien gouverneur de Guise, qui venait de ravitailler Luxembourg, de prendre le chemin le plus court *par la lizière des bois,* pour se rendre à Guise, où il recevrait ses ordres. Pendant ce temps-là, Landrecies

---

(1) Dubellay, tom 3, liv. 10, p. 454 et suiv.; — Lelong, p. 402; — Bayle, *Dict.*, tom. 4, p. 1349; — Mézeray; *Abrégé chron.*, tom. 2, p. 121; — Cette histoire dit qu'on tua à Gonzague 2,000 de son arrière-garde et qu'on lui fit quantité de prisonniers.

(2) Dubellay, tom. 3, liv. 10, p. 458.

assiégé dans toutes les formes répondait à la vigueur de l'attaque par la vigueur de la défense ; aussi l'empereur espérait-il le prendre par la famine plutôt que par la force. Réduits aux abois faute de vivres, les assiégés ne pouvant tenir plus longtemps, dépêchèrent au roi le capitaine Iville, qui, connaissant parfaitement le pays, arriva à La Fère vers le 20 octobre. Le roi ayant su de lui l'extrémité où ils se trouvaient et leur dessein de périr plutôt que de se rendre, résolut d'exposer sa propre personne pour secourir de si braves gens. Incontinent, il donne rendez-vous à ses troupes à Homblières, se rend de La Fère à Saint-Quentin où il ne resta qu'un jour, passe la revue de l'armée à Homblières et la rejoint à Saint-Souplet. De ce point, le prince *aisément oyoit la furieuse batterie que faisoit diligenter l'empereur, sentant le roi approcher, laquelle estoit de quarante-cinq pièces de grosse artillerie.* La nuit venue, le roi fit faire une décharge de toute la sienne, pour avertir les assiégés de son approche ; puis, contre l'avis des meilleurs capitaines, au lieu d'aller à Câtillon, où il se serait trouvé couvert d'un côté par la Sambre et de l'autre par un ruisseau marécageux, où les vivres pouvaient lui arriver facilement de Guise et de Bohain, il prit son quartier au Câteau sous le prétexte téméraire qu'il était plus honorable d'aller chercher l'ennemi que de l'attendre. Il fut arrêté dans le conseil que, tandis que le roi tiendrait tête à l'empereur, on enverrait à Guise et à Vervins des gens connaissant le pays, pour ramasser tout le *bestial gras* qu'on trouverait sur la Serre et dans le Laonnais, avec toutes les farines et les chevaux de labour qu'on pourrait réunir, et tout diriger sur La Capelle. Pour faire plus de diligence, on devait transporter les farines à dos de chevaux, *ne faisant chacun sac fort pesant*, afin que le paysan *peust aller sur sa beste et sur le sac*. Tandis que le roi amuserait l'empereur par des attaques simulées, farines, bœufs et moutons formant un grand convoi entreraient dans Landrecies. L'exécution de ce projet fut confiée à Langey, à qui on donna tout pouvoir pour se faire obéir (1).

Cependant l'empereur, sentant le roi si près, resserrait ses quartiers et repassait la Sambre; l'amiral d'Annebaut et Saint-Pol, qui n'attendaient que ce mouvement, s'avancèrent rapidement par Câtillon, et purent introduire dans la place une nouvelle garnison de 1,500 hommes aux ordres de Coucy, seigneur de Vervins. On fut sur le point d'engager une action générale, mais Charles se retira de crainte d'en venir aux mains. Langey ayant dirigé son convoi sur La Capelle et de là au camp du roi, la place fut ravitaillée avec le même bonheur en présence des deux armées. François Ier, qui n'était venu que pour secourir Landrecies, voyant son dessein accompli, ordonna la retraite sur Guise le lendemain de la Toussaint. Elle se fit dans le meilleur ordre. Le roi marchait en tête avec le duc de Guise, escorté seulement de quelques chevau-légers. Ensuite venait le dauphin, le comte de Saint-Pol et l'amiral, avec 7 ou 800 hommes et 14,000 Suisses en ordre de bataille, et enfin Brissac, qui formait l'arrière-garde avec tous ses chevau-légers et quelques arquebusiers pour leur prêter main forte en cas d'attaque (2).

Charles n'eut pas plutôt appris le départ de l'armée française et sa retraite sur Guise, qu'il ordonna à Gonzague,

---

(1) Dubellay, tom. 5, liv. 10, p. 462 et suiv.; — Lelong, 402; — Colliette, tom. 5, p. 178; — *Hist. de France*.

(2) Dubellay, tom. 5, liv. 10, p. 172; — Lelong, 402; — Colliette, tom. 5, p. 178.

qui commandait les impériaux conjointement avec le duc d'Albe, en remplacement du comte de Rœux récemment nommé gouverneur de Flandre et d'Artois, de la suivre de près, dans l'espoir de profiter du désordre que ne pouvait pas manquer de produire, dans nos rangs, le passage des bois entre Guise et Landrecies. Il pensait avec raison, *que gens qui se retirent ne sont coutumiers à tenir bataille, ainsi que ceux qui marchent en avant.* Néanmoins, l'empereur fut trompé dans son attente, car dom Ferdinand en arrivant *à la rive des bois* trouva notre artillerie déjà passée avec tous les bagages, malgré les difficultés de la route, qui obligeaient nos soldats de passer à la file. Le général espagnol n'en envoya pas moins quelques troupes en reconnaissance dans les bois, lesquelles *ne firent pas grand voyage,* car elles les trouvèrent *farcis de nostre arquebuserie, qui les servit de sorte* que la plupart de ceux qui s'y étaient hasardés ne *retournèrent dire les nouvelles à leurs compagnons.* Pendant ces engagements au milieu des bois, l'empereur s'en était approché à une portée de canon avec le reste de son armée. Profitant de ce mouvement, Gonzague se dirigea vers Bohain avec 1,200 chevaux, quelque arquebuserie et quelques chevau-légers anglais qui eurent le même sort que les autres. En effet, le dauphin voyant que les bois étaient passés et que artillerie et bagages pouvaient marcher en sûreté, laissa Brissac avec sa cavalerie légère, de la Guiche avec 100 hommes d'armes, et 300 autres commandés par divers capitaines pour le soutenir : lui, cependant, fit ranger un peu en arrière ses Suisses en bataille, tandis qu'il plaçait le reste de ses forces sur leurs ailes *pour leur faire espaule,* bien résolu de livrer bataille à l'empereur s'il osait passer les bois. Mais les chevau-légers de Brissac, soutenus de la gendarmerie, et les arquebusiers qu'on avait lancés en enfants perdus suffirent pour contenir l'ennemi et l'obliger à sortir des bois, après avoir laissé des morts et des prisonniers. Nous essuyâmes aussi quelque perte en cette rencontre, *car en telle marchandise on ne peut gaigner sans recevoir de la perte* (1).

Tandis que ces mouvements s'opéraient à l'arrière-garde, le roi était déjà arrivé à Bohéries pour faire passer l'Oise à la grosse artillerie et au bagage, afin que si on en venait aux mains, on n'en fut point embarrassé. Ayant appris en effet que la cavalerie impériale avait franchi les bois et que le dauphin était résolu d'offrir la bataille à l'empereur, s'il se hasardait à les passer avec le reste de ses troupes, il avait déjà tourné bride, ne voulant pas que son fils se battit sans lui. Mais, il n'eut pas fait un quart de lieue qu'il apprit que Charles était en pleine retraite et que le dauphin revenait après avoir repoussé l'ennemi au-delà des bois et attendu vainement que quelqu'un se hasardât à les repousser. A cette nouvelle, le roi revint sur ses pas et entra à Guise, laissant le dauphin à l'arrière-garde, tandis que de son côté l'empereur, après quelques hésitations, voyant les siens honteusement repoussés, reprit ses anciennes positions. « Ainsi, ajoute Dubellay, fut secouru Landrecies, à la barbe d'un grand empereur, qui avoit avec lui toutes les forces de l'Allemagne, des Pays-Bas et une partie de celles d'Espagne, de l'Angleterre et de l'Italie réunies, qui n'est peu de réputation, toutes choses bien pesées (2). »

(1) Dubellay, tom. 3, liv. 10, p. 472 et suiv.
(2) Dubellay, tom. 3, liv. 10, p. 475; — Lelong, 402.

Etant arrivé à Guise, le roi de France, voyant que l'hiver approchait et que les pluies étaient si excessives que lui ni l'empereur ne pourraient *campagner*, prit le parti de mettre son armée en quartiers d'hiver, pour la rafraîchir. Le maréchal de Biez fut envoyé à Saint-Quentin avec 400 hommes d'armes et 4,000 hommes de pied pour tenir l'empereur en respect, au cas qu'il voulût tenter quelque entreprise. Les lansquenets furent logés à Crécy, les Suisses à Assis, et le reste de l'armée fut cantonné le long de l'Oise, aux endroits les plus propres à empêcher l'empereur d'entamer le royaume, au cas qu'il abandonnât Landrecies, ce qui selon toute apparence ne pouvait manquer d'arriver. Le roi n'en renforça pas moins la garnison de cette ville, où il envoya le capitaine Stenay, lieutenant du duc d'Enghien, avec sa compagnie de 50 hommes d'armes et une partie de celle des Ecossais. Toutes choses ainsi réglées, François Ier quitta Guise et se retira à La Fère. Quant à Charles-Quint, après être demeuré au camp pendant quelques jours il se retira vers Cambrai (1).

Guise, qui avait été témoin de ces grands mouvements militaires et qui avait essuyé un siége pendant la campagne de 1543, ne paraît pas s'être beaucoup ressenti de l'irruption faite en France l'année suivante par l'empereur et le roi d'Angleterre avec 70 ou 80,000 hommes, 18 ou 20,000 chevaux et une nombreuse artillerie. Charles était déjà à Saint-Dizier, mais Brissac avec sa cavalerie, et la Hunauldaye avec sa bande, lui coupaient sans cesse les vivres. François de Guise, qui était dans Stenay avec 150 hommes d'armes et

(1) Dubellay, tom. 3, liv. 10, 475 et suiv.

de l'infanterie, ne l'inquiétait pas moins. Il était toujours à cheval et causait mille avaries aux pourvoyeurs de l'armée impériale ; aussi, *ses détrousses apportoient grande fascherie* à l'empereur. Saint-Dizier ne se rendit pas moins, sur une prétendue lettre que le duc de Guise était supposé avoir écrite au gouverneur, où on lui disait que le roi sachant l'extrémité où il se trouvait, il pouvait rendre la ville à l'empereur par une capitulation honorable (1).

De Saint-Dizier, Charles gagna Châlons et côtoya la Marne, mais voyant son armée ruinée faute de vivres, il fut contraint de se retirer par Château-Thierry, Villers-Cotterêts, Soissons, où l'on traita la paix, Anizy, Crépy-en-Laonnais, où il signa le traité, La Fère et delà les terres de l'empire. Le roi d'Angleterre n'avait pas eu plus de succès en Picardie que l'empereur n'en avait eu en Champagne ; néanmoins, il avait pris Montreuil, que lui rendit le seigneur de Vervins, homme peu *expérimenté*, après avoir enduré *une grande et furieuse batterie* et soutenu *quelque forme d'assaut*. Vervins eut la tête tranchée pour cet acte de faiblesse. Sa mémoire fut réhabilitée dans la suite (2).

Le traité de Crépy ne procura pas même un peu de repos à la France: cependant il n'y eut aucune entreprise pendant l'hiver qui suivit la campagne de 1544. Seulement, le maréchal de Bié ayant reçu ordre de réunir toutes les forces disséminées en Picardie pour construire près de Boulogne un fort destiné à commander la ville, et le bruit ayant couru

---

(1) Dubellay, tom. 3, liv. 10, p. 539 ; — Lelong, p. 403.
(2) Dubellay, *ibid.*, p. 554 ; — *Hist. de Vervins*; — Lelong.

que les Anglais devant le secourir, il y aurait bataille, toute la jeunesse de la cour s'empressa de s'y rendre. François de Guise se mit à l'avant-garde que commandait Brissac. Le camp étant au Mont-Lambert, son artillerie pouvait battre la ville et celle de la ville battre le camp; aussi, il y avait tous les jours de *belles escarmouches où en demouroit et des leurs et des nostres*. Un jour François de Guise *étant allé veoir l'escarmouche* s'aperçut que les nôtres soutenaient assez faiblement la partie et allaient être pris en flanc par une troupe d'Anglais. Il charge si vigoureusement avec ceux qui l'accompagnaient, qu'il les culbuta; mais il s'était avancé si loin, que s'étant trouvé seul, contre son attente, il reçut un coup de lance « dedans la vue qui luy donna entre le nez et l'œil et entra dans la tête environ demy pied, car il faut entendre que le fer de lance estoit à trois quarres et n'estoit gros et avoit environ une paulme de long, lequel entra tout dedans la tête avec la douille, et bien deux doigts du bois; la lance rompit et ly demoura le tronçon dedans la teste. » Cependant ce coup terrible ne lui fit pas *perdre les arçons ni l'entendement*, dont bien lui *print*, « car s'il fut tombé nul ne l'eut pu sauver des mains des gens de pied anglois qui en prenoient peu à mercy. » A son retour au camp, les chirurgiens ne croyaient pas qu'il pût survivre à l'extraction de la lance, « mais, il porta la douleur aussy patiemment que qui ne luy eust tiré qu'un poil de la teste. » Néanmoins on désespéra de sa vie; il fit même ses dispositions : « aussi, ajoute Dubellay, quand à moy je pense que Dieu luy sauva la vie, non par les médicamens des hommes, et qu'il le préserva, afin que cy-après le roy en tirast plus grand service. »

On voit en effet par ce trait que le courage militaire était joint dans le sang des Guise à la fermeté d'âme la plus héroïque et à une force physique incomparable. Ce fut Ambroise Paré, lequel fut successivement chirurgien de Henri II, de François II, de Charles IX et de Henri III, qui fit l'opération à François de Guise (1).

Le roi de France ayant appris, vers ce même temps, que les Anglais faisaient en Allemagne une levée de lansquenets et de cavalerie qui devaient venir par les terres de l'empire faire lever le siége de Boulogne, et craignant que sous prétexte de passage, ces troupes étrangères ne fissent une descente en Thiérache et dans les environs de Guise, Aubenton et Vervins, vint à La Fère afin de pourvoir plus facilement, de ce point rapproché, à la sûreté de la frontière, de crainte *que pendant qu'il voudroit assaillir autruy on n'entrât en ses païs*. Lors donc qu'il sut que les lansquenets étaient déjà à dix lieues de Mézières, il envoya à Guise François de Bourbon, seigneur d'Enghien, avec 300 hommes d'armes, et de l'infanterie pour les empêcher d'entrer en France de ce côté, mais au bout de trois semaines les Allemands se débandaient faute de paie et regagnaient leur pays (2).

Guise et son château avaient cruellement souffert pendant les longues guerres du règne de François Ier, et surtout à l'occasion des siéges qu'il avait soutenus. Le chapitre de Saint-Gervais, notamment, avait été lésé dans ses intérêts temporels, au point de voir son existence compromise. Ce fut en conséquence d'une requête qu'il avait adressée au roi,

(1) Dubellay, tom. 3, liv. 10, p. 590 ; — *Ibid. Remarq.*, p.
(2) Dubellay, tom. 3, liv. 10, p. 593 et 594.

que son rétablissement fut opéré par *les lettres royaux* qui lui furent accordées le 17 décembre 1545. Cette requête exposait au monarque : « Qu'à cause de la fondation et dotation de la dite église des SS. Gervais et Prothais, et pour conservement du divin service qui s'y fait et célèbre chaque jour, les chanoines avoient certains droits de dixmes et de patronaiges, rentes, héritaiges et droits, et même certaines redevances sur plusieurs censes, maisons et héritaiges séans ès termes du bailliage de Vermandois appartenans à aulcuns monastères et colléges, tant du royaume que de l'empire, dont ils avoient toujours joui selon leurs titres et anciens cartulaires ; mais qu'il étoit advenu que à cause des guerres qui avoient eu cours dans le royaume pendant vingt ou trente ans, où la dite ville de Guise et le chastel auroient été assiégés et brûlés et pareillement l'église de Saint-Gervais et Saint-Prothais avec la plupart de leurs titres ou seigneuries concernans leurs droits, tellement que, si pour raison des dits droits se mouvoit procès et débat, ils seroient contraints de faire preuve par témoing de vive voix, laquelle par succession de tems se pourroit et peut dépérir, et par conséquent ils seroient exposés au danger de perdre une grande partie de leurs droits rentes et héritaiges, et par conséquent seroit diminué le service divin, et qu'eux n'auroient plus moyen de vivre, ni eux entretenir, qui seroit et qui est à leur grand grief, préjudice et dommaige. »

En conséquence de ces plaintes du chapitre, le roi manda par ses lettres royaux au bailli de Vermandois, d'examiner avec soin la requête de ses « bien amés les doyens chanoines et chapitre de l'église des SS. Gervais et Prothais, fondée au chastel de Guise, » et de faire comparaître devant lui tous ceux qui pourraient donner quelque renseignement pour retrouver et faire rentrer les titres du chapitre perdus par suite du « bruslement et ruine de la ville et chastel de Guise, » et de contraindre « par toutes voies et manières raisonnables, » les fermiers et détenteurs des biens du chapitre, les propriétaires qui leur étaient redevables de quelques droits « à venir passer et recongnoistre nouveau titre en forme suffisante et probante, .. pour par eux en faire cartulaire et renseignement, et leur servir de preuves et enseignement, en t ns et lieu que besoin sera. » Comme le chapitre possédait biens à l'étranger, le roi par une clause particulière, lui permit d'en faire ajourner à son gré les détenteurs soit dans le royaume sur les lieux mêmes, soit dans la ville la plus proche, soit dans l'abbaye, le collège ou le monastère hors du royaume le plus à la portée de ces détenteurs. Ces lettres furent données à Paris le 17 décembre 1545, la trente et unième année du règne de François Ier (1).

Le chapitre de Saint-Gervais, outre ses anciens bénéfices qui datent de la fondation, avait le patronage des cures d'Aisonville, d'Audigny, de Buironfosse, de Grougis, de Saint-Pierre de Guise, de Longchamps, de Macquigny, de Mennevret, de Proix, d'Esquehéries, de Vadencourt. Le doyen avait le patronage de Villers-lès-Guise. Le chapitre resta aussi jusqu'à la révolution décimateur d'Audigny, de Buironfosse, de Marly avec l'abbaye de Saint-Vincent; d'Esquehéries avec l'abbaye de Prémontré, et le cha-

(1) Lelong ; *Hist. du diocèse de Laon*, pièces justificatives.

pelain de la Motte d'Englencourt, de Villers-lès-Guise, avec le chapelain de Saint-Louis au château de Guise (1).

François Ier mourut en 1547 et le sacre de son successeur Henri II eut lieu à Reims, le 26 juillet de la même année. Le duc de Guise parut à cette cérémonie dans tout l'éclat de sa dignité. Il y eut le pas sur le duc de Montpensier et représenta, comme pair, le duc de Guyenne. Son fils aîné, François de Guise, représenta le comte de Tembule. Claude songea bientôt à relever l'éclat de son duché en rétablissant son château de Guise et en substituant aux murs crénelés et aux tours gothiques de ses remparts demi-croulants, de forts bastions capables de résister aux efforts de l'artillerie. Ce fut en 1549 qu'il jeta les fondements des nouvelles fortifications, suivant une inscription trouvée dans les fondations, et qui est ainsi conçue: *Claudio Lotharingio, duce Guisiano, Burgundiæ que vice rege, arx hæc exstrui cœpit anno 1549.* On conserva quelques restes des anciennes fortifications, notamment la grosse tour qui domine encore aujourd'hui la forteresse, et les galeries dont les voûtes seules furent reconstruites. L'usage de l'artillerie ayant modifié de plus en plus l'attaque et la défense des places, le château de Guise dut subir de grands changements dans les réparations nécessitées par les sièges qu'il eut encore à soutenir (2). Claude n'en vit pas l'achèvement, car l'ayant commencé en 1549, il mou-

---

(1) Bref état des principaux bénéfices et des cures du diocèse de Laon, MSS.; vers 1757.

(2) Les ducs de Guise n'habitèrent jamais ce château, où l'on ne voit en effet aucun édifice qui fut digne de les recevoir. En le reconstruisant Claude en fit une place toute militaire.

rut en 1550 à Joinville où il fut enterré. Les successeurs de Claude continuèrent cet ouvrage qui dut coûter des sommes considérables et environnèrent la ville elle-même de nouveaux remparts. La vieille enceinte qui protégeait le deuxième bras de la rivière fut abandonnée. La nouvelle, reculée jusqu'au troisième bras de l'Oise, embrassa la cité et le *Grand-Faubourg*. Elle fut flanquée de deux grands bastions et percée de trois portes, appelées de Chantraine, du Grand-Pont et de la Prée ; c'est surtout lorsque ces grands travaux furent terminés que Guise put passer pour l'un des *boulevards* de la France sur la frontière des Pays-Bas. Aussi, quoique ses seigneurs en fussent propriétaires, les rois de France y mettaient un gouverneur, qui était vers 1550 Simon de Marly, brave guerrier, lequel remporta, dit-on, cent soixante-six fois des dépouilles de l'ennemi à la tête de sa compagnie, fut blessé plus de cent vingt fois, et qu'on surnommait *Bras de vie*. Dans les occasions importantes, ils y envoyaient leurs lieutenants généraux (1).

Claude de Lorraine en jetant les fondements du château de Guise, avant de mourir, semble avoir voulu laisser à ses descendants comme une image de la base solide sur laquelle

---

(1) Nous devons signaler ici une erreur de la *Lettre sur l'Hist. de Guise*, à propos de l'ancienne topographie de la ville, que son auteur devait connaître mieux que nous. « De la porte aux Poissons, y est-il dit, on entrait dans un quartier neuf et peu habité encore, où l'on avait ménagé une assez grande place d'une forme triangulaire... » (p. 20). Nous sommes porté à croire qu'à la porte aux Poissons se terminait la première enceinte, que le quartier qui avoisinait cette porte, et que du temps du père de Verdun on appelait encore improprement le *Grand-Faubourg*, faisait partie de *ces fauxbourgs*, où il y avait en 1424, au dire de Monstrelet, *moult belles habitations*, dont 400 furent brûlées par Proisy.

Hist. de France; — Anselme, tom. 3, p. 278; — *Dict. de la noblesse*, art. *Guise*, — *Lettre sur l'Hist. de Guise*, p. 19 et 20 — Descript. MS. de Guise ; *Dictionn. de Lamartinière*, art. *Guise*, tom. 3; — *Manuel hist. de l'Aisne*, p. 512 et suiv.

il venait d'asseoir la puissance de sa maison, laquelle en effet devait bientôt jeter un si vif éclat et acquérir un si grand crédit qu'elle pensa détrôner ses souverains légitimes et substituer une nouvelle dynastie à l'ancienne. On dit que François Ier, malgré les nombreux témoignages de considération qu'il donna au chef de la maison de Guise, conçut en quelques rencontres du chagrin contre lui et qu'il ne voulut pas qu'on le reconnût comme prince, ni qu'il en prît le titre. On ajoute même qu'il donna entre autres conseils à Henri II, en mourant, « de se garder de l'ambition des Guise et de se bien garder de les appeler aux affaires publiques (1). »

Ces craintes pouvaient encore trouver leur justification dans la forte et imposante lignée sortie de Claude et d'Antoinette de Bourbon, qui n'avaient pas eu moins de onze enfants. Le premier fut François, duc de Guise, né le 17 février 1519, au château de Bar; — Charles, cardinal de Guise, né le 21 octobre 1527, et mort avec la réputation d'un bon courtisan; — Claude, qui fit la branche d'Aumale; — Louis, cardinal, né en 1527; — Philippe, mort jeune; — François, chevalier de Malte, grand prieur de France et général des galères, né en 1554; — Pierre, mort jeune; — René, né en 1536, tige des ducs d'Elbeuf; — Marie, qui épousa Louis d'Orléans-Dunois, duc de Longueville, puis Jacques V, roi d'Ecosse, de qui elle eut Marie Stuart, épouse de François II, roi de France; — Louise, mariée au prince de Chimay; — Renée, qui, après avoir été abbesse de Saint-Pierre de Reims, fut transférée par lettres royales et apostoliques à l'abbaye d'Origny, à qui elle donna des règlements en 1555, et reprit ensuite la crosse

---

(1) De Thou; — Bayle, *Dict.*, tom. 3, p. 1349.

abbatiale de Saint-Pierre de Reims; — Enfin, Antoinette, abbesse de Faremoutier. Claude eut en outre un fils naturel de l'une fille du président Desbarres, de Dijon, nommé Claude de Guise, qui fut religieux de Saint-Benoît, abbé de Saint-Nicaise de Reims, puis de Cluni (1).

(1) *Hist. généalogique* du P. Anselme, tom. 8, p. 317 et suiv.; — *Dict. de la noblesse*; — Bayle, tom. 2, p. 1313 et 1337.

FIN DU PREMIER VOLUME.

TABLE DES CHAPITRES

DU PREMIER VOLUME.

AVERTISSEMENT.

CHAPITRE 1er. — Origine de Guise et de plusieurs lieux de la contrée.   page 1re

CHAPITRE II. — Guise sous ses seigneurs particuliers. — 1re race.   49

CHAPITRE III. — Guise sous les seigneurs de la maison d'Avesnes. — 2º race.   115

CHAPITRE IV. — Guise sous les seigneurs de la maison de Châtillon. — 3e race.   209

CHAPITRE V. — Guise sous les seigneurs de la maison de France. — 4e race.   280

CHAPITRE VI. — Guise sous les seigneurs de la maison de Lorraine, ducs de Guise. — 5e race.   567

FIN DE LA TABLE DU PREMIER VOLUME.

www.ingramcontent.com/pod-product-compliance
Lightning Source LLC
Chambersburg PA
CBHW060542230426
43670CB00011B/1661